공동부유
共同富裕
장쑤성의 탐색과 경험

江苏的探索与经验　　夏锦文　吕永刚　何雨　张春龙　周春芳　共著

Copyright © 2019 by Jiangsu People's Publishing House
Korean copyright © 2023 by Minsokwon Korea
Korean edition is published by arrangement with Jiangsu People's Publishing House
ALL RIGHTS RESERVED
B&R Book Program

이 책의 한국어판 출판권은 장쑤인민출판사(江蘇人民出版社)와의 독점 계약으로 민속원에 있습니다.
저작권법에 의해 한국 내에서 보호를 받는 저작물이므로 민속원과 협의 없이 무단전재와 무단복제를 금합니다.

중국학
총서
05

공동부유

共同富裕

장쑤성의 탐색과 경험

샤진원夏錦文
뤼용강呂永剛
허위何雨
장춘롱張春龍
저우춘팡周春芳
지음

탕쿤唐坤
신진호申振浩
옮김

민속원

서문

함께 잘 사는 꿈을 향해 달려가고,
그 꿈을 실천해가는 과정에서의 장쑤江蘇성

함께 부유해지는 것은 현재에 이르기까지 인류사회의 가장 오래 되고, 가장 생명력이 있으며, 가장 인간의 마음을 격동시키는 커다란 꿈 가운데 하나다. 이 위대한 꿈은 고금을 통하여 미래를 지향하며, 원시 시대를 열었던 조상들과 스마트 시대, 사물 인터넷 시대, 생태 문명 시대를 살아가는 현대인을 연결시킨다. 이 위대하고도 소박하면서도 지고지순한 꿈은 자신의 운명에 대한 인류의 깊이 있는 관심과 아름다운 기대를 담고 있으며, 인간의 본성이 선하고 아름답다는 사실을 잘 드러내고 있고, 강인한 사회적 힘을 담고 있다. 이 위대한 꿈은 산과 바다를 뛰어넘어 닿지 않는 곳이 없으며, 끝없이 먼 곳에 있는 무수한 사람들도 모두 나와 관련이 있는 집단으로서, 너와 나, 그가 모두 함께 부유해지는 방향으로 향하고 있다.

함께 잘 사는 것은 아득히 먼 피안의 세계에 존재하는 것이 아니다. 그곳에서는 물질적인 자산이 충분히 유통되고, 사람들의 사상 경지는 최대한 상상되며, 모든 사람들의 자유롭고 전체적인 발전은 자유롭고 전체적인 모든 사람들의 발전 조건이 된다. 인류 사회 실천의 피안의 세계에서 함께 잘 사는 것은 만질 수도 있고, 느낄 수도 있으며, 실재로 살아있는 인류 실천 활동이다. 인류는 부지런함과 어려움 극복을 통해 함께 잘사는 꿈을 손에 쥐고 실천해 나갈 수 있다. 마르크스주의가 탄생했을 무렵에 함께 잘 사는 것을 분투 목표로 하였고, 함께 잘 사는 사상을 공상에서 과학으로 변화시켰다. 아울러 이론과 실천의 상호 관계 속에서 끊임없이 이 사상을 풍부하게 하였고, 지속적으로 실천해 왔다. 중국 공산당은 창당 초기에 중국 인민의 행복, 중화민족의 부흥을 사명으로 하여, 중국 인민이 함께 잘 사는 것을 이상적인 목표로 삼고, 중화민족의 오랜 대동 이상, 함께 잘 사는 꿈을 진정으로 실현할 수 있는 역사적 조건을 처음으로 갖추었다.

중화인민공화국 수립 이후 중국 공산당의 초심은 바뀌지 않았다. 인민들을 이끌고 사회주의 혁명을 완성하였고, 사회주의 기본 제도를 확립하여 사회주의 건설을 추진함으로써 중화민족 유사 이래 가장 광범위하고 깊이 있는 사회 변혁을 완성함으로써 당대 중국의 모든 발전에 근본적인 정치적 전제와 제도적 기초를 놓았다. 아울러 근대로부터 끝없이 쇠락해가던 중화민족의 운명을 근본적으로 바꾸어 부강의 길로 비약해 나가도록 하였고, 인민을 이끌고 개혁개방이라는 위대한 혁명을 진행해 나갔다. 국가와 민족의 발전을 가로막는 모든 사상과 체제의 방해물을 혁파하고, 중국 특색의 사회주의 노선을 열어나감으로써 시대의 큰 걸음을 내딛도록 하였다. 70년간의 온갖 고난과 지속 발전을 거쳐 중국 인민은 온포溫飽 단계를 뛰어넘어 소강小康 단계로 진입하였다. 전면적인 소강 사회 건설을 확정지은 기초 위에서 사회주의 현대화라는 국가의 새로운 노선을 힘껏 열어나가 함께 잘사는 오랜 꿈이 중화 대지에 생생하게 펼쳐지고 있다.

　함께 잘 사는 꿈을 향해 달려가고, 그 꿈을 실천해가는 과정에서 장쑤성은 함께 잘사는 전국의 판도 중 처음부터 끝까지 중요한 위치를 차지하고 있다. 장쑤성은 중앙에서의 요구, 발전의 길을 모색해가는 데 있어서 일관된 요구를 기억하고 잘 탐색해 가고 있고, 앞장서서 탐색해 가는 가운데 풍부한 내용의 실천 성과를 이루어냈고, 계발성이 풍부한 경험 조치들을 쌓았다. 예를 들어 지역의 협조에 역점을 두고, 각계각층의 효과적인 협력을 추진하고, 관련 위치 에너지를 쌓으며, 공간을 늘려 나가고, 장쑤성만의 특징이 있는 신형 도시화와 농촌 일체화의 노선을 탐색함으로써 장쑤 남부의 도농 일체화가 전국에서 선도적인 시험 효과를 발휘할 수 있도록 하였다. 또한 도농 일체화의 공동부유 브랜드를 만들어 인민과 성을 부강하게 하는 전략을 실시한다. 인민을 부유하게 하는 데 초점을 맞추어 여러 조치를 통해 사람들의 수입을 늘리고, 인민들의 소득 격차를 줄인다. 아울러 사람들의 공동부유 수준을 향상시키고 산업 구조 최적화를 추진한다. 산업변화 속에서 장쑤 공동부유의 산업 기초를 만들고, 장쑤성이 공동부유의 길로 나아가는 데 있어서 특색있는 내용을 구성한다. 인민들의 공동부유 원천이 되는 창업을 발전시키고, 새로운 사업을 추진해 나가며 공동부유의 질적인 원천이 되는 혁신을 해나감으로써 그 효과를 극대화한다. 물질적인 공동부유와 정신적인 공동부유의 상호관계를 잘 이해하여 각지의 개성적인 탐색을 격려하고, '두 문명'이 잘 조화를 이루어 발전해 나갈 수 있도록 한다. 개혁과 혁신을 적극적으로 추진하고, 건전한 사회보장 시스템을 세우며, 사회 보장 수준을 안정되게 향상시키고, 사회보장 체계를 촘촘하게 한다. 빈곤에서 탈피하고 소강으로 나아가는 정책을 깊이 있게 실시하고 높은 수준의 탈빈곤 정책을 실시하며 새로운 시대 공동부유의 토대를 공고히 한다. 공동부유 실천에 대한 당의 전면적인 지도를 견지하고, 말단 조직으로부터 상층부에 이르기까지 주도적으로 움직이고 탐색하며 공동부유에 관한 당의 지도를 굳건히 실천해 나간다. 미래를 내다보면서 장쑤성은 시진핑 신시대에 중국 특색의 사회주의 사상과 시진핑 총서기의 장쑤성에 대한 일련의 연설 정신을 중심 삼아 한마음으로 단결하여 새 역사를 펼쳐나가야 한다.

· 차례 ·

서문　004

01
**공동부유共同富裕의
이론적 기초**　013

1 _ 인류의 이상 공동부유	014
2 _ 마르크스주의가 말하는 공동부유	023
3 _ 마르크스주의 공동부유 이론의 중국화	028

02
**공동부유의
전국적 판도**　043

1 _ 공동부유의 중국적 방안	044
2 _ 공동부유의 중국적 위치	054
3 _ 공동부유의 중국 노선	059
4 _ 공동부유의 중국적 경지	065

03
**장쑤성江蘇省
공동부유의 길**　073

1 _ 장쑤江蘇 공동부유 1.0판 - 빈곤에서 온포溫飽로	074
2 _ 장쑤성 공동부유 2.0판 - 전체적인 소강으로부터 높은 수준의 전면적인 소강으로	086
3 _ 장쑤성 공동부유 3.0판 - 기본 현대화를 향하여	092

04
**지역의 조화로
공동부유 공간을
최적화하다**　099

1 _ 지역의 불균형 발전이 우선 부유를 실현하였다	100
2 _ 지역 조화 발전이 공동부유를 가져온다	103
3 _ 지역의 새로운 구조가 공동부유를 함양한다	116

05
도시 농촌 일체화를 통한 공동부유 브랜드 창출 127

1_ 도농鄒農 일체화 - 도농 공동부유의 이론과 유래   128
2_ 장쑤 특색의 도시화 - 도농 일체화를 향하여   138
3_ 도농 발전의 일체화 - 쑤난의 시범 효과와
    쑤베이의 후발 발전   146
4_ 도농 일체화의 효과 - 농촌 전체적 수준의 향상   155
5_ 도농 발전 일체화로부터 도농 융합 발전으로   159

06
주민의 공동부유 수준 향상 169

1_ 주민 소득 증가 - 공동부유의 관건   170
2_ 대중들의 소득 수준을 확실하게 높이다   173
3_ 주민 소득의 격차 축소   190

07
산업 변화가 공동부유를 촉진한다 207

1_ 산업 변천이 공동부유의 내재적 메커니즘을 촉진한다   208
2_ 공동부유에 대한 산업 변천의 영향   210
3_ 산업 변화가 공동부유의 장쑤성 경험을 촉진하다   229

08 창업과 혁신이 공동부유 효과를 발휘하다 239

1 _ 창업 및 혁신과 공동부유의 유기적인 융합 240
2 _ 국민을 부자로 - 공동부유의 원천인 대중 창업 253
3 _ 새로운 것에서의 부 창출 - 공동부유의 질적 원천인 만인 혁신 265

09 물질과 정신의 공동부유 추진 281

1 _ 물질적 공동부유와 정신적 공동부유의 변증법 282
2 _ 물질과 정신 공동부유의 일관된 요구 284
3 _ 물질과 정신 공동부유의 장쑤성 표본 296

10 공동부유, 사회보장망을 튼튼히 하다 303

1 _ 사회 보장 - 안정된 초석과 공동부유라는 뒷받침 304
2 _ 제2절 사회보장 제도 개혁 - 장쑤성의 대담한 모색 311
3 _ 사회보장 체계의 건설 - 장쑤성의 솔선 실현 321
4 _ 제4절 사회보장 수준의 향상 - 늘어나는 숨은 재산 328
5 _ 사회보장 건설의 전망 - 공평성과 지속 가능성 332

11 빈곤에서 벗어나 공동부유의 기초를 탄탄히 쌓다 343

1 _ 공동부유의 기초 공정을 향하여 매진하다 344
2 _ 장쑤성 탈빈곤 전투의 전략적 조치 347
3 _ 장쑤성 탈빈곤 전투의 역사 경험 371

12

선부론先富論에서 공동부유론으로 나아가는 장쑤성의 일반적인 경험 379

1 _ 장쑤성 공동부유의 이론 기초 380
2 _ 장쑤성 공동부유의 기본 현상 385
3 _ 장쑤성 공동부유의 기본 경험 390

13

공동부유로 향해 가는 길에서의 굳건한 지도 401

1 _ 장쑤성 공동부유에 대한 공산당의 총괄 기획 402
2 _ 장쑤성 공동부유에 대한 당의 조직적인 지도 408
3 _ 당 건설이 공동부유의 혁신 실천을 추진한다 411

14

장쑤성 공동부유의 새로운 장을 쓰다 421

1 _ 장쑤성 공동부유의 새로운 내용을 확대해 나가다 422
2 _ 장쑤성 공동부유의 새로운 노선을 모색하다 427
3 _ 장쑤성 공동부유의 새로운 경지를 열다 431

참고문헌 439
후기 443

01

공동부유共同富裕의 이론적 기초

공동부유는 오래도록 사그라들지 않는 인류의 숭고한 이상으로서, 시종일관 사람들의 마음을 격동시키고 사람들로 하여금 힘차게 전진하도록 하였다. 찬란한 인류의 사상사 <시경詩經·대아大雅·민로民勞>편에서의 소강사회小康社會에 대한 노래로부터 <예기禮記·예운禮運>에서의 대동 사회에 대한 묘사에 이르기까지, 또 고대 그리스 사상가 아리스토텔레스가 어떻게 해야 '좋은 나라'가 되고, 그 안에서 잘 살아갈 수 있는가를 고심하는 것으로부터 공상적 사회주의자 토마스 모어의 『유토피아』에서 생각해낸 미래 사회의 청사진에 이르기까지, 마르크스주의 고전 작가들이 공동부유가 공산주의의 실현조건이자 기본적 특징이라는 사실을 과학적으로 논증해낸 것으로부터 중국 초기 공산당원들이 의식적으로 중국 국민을 이끌고 공동부유를 실현하고 인류 운명공동체 건설을 자신의 역사적 사명으로 여기기까지 공동부유의 이론적인 핵심은 점차 치밀해졌다. 또한 사상체계는 점차 완비되었으며, 거대한 사상적 매력을 내뿜으며 인류사회를 위해 거침없는 도전을 했고, 공동부유를 실천하는 데 있어서 풍부한 이론적 자양분과 예리한 사상적 무기를 제공하였다.

1_ 인류의 이상 공동부유

공평과 정의의 문제는 인류의 오랜 이슈로서, 오랜 세월이 흘러도 사그라들지 않고, 동서고금을 막론하고 예외가 없다. 서양에서는 고대 그리스의 플라톤, 아리스토텔레스로부터 중세의 서구 사상가에 이르기까지, 또 부르주아 혁명 시기의 볼테르, 몽테스키외, 루소 등과 그 이후의 마르크스, 엥겔스 등에 이르기까지 모두 공정 문제에 대해 많은 언급을 함으로써 공정과 관련된 풍부한 사상을 형성하였다. 동양에서는 '대동 사회'에 대한 유가의 추구나 '소국과민小國寡民'에 대한 도가의 추앙, 또 '극락세계'에 대한 불가의 동경을 막론하고, 사회적 근원을 살펴보면 모두 자원 부족과 생존 압력이 큰 조건에서 공정과 이상 사회에 대한 인간의 탐색이었다.

(1) 공동부유 사상의 물질적 감정적 기초

근본적으로 공동부유 사상이 생겨나게 한 동력은 두 가지 측면에서 찾을 수 있다. 그 하나는 사회 생산력의 점차적 발전으로서, 공동부유 실현에 필요한 물질적 기초를 제공하였다. 다른 하나는 사회 물자의 부족으로 함께 누릴 수 없는 객관적 현실이 벌어졌고, 반대로 아름다운 사회에 대한 사람들의 동경을 불러일으켰다.

사회 생산력 발전에 대해 말하자면, 물질생산 능력의 증가로 인류는 원시 단계에서 문명사회로 진화하는 데 필요한 조건을 만들어주었다. 동물계에서 벗어나게 해 준 것이다. 하지만 오랜 기간 동안 인류 문명 세계는 줄곧 사회적 물질 자원이 부족한 상태에 처해 있었다. 문자로 기록된 인류 문명을 거슬러 올라가 보자. 이집트 문명은 7~8천 년의 역사를 갖고 있고, 중화문명도 5천 년의 역사를 갖고 있다. 각 문명이 처한 공간이 다르고, 진화 단계가 각기 다르기는 하지만 오랜 발전 과정에서 각각의 문명이 직면했던 공통의 문제는 바로 생산력이 극도로 낮다는 것이었다. 원시사회도 그랬고, 노예사회나 봉건사회도 마찬가지였다. 물질 생산과 인구 증가의 모순은 시종 인류사회를 괴롭혔다. 이 어러운 상황에서 영국의 정치경제학자 토마스 로버트 맬더스는 유명한 가설 '맬더스의 함정'을 제기하였다. 『인구 원리』에서 그는 암울한 인류의 미래를 그려냈다. 인구 증가는 기하급수적으로 늘어나고, 생존에 필요한 것들은 산술급수적으로 증가한다는 것으로, 더 늘어난 인구는 어떤 방식으로든 없어서 인구가 그에 상응하는 농업발전 수준을 뛰어넘지 못하도록 해야 한다는 것이다. 서양의 역사 경험에 비추어 보면, 산업혁명 이전 시대에 인구의 급속한 증가는 불가능해서 반드시 '맬더스 함정'의 제한을 받을 수밖에 없었다. 바로 생산력 발전 수준과 인구 증가 사이의 거의 조화시킬 수 없는 모순은 부족함이 산업혁명 이전 시대 인류 사회의 공통된 생존 운명이 될 것임을 암시하고 있다. 물자 부족의 경험을 잊기 어려울수록 그 기억은 또렷해지고, 사람들의 '부유함'에 대한 바람과 갈구는 더욱 강렬해진다. 이로써 '부유함'의 문제는 인류의 영원한 주제가 되는 것이다.

생산관계 측면에서 분석해보면, 사회적 성과를 함께 누리는 것은 인류가 계급사회로 들어선 이후의 기본적인 특징이 되기에 부족하다. 커다란 사회 격차는 공동부유의 어려움과 소중함을 더욱 더 드러낸다. 산업혁명 이전에는 농경 위주였고, 사회의 전체적인 생산 효율이 매우 낮았는데, 주로 세가지 측면의 요인이 있다. 첫째, 토지의 부족이다. 토지는 으뜸 가는 자산으로서, 충분한 토지가 없으면 충분한 자산을 만들어낼 수 없다. 둘째, 오랜 역사 과정에서 석기시대로부터 철기시대에 들어선 이후 농업생산 도구는 줄곧 크게 혁신되지 못했고, 보다 효율적인 농업생산을 위한 기술적인 지원을 하지 못했다. 셋째, 농업 자체 속성의 제약이다. 작물 생장은 그 자신의 생명 주기가 있어서 일정한 시간적 보장이 있어야 한다. 앞에서 언급한 세 가지 측면의 요소는 산업사회 이전의 총체적 결핍의 기초를 놓았다. 하지만 이는 그 사회형태가 '공통적으로 가난'하다는 것을 의미하지는 않는다. 반대로, 설령 산업사회 이전이라 하더라도 사회의 빈부 차이는 마찬가지로 매우 컸다. '벼슬아치 집 문에는 술과 고기 냄새가 진동하고, 길에는 얼어죽은 시체의 뼈가 나뒹구는' 것이 사실이었다. 이런 현상이 나타난 원인은 생산관계에 있다. 노예제, 봉건제 생산관계에서 생산도구와 재료를 갖고 있는 노예주와 지주들은 사회 자산의 분배권을 얻었고, 그에 따라 제한된 농업 잉여물 가운데 자신을 위해 절대 잉여의 사치스러운 생활을 만들어냈다. 이 분배관계는 근본적으로 공동부유에서의 공동을 한정짓는 것이 불가능했다. 산업사회 이전에 공동부유는 불가능했고, 또 공동 가난도 불가능했다. 전자는 노예가 고동에 대해서 말하는 것으로, 그들은 부유의 대열에 낄 수 없었다. 후자는 노예주와 지주에 대해 말하는 것으로 그들도 가난한 자들의 대열에 낄 수 없었다.

(2) 중화 문명에서의 공동부유 사상

중화문명에서 공동부유라는 이상사회의 미래에 관한 내용은 매우 오래 전으로 거슬러 올라갈 수 있다. 《시경》은 중국 최초의 시가집으로, 노동 백성의 시각에서 백성들의 마음의 소리를 반영해낸 작품이다. 〈대아大雅·민로民勞〉는 그 시대에 이상적인 생활에 대한 바람을 직설적으로 표현하고 있다. "백성들은 고달퍼라. 조금이라도 편안하게 했으면 우리 도읍을 사랑하여 온 세상 편안하게 했으면 거짓으로 속이는 사람 버려두지 말고 나쁜 사람 없게 하며 약탈하고 포악스런 사람들, 밝고 올바름 두려워하는 사람 막아주시면 먼 곳 사람들 편안하게 하고 가까운 사람 순종하게 하여 우리나라 안정하게 했으면, 백성들은 고달퍼라. 조금이라도 쉽게 했으면 우리 도읍을 사랑하여 백성들 벗이 되었으면 거짓말로 속이는 사람 버려두지 말고 다투기 잘하는 사람 없게 하며 약탈하고 포학스런 짓 하는 사람 막아 백성들 걱정하지 않게 했으면, 수고를 아끼지 말고 우리 나라 아름답게 했으면, 백성들은 고달퍼라. 조금이라도 쉽게 했으면 우리 도읍을 사랑하여 온 세상 편안하게 했으면, 거짓말로 속이는 사람 버려두지 말고 좋지 못한 사람 삼가며 약탈하고 포학스런 짓 하는 사람 막아 나쁜 짓 못하게 했으면, 위엄과 예의를 공경하고 삼가하여 덕있는 사람 가까이 했으면, 백성들은 고달퍼라. 조금이라도 쉽게 했으면 우리 도읍을 사랑하여 백성들 근심을 없게 했으면, 거짓말로 속이는 사람 버려두지 말고 악하고 사나운 사람 삼가며 약탈하고 포악스러운 사람 막아 정도를 그르치지 말게 하였으면, 그대들 비록 자식 같다 하여도 그 영향 넓고도 컸으면, 백성들은 고달퍼라. 조금이라도 편안하게 했으면 우리 도읍을 사랑하여 나라를 해치는 사람 없게 했으면, 거짓말로 속이는 사람 버려두지 말고 일을 뒤엎고 그르치는 사람

삼가며 약탈하고 포학스런 짓 하는 사람 막아 정도에 어긋나지 말게 했으면 우리나라 그대들을 중히 여기어 그래서 크게 간하는 것이라네." 이 작품은 지금 사람들이 널리 사용하고 있는 '소강小康'의 출전이기도 하고, 아름다운 생활에 대한 사람들의 소박한 바람을 반영하고 있다. 이른바 '소강'은 바로 '조금이라도 편안하고' '조금이라도 쉬고' '조금이라도 편안한' 것이다. 쉴 새 없이 일만 하는 것이 아니라 사람들이 잠깐 쉴 수 있는 여유를 갖게 하는 것이다. '노동'과 '쉼'의 균형을 강조하는 것은 고대 중국인들의 소박하고 고명한 변증적 사유를 나타낸 것이다.

유가와 도가는 중국의 본토 문명으로서, 이상사회에 대해 나름대로의 구상을 제기하였다. 세상 속으로 들어가는 것을 대표하는 유가에서는 이상적 사회가 대동 사회라 생각하였다. 대동사회란 무엇인가? <예기禮記·예운禮運>에서 다음과 같이 언급하였다. "대도가 행해지던 시대에는 천하가 천하 사람들에 의해 공유되었다. 현명하고 능력 있는 사람을 선발하여 천하를 맡겼고, 사람마다 말과 행동이 일치하고 서로 화목하고 평화로웠다. 모든 이들이 자신의 부모를 사랑할 뿐만 아니라 남의 부모도 사랑하며 자신의 자식에게 자애로울뿐더러 남의 자식에게도 자애로웠다. 노인들은 모두 천수를 누리고 성인들은 자신의 재주와 능력을 발휘할 수 있었으며, 아이들은 모두 좋은 교육을 받을 수 있었고, 홀아비와 과부, 고아와 자녀가 없는 노인, 장애인 등도 모두 충분히 공양을 받을 수 있었다. 남자들은 각기 자신의 직무를 다 하고 여자들은 각기 돌아갈 가정이 있었다. 물건은 아무 곳에나 두고 굳이 숨길 필요가 없었고, 힘을 다해 일하면서도 자신만을 위해서 힘쓰지 않았다. 그렇기 때문에 음모를 꾸미거나 간계를 부리는 사람이 없었으며 좀도둑이 없고 강도가 횡행하지 않았다. 집집마다 문이 있었지만 닫아두지 않았다. 이런 사회를 일러 대동사회라 한다." 유가의 대동 이상의 실제 내용은 사유제를 없애는 것이었다. 모든 사람이 사회를 위해 노동을 하는 것은 자신을 위한 것이 아니다. 노약자나 병들거나 장애를 입은 사람은 사회의 돌봄을 받고 아이들은 사회의 가르침을 받으며, 노동 능력이 있는 모든 사람들은 충분히 자신의 재능을 발휘할 기회를 갖게 된다. 특권과 세습제는 없으며 공직을 담당한 모든 사람들은 사람들의 추천을 받는다. 사회질서는 안정되고, 밤에 문을 단아걸지 않으며 길에 물건이 떨어져도 주위가지 않는다. 대외적으로 신뢰와 화목함을 중시하고 이웃나라와 사이좋게 지내며 전쟁과 국제적인 음모도 없다. 이와 비교되게 도가가 대표하는 것은 세상 밖으로 나가는 관점으로, 그것이 이상적인 사회로 생각하는 것은 소국과민이다. 《노자老子》의 기록이다. "나라는 작고 인구는 적다. 각종 병기나 문명의 이기가 있어도 결코 쓰지 않고, 백성들로 하여금 저마다 생명을 귀중하게 생각하고 멀리 떠돌지 않게 한다. 비록 배와 수레가 있어도 탈 일이 없고, 갑옷과 병기가 있어도 사용할 일이 없게 해야 한다. 백성들의 삶은 단순한 문자로도 충분히 살게 하고, 맛있는 음식을 먹게 하고 아름다운 옷을 입고 집에서 편안하게 거주하도록 하여 그 풍속을 즐기게 한다. 이웃한 나라끼리 서로를 바라보며 닭우는 소리나 개 짖는 소리가 서로 들려도 백성이 늙어 죽을 때까지 서로 왕래할 일이 없다." 〈장자莊子·거협胠篋〉편에서도 유사하게 기술되어 있다. "옛날 용성씨容成氏와 대정씨大庭氏… 축융씨祝融氏, 복희씨伏羲氏와 신농씨神農氏 등 열두 명의 제왕이 천하를 다스렸던 시대가 있었다. 그 시대에는 백성들이 새끼줄을 묶어서 서로 뜻을 전달하면서 자신들이 먹는 음식을 달게 여겼으며 자신들이 입는 옷을 아름답게 여겼으며 자신들의 풍속을 즐거워했으며 자신들이 사는 집을 편안하게 여겼다. 이웃 나라가 서로 바라다보이고 닭우는 소리와 개 짖는 소리가 서로 들릴 정도였는데도 백성들은 늙어 죽을 때까지 서로 오가지 않았다." 유명한 〈도화원기桃花源記〉는 본질적으로 도가의 이상 사회를 그린 것이다. 도연명陶淵明은 현실 세계와는 동떨어진 인간의 낙토樂土를 생각해냈다. 그 곳에는 착취와 압박, 전쟁이 없고, 사람들은 영원히 평화롭고 고요하며 배부르고 따듯한 환경 속에서 아무런 걱정 근심 없이 전원생활을 즐긴다. 바깥 세계에서 수백 년간 왕조가 교체되고 어지러운 사회 소식을 접하지 않고, 진秦나라 말 이후에 이곳에 들어온 이후로 위진魏晉은 말할 것도 없고 한나라의 존재도 알지 못했다.

유가와 도가는 근본적으로 말해서, 이상사회에 관한 지식인의 바람과 관계가 있다. 둘을 구별하는 것은, 만약 유가의 아름다운 사회상이 적극적으로 세상 속으로 들어가는 것이라면, 도가는 소극적으로 세상 밖으로 피하는 것인 경우가 많다.

좀처럼 변화하는 모습을 보이지 않았던 근대사회에서 이상사회에 대한 인간들의 동경은 더욱 강렬해졌다. 아울러 계급 위기와 민족 위기의 배경 하에서 공동부유에 관한 깊은 사고와 탐색이 나타났다. 캉여우웨이康有爲를 대표로 하는 부르주아 유신파의 대동 사회주의 공상, 부르주아 혁명파인 쑨원의 민생주의 공상이 대표적이다.

어느 면에서 『대동서大同書』는 동양의 '이상국理想國'이다. 1884년 집필을 시작해서 1902년 탈고에 이르기까지 전후 8년이 걸려 캉여우웨이는 이 책을 완성했다. 책은 모두 열 부분으로 나뉘어져 있는데 목차는 다음과 같다.

갑부甲部 : 입세계관중고入世界觀衆苦
을부乙部 : 거국계합대지去國界合大地
병부丙部 : 거급계평민족去級界平民族
정부丁部 : 거종계동인류去種界同人類
무부戊部 : 거형계보독립去形界保獨立
기부己部 : 거가계위천민去家界爲天民
경부庚部 : 거산계공업생去産界工業生
신부辛部 : 거난계치태평去亂界治太平
임부壬部 : 거유계애중생去類界愛衆生
계부癸部 : 거고계지극락去苦界至極樂

캉여우웨이가 바라본 미래의 대동 사회는 생산 재료 공유제를 기초로 하는 착취가 없는 사회였다. 또 생산력이 고도로 발달하고 사람들의 물질문화 생활 수준이 매우 높은 사회였다. 국경이 사라지고 전세계는 하나의 정부로 통일되어 전쟁이 사라진다. 정치적으로 부르주아 민주 공화제도가 실행되고 귀천과 등급이 없어진다. 남녀는 완전히 평등해지고 가정은 이미 소멸되며 부권과 그 압박은 존재하지 않게 된다.

부르주아 혁명가로서 1906년에 쑨원孫文은 『민보民報』 창간을 기념하는 경축식에서 "혁명의 목적이 대중의 행복을 위한 것"이라고 밝혔다. 민족과 민권, 민권을 강조하는 삼민주의는 민유民有, 민치民治, 민형民享을 실현하는 '대동주의大同主義'라는 것이다. 그는 나중에 한걸음 더 나아가 천명하였다. "우리 삼민주의의 의미는 바로 민유, 민치, 민형이다. 그 의미는 바로 국가는 인민이 공유하는 것이고, 정치는 인민이 함께 관리하며, 이익은 인민이 함께 향유한다는 것이다. 이런 논법에 비추어 보면 인민은 국가에 대해 공유재산일 뿐만 아니라 모든 일의 권한도 모두 공유인 것이다. 이렇게 해야 진정한 민생주의이고, 공자가 희망했던 대동세계인 것이다."[1] 대동 이상의 주요 내용은 다음과 같다. 토지는 국가 소유, 대기업은 국영, 하지만 생산 재료 사유제는 여전히 존재한다. 자본가와 고용된 노동자 두 계급은 계속 존재한다. 생산력이 고도로 발전하면 사람들의 생활은 보편적으로 개선된다. 국가는 교육과 문화, 의료보건 등 공공 복리사업을 운영하고 공민에게 향유하도록 제공한다.

(3) 공상적 사회주의의 공동부유 사상

공상적 사회주의는 현대 사회주의 사상의 원천 가운데 하나로서, 19세기 초 서구 유럽에서 유행하였다. 대표인물로는 토마스 모어, 토마스 캄파넬라, 로버트 오웬, 성 시몬, 쁘리에가 있는데, 그들은 계급 압박과 착취, 그리고 자본주의 병폐가 없는 이상사회 건설을 주장하였다.

    자본주의 빈부 격차와 양극단의 분화에 대한 통절한 원한에 기초하여, 또 근로 대중의 고통스러운 생활에 대한 동정에 기초하여, 또 인류의 동정심과 사회적 책임감에 기초하여 공상적 사회주의자들은 자본주의 사유제를 비판하는 기초 위에서 원시적인 의미의 사회주의와 공동부유 사상을 제기하여 사람들을 위해 인류 사회 공동부유의 아름다운 청사진을 그려냈다.

    그것은 함께 소유하고 함께 누리는 것을 기본 특징으로 한다. 함께 소유하고 함께 누

---

[1] 《孫中山全集》(第九卷), 中華書局, 1986년판, 394쪽.

리는 것은 재산을 함께 소유하고 집단적으로 함께 소비하는 것을 말한다. 토마스 모어의 『유토피아』에 나오는 재산 공유, 집단 노동, 집단 향유, 캄파넬라의 〈태양성〉에 나오는 성방제城邦制와 공혜제共惠制, 또 성 시몬의 대다수 사람들이 재산을 소유하는 평등의 산업 제도, 쁘리에의 전체 인민 자원 협력의 조화로운 제도, 오웬의 생산재료 공유의 신촌 제도 등은 모두 공동 소유와 향유의 기본적인 특징을 구체적으로 나타냈다.

사회 평등을 중요한 전제로 삼았다. 그들은 평등이 가장 큰 복지의 원천이라 여기면서 기회와 권리의 평등을 주장하였다. 또 재산 분배의 평등을 주장하였고, 정치 권리의 평등을 주장하였으며, 법률 앞에서의 만인 평등을 주장하였다. 아울러 도덕 앞에서의 만인 평등과 사회 평등의 기초 하에 공정한 사회, 즉 공동부유 사회 건설을 주장하였다.

재산의 공유, 수요에 따른 분배, 사회 조화를 이상적인 목표로 삼았다. 그들은 재산 사유제가 사람들의 경제적 지위와 정치적 지위의 불평등을 만들고, 사회 도덕의 타락과 범죄 및 빈부격차를 만들어낸다고 여겼다. 재산 공유제는 노동 생산의 효율을 높일 수 있고, 물질적 부를 유통시키며 사회에 빈부격차를 없도록 하여 모든 사람의 평등한 경제를 향유하고, 정치적 지위를 향유할 수 있게 하여 행복한 생활을 누릴 수 있도록 한다고 생각한 것이다. 따라서 그들은 모든 사유제도를 철저하게 없애고, 재산 공유제를 기초로 하여 모든 사람이 노동에 참가하고 각기 능력을 발휘하고 수요에 따라 분배하는 이상사회를 건설하여 인간의 힘을 발휘하고 인간의 아름다움을 발휘하여 인간의 찬란한 빛이 최고 경지로 승화되는 사회를 건설할 것을 주장하였다. 또 어려움을 당한 사람을 위로하고 죄없는 사람이 배고픔과 슬픔 속에서 빠져나오고 운이 좋은 사람들이 자기 중심주의에서 빠져나오는 사회를 건설하여 노동과 즐거움, 부유함과 선량함, 덕행과 행복이 세상에서 결합되는 사회를 건설할 것을 역설하였다.[2] "모든 사람이 부자이고, 모든 사람이 가난한 사람이며, 모든 사람이 평등하고, 모든 사람이 자유롭고, 모든 사람이 형제가 되는"[3] 그런

2　[미] 喬·奧·赫茨勒:《烏托邦思想史》, 張兆麟 等譯, 商務印書館, 1990년판, 213쪽.
3　[프] 馬布利:《馬布利選集》, 何淸新 譯, 商務印書館, 1981년판, 82쪽.

사회인 것이다.

　공상적 사회주의의 공동부유 사상은 피압박계급이 어두운 현실을 아름답고 행복한 세계로 바꾸고자 하는 선량한 바람을 반영하고 있다. 아울러 사회주의 공동부유의 매력적인 미래를 드러내고, 천재적인 통찰과 멀리 바라보는 안목을 보여주었다. 마르크스와 엥겔스가 과학적으로 사회주의 공동부유 사상의 내용을 드러내 보여주는 데 가치 있는 계시를 제공해 줌으로써 과학적 사회주의의 공동부유 이론체계 건설에 사상적인 자양분이 되었다. 동시에 사적 유물론으로 향하는 합리적인 요소가 포함되어 있어 공동부유 사상에 생산관계의 기초를 놓았다. 이 이론은 인간과 인간의 재산관계, 사회 평등 관계, 분배관계에서 미래 사회의 특징과 원칙을 천재적으로 예측하였고, 수많은 귀중한 사상과 독창적인 견해를 지닌 탁월한 사상을 제기하였다. 예를 들자면, 인류 사회역사는 법칙의 끝없는 발전이 이루어지는 역사과정의 사상이다. 공동부유의 이상사회는 잠시 지나가는 자본주의 사회의 사상을 대체한다. 생산의 목적은 인간의 물질과 정신적 수요를 만족시키는 것이고, 노동은 더 이상 생계를 도모하는 수단이 아니고 즐겁게 살아가는 데 필요한 사상이다. 경제 공유, 정치 평등, 사회 공평, 분배 평균, 생산계획, 관리 민주 등의 사상. 이런 귀중한 사상의 실질적 내용은 모두 계급 대립을 소멸하고, 사회주의적 생산관계를 건설하는 것을 표명하는 것이다.

　하지만 공상적 사회주의의 공동부유 사상은 근본적인 단점이 존재한다. 뚜렷한 역사적 한계가 있다는 것이다. 자본주의 사회의 문제인 물질조건과 사회 역량을 해결하기 위해서는 아직 발달하지 못한 경제 관계 속에 놓여 있고, 생산력 기초가 부족하고 계급 기초가 부족하기 때문에 그들은 사회 내부에서 미래 새로운 사회의 윤곽을 찾아낼 수가 없었다. 또 과학적 논증을 할 수 없었고, 실현하는 방법을 찾아낼 수가 없었다. 그래서 어쩔 수 없이 자신의 천재적인 두뇌에 의지하여 구상할 수 밖에 없었고, 세계를 지배하는 인류의 의지, 즉 이성의 도움을 받을 수밖에 없었다. 따라서 그들은 미래 사회에 대한 예언이 갈수록 자세했고, 치밀했으며 순수하게 공상적인 성격을 띠게 되었다. 사적 유심론의 기초 위에서 부르주아 이성주의, 인도주의, 천부 인권 등을 사상적 무기로 하여 사회 발전의 법칙을 이해하지 못하고, 공동부유 이상사회에 이르는 현실적인 길을 찾아내지 못했으며, 단지 이상의 실현을 통치자의 양지良知, 착취자의 양심 발현과 소수 천재의 앞장 선 시범에만 맡길 뿐이었다.

2 _ 마르크스주의가 말하는 공동부유

모든 사람의 공동부유를 실현하는 것은 예로부터 인류의 꿈이었다. 이것은 고대 중국의 대동세계의 이상과 근대 서양의 유토피아에 관한 구상에서 분명하게 드러난다. 하지만 마르크스주의가 생겨나기 전에 공동부유는 인류의 환상에 불과했다. 마르크스주의 이론은 처음으로 과학적으로 인류 사회, 특히 자본주의 사회의 발전법칙을 드러내어 사회주의와 공산주의가 필연적으로 자본주의와 모든 사유제 사회의 법칙성과 역사적 추세를 대체할 것을 논증하였고, 체계적으로 공동부유의 역사성, 공동부유 실현의 물질적 전제, 사회제도 전체, 공동부유와 인간의 전면적 발전의 관계, 공동부유 실현의 단계성 등에 관한 내용을 설명하였으며, 공동부유의 발전법칙을 드러냈다. 어떤 의미에서는 마르크스주의 이론은 인류 공동부유에 관한 이론이라 할 수 있다.

(1) 마르크스 엥겔스의 공동부유 사상

마르크스 엥겔스는 과학적 사회주의를 처음 만들어낸 초반에 공동부유 실현을 사회주의의 기치 위에 뚜렷하게 써넣었다. <공산당 선언>에서 다음과 같이 지적하였다. "과거의 모든 운동은 소수인의 또는 소수인의 이익을 도모하는 운동이었다. 프롤레타리아 운동은 절대 다수 사람의 운동으로, 절대 다수 사람들의 이익을 도모하는 독립 운동이다." <고타 강령 비판>에서는 미래의 새로운 제도와 그 형성을 언급하였다. 마르크스는 다음과 같이 언급하였다. "공산주의 사회의 고급단계에서 개인을 노예처럼 복종시키는 분업 상황은 이미 사라졌다. 따라서 두뇌 노동과 육체 노동의 대립도 그에 따라 사라진 이후 노동은 이미 생계의 수단이 아니라 그 자체가 생활의 첫 번째 수요가 되었다. 개인의 전면적인 발전에 따라 그들의 생산력도 늘어났고, 집단 자산의 모든 원천이 충분히 잘 흘러넘친 후에야 부르주아 권리라는 좁은 시야에서 완전히 벗어나야 사회는 비로소 자신의 기치에 '능력만큼 일하고, 필요한 만큼 분배한다!'라고 쓰게 된다."[4] 대체로 마르크스의 공동부유 사상은 주요 다음과 같이 표현된다.

첫째, 공동부유를 실현하는 일반적 물질 기초와 전제를 드러냈다. 사적 유물론에서는 인류의 생산활동을 인류의 가장 기본적이면서도 가장 중요한 실천활동이라고 이해한다. 또 인류 생산활동의 주요 내용은 사회 물질생산력의 끊임없는 발전이며, 인류가 물질적 생산활동과 다른 모든 사회활동에 종사하는 일반적인 주요 목적과 동기는 바로 일정한 물질적 이익을 얻기 위한 것이다. 즉 물질적 복지와 부유 수준의 제고를 추구하는 것이다. 마르크스는 "인간이 분투하여 쟁취하는 모든 것은 그들의 이익과 관계가 있다"[5]고 말했다. 공동부유 실현은 수많은 인민 대중의 근본적 이익에 있는 것이다.

둘째, 공동부유의 발전법칙을 드러냈다. 사회 생산력의 서로 다른 발전 단계 및 서로 다른 단계의 사회 생산력 관계가 다름에 근거하여 사적 유물론은 인류사회의 발전을 다섯 가지 역사 단계로 나누었다. 즉, 원시 공산주의 사회, 노예사회, 봉건사회, 자본주의 사회, 공산주의 사회(사회주의 사회 포함) 등이다. 그 가운데 원시 공산주의 사회는 비록 계급이 없는 사회이기는 하지만 사회 생산력이 매우 낮다. 때문에 모든 사람들의 공동부유를 실현할 수가 없다. 생산 재료 사유제를 기초로 하는 모든 계급사회에는 생산 재료의 점유자가 그것을 가지지 못한 계급을 착취하는 공통점이 있다. 따라서 모든 사람의 공동부유를 실현할 수가 없다. 엥겔스의 말이다. "인류 발전의 모든 단계에서 생산이 발달되어 있지 못한 결과 역사 발전은 이런 대립 형식 속에서 진행되며, 전체적으로 말해서 극소수 특권자의 일이 되고, 많은 사람들은 평생 노동에 종사하면서 스스로 필요한 생산 자

---

4 《馬克思恩格斯選集》(第三卷), 人民出版社, 1995년판, 305-306쪽.
5 《馬克思恩格斯全集》(第一卷), 人民出版社, 1956년판, 82쪽.

료를 생산하고, 동시에 특권자를 위해 날이 갈수록 풍부해지는 생활 재료들을 생산해야 한다."[6] 사회 생산력이 어느 정도 발전하고 생산 재료 공유제를 기초로 하는 사회주의와 공산주의 사회를 건립해야만 진정으로 착취와 이로부터 생산되는 사회 자산 점유의 불평등을 소멸할 수 있고, 사회 전체의 공동부유를 실현할 수 있게 된다.

셋째, 공동부유의 역사성을 드러냈다. 사회 자산의 점유와 분배는 계급 관계에서도 분명한 차별로 나타난다. 구체적으로 말해서 노예제 사회에서 노예주는 모든 생산 재료를 점유할 뿐만 아니라 직접 노예의 인신을 점유한다. 따라서 노예사회는 절대적인 빈부 양극화 사회다. 봉건제 사회에서는 비록 영주나 지주가 대부분의 생산 재료를 점유하고, 농민이나 농노가 지주계급에 대해 인신 의탁 관계에 놓여 있지만 농민은 생산자료를 일부 소유하고, 인신 자유를 약간 갖고 있기 때문에 농민계급의 물질적 생활 상황은 노예에 비해 크게 개선된 것이다. 자본주의 사회에서 부르주아는 비록 자본을 소유하고 대부분의 생산 재료를 점유하고 있고, 사회 자산도 주로 자본가가 차지하고 있기는 하지만 노동자가 철저한 인신 자유를 얻고 있고, 노동력을 파는 사람이 되어 있기 때문에 자본주의 사회에서 고용 상황과 물질적 생활 조건은 봉건사회에서의 농민에 비해 더 개선된 것이다.

넷째, 공동부유 실현의 역사적 필연성과 발전 추세를 드러냈다. 《자본론》 제1권 서문에서 마르크스는 "본서의 최종 목적은 현대사회의 경제 운동법칙을 드러내는 것"이라고 하였다. 이 법칙을 드러내기 위해 《자본론》에서는 전체적으로 자본주의 생산방식의 내재적 모순과 그것이 만들어낸 필연적 결과를 분석하였다. 마르크스와 엥겔스는 〈공산당 선언〉에서 다음과 같이 지적하였다. "부르주아가 백 년도 되지 않는 계급 통치에서 만들어낸 생산력은 과거 모든 세대에 만들어낸 생산력 전체보다도 더 많고 크다." 따라서 마르크스주의 이론은 한편으로 자본주의 사회에서 공동부유를 실현하는 것은 불가능하다는 것을 드러냈고, 다른 한편으로 자본주의의 발전이 최종적으로 공산주의와 인류의

---

6 《馬克思恩格斯選集》(第三卷), 人民出版社, 1995년판, 336쪽.

공동부유 실현을 위해 물질적 기초와 전제를 만들어냄을 드러냈다.

다섯째, 공동부유 실현의 단계성을 드러냈다. <고타 강령 비판>에서 마르크스는 자본주의 사회에서 공산주의 사회로 발전해 가는 단계적 특징을 깊이 있게 설명하였다. 사실상 공동부유 자체가 갖는 두 가지 내용을 과학적으로 설명한 것이다. 공산주의 사회 1단계에서 노동에 따라 분배한다는 전제하에서 노동자 간의 권리 평등을 보장하는 동시에 개인의 여러 방면에 걸친 차이로 인해 사실상의 개인 소비 재료 점유량의 불평등을 야기한다. 이 단계는 이전의 모든 계급 사회에 비해 노동자 또는 모든 사람들의 공동부유한 사회임에는 틀림없다. 하지만 이 때의 공동부유는 여전히 각 개인이 소비 재료를 얻는 권리상의 평등에 국한되어 있는 것으로, 사실상의 소비 재료의 양적인 평등을 가리키지는 않는다.

(2) 레닌의 공동부유 사상

사회주의 제도가 세워짐에 따라 소련 경제 문화가 낙후한 현실을 직면한 레닌은 마르크스 엥겔스의 공동부유 사상을 계승하고 견지해 나가는 기초 위에 낙후한 나라가 사회주의의 길로 나아가는 것을 탐색하기 시작했다. 생산력 기초가 취약한 기초에서 어떻게 공동부유를 실현할 것인가의 문제를 고민하기 시작한 것이다.

첫째, 공동부유와 사회주의의 관계를 설명하였다. 사회주의 생산의 목적이 최대한으로 사회 전체적으로 늘어나는 물질문화 수요를 만족시키는 것이라는 사실을 명확하게 지적하였다. 아울러 공동부유가 사회주의 이론에서 차지하는 지위를 명확하게 지적하였다. 레닌은 다음과 같이 생각했다. "새롭고 더 좋은 사회에서는 가난과 부유함이 있어서는 안 된다. 모두는 일을 해야 하고, 공동으로 일한 성과는 일부의 부자에게만 돌아가서는 안 되고 전체 노동자들에게 돌아가야 한다."⁷ "사회주의에서만 과학적 원칙에 근거하여 진행되는 제품의 사회 생산과 분배를 광범위하게 진행할 수 있고, 그렇게 해야 모든 노동자들이 아름답고 가장 행복한 생활을 할 수가 있다."⁸

둘째, 생산력 발전과 사회주의 제도의 관계를 설명하였다. 사회 생산력을 발전시켜야만 공동부유를 실현할 수 있다. 사유제를 소멸하고, 공유제 사회주의 제도를 세워야만 전체 국민이 행복하고 아름다운 부유한 생활을 한다는 이상을 보장할 수 있다. 레닌은 생산력 발전을 사회 발전의 최고 표준으로 여기면서 사회 생산력 발전을 추진해야 함을 강조하였다. 새로운 경제 정책은 정책 분야에서 바로 이 사상이 구체화된 것이다.

셋째, 사회주의와 자본주의 치부 방법의 본질적 구분을 설명하였다. 사회주의와 자본주의 치부방법의 본질은 다음에서 구별된다. 사회주의는 생산과 분배원칙을 통해 국민들을 공동부유하게 하고, 자본주의는 다른 사람들의 잉여가치를 약탈하여 소수인들을 배불린다. 레닌은 사회주의 단계에서는 아직 공평과 평등을 이루지 못한다고 지적하였다. "부유한 정도가 아직 다르기 때문이며, 다른 것은 불공평이다."⁹ 그는 또 다음과 같이 지적하였다. "사회주의 제도에서 전체 노동자, 전체 중농, 모든 사람들이 다른 사람들의 노동을 절대로 약탈하지 않는 상황에서 충분한 정도로 도달할 수 있음을 보장한다."¹⁰

(3) 공동부유 사상의 계급성과 과학성

부유함을 추구하고 행복을 얻는다는 생각은 사회주의가 만들어진 날부터 사회주의 사상을 가진 사람의 공통 인식이었다. 그들은 공동부유를 모든 고난을 겪는 사람들의 최종적인 이

---

7 《列寧全集》(第七卷), 人民出版社 1987년판, 112쪽.
8 《列寧全集》(第三十四卷), 人民出版社, 1987년판, 356쪽.
9 《列寧全集》(第三十一卷), 人民出版社, 1987년판, 89쪽.
10 《列寧全集》(第三十五卷), 人民出版社, 1987년판, 470쪽.

상으로 간주하였다. 마르크스는 공평과 정의가 비록 가치 판단을 대표하기는 하지만 현실적인 경제 관계의 반영이라고 생각했다. 서로 다른 역사 시기와 서로 다른 사회 이익의 대표자들은 공평과 정의의 범주에 대해 서로 다른 의미를 부여하였다. 따라서 공평과 정의의 범주 자체는 '역사적'이라는 것이다. 공평과 정의는 사회 분배에 관한 마르크스의 가치 취향과 기본 원칙이다. 하지만 마르크스는 공평한 분배 원칙과 방식은 주관적이거나 추상적이지 않고 객관적인 것이라고 생각했다. 분배의 공평 여부는 그 분배가 일정한 역사 단계에서 생산력 수준이 결정되는 생산방식과 생산관계에 따라 달라진다는 것이다. 마르크스는 이른바 분배 관계는 생산과정의 역사가 규정하는 특수한 사회형식, 그리고 인간이 생활하는 재생산 과정에 서로 처해 있는 관계에 따라 달라진다고 보았다. 아울러 이 형식과 관계에서 생산되는 것으로, 분배관계는 생산관계를 표시하는 한 측면에 불과하다고 본 것이다.

3_마르크스주의 공동부유 이론의 중국화

공동부유는 사회주의의 본질적 요구이고, 중국 공산당원의 변함없는 근본적인 가치 지향이다. 마르크스주의 중국화의 과정에서 공동부유는 몇세대에 걸친 지도자들의 힘든 탐색을 거쳐 점차 중국적 특징과 함께 중국적 특색이 반영된 길을 찾아냈다. 마오쩌둥은 처음으로 '공동부유'를 제기하면서 전국 인민을 사회주의 대동의 길로 모이게 하였다. 덩샤오핑은 가난함이 아닌 공동부유가 사회주의의 본질적 특징이라고 하면서, 한 지역의 일부 사람들이 먼저 부유해지고 그 후에 다른 이들을 도와 최종적으로 공동부유에 이를 것을 주장하였다. 장쩌민은 효율과 공평을 함께 강조하면서 사회주의 현대화 건설의 모든 단계에서 수많은 인민대중들로 하여금 개혁발전의 성과를 함께 누리게 해야 한다고 강조하였다. 후진타오는 인간을 근본으로 한 과학 발전을 강조하면서, 사회 공평을 보다 강조하였다. 18대 당 대회 이후 시진핑을 핵심으로 하는 당 중앙은 공동부유의 중국적 실천을 새로운 경지로 밀어올렸다. 시진핑은 다음과 같이 지적하였다. "우리가 사회주의를 하는 것은 바로 각

민족 인민들이 행복한 생활을 할 수 있도록 하는 것이다. 전체적인 소강사회를 건설하는 데 있어서 가장 힘든 임무는 빈곤 지역에 있다. 더 많은 노력을 기울여야 하는 이 곳에서 아무리 힘들더라도 반드시 승리를 거두어야 하고, 전면적인 소강으로 가는 길에서 모든 민족과 모든 가정을 절대로 잊어서는 안 된다."[11]

(1) 개혁개방 이전 공동부유이론에 대한 탐색

중국 공산당 수립 이후의 30여 년 동안 공동부유의 구호나 개념이 제기된 적은 없다. 민주혁명 시기에 중국 공산당 사람들의 주요 임무는 제국주의와 봉건주의, 관료 자본주의의 압박을 뒤엎고 민족의 독립과 해방을 쟁취하여 공동부유의 창조 조건을 실현하는 것이었기 때문이다. 그리고 우리가 사회주의를 향해 갈 때 이 개념이 제기된 것은 역사의 필연이 되었다.

'공동부유' 개념이 당의 정식 문헌에 나타난 것은 1953년이었다. 그 해 12월 16일 통과된 <농업생산 합작사에 관한 중공 중앙의 결의>에서 다음과 같이 제기하였다. "농업 생산력을 더 한층 향상시키기 위해 농촌에서 사업을 벌이는 당의 가장 근본적인 임무는 바로 이해하기 쉬우면서도 농민들이 받아들일 수 있는 이치와 방법으로 농민 대중이 점차 연합하여 조직될 수 있도록 교육함으로써 농업의 사회주의적 개조를 점차 실행하고, 농업을 낙후한 소규모 생산의 개체 경제에서 선진적인 대규모 생산의 합작경제로 변화시킬 수 있도록 하는 것이다. 그를 통해 공업과 농업 두 경제 분야가 발전이 서로 어긋나는 상황을 극복할 수 있도록 하고, 아울러 농민들이 점차 빈곤한 상황에서 벗어나 공동부유와 보편적인 번영된 생활을 할 수 있도록 한다." <결의>는 마오쩌둥의 요구에 따라 초안을 잡았다. 마오쩌둥은 직접 주관하고 초안 작성에 참여했으며, 결의 초안에 대해 교정을

---

11 "2018年春節前夕赴四川看望慰問各族幹部羣衆時的講話",《人民日报》, 2018년 2월 14일.

하였다. 당의 제1대 중앙 지도 체제에서 마오쩌둥은 이 개념을 사용하고 이 개념을 가장 많이 사용한 당사자라고 할 수 있다.

〈결의〉에서는 이해하기 쉽고 농민들이 받아들일 수 있는 이치과 방법으로 농민 대중이 점차 연합하여 조직될 수 있도록 교육함으로써 사회주의의 길로 나아갈 것을 요구하였다. '공동부유'는 말할 것도 없이 이해하기 쉽고 수많은 농민들이 받아들일 수 있는 이치이다. 〈결의〉에서는 일찍이 당 안팎에서, 널리 의견들을 모아 '공동부유'라는 이 소박하면서도 정제된 단어로 날카로운 이론가와 문예 종사자들의 시야 속으로 매우 빠르게 파고 들었다. 이 때부터 '공동부유' 개념은 널리 전파되기 시작되었다. 공산당의 역사 문헌과 주요 신문과 잡지를 찾아보면, 1953년 이전에 '공동부유'라는 단어는 나타난 적이 없는데, 1953년에 이 단어는 『인민일보』에 12차례 나타난다. 〈결의〉가 통과된 12월에 이 단어는 연속해서 9차례 나타난다. 이 해에 『인민일보』에서는 〈농민 선전의 총 노선을 향하여〉 칼럼을 마련하였다. 거기에 시인 궈샤오촨郭小川의 글에 공동부유와 사회주의가 함께 실렸다. 궈샤오촨의 글 제목은 '사회주의의 길은 농민 공동부유의 길이다'였다. 그는 이 글에서 다음과 같이 말했다. "어떻게 해야 자본주의길 길로 가지 않을 수 있을까? 유일한 방법은 사회주의의 길로 가는 것이다. 사회주의란 무엇인가? 농촌에서 사회주의는 바로 모두가 연합하여 대규모 생산과 새로운 농사도구, 농업기계, 새로운 농사법으로 농업을 경영하여 모두 함께 잘 사는 것이다."[12]

마오쩌둥은 중국 농촌 출신으로서, 구사회에서 인간이 인간을 착취하고 인간이 인간을 억누르는 현상을 매우 싫어하였다. 마음속에 맺혀 있던 '대동'의 응어리와 굳건한 공산주의 신앙은 그로 하여금 '양극 분화'의 시각에 높은 경각심을 갖도록 하였다. '공동부유'는 그의 평생에 걸친 분투 목표가 되었다. 1953년에 그는 이렇게 말한 바가 있다. "자본주의의 길을 걸어도 증산할 수는 있다. 하지만 시간이 많이 걸리고 고통스러운 길이 된

---

12 李愛敏,《對毛澤東 "共同富裕" 思想與道路的辯證思考》,《湖州師範學院學報》, 2016년 제3기.

다. 우리가 자본주의를 하지 않는 것은 정해진 것이다."¹³ 자본주의를 하지 않는 것은 '양극 분화'의 고통스러운 길을 피하기 위한 것으로, 공동부유를 실현하기 위한 것이다.

신중국 수립 이후 오래 지나지 않아 농촌에서 나타난 양극 분화의 싹을 보면서 마오쩌둥은 다음과 같이 생각했다. "이 문제는 새로운 기초 위에서만 해결할 수 있다. 그것은 바로 사회주의 산업화를 점차적으로 실현하고 수공업과 자본주의 상공업에 대한 사회주의적 개조를 점차적으로 실현하는 동시에 전체 농업의 사회주의적 개조를 점차적으로 실현하는 것이다. 즉 합작화를 실행하여 농촌에서 부농 경제제도와 개별 경제제도를 소멸하고, 전체 농촌 인민들을 함께 잘 살도록 하는 것이다."¹⁴ 그는 굳게 결심했다. "우리가 이런 제도와 이런 계획을 실행하면 매년 부강해질 것이고, 매년 더 부강해진 모습을 볼 수 있게 될 것이다. 그리고 이 부유함은 공동의 부유가 되고, 이 강함은 공동의 강함이 될 것이다."¹⁵ '3대 개조' 이후 농업 합작사 내에서 수많은 농민들은 토지, 농경에 쓰이는 가축, 대농 생산 농구 등의 생산 재료의 공유를 실행하였다. 도시에서는 생활 필수품이 표로 양을 제한하는 공급제가 실행되었다. 이렇게 하여 사람들은 생산재료의 소유 측면에서 동일한 부유를 실현하였다. 소득 측면에서 농촌에서는 노동에 따라 분배를 실시하는 차별이 매우 적은 제도를 실행하였고, 도시에서는 간부와 직원이 차이가 매우 적은 임금 제도를 실행하였다. 동시에 "국가 기관의 공무원, 기업단위와 사업 단위의 직원들은 일반적으로 임금을 올리지 않고, 직급도 올리지 않아 임금이 높은 일부 사람들은 적당히 내려야 했다."¹⁶ 후에 마오쩌둥은 '대약진'과 인민공사화 운동을 일으켰다. 공사 내에서 모든 사유제를 폐지하였고, 모든 생산 재료는 공적인 것으로 하였으며, 사원의 사유지와 직접 기르던 가축, 그리고 가정 부업 등은 모두 공사 소유로 귀족시키고, '일평이조一平

---

13 朱華,《公平與效率: 對毛澤東與鄧小平的社會主義觀比較》,《探索與爭鳴》, 1995년 제3기.
14 李成貴,《共同富裕之後還要努力作戰—學習〈關於農業合作化問題〉的一點體會》,《延邊大學學報(哲學社會科學版)》, 1975년 제3기.
15 董振華,《共享: 中國特色社會主義的本質要求》,《求是》,《求是》, 2016년 제19기.
16 劉逸,《試論毛澤東與鄧小平共同富裕思想的異同》,《改革與開放》, 2012년 제24기.

二調'¹⁷를 실시하였다.

객관적으로 보아 사회주의 초급 단계에서 실현될 수 있는 사회 공평에 대해 마오쩌둥은 지나치게 높고 실제 상황에서 벗어난 점이 있었다. 그는 농민들이 지나치게 단일한 집단경제 형식 속에서 가난에서 벗어나 공동부유를 실현하고자 했고, 아울러 공유화 정도를 끊임없이 향상시키는 것을 통해 생산력 발전이라는 목표를 추진하려 하였다. 결과적으로 '한솥밥', 평균주의는 농민의 생산 적극성을 크게 좌절시켰고, 공동부유는 사상누각이 되었으며, 현실 속에서 사람들을 보편적인 가난 속으로 밀어넣었다. 후에 덩샤오핑이 역사 경험을 총결하면서 말한 바와 같다. "우리가 사회주의의 길을 견지했던 근본적인 목표는 공동부유를 실현하는 것이었다. 하지만 평균 발전은 불가능한 것으로, 과거 평균주의를 실행하고 '한솥밥'을 먹은 것은 사실상 공동 낙후, 공동 빈곤이었다. 우리가 손해를 본 것이다."¹⁸

덩샤오핑은 사회주의의 본질이 생산력 해방과 생산력 발전임을 지적하였다. 착취를 없애고 양극 분화를 해소하며 최종적으로 공동부유에 도달하는 것임을 지적한 것이다. 공산당 18기 5중전회에서는 인민을 중심으로 하는 발전 사상을 분명하게 제기하였다. 인민의 복지를 증진하고 인간의 전면적인 발전을 촉진하며, 공동부유를 향한 점진적 발전을 경제발전의 출발점이자 종착점으로 본 것이다. 이 점을 우리는 언제나 잊지 말아야 한다. 경제 사업의 배치, 경제 정책의 제정, 경제 발전의 추진 등에서 이 근본적인 입장을 굳건하게 견지해 나가야 한다.¹⁹

---

17 역자주 : '평균주의' '무상 조달'의 약칭이다. 중국 농촌의 인민 공사화 운동의 초기에 나타났다. 각 집단경제조직의 생산수단과 제품, 노동력과 자금을 무상 조달하고 개인소비재 분배에 절대적 평균주의를 실시하여 농민의 생산 의욕을 크게 꺾었다.
18 龔雲:《鄧小平共同富裕理論: 讓中國人實現共同富裕夢想》, 人民網理論頻道, 2012년 2월 9일.
19 《不斷開拓當代中國馬克思主義政治經濟學新境界》,《十八大以來重要文獻選編》(下), 中央文獻出版社, 2018년판 4쪽.

(2) 개혁개방 후 공동부유 이상의 새로운 실천

전체 인민의 공동부유 실현은 중화의 자녀들이 오매불망하는 이상이다. 공동부유는 덩샤오핑이 건설한 중국 특색의 사회주의 이론의 중요한 내용이며, 사회주의의 본질적 속성이자 기본적이 목표이다. 문화대혁명 이후 덩샤오핑을 중심으로 하는 제2대 중앙 지도체제는 사회주의란 무엇인가, 어떻게 사회주의를 건설할 것인가에 대한 문제에 대해 돌이켜 보았다. 덩샤오핑은 다음과 같이 생각했다. "1958년부터 1978년까지 이 20년간의 경험이 우리에게 말해주고 있다. 가난은 사회주의가 아니다. 사회주의는 가난을 없애야 한다."[20]

바로 이런 인식에 기초하여 중국 공산당 제11기 3중전회에서 덩샤오핑은 사회주의 건설의 새로운 아이디어를 제기하였다. "경제 정책에서 나는 일부 지역, 일부 기업, 일부 노동자와 농민들이 열심히 노력한 성과로 조금 더 많은 소득을 얻을 수 있도록 허락하고 보다 잘 살 수 있도록 한다. 일부 사람들의 생활이 좋아지면 필연적으로 매우 큰 시범을 보여주게 될 것이고, 그 영향은 주변에 영향을 미치게 될 것이다. 나아가 다른 지역과 다른 직장 사람들이 그들을 배우게 될 것이다. 이렇게 하면 전체 국민경제는 끊임없이 물결처럼 앞으로 발전하게 될 것이고, 전국 각 민족 인민들은 비교적 빠르게 부유해질 것이다."[21] 훗날 그는 또 여러 차례 강조하였다. "나의 일관된 주장은 일부 사람들과 일부 지역을 먼저 부유하게 하게 는 것이다. 대원칙은 공동부유이다. 일부 지역이 좀 빠르게 발전하고 대부분 지역이 함께 하면 이것이 발전에 속도가 붙는 것이고, 공동부유에 도달하는 지름길이 된다."[22]

덩샤오핑의 생각은 분명했다. 생산 발전이 없이는 자산이 늘어나지 않고, 자산이 늘어나지 않으면 부유해지는 것은 불가능하며, 공동부유 실현은 더더욱 불가능하다. 사회

---

20 《鄧小平文選》(第三卷), 人民出版社, 1993년판, 116쪽.
21 《鄧小平文選》(第二卷), 人民出版社, 1994년판, 152쪽.
22 《鄧小平文選》(第三卷), 人民出版社 1993년판, 166쪽.

주의 초급 단계에서 생산력 발전을 가속화하려면 반드시 앞서나가는 사람들을 격려하고 뒤떨어진 사람들을 채찍질하며 경쟁을 하게 하여 효율을 향상시키는 것이다. 바로 이런 생각을 따라 우리는 경제 체제에 대담한 개혁을 진행한 것이다. 농촌에서는 가정 단위 도급 생산을 위주로 하는 가정 생산 도급 책임제를 시행하였다. 도시에서는 시장경제를 도입하고 상품경제를 발전시켰다. 동시에 대외 개방을 실시하고 경제 특구를 설치하여 동부 연해에 여건을 갖춘 지역에 먼저 현대화를 실현하였다.

'선부先富'를 허가하는 것과 함께 덩샤오핑은 '공동부유'를 사회주의의 본질적 특징으로 확립하였다. 1985년에 그는 다음과 같이 지적하였다. "사회주의의 목적은 바로 전국 인민의 공동부유이지 양극화가 아니다. 만약 우리의 정책이 양극화로 귀결지어진다면 우리는 실패하는 것이다. 만약 어떤 새로운 부르주아가 생겨난다면 그럼 우리는 정말 잘못된 길을 걸은 것이다." "공유제가 주가 되는 것과 공동부유는 우리가 반드시 견지해야 하는 사회주의적 근본 원칙이다."[23] 어떻게 빈부 불균형과 지역 발전의 불균형을 해소할 것인가의 문제에 대해 덩샤오핑은 훌륭한 구상을 내놓았다. 1988년에 그는 '두가지 국면' 구상을 제기하였다. 그의 말이다. "연해 지역에서는 대외 개방을 가속화하여 2억 인구를 가진 광대한 지역을 먼저 **빠르게** 발전시켜 내륙을 함께 발전시키는 것이다. 이것은 커다란 국면과 관련되는 문제다. 내륙은 이 큰 국면을 함께 고려해야 한다. 반대로 어느 정도 발전하게 되면 연해에서는 더욱 많은 힘을 내어 내륙의 발전을 도울 것을 요구하게 된다. 이것도 커다란 국면이다. 그 때 연해에서도 이 커다란 국면에 따라야 한다."[24]

1992년의 남순강화南巡講話에서는 한편으로 "사회주의 본질은 생산력 해방과 생산력 발전이며 착취를 없애고 양극화를 없애 최종적으로 공동부유에 도달하는 것"임을 강조하였고, 다른 한편으로 보다 명확하게 다음과 같이 지적하였다. "사회주의 제도는 양극화를 피할 수 있어야 하고 피할 수 있다. 해결 방법 가운데 하나는 바로 먼저 부유해진 지

---

23 《鄧小平文選》(第三卷), 人民出版社, 1993년판, 110-111쪽.
24 才國偉, 舒元, 《對 "兩個大局" 戰略思想的經濟學解釋》, 《經濟研究》, 2008년 제9기.

역에서 세금을 좀 더 내서 가난한 지역의 발전을 돕는 것이다. 물론 이렇게 너무 이르게 하는 것은 안 된다. 지금은 발달한 지역의 활력을 약화시킬 수는 없고, 또 '한솥밥'을 먹게 할 수도 없다. 언제 이 문제를 두드러지게 제기하고 해결할 것인가, 어떤 기초 위에서 이 문제를 제기하고 해결할 것인가 하는 것은 연구가 필요하다. 생각해 볼 수 있는 것은 이번 세기 말에 소강사회가 되었을 때에 이 문제를 두드러지게 제기하고 해결해야만 한다."[25]

사회주의 시장경제 체제 건립을 제기하는 동시에 중국 공산당 제3대 중앙지도체제는 어떻게 효율을 향상시킬 것인가의 전제하에 사회 공평을 보다 잘 실현할 것인가에 대해 새로운 계획을 내놓았다. "효율과 공평을 함께 추구한다"는 것이었다. 시장을 포함하는 각종 조절 수단을 운용하는 것으로 앞선 사람들을 격려하고 효율을 촉진하며 합리적으로 소득 격차를 벌려나가며 양극화를 방지하면서 점차 공동부유를 실현한다는 것이다.[26] 1999년에 덩샤오핑의 '두 가지 커다란 국면'의 사상에 근거하여 장쩌민을 중심으로 하는 제3세대 중앙 지도체제는 '서부 대개발' 전략을 제기하였다. 서부 지역의 빠른 발전과 공동부유 실현을 위해 넓은 길을 연 것이다.

20세기 말 세계에서 오랜 기간 집권했던 크고 오래된 정당이 속속 무너지는 현상을 바라보면서 장쩌민은 다음과 같이 강조하였다. "몇몇 개발도상국의 경험이 증명하듯이 사회 구성원과 지역 사이에 빈부 격차가 지나치게 크면 민족 갈등, 지역 갈등, 계급 갈등과 중앙과 지방의 갈등을 일으키고 일대 혼란이 일어나게 된다. 따라서 소득 격차와 지역 격차가 커지는 문제는 우리들이 반드시 중시해야만 한다."[27]

사회주의 초급 단계에서 어떻게 발전의 성과를 함께 누릴 것인가에 대해 장쩌민은 실제에 부합하는 생각을 내놓았다. "1차 분배와 2차 분배의 관계를 정확하게 처리하고

---

25 《鄧小平文選》(第三卷), 人民出版社, 1993년판, 374쪽.
26 鄭建仁, 《從黨的文獻看公平與效率關係的變遷》, 《湖南省社會主義學院學報》, 2008년 제1기.
27 黃祐, 《論江澤民防範經濟發展風險的思想》, 《中共雲南省委黨校學報》, 2008년 제5기.

경제 발전의 기초 위에서 국민들의 소득 수준을 보편적으로 향상시켜 고소득자와 저소득자의 비율을 적게 하고, 중간 소득자의 비율을 대부분이 차지하게끔 함으로써 국민들이 경제 번영의 성과를 함께 누릴 서 있도록 해야 한다."[28]

2003년에 후진타오를 총서기로 하는 당 중앙은 국내외 경험을 총결하여 과학 발전관 등 중대한 전력 사상을 제기하였다. 과학 발전관의 핵심은 인간을 근본으로 하는 것으로, 국민의 근본 이익을 시종 잘 실현하고, 잘 보호하며, 잘 발전시키는 것을 당과 국가의 모든 사업에 있어서 출발점이자 종착점으로 해야 한다는 것이고, 국민의 주체적 지위를 존중하고, 국민의 창조 정신 발휘, 국민의 각 분야에 있어서 이익을 보장하며 함께 공동부유의 길로 나아가 인간의 전면적 발전을 촉진하고 국민을 위한 발전, 국민에 의존하는 발전, 국민이 함께 공유하는 발전 성과를 도모한다는 것이다.

후진타오는 새로운 형세 하에 사회 공평을 지키고, 공동부유를 실현하는 것을 보다 선두의 위치에 올려놓아야 함을 깊이 있게 지적하였다. 중국 경제 사회의 끊임없는 발전에 따라 우리는 사회 공평 문제를 해결하는 일정한 여건과 초보적인 수단을 갖추게 되었다. 2005년 2월에 후진타오는 사회주의 조화 사회 건설 능력을 향상시키는 성급 간부 토론회에서 명확하게 제기하였다. "발전을 촉진하는 동시에 사회 공평을 보다 선두의 위치에 놓고 여러 가지 수단을 종합적으로 운용하여 법에 의거하여 권리 공평, 기회 공평, 규칙 공평, 분배 공평을 주요 내용으로 하는 사회 공평 보장 체계를 초보적으로 건립하고, 전체 국민들로 하여금 개혁 발전의 성과를 함께 누릴 수 있도록 하고, 공동부유의 방향으로 전진해 나갈 수 있도록 해야 한다." 후진타오는 중국 공산당 17차 전국 대표대회에서 한걸음 더 나아가 제기하였다. "경제 발전의 기초 위에서 사회건설에 보다 치중하고, 민생을 보장하고 개선하는 데 힘을 기울이며, 사회 체제 개혁을 추진하고 공공 서비스를 확대하며 사회 관리를 보완하고 사회 공평주의를 촉진하며 전체 국민이 배우고 가르치며

---

28 劉秉泉,《實現收入分配格局 "兩頭小, 中間大" 的對策》,《群言》, 2003년 제6기.

일하고 소득을 얻고, 병이 나면 치료하고 늙으면 봉양을 받고 살 집이 있게 함으로써 조화 사회 건설을 추진해 나가야 한다." 이 말은 '대동'사회라는 오랜 희망을 사람들에게 떠오르게 하였고, 사회주의에서 공동부유에 대해 현실적인 희망으로 가득차게 하였다.

(3) 새로운 시대 공동부유 이론의 새로운 경지

현재 중국은 여전히 세계에서 가장 큰 개발도상국이다. 2018년 중국의 1인당 국민소득은 만 달러가 되지 않아 세계 평균치에 미치지 못하고, 전세계 200개 나라 가운데 70위 밖이다. 또 2018년 말에 1,660만의 빈곤한 농촌 인구가 남아 있다. 이런 상황은 중국 국민이 행복한 생활을 하기 위해서는 더 많은 노력을 해야 한다는 것을 보여준다. 발전은 여전히 당대 중국의 첫 번째 해야 할 일인 것이다. 중국 공산당의 첫 번째 사명은 역량을 집중하여 국민의 생활수준을 향상시키고 점차 공동부유를 실현하는 것이다. 이를 위해 중국 공산당은 '두 100년'이라는 분투 목표를 내놓았다. 바로 2020년에 GDP와 도시와 농촌의 인당 평균소득을 2010년의 두 배로 끌어올려 전면적인 소강사회를 건설한다는 것이다. 또 21세기 중반에 부강한 민주 문명 사회주의 현대화 국가를 건설하여 중화민족의 위대한 부흥을 실현한다는 것이다.[29] 18대 당 대회 이후 새로운 시기, 새로운 임무에 직면하여 시진핑을 중심으로 하는 당 중앙은 중국 특색의 사회주의를 건설하는 길 위에서 계속 탐색해 나가면서 이론과 실천 측면에서 공동부유 사상을 보다 풍부하게 하고 발전시켰다. 국민 복지를 계속 증진시키고 인간의 전면적 발전을 촉진시키며, 공동부유로 향한 착실한 전진을 경제발전의 출발점이자 종착점으로 삼아 경제 사업을 조정하고, 경제정책을 제정하며, 경제발전 추진에 있어서 이 근본 입장을 군건히 견지해 나가는 것이다. 새로운 시대 중국 특색의 사회주의에 관한 시진핑의 사상에서 공동부유에 관한 논술은 대체로 아래 몇 가지 측면으로 나

---

29 《十八大以來重要文獻選編》(中), 中央文獻出版社, 2016년판, 684쪽.

누어 볼 수 있다.

첫째, 공동부유의 가치론이다. 국민을 행복한 생활로 이끄는 것은 중국 공산당의 변함없는 분투 목표이다. 우리는 행복한 생활에 대한 국민들의 동경에 순응하여 국민을 중심으로 하는 발전 사상을 견지하고, 민생 보장과 개선을 중점으로 하여 각종 사회사업을 발전시켜 나가며 소득 분배의 조절력을 강화하며 빈곤 탈피 전쟁에서 승리를 거두고 국민의 평등한 참여를 보장하고 평등하게 발전할 권리를 보장하여 개혁 발전의 성과와 혜택을 전체 국민에게 미치게 하여 전체 국민이 공동부유라는 목표로 매진해 나갈 수 있도록 해야 한다. 2012년 11월 15일 18대를 취재한 국내외 기자를 만났을 때 시진핑은 다음과 같이 지적하였다. "우리 국민은 생활을 사랑하고 더 좋은 교육, 더 안정된 일자리, 더 만족스러운 소득, 더 믿을만한 사회보장, 더 높은 수준의 의료위생 서비스, 더 쾌적한 거주 여건, 보다 나은 환경을 바란다. 아이들이 더 잘 자랄 수 있고, 더 훌륭하게 일할 수 있으며 더 잘 생활할 수 있기를 바란다. 행복한 생활에 대한 국민들의 바람이 바로 우리들의 분투 목표이다. 인간 세상의 모든 행복은 힘든 노동을 통해 만들어진다. 우리들의 책임은 바로 당 전체, 전국의 각 민족의 국민을 단결시켜 사상 해방을 지속시키고 개혁개방을 견지하여 끊임없이 사회 생산력을 발전시켜 대중의 생산과 생활에서의 해결하기 위해 노력하고 굳건하게 공동부유의 길로 나아가는 것이다."[30]

2014년 3월 27일에 시진핑은 한걸음 더 나아가 지적하였다. "중국의 꿈은 행복을 추구하는 꿈이다. 중국의 꿈은 중화민족의 꿈이고, 모든 중국인의 꿈이다. 우리의 방향은 바로 모든 사람들이 스스로를 발전시키고 사회에 봉사하는 기회를 얻는 것이고, 인생의 다양한 기회를 함께 누리고, 꿈이 이루어지는 기회를 함께 누리며 국민의 평등한 참여와 평등한 발전 권리를 보장하고, 사회 공평주의를 지키며 발전성과를 보다 공평하게 전체 국민에게 미치도록 하는 것으로, 공동부유 방향으로 매진해 나가는 것이다."[31]

---

30 《十八大以來重要文獻選編》(上), 中央文獻出版社, 2014년판, 70쪽.
31 《在中法建交五十週年紀念大會上的講話》,《人民日報》, 2014년 3월 29일.

둘째, 공동부유의 주체론이다. 2013년 4월 28일, 시진핑은 전국 노동 모범 대표 좌담회에서 국민이 역사를 창조하고 노동이 미래를 열어나간다고 강조하였다. 노동은 인류 사회의 발전을 추진해 나가는 근본적인 힘이다. 행복은 하늘에서 떨어지는 것이 아니다. 꿈은 자동으로 현실이 되는 것이 아니다. 우리의 분투 목표를 실현하고 우리의 행복한 미래를 열어 나가려면 반드시 국민에게 단단히 의지해야 한다. 반드시 힘들고 성실한 노동, 창조적인 노동에 의지해야 한다. 2015년 4월 28일, '5.1' 국제 노동절 경축 및 전국 노동 모범과 선진 노동자 대회에서 시진핑은 다음과 같이 강조하였다.

"노동은 인류의 본질적인 활동으로, 노동의 영광스러움과 창조의 위대함은 인류 문명발전 법칙에 대한 중요한 설명이다. '민생은 부지런함에 있고, 부지런하며 굶거나 헐벗지 않는다'. 중화민족은 부지런히 일하고 창조에 능한 민족이다. 바로 창조적인 노동으로 인해 우리는 찬란한 역사를 가질 수 있었다. 바로 창조적인 노동으로 우리는 오늘날의 성과를 거둘 수 있었다. 우리 사회주의 국가에서 모든 노동은 육체노동이든 정신노동이든 모두 존중받고 격려받아야 한다. 모든 창조는 그것이 개인 것이든 집단 것이든 모두 존중받고 격려받아야 한다. 사회 전체는 노동 존중, 지식 존중, 인재 존중, 창조 존중의 중대한 방침을 관철해야 한다. 사회 전체는 부지런한 노동을 영광으로 삼고, 일하기 싫어하는 것을 수치로 여기며, 언제 누구라도 평범한 노동자를 무시할 수 없도록 해야 하고, 모두 일하지 않고 살아갈 수 없도록 해야 한다."

'위대한 뜻이 있어야 위대한 공을 이룰 수 있고, 위대한 공을 이루는 것은 부지런히 일하는 것에 달려 있다'. 우리나라는 여전히 사회주의 초급 단계에 처해 있다. 중국의 꿈을 실현하고 전체 국민이 행복한 생활을 하기 위한 임무는 막중한데 갈 길은 멀다. 우리 각자는 계속해서 노동과 노력을 계속해 나가야 한다. 사회 전체는 노동자의 이익을 지키고 발전시켜야 하며, 노동자의 권리를 보장해야 한다. 사회 공평주의를 견지해야 하고, 노동자의 참여 발전을 저해하는 것을 없애야 하며 발전 성과를 함께 누리는 것에 대한 장애물을 없애야 하며 노동자가 떳떳하게 일할 수 있고, 전면적으로 발전할 수 있도록 노력해야 한다.

셋째, 공동부유의 방법론이다. 중국 특색의 사회주의는 전면적으로 발전한 사회주의

다. 중국은 크게 발전하기는 했지만 여전히 사회주의 초급 단계에 처해 있는 기본적인 상황은 변함이 없다. 이것은 경제건설을 중심으로 해야 하고, 국민을 중심으로 하는 발전 사상을 견지해야 함을 말해주는 것으로, 정신을 바짝 차리고 당이 집권하여 나라를 발전시키는 제일 책무로서, 보다 높은 품질의, 보다 효율적이며 보다 공평하며 지속가능한 발전을 실현해 나가야 한다. 발전은 집권하고 나라를 발전시키는 당의 첫 번째 의무로서, 중국의 모든 문제를 해결하는 관건이다. 시진핑은 중국 공산당 창립 95주년 대회에서 한 연설에서 중국은 여전히 사회 초급 단계에 머무는 기본적인 상황이 변함이 없다고 하면서 날로 늘어나는 국민들의 물질문화에 대한 수요와 뒤떨어진 사회생산 간의 갈등이라는 사회의 이 주요 갈등상황이 변하지 않았다고 하면서 중국은 세계에서 가장 큰 개발도상국이라는 국제적인 지위도 변함이 없다고 지적하였다. 이것이 우리가 발전을 도모하는 기본적인 이유이다.

국민들이 행복하게 사는 것은 우리들이 벌이는 모든 사업의 출발점이자 종착점이다. 발전과정에서 우리는 민생을 보장하고 개선하며, 끊임없이 날로 늘어나는 행복한 생활에 대한 국민들의 생활 수요를 만족시키며, 사회 공평주의를 계속 촉진하여 국민들이 성취감, 행복감, 안전감을 보다 완벽하게 느낄 수 있도록 하고 더욱 더 보장하고 지속가능하게 해야 한다. 그 가운데 매우 중요한 것은 바로 빈곤을 퇴치하고, 민생을 개선하며 공동 부유를 실현하는 것이다. 이것이 바로 사회주의의 본질적 요구다. 어려운 사람들에 대해 우리는 각별히 관심을 가져야 하고 여러 가지 방법으로 그들의 어려움을 해소해 주어야 한다. 대중의 어려움을 마음속에 두고 당과 정부의 따듯한 온기를 온 가정에 보낼 수 있어야 한다.

국민들이 바라는 바가 정부가 지향하는 방향이다. 민생 복지를 증진하는 것은 발전의 근본 목적이다. 민생 사업을 하려면 먼저 국민을 위한 따스한 감정이 있어야 한다. 민생의 이로움을 더 도모하고 민생의 어려움을 더 해결해주며, 발전하는 과정에서 부족한 것을 채워주고 사회 공평주의를 촉진해야 한다. 민생 사업 분야는 매우 폭이 넓고, 안정성, 연속성, 누적성 등의 특징이 있다. 게으르지 않은 강인함을 견지해야 하고, 하나씩 처리해 나가야 하며, 너무 많은 욕심을 부려서는 안 되고, 눈은 크게 뜨고 담은 작게 해야 한다. 못을 박는 정신으로 용두사미가 되어서는 안된다. 말을 했으면 반드시 실천해야 한다. 사실에 입각하여 착실하게 진행해 나가 공수표를 남발해서는 안되고, 경제발전 단계에 걸맞게 적극적으로 노력하고 있는 힘껏 실천해 나가야 한다.

2013년 5월, 시진핑은 톈진天津 시찰을 갔을 때 강조하였다. "민생을 보장하고 개선하는 것은 장기적인 사업으로서 종착점이 없다. 다만 끊임없이 연속되는 새로운 시작점만 있을 뿐이다." 국민들의 행복한 생활에 대한 수요에 대해 목적성이 매우 강하고 취급하는 면이 보다 넓으며 그 역할이 보다 직접적이고 효과가 보다 뚜렷한 조치로서, 국민들의 어려운 문제를 실제적으로 해결해주고, 국민들의 복지 증진을 도모함으로써 국민들이 공평함을 누릴 수 있도록 하는 것이다.

빈곤함에서 벗어나 부유함에 이르는 것은 빈곤 지역의 일만은 아니고 사회 전체의 일이기도 하다. 보다 광범위하고 보다 효과적으로 인력을 동원하고 각 분야의 힘을 모아야 한다. 동서부의 빈곤 부조 협력 사업을 강화해야 한다. 동부 지역은 물자와 돈을 지원하고, 산업 분야의 협력 사업을 추진해야 하며, 동부 지역의 인재, 자금, 기술을 빈곤한 지역으로 이동시켜 원윈 정책을 실현해야 한다. 성 단위의 협력사업을 추진해야 하고, 시와 현 단위의 협력사업도 추진해야 한다. 최근에 중앙과 각 기관의 각 분야, 인민 단체 등의 빈곤 지역을 돕는 임무를 맡은 단위는 관련 사업을 둘러싸고 많은 일들을 해내어 많은 공헌을 했다. 이후 계속 노력을 기울여야 하고 동시에 제도 건설을 중시해야 하고, 각 단위의 책임을 분명하게 해야 하며 평가 메카니즘을 확립해야 한다. 빈곤 지역을 돕는 임무를 맡은 중앙 기업은 돕는 것을 정치적 책임으로 하여 조금도 모호하게 해서는 안된다. 빈곤한 사람을 서로 돕고 구제하는 것은 중화민족의 아름다운 전통이다. 다른 국가의 성공 사례를 연구하고 중국의 자선 사업제도를 혁신하여 사회 전체의 역량을 동원하여 이 사업에 광범위하게 참여하게 하며, 각 기업과 사회 조직, 개인 참여 등을 격려해야 한다. 동시에 빈곤한 사람들을 돕는 중심을 아래로 내려가도록 유도하여 돕는 자원을 빈곤한 마을

과 개인에게 흘러가게 함으로써 효과적으로 정책이 집행될 수 있도록 해야 한다.[32]

　2016년 7월 20일, 시진핑은 동서부 빈곤 구제 협력사업 좌담회에서 다음과 같이 지적하였다. "형세가 급박하게 돌아가 사람을 기다려 주지 않는다. 서부 지역은 긴박감과 주동성을 강화해야 한다. 일이 어렵다고 포기하는 것을 지양하고, 임무가 막중하다고 해서 위축되지 말아야 한다. 사업기간을 짧게 잡고 책임을 확실하게 하며 시공을 튼튼하게 하여 강력하게 추진해 나간다. 동부 지역은 책임의식과 대국적인 의식을 늘이고, 더 힘을 내어 서부 지역이 탈빈곤 전투에서 이기도록 도와야 한다. 조직 지도를 강화하고, 당정 쌍방은 주로 책임있는 동지들이 직접 사업을 추진해 나가도록 하며 매년 고위층 연석회의를 개최하여 서부 지역에서 현행 표준에서 농촌 빈곤 인구가 예정대로 빈곤에서 벗어나는 것을 주요 목표로 하여 조직적인 실시 역량을 배가시켜야 한다. 정책 설계를 잘 하고, 빈곤 구제를 계속 정조준해 나가며 과학적인 편제로 빈곤 구제 계획을 돕고, 조치를 세밀화하여 빈곤 구제 자금과 항목을 빈곤한 마을과 대중들에게 쏟아지게 하여 빈곤의 끝부분까지 이르게 해야 한다. 투입 역량을 강화하여 동부지역에서는 자금력이 늘어나는 상황에 근거하여 빈곤 구제 재정 투입을 점차 늘려나가고, 아울러 해당년도 예산에 포함시켜야 한다. 서부 지역에서는 빈곤 구제 사업에 맞게 각종 자원을 빈곤 구제 사업에 투입하고 힘을 합쳐 나가야 한다."

32　《十八大以來重要文獻選編》(下), 中央文獻出版社, 2018년판, 50-51쪽.

02

공동부유의 전국적 판도

시진핑은 개혁 개방 40주년 경축대회에서 다음과 같이 지적하였다. "우리는 인민 대중이 시급하게 바라고 필요로 하는 것을 해결하여 인민들이 경제, 정치, 문화, 사회, 생태 등 각 분야에서의 발전 성과를 누릴 수 있도록 해야 한다. 또한 보다 많이 직접적이고 실재적으로 성취감, 행복감, 안전감을 갖도록 하고 끊임없이 인간의 전면적 발전과 전체 인민의 공동부유를 촉진해 나가야 한다." 신중국 수립 70년을 맞이하는 과정에서의 분투를 통해 중국 국민들은 이미 전면적인 소강이라는 결승점에 서 있고, '두 15년'이라는 현대화의 새로운 길로 향하는 새로운 기점에 서서 인간의 전면적인 발전, 전체 인민의 공동부유를 촉진한다는 위대한 목표를 위해 전진하고 있다. 이것은 세계에서 가장 큰 규모의 집단이 공동부유의 길로 향해 가는 '커다란 판도'로서, 인류의 역사 발전을 다시 쓰는 데 깊은 영향을 미치는 문명 서사시이다. 중화 자녀 한 명 한 명의 복지에 직접적으로 영향을 미칠 뿐만 아니라 인류 문명 발전의 찬란한 모범이 될 것이다.

1_ 공동부유의 중국적 방안

(1) 중국 특색의 사회주의의 길 – 공동부유의 정확한 방향을 인도

인류의 위대한 이상적 목표로서 공동부유는 적합한 실현 노선을 찾아서 정확한 그 노선을 따라가야 평탄하고 안정되게 목적지에 도착할 수 있다. 마르크스의 말이다. "인간은 자신이 스스로의 역사를 창조한다. 하지만 그들은 마음 내키는대로 창조하는 것이 아니라 그들 스스로 고를 조건 하에서 창조하는 것이 아니고, 직접 부딪히고 과거로부터 이어져온 조건에서 창조한다."[1] 중국 인민들이 공동부유의 이상적 목표를 추구하는 데 있어서 국가 상황과 발전 단계를 벗어날 수는 없고, 역사를 계승하고 현재에 입각하여 미래로 향해 가는 상황에서 추진해 나가야 한다.

공동부유가 실현되는 대동사회 경지는 중화민족의 오랜 꿈이었다. 하지만 과거의 사회 노선에서는 막다른 골목으로 들어갈 수밖에 없었다. 오랜 동안의 봉건사회에서 중화민족은 찬란한 문명 성과를 창조해냈다. 하지만 일반 민중의 생활 수준은 오랜 기간 동안 생존선 위아래를 배회하였고, 질적 상승을 이룰 수는 없었다. 반봉건 반식민지 상태의 구 중국에서 고대 사회에서 창조한 물질적 자산은 제국주의에 의해 무차별로 약탈당했고, 철저하게 파괴되었으며, 인민들의 생활은 불구덩이 속으로 빠져들었다. 수많은 민중들이 맞닥뜨린 것은 공동 빈곤, 비참한 운명이 이어지는 생활로서 배부르고 따스한 집은 없었다. 소강, 대동사회는 더욱 요원했고, 입에 담기 어려웠다.

신중국이 수립되고 나서야 중국 인민은 자신의 독립적인 정권을 가질 수 있게 되었다. 아울러 사회주의 개조를 거쳐 사회주의의 길로 들어설 수 있게 되었다. 수천 년간 중국 인민들이 오매불망 원해 왔던 배부르고 등 따듯한 온포 문제는 현실적으로 해결될 가

---

1 《馬克思恩格斯選集》(第一卷), 人民出版社, 1995년판, 585쪽.

능성이 생기게 되었다. 신중국이 수립된 지 70년, 특히 개혁 개방 이후 40여 년의 실천이 안정된 인민 정권이 세워지고 중국 실정에 맞는 발전 노선을 걸어야만 공동부유는 중화 대지에서 뿌리를 내리고 싹을 틔워 장대하게 성장할 수 있는 가능성을 증명한다.

중국 특색의 사회주의 노선은 개혁 개방의 위대한 실천을 통해서 열렸다. 또한 중국 혁명이 이미 승리했고, 신중국은 이미 사회주의 기본 제도를 세우고 20여 년간의 건설의 기초 위에서 만들어낸 것이다. 한 세대, 한 세대 걸친 공산당 인사들이 초심을 잊지 않고 계속 전진해 나가면서 탐색하고 이어지는 분투 속에서 발전한 것이기도 하다.[2] 시진핑은 개혁 개방 40주년 축하대회에서 다음과 같이 총결하였다. "개혁 개방 40년의 실천은 우리에게 다음과 같은 내용을 말해준다. 제도는 당과 국가 사업 발전의 근본성, 전국성, 안정성, 장기성 문제와 관계된다. 우리는 중국 특색의 사회주의 제도를 완벽하게 하고 발전시키는 이 중요성을 틀어쥐고 사회 생산력을 해방시키고 발전시키기 위해, 사회 활력을 해방시키고 늘이기 위해, 당과 국가의 생기와 활력을 지켜나가기 위해 힘있는 보증을 제공하고, 사회 국면의 안정을 유지하기 위해, 인민의 안정된 생업과 생활을 보증하고, 국가 안전을 보장하기 위해 힘있는 보증을 제공한다. 모든 노동, 지식, 기술, 관리, 자본 등의 요소에 활력을 불어넣기 위해 모든 창조적 사회 자산의 원천이 충분히 흘러넘쳐 활력이 충만한 체제 메카니즘을 건립해 나갈 것이다." 활력이 충만하고 인민이 함께 건설하고 누리는 사회주의 노선을 걸어나가게 되면 공동부유는 기초가 튼튼하고 희망으로 가득 찬 무한한 미래가 펼쳐지는 건강한 큰 길을 걸을 수 있게 될 것이다.

(2) 중국 특색의 사회주의 제도 - 공동부유의 내적 활력을 불러일으키다

제도는 당과 국가 사업발전의 근본성, 전국성, 안정성, 장기성과 관련된 문제다. 이론과 실

---

2 中共中央黨史研究室理論研究中心,《堅定中國特色社會主義道路自信》,《求是》, 2017년 제19기.

천이 여러 차례 증명하듯이, 사회 제도가 어떠냐에 따라 생산 방식, 생활 방식, 분배 방식이 결정된다. 또 서로 다른 성격의 사회 제도는 근본적으로 공동부유 실현 가능성을 결정한다. 자본주의 이전의 사회 제도에서 원시 공산주의 제도가 실현할 수 있는 것은 최저한도의 생존도 유지하기 어려웠다. 생산 여건이 극도로 낙후한 상황에서 평균 분배나 어려움을 함께 이겨나가는 것은 원시 인류 종족이 지속되어 나갈 수 있는 극한 생존의 가장 우월한 책략이었다. 노예 사회에서 노예는 가장 적은 물질 자산을 소모하고, 신체 조건이 허락하는 가장 큰 사회 자산을 만들어낸다. 일부분 노예주들은 소강이나 부유한 생활을 할 수 있는 조건이 되고, 일부 사람들은 한가롭게 정신 문화 차원에서의 탐색을 할 시간을 가질 수 있었다. 봉건 사회에서 인류 사회는 생산력 수준이 전에 없이 크게 발전하게 되었고, 몇몇 왕조의 번성 시기에 왕조의 수도나 무역항을 대표로 하는 몇몇 지역에서는 단계적으로 경제 발전과 시장 번성 등의 모습이 나타났다. 인민의 생활 수준은 상대적으로 커다란 도약이 나타났다. <청명상하도>에 그려진 북성 시정의 번화함은 예술적인 축소판이다. 하지만 설령 가장 강성했던 봉건 왕조와 가장 발달한 도시라도 도달할 수 있는 경제 번영은 모두 제한적이었다. 보편적 빈곤은 대다수 사회 구성원의 현실적인 모습이었다.

자본주의 사회에서는 글로벌 시스템이 패권국 영국이나 미국, 또는 사회주의 색채가 매우 농후한 북유럽 국가를 막론하고 사회적인 빈곤 특히 내생적인 빈부 격차 문제를 해결할 수도 없고 그러지도 못했다. 근본적으로 진정한 공동부유 문제를 실현할 수가 없는 것이다. 다른 측면에서, 자본주의 사회에서 공동부유는 추구할 필요가 있는 이상적인 목표로 인식되지 못했다. 왜냐하면 자본주의에 내재한 경쟁은 필연적으로 계급과 계층, 서로 다른 집단 간의 빈부 격차를 동반하기 때문이다. 요컨대, 사회주의 제도에서만 공동부유는 필연적인 사회 공동의 이상이 될 수 있을 뿐만 아니라 사회주의 제도의 여건 하에서 정치 제도, 조직 제도, 경제 제도 등의 제도 역시 비로소 공동부유 실현에 제도적 보장을 제공할 수가 있다. 중국 특색의 사회주의 제도는 사회주의 제도와 중국 상황과 서로 결합된 산물로서, 사회 생산력를 해방시키고 발전시키며, 사회 활력을 해방시키고 증진시키며, 당과 국가의 생기와 활력을 지켜나가는 데 힘있게 보장해 줄 수 있고 사회를 안정시키고 인민을 편안하게 생업에 종사하고 국가 안전 보장에 힘있는 보장이 되어 줄 수가 있어서 모든 노동, 지식, 기술, 관리, 자본 등 요소의 활력과 앞다투어 살아나게 할 수 있고, 모든 사회 자산을 만들어내는 원천이 충분히 흘러넘쳐 활력이 넘치는 체제 메커니즘을 세워나갈 수 있다. 이런 굳건한 보장이 있게 되면 공동부유는 중국 특색의 사회주의 제도 하에 실현의 현실적 기초를 갖게 되는 것이다.

(3) 기본 경제 제도와 분배 제도 – 공동부유의 직접적인 제도 조건을 창조하다

사회주의 시장 경제에서 사회주의 기본 경제 제도와 분배 제도를 견지하고 완비하는 것은 공정과 효율적인 소득 분배 구조를 형성하는 데 근본적인 보장이다. 소득 분배는 민생의 원천으로서, 민생을 개선하고, 발전 성과를 국민들이 함께 누리는 데 있어서 가장 중요하면서도 가장 직접적인 방식이다. 따라서 함께 발전을 누리기 위해서는 포용성 발전의 소득 분배 제도를 반드시 확립해야 한다. 기본 경제 제도에서 결정되는 소유제 상황은 소득 분배에 영향을 미치는 근본적 제도 장치다. 서로 다른 소유제 형식은 서로 다른 소득 분배 형태를 결정한다. 마르크스는 〈정치 경제학 비판 서언〉에서 주도적인 지위를 차지하는 생산관계(소유제)는 일종의 '두루 비추는 빛'으로서, 그 밖의 주도적인 지위를 차지하지 않는 생산관계(소유제)에 영향을 미치고 결정한다고 주장했다. 자본주의 소유제 형태에서 소득 분배는 방식은 자본에 유리한 방식으로 전개된다. 노동자는 노동 과정에서 끊임없이 '자신과 다른' 힘을 생산해낸다. "생산 대상이 많으면 많을수록 그는 점유 대상이 그만큼 적어지고, 게다가 자신의 생산품을 적게 그만큼 적게 받는다."[3] 프랑스 경제학자 토마스 피케티 Thomas Piketty는 〈21세기 자본론〉에서 최근 300년간의 장기간에 걸친 수치를 이용하여 주요 자본주의 국가의 소득 분배 상황에 대해 분석하고, 시몬 쿠즈네츠 Simon Smith Kuznets가

---

3   《馬克思恩格斯全集》(第四十二卷), 人民出版社, 1965년판, 91쪽.

제기한 '뒤집힌 U자 곡선' 가설을 반박하는 결론을 내렸다. 피게티는 자본주의적 소득 분배는 끝없이 확대되는 내재적인 추세를 갖는다고 생각했다.[4] 자본주의 제도 하에서 사회 전체는 함께 누리는 발전을 실현할 수 없음을 보여준다. 중국은 공유제를 주체로 하여 여러 가지 소유제 경제가 함께 발전하는 기본 경제 제도를 실행하고 있는데, 이는 노동에 따라 분배하는 것을 주체로 하여 여러 가지 분배 방식이 함께 공존하는 사회주의 소득 분배 제도를 결정하고, 나아가 중국의 수많은 노동자들이 소외되는 것을 피할 수 있는 여건을 마련해주고, '자신에 대한 본질적 점유'를 실현하고 노동을 통해 경제 사회의 발전 성과를 나눠 누릴 수 있게 된다. 새로운 역사 조건 아래에서 함께 누리는 발전을 실현하기 위해서는 사회주의 기본 경제 제도와 기본 분배 제도를 고수하고 보완해야 하며, 그 내용을 끊임없이 풍부하게 하고 함께 누리는 발전을 위해 강력한 제도적 보장을 해야 한다.

(4) 사회주의 시장 경제 – 공동부유에 가장 우월한 경제 체제를 건설하자

사회주의 시장 경제 이론은 중국 공산당 인사들이 마르크스 정치 경제학을 혁신하고 발전시킨 것으로서, 세계 사상사 최초로 사회주의와 시장 경제가 서로 결합될 가능성과 필연성을 체계적으로 설명한 것이다. 개혁 개방 이후 중국은 '일대이공一大二公'[5]의 소유제 상황을 점차 타파하면서 상품 경제가 점차 발전하였다. 지도 사상 면에서 엄격한 계획 경제 실행으로부터 계획적인 상품 경제 실행으로 변화되었다. 중국 공산당 14대 대회에서 사회주의 시장 경제 체제의 개혁 목표를 명확하게 제기하였다. 14기 3중전회에서 통과된 <중공 중앙의 사회주의 시장 경제 체제 건립에 관한 결정>에서 제기하기를, "사회주의 시장 경제 체제를 건립하는 것은 국가의 거시적인 통제하에서 시장은 자원 배치에 대해 기초적 역할을

---

4   [法]《馬克思恩格斯全集》(第四十二卷), 人民出版社, 2014년판, 167쪽.
5   역자주 : 1958년 대약진 운동이 정점에 이르렀을 당시에 중국 공산당이 전개한 인민 공사화 운동의 두 가지 특징을 부르는 말로, 구체적으로는 인민 공사의 규모를 크게(大) 할 것과 공유화의 정도가 높을(高) 것을 요구하였다.

한다"고 하였다. 당시 역사 조건 하에서 시장 주체는 발달하지 않았고, 시장 메카니즘은 온전하지 않았으며, 시장 질서는 완비되지 않았다. 비록 전통적인 계획 수단은 점차 경제 분야에서 물러났지만 시장의 자원 배치는 넓이와 깊이, 운용 수단 면에서 큰 제약을 받는 상황이었다. 경제 체제 개혁의 심화에 따라, 특히 사적 소유 경제의 급속한 발전에 따라 중국 경제의 시장화 정도는 계속 늘어났고, 자원 배치에서 시장의 역할은 필요 조건을 형성하였다. 16기 3중전회에서는 원래 문구를 한걸음 더 나아가 '자원 배치 과정에서 시장의 기초적 역할을 더 큰 정도로 발휘한다'고 고치고, '국가의 거시적인 통제 아래'를 삭제하였다. 18대 대회에서는 '자원 배치에서 시장이 더 크고 광범위하게 기초적 역할을 해야 한다'고 하였다. 18기 3중전회에서는 '자원 배치에서 시장이 결정적 역할을 한다'고 하여 이전의 논술에 비해 지위와 역할이 갈수록 중요해졌다.

    시진핑은 중국 공산당 18기 3중전회의 보고에서 다음과 같이 지적하였다. "'자원 배치에서 시장이 결정적 작용을 한다'는 자리매김은 전체 당과 전체 사회에서 정부와 시장의 관계를 수립하는 데 있어서 정확한 생각이고, 경제 발전 방식을 바꾸는 데 유리하며, 전통적 정부 기능을 바꾸는 데 유리하고, 부정적인 부패 현상을 억제하는 데 유리하다." 시진핑은 "시장이 자원 배치를 결정하는 것은 시장 경제의 일반적 법칙이다. 시장 경제는 본질적으로 시장이 자원 배치를 결정하는 경제"라고 하였다. 자원 배치에 있어서 시장의 결정적 역할은 자동으로 형성되는 것이 아니고, 정부가 '보이는 손'으로 힘있게 보장해 주어 월권하지도 않고 시장의 부족분을 채워주어야 한다. 시진핑은 정부와 시장의 역할은 대립적인 것이 아니라 상호 보완적인 것임을 깊이 있게 지적하였다. 단순히 시장이 역할을 좀 더 하게 하고, 정부의 역할은 조금 적게 하는 문제가 아니고 전체적으로 파악하면서 장단점을 보완해 가면서 유기적으로 결합시켜 함께 노력하자는 것이다. 정부와 시장의 경계를 분명하게 하려면 시장의 역할을 할 수 있는 것에는 정부는 간섭하지 말고 도와주고, 시장이 역할을 할 수 없는 것에는 정부가 주도적으로 나서서 관리할 것을 관리하면서 문제를 해결해 나가는 것이다. 정부와 시장의 관계를 처리하는 데 있어서 중국에서는 심각한 가르침이 있었다. 다른 나라에서도 많은 경험과 교훈이 있었는데, 관건은 시장의 기능과 정부 행위의 가장 아름다운 결합점을 찾아내어 정부와 시장이 각각의 장점을 충분히 발휘하게 하여 시장의 역할의 정부의 역할을 유기적으로 통일하여 서로 보완하고 도와가면서 힘을 합쳐 공동부유의 실천을 이뤄나가야 하는 것이다.

(5) 경제 건설을 중심으로 – 공동부유의 물질적 기초를 쌓자

경제 건설을 중심으로 하는 것은 마르크스주의 유물 사관이 근본적으로 구체화된 것으로서, 중국 특색의 사회주의 정치 경제학에서 가장 특색 있는 이론 가운데 하나다. 개혁 개방 이후 덩샤오은 반복해서 경제 건설을 중심으로 하는 것의 중요성을 강조하였다. 그는 다음과 같이 주장하였다. "이제 마음을 편히 먹어야 한다. 큰 전쟁이 일어난 것을 제외하고 시종 일관 이 일을 끝까지 관찰해야 한다. 모든 것은 이 일을 둘러싸고 어떤 간섭도 받아서는 안 된다."[6] 2013년 8월, 시진핑은 전국 사상 선전 사업 회의에서 다음과 같이 지적하였다. "당의 11기 3중전회 이후 우리 당은 시종 경제 건설 중심을 견지해 왔다. 경제 건설과 인민 생활 향상에 집중해 왔다. 국내외 대세가 근본적으로 변화하지만 않는다면 경제 건설을 중심으로 하는 것은 바꿀 수도 없고 바뀌어서도 안 된다. 이는 당의 기본 노선이 100년간 흔들리지 않는 근본적인 요구이고, 당대 중국의 모든 문제를 해결하는 근본적인 요구이기도 하다."

경제 건설 중심이 흔들리지 않게 견지해 나가는 것은 중국 특색의 사회주의 정치 경제학이 반드시 오랜 기간 견지해 나가야 할 중대한 원칙이다. 이는 중국의 기본적인 상황과 주요 모순 및 발전 환경이라는 '변하지 않는 세가지'로 인해 결정된 것이다. 시진핑은 중국 공산당 수립 95주년 축하 대회에서 명확하게 제기하였다. "발전은 당이 집권하고 나라를 발전시키는 첫 번째 중요한 임무로서, 중국의 모든 문제를 해결하는 관건이다.

---

6 《鄧小平文選》(第二卷), 人民出版社, 1994년판, 249쪽.

중국은 여전히 그리고 오랫동안 사회주의 초급 단계에 처해있는 기본 상황이 변하지 않았고, 날로 늘어나는 국민들의 물질 문화 수요는 낙후한 사회 생산과의 괴리가 이 사회의 주요 갈등요소로서 변하지 않았다. 중국은 세계에서 가장 큰 개발도상국이라는 국제적인 지위도 변하지 않았다. 이는 우리가 발전을 꾀하는 기본적은 근거이기도 하다." '변하지 않는 세 가지'는 중국이 여전히 경제 건설을 중심으로 해야 할 필요성을 결정하였다. 이것은 국가 발전의 근본적인 임무와, 전체 국민의 근본적인 이익이 자리한 것이기도 하다. 먼저, 중국은 여전히 그리고 오랫동안 사회주의 초급 단계에 처해 있는 상황이 변하지 않았다. 중국은 생산력이 상대적으로 뒤떨어진 국면은 여전히 근본적으로 바뀌지 않았고, 생산력과 생산관계의 부조화 상황도 여전히 보편적으로 존재한다. 반드시 기본적인 국가적 상황에서 출발하여 한마음으로 경제 건설에 매진해야 한다. 이것이야말로 당대 중국의 모든 문제를 해설할 수 있는 근본적인 길이다. 다음으로, 날이 갈수록 늘어만 가는 중국 국민의 물질 문화에 대한 수요와 뒤떨어진 사회 생산 사이의 괴리라는 이 주요 모순은 변하지 않았다. 특히 경제의 새로운 정상 상태(뉴노멀) 아래에서 전통적인 공급 구조와 수준은 국민들의 물질 문화에 대한 새로운 수요에 적응하지 못하고 있다. 반드시 경제 건설을 중심으로 하여 경제 구조를 개선하고 경제 기능을 향상시켜 끊임없이 경제 발전의 질과 수준을 향상시켜야 하고, 새롭게 늘어나는 국민들의 물질 문화 수요를 만족시켜야 한다. 다음으로, 중국은 세계에서 가장 큰 개발도상국이라는 국제적 지위도 변하지 않았다. 비록 경제 총량에서 이미 세계 2위의 규모를 갖기는 했다. 하지만 경제 발전의 전체적인 수준, 특히 1인당 소득 수준은 여전히 낮아 '중간 소득의 함정'을 뛰어넘지 못했다. 반드시 조금도 흔들리지 않게 경제 건설을 중심으로 하여 사회 생산력을 새로운 단계로 끌어올려야 한다. 사회주의 초급 단계 역사 발전 단계에서 큰 전쟁과 같은 극단적인 사건만 아니라면 중국은 경제 건설을 중심으로 하여 지속적으로 보다 더 큰 규모, 보다 높은 품질, 보다 지속가능한 물질 자산을 만들어내어 공동부유의 현실적 물질 기초를 쌓아올릴 것이다.

(6) 국민 중심 - 공동부유의 가치 지향점 고수

마르크스는 인간이 생산력 가운데 가장 중요한 요소라고 여겼다. 사회주의 개혁과 건설의 전체 과정에서 중앙과 지방의 적극성을 활용을 포함하여 인간의 적극성을 충분히 이용해야 하고, 그것이 사회 발전의 동력을 형성한다고 본 것이다.

인간의 적극성을 불러일으키려면 인간의 이익과 부합되도록 합리적인 분배가 이뤄져야 한다. 소득 분배의 본질은 이익 분배다. 마르크스는 "사상이 일단 이익과 멀어지면 스스로 추한 모습을 드러낸다"고 하였다. 레닌도 "물질적 이익 문제는 마르크스 전체 세계관의 기초"라고 하였다. 마르크스는 이익은 우선 하나의 관계 범주로서 그것이 반영하는 것은 인간과 인간 사이의 사회 관계이고, "공동의 이익은 단순히 보편적인 것으로 관념 속에 존재하는 것이 아니라 서로 분업하는 개인들 사이의 상호 의존관계로서 현실 속에 존재하는 것"[7]이라고 생각하였다. 마르크스주의는 이익의 문제를 회피하지 않을 뿐만 아니라 그것을 매우 중요한 위치에 두고 있다는 사실을 알 수 있다. 중국의 개혁 개방과 사회주의 현대화 건설 사업이 새로운 성과를 계속 취할 수 있느냐 여부는 수많은 간부와 대중의 직접적인 이익을 보호하고 존중해 줄 수 있느냐, 합리적인 격려 메커니즘을 세우느냐, 각 분야의 적극성을 불러일으킬 수 있느냐, 함께 일해 나가면서 좋은 분위기를 만들어낼 수 있느냐에 달려 있다.

객관적으로 말해 현재 중국 간부들의 소질은 계속 높아지고 있고, 구조는 분명하게 개선되고 있다. 전체적으로 사업 발전의 수요에 적응하고 있다. 동시에 간부들 사이에는 여러 가지 복잡한 상황도 존재한다. 두드러진 문제는 간부들의 사상적 곤혹 상황이 늘어나고 있고, 적극적이지 않으며 어느 정도의 '관리로서 움직이지 않는' 면이 존재한다. 이 문제가 생겨난 것은 몇몇 간부들 자신이 새로운 상황에서 새로운 임무에 소질상 적응하

---

7 《마르크스 엥겔스 선집》(제3권), 인민출판사, 1965년판, 37쪽.

지 못하는 것 이외에도 우리 사업에서의 원인도 있고, 또 사회적으로 여러 가지 복잡한 요소의 영향도 있다. 2016년 1월 시진핑은 성급 주요 지도간부들 대상의 공산당 18기 5중전회 정신 토론회에서 다음과 같이 지적하였다. "보다 광범위하고 보다 효과적으로 간부들의 적극성을 불러일으켜야 한다. 이 문제는 매우 중요하다. 지금 볼 때 매우 긴박하다." 기다리거나 질질 끌지 않고 변증법적으로 시책을 펼치며, 당원 간부들이 일을 해나가는 데 있어서 적극성, 주동성, 창조성을 충분히 불러일으키고, 하고 싶어 하고, 시도하고, 잘 하는 훌륭한 분위기를 형성해 나가야 한다는 것이다. 이를 위해 세 가지로 구분하여 견지해 나갈 것을 요구하였다. 개혁 추진 과정에서 간부가 경험이 부족하여 먼저 나타난 잘못과 실수는 알면서도 일부러 저지른 기율 위반 행위와는 구분하라. 윗선에서 명확하게 제한하지 않았던 탐색성 시험 과정에서의 잘못과 실수는 윗선에서 명확하게 금지령을 내린 후에 저지른 기율 위반 행위와 명확하게 구분하라. 추진 과정에서의 고의가 아닌 과실은 개인적인 이익을 도모하려다 저지른 기율 위반 행위와 명확하게 구분하라. 이를 통해 올바른 태도로 시도한 행위들과 진취적인 간부들은 보호하라. 관련된 구체적인 상황과 정책 한계는 명확하게 하고, 잘못을 바로잡는 메커니즘을 완비하고 보장 제도를 온전하게 격려하며, 최대한 수많은 간부들의 적극성, 주동성, 창조성을 불러일으켜 간부들이 분발하여 일에 나서는 사회 환경을 조성함으로써 그들이 대중을 이끌어 일을 해내갈 수 있도록 독려하자는 것이다. 각 분야의 적극성, 특히 수많은 간부와 대중의 적극성을 불러일으켜야만 개혁은 비로소 그 동력이 넘쳐 나게 되고 중국 사회주의 현대화 건설 사업은 마르지 않는 발전 동력을 얻을 수 있을 것이다.

2 _ 공동부유의 중국적 위치

(1) 공동부유가 지향하는 현대화 실현

현대화 실현과 공동부유 실현은 긴밀하게 관련된 공동 성장의 실천 과정이다. 중국 특색의 공동부유의 노선은 중국 특색의 사회주의 현대화를 도모하고 추진해 가는 노선이다. 중국 사회주의 건설은 '세 걸음'의 목표 가운데 놓여 있다. 첫 번째 걸음은 배부르고 따듯함溫飽 실현으로서, 이것은 중국이 공동부유를 향해 가는 데 이정표적 의미를 갖는 중요한 한걸음이다. 전국민이 온포를 실현하는 것은 중국 5천년 문명사에서 처음으로 가난과 작별하는 것을 의미한다. 따라서 공동부유로 매진해 가는 새로운 장을 여는 것이다. 두 번째 걸음은 소강에 이르는 것이다. 이것은 중국 국민들이 배부르고 따듯한 단계에서 여유가 생긴 비교적 안락한 생활이다. 덩샤오핑 이론 체계에서 '소강小康'은 '중국식 현대화'의 또 다른 표현이다. 대중이 이해하기 쉽고 또 국제적으로 통용되는 현대화 기준과 서로 연결되어 국내외를 관통하는 것으로, "현대 사회의 가치관과 전통 사회의 이상이 결합된 지혜로운 창조"이다.[8] 덩샤오핑의 소강 목표는 국가적 차원에서, 국민 총생산이 1조 달러이고, 개인 차원에서는 1인당 평균 소득이 800달러로서 기본 생활이 보장되는 것이다. 사회적 차원에서는 소득 분배가 비교적 합리적이고 공평하며 극빈층이 없어지고 사회 사업과 공공복지사업이 잘 배치되어 있으며 인간의 정신적 면모가 크게 변화되는 모습을 보인다. 소강을 실현했다는 것은 중국이 공동부유를 이뤄나가는 데 크게 한걸음을 내딛었다는 것을 말해준다. 세 번째 걸음은 현대화 실현으로서, 그 때가 되면 중국은 역사상 처음으로 현실적인 의미에서의 공동부유를 초보적으로 실현하게 된다. 공산당 19대 대회에서 중국의 현대화 실현에 대해 '두 15년'의 전략 조치를 제기하였다. 첫 번째 '15년'에서 중국은 기본적인 현대화

---

8   중앙문헌연구실 소강사회 연구과제팀, 〈소강 목표의 제기와 소강사회 이론의 형성〉, 《당의 문헌》, 2010년 제1기.

실현을 물질 문명의 차원에 두고, 경제력, 과학 기술력, 종합 경쟁력의 비약적 상승으로 표현하였다. 정치 문명의 차원에서는, 공민의 권리, 법치 건설이 높은 수준에 이르고, 국가 통치 체계와 통치 능력의 현대화를 기본적으로 실현하는 것으로 표현하였다. 정신 문명 차원에서는, 사회의 문명 정도, 문화 소프트 파워와 영향력을 높은 수준으로 끌어올리는 것으로 표현하였다. 사회 문명 차원에서는 국민 생활, 공공 서비스 수준을 대폭 개선하고, 공동부유, 사회 통치가 새로운 경지에 이르는 것으로 표현하였다. 생태 문명 차원에서는, 환경 쿠즈네츠의 곡선을 넘는 변곡점으로서 생태 환경이 근본적으로 호전되는 것으로 표현된다.[9] 이 목표에 도달한다는 것은 중국의 공동부유가 처음으로 현실적인 모습을 갖췄다는 것을 의미하는 것이다. 두 번째 '15년'이 되면 중국은 건설을 민주 문명과 조화롭고 아름다운 사회주의 현대화 강국이 될 것이고, 공동부유는 보다 높은 새로운 수준에 도달하게 될 것이다.

(2) 높은 품질의 공동부유 동력 그룹을 형성하자

공동부유를 실현하는 데에는 튼튼한 발전 동력과 떨어질 수 없다. 새로운 시대에는 높은 품질의 발전 동력 그룹으로 직접 표현된다. 이른바 높은 품질의 발전 동력 그룹은 바로 공동부유 실현에 풍부한 경쟁력, 보다 좋은 효과를 지닌 경제 동력 뿐만 아니라 사회 동력과 문화 동력을 적극적으로 만들어 나가는 넓은 의미의 동력이다. 그 가운데 자주적인 혁신 동력은 공동부유의 관건이 되는 동력이다. 중국은 현대화를 사들일 수 없다. 마찬가지로 다른 나라가 제공하는 핵심 기술에 의지하여 공동부유를 실현할 수 없다. 현재 중국은 발전에 있어서 일련의 '목졸림'의 문제에 직면해 있다. 그 근원은 중국이 자주적인 혁신 능력에 있어서 선진국과 커다란 차이가 있다는 점에 있다. 차이에 직면하여 중국은 고개를 들

---

9   夏錦文, 〈기본 현대화의 구역 탐색, 이론설명과 장쑤 실천〉, 《현대경제 탐구토론》, 2019년 제3기.

고 앞으로 나아가 전면적으로 자주적인 혁신 수준을 향상시켜야만 비로소 높은 품질의 혁신 기초를 마련할 수 있고, 그래야 공동부유의 건실한 기초를 세울 수 있는 것이다. 시진핑은 혁신 문제를 일관되게 중시하면서 혁신이 발전을 이끄는 첫 번째 동력임을 강조하였다. 혁신을 국가 전체 국면 발전의 핵심적인 위치에 놓아야 하고, 끊임없이 이론 혁신, 제도 혁신, 과학 기술 혁신, 문화 혁신 등의 각 방면에서 혁신을 추진해서, 혁신을 당과 국가의 모든 사업에 관철시켜야 하고, 혁신이 시종일관 한 나라와 민족이 발전해 나아가는 중요한 힘이면서 전 인류사회가 발전해 나가는 데 있어서 중요한 힘이라는 사실을 강조한 것이다. 시진핑은 13차 5개년 계획을 제정하는 데 있어서 특별히 강조하기를, 중국이 선진국의 과학 기술 경제력에 있어서 차이는 주로 혁신 능력에서 나타난다고 하였다. 과학 기술의 혁신을 추진하려면 발전의 대세를 틀어쥐고 글로벌 과학 기술 발전 방향을 뒤쫓아, 문제의 지향점을 견지해 가면서 중국 과학 기술 혁신의 주요 목표와 돌파구를 명확하게 하고 관건이 되는 핵심 기술을 힘차게 공략해야 하며, 추월 내지는 발걸음을 이끌어야 한다는 것이다.

개혁을 심화하기 위해서는 온전한 체제 메커니즘을 세우고, 하루 빨리 산학연의 심도 있는 융합을 강화하며, 과학 연구소의 개혁을 계속해 나가고, 정부 과학 기술의 관리 체제의 개혁을 추신하여 기관과 인재, 장비, 자금 등이 충분히 움직이게 하여 과학 기술 혁신 발전의 강대한 종합 파워를 형성하도록 하자는 것이다. 동시에 과학 기술과 경제 협력을 중점적으로 강화하여 혁신 성과가 산업에 연동되도록 하고, 혁신 항목이 현실 생산력과 이어지고, 연구 개발 인력의 혁신 노동이 소득과 이어지게 함으로써 혁신 성과를 내는 데 유리하고, 혁신 성과 산업화의 새로운 메커니즘에 유리하도록 하자는 것이다. 혁신이 이끄는 높은 품질의 발전 동력 그룹을 세워야만 공동부유의 전략과 주도권을 단단히 장악할 수 있고, 공동부유를 중국의 높은 품질 발전의 건실한 기초 위에 세울 수 있게 될 것이다.

(3) '올리브형' 사회 구조를 만들자

사회 생산력이 비교적 발달한 현대 사회에서 일부분의 사람들이 먼저 부유해지는 것은 어렵지 않은 일이다. 어려운 것은 대다수 사람들이 함께 부유해져서 중산층이 주체가 되는 '올리브형 사회'를 이루는 것이다. 2016년 5월, 시진핑은 중앙 재정 경제 지도팀 제13차 회의에서 행한 연설에서 중산층을 확대하는 것은 전면적인 소강사회 건설이라는 목표 실현과 관계되는 것으로, 구조 전환의 필연적 요구이며 사회의 조화와 안정을 지키고 장기적으로 국가를 안정되게 다스리는 데 있어서 필연적 요구라고 하였다. 중산층을 확대하는 것은 '올리브형' 사회 형성의 중점이다. CSFB(Credit Suisse First Boston)에서 2018년 10월에 발표한 〈글로벌 자산 보고 2018〉에서 볼 수 있듯이, 중국 중산층 숫자는 1억 900만명으로, 전세계 1등이다. 비록 그 절대 숫자는 낮지는 않지만 중국의 중산층은 전국 성인 인구의 11%에 불과하다. 서방 선진국의 30% 이상과는 차이가 크게 나타난다. '올리브형 사회' 형성의 핵심은 중산층 규모를 확대하는 것이다. 따라서 '올리브형'에 걸맞는 분배구조를 반드시 만들어야 한다.

지니계수는 국제적으로 통용되는 국민들의 소득 격차 상황을 평가하는 지표이다. 국가 통계국이 발표한 수치에 따르면, 개혁 개방 이후 중국의 지니계수는 전세계 최저 수준 상태에 위치해 있다. 신속한 상승과 다시 떨어지는 과정을 겪고 있는 것이다. 중국 국민의 1인당 평균 가처분 소득 지니계수는 2008년에 최고점에 올랐다가 그 뒤에 하향 곡선을 그리고 있다. 이는 중국의 소득 분배 격차 상황이 완화되고 있다는 것을 말해준다. 하지만 여전히 0.4인 국제 경계선보다 높은 상황이다. 새로운 정상 상태에 들어선 이후 중국의 지니계수는 더 낮아질 희망이 보이고 있다. 먼저, 국유 기업의 봉급 분배 제도 개혁으로, 특히 국유 기업의 주요 책임자의 봉급 동결 조치는 몇몇 국유 기업의 지나치게 높은 봉급 구조를 없앴다. 다음으로, 중국의 반부패 투쟁이 깊이 있게 추진되었고, 아울러 부패를 방지하는 효과적인 제도 개선이 이루어져 근본적으로 부패로 인해 생겨나는 지나친 소득 격차를 없애는 데 도움을 주었다. 또 시장 개혁, 특히 생산 요소 시장화 개혁의 추진에 따라 농촌의 토지와 같은 생산 요소의 희소가치가 점차 제대로 된 모습을 보여 소득 분배의 내적 메커니즘이 보다 합리적이고 공정하게 되었다. 마지막으로 대중의 창업과 혁신의 추진으로 많은 사람들이 직접 사회의 자산 창조에 커다란 공간을 제공함으로써 그에 상응하는 소득 분배 또한 혁신 창업자에게 유리한 방식으로 바뀌었다. 그에 따라 중국의 새로운 사회 자산 구조 조정이 일어났고, 개인 소득 구조의 조정이 동반되었다. 국제적인 경험 '올리브형' 구조는 이상적인 소득 분배 구조로서, 공평과 효율을 함께 고려할 수 있고 상대적으로 안정된 소득 분배 구조이다. 중국의 소득 분배 구조를 피라미드형에서 올리브형으로 바꿔가는 것은 중국의 소득 분배 개혁의 전체적인 방향이고, 비공유제 경제 소득 분배 개혁의 기본적인 방향이기도 하다. 게다가 비공유제 경제 소득 분배 제도 개혁은 '올리브형' 소득 분배 구조를 세워나가는 데 있어서 관건이 된다.

현재 중국은 전면적인 소강사회 진입 여부가 결정되는 시기로서, 비교적 단기간 안에 중산층의 비중이 낮고 전체적인 규모가 너무 작은 현상을 바꾸는 것이 매우 중요한 요소로 작용할 것이다. 비공유제 경제 분배에서 다루는 사람은 매우 많아서 그들 가운데 다수가 중산층 대열에 들어갈 수 있느냐의 여부는 중국이 올리브형 분배 구조를 형성할 수 있느냐, 올리브형 사회를 건설할 수 있느냐를 결정하는 관건이 될 것이다. 중국이 점차 올리브형 사회를 건설해 나감에 따라 공동부유를 실현하는 데 유리한 사회 구조를 형성하고 나아가 공동부유가 많은 사람들의 마음속으로부터의 지지를 받을 수 있을 것이다.

(4) 물질적 공동부유와 정신적 공동부유의 균형

공동부유의 내용을 살펴보려면 물질 문명과 정신 문명이 상호 조화를 이루는 사고를 할 필요가 있다. 공동부유에 대한 이해의 한계를 경제적 측면에만 두는 것을 방지하고, 동시에 중국의 실제 발전을 결합하여 공동부유를 전체적으로 바라보는 관점을 수립하여, 물질적이고 정신적인 여러 각도에서 공동부유의 풍부한 내용을 파악해야 한다. 새로운 발전 단계에서 중국이 추진하는 공동부유는 전체적인 요구에서 국민들의 물질 생활을 풍족하게 하고 정신 생활을 풍부하게 하는 것이다. 그 가운데 정신 생활의 풍요로움은 공동부유를 실현하는 정도의 어려움과 그것을 결정짓는 지점이다. 정신적인 풍요로움은 물질적인 부유를 실현한 이후에 자동적으로 실현되는 것이 아니다. 국민들의 정신 생활을 풍요롭게 하려면 반드시 일찌감치 시작해서 서서히 향상시키고 오래도록 공을 들여야 한다. 다른 하나는 실현 경로에서 국민들을 더 많이, 그리고 더 공평하게 개혁 발전의 성과를 누리도록 해야 한다. 인간 근본, 민생 우선, 발전성과 공유, 민생 공유 전략의 실시를 견지해 나가는 것과 보다 효과적인 제도적 안배로 국민 전체가 발전 과정에서 더 많은 성취감을 얻게 하고, 발전 동력을 증강시키며 국민 단결을 증진하고, 공동부유의 방향으로 한 걸음씩 전진하게 된다. 또 다른 하나는 구체적인 목표에서 국민들이 더 많은 교육을 받도록 하고 더 안정된 일자리를 갖도록 하며 더 만족스러운 소득을 얻도록 하고 사회 보장을 믿을만 하게 하며 더 높은 수준의 의료 위생 서비스를 받도록 하고 더 쾌적한 주거 여건, 더 행복한 생활 환경, 더 안전한 사회 치안 환경을 누릴 수 있도록 하여 공동부유를 위해 전방위적 사회 보장을 창조해 나가야 할 것이다.

3_공동부유의 중국 노선

(1) 공유 경제가 공동부유를 함께 누리게 하다

마르크스주의 정치 경제학 기본 원리와 방법론에 관한 제28차 단체 학습에서 시진핑은 명확하게 지적하였다. "공유제의 주체적 지위는 흔들릴 수 없다. 국유 경제의 주도적인 역할은 흔들릴 수 없다. 이것은 중국의 각 민족 인민들이 함께 누리는 발전을 보증하는 제도적 보장이다. 또한 당의 집권 지위를 공고히 하고, 중국 사회주의 제도를 견지해 가는 중요한 보증이다." 중국은 공유제를 주체로 확립하고 여러 종류의 소유제 공동 발전의 기본 경제 제도를 확립한 것은 본질적으로 중국의 생산력 발전 상황에 따라 결정된 것이다. 또한 생산력을 한걸음 더 나아가 해방시키고 발전시키는 것이기도 하다. 첫 분배에 대해서 말하자면, 공유제 경제의 중요한 역할은 노동자 계급이 지도하는 수많은 노동자들에게 생산 재료의 물질적 조건을 제공해 준다. 노동자는 국가를 통해 직접 생산 재료를 점유한다. 근본적으로 자본이 주도하는 '강한 자본, 약한 노동'이라는 분배 상황을 혁파하고, 노동력과 생산 재료가 결합되어 만들어진 사회 자산은 더 이상 '소외'의 방식으로 존재하지 않는다.

통상적으로 말해서, 노동자는 자신이 만들어낸 자산의 분배에 더 큰 '발언권'을 갖는다. 자연히 이익도 더 많이 얻는다. 재분배에 대해 말하자면, 공유제 경제는 국가가 세금 징수를 하는 것 이외에 국유 기업의 이윤 등 국유 자산의 수익을 얻을 수 있다는 것을 의미한다. 이는 틀림없이 국가가 재분배를 실시하는 물질적 기초를 늘려준다. 세계적인 범위로 봤을 때, 국유 경제는 사회주의 국가에만 있는 현상은 아니다. 서방 선진국들은 모두 일정한 비중의 국유 경제가 존재한다. 국유 경제는 서방 선진국에서 그 비중이 높지는 않다. 하지만 인프라와 서비스를 제고하고, 전략적 부문에 대한 국가의 통제를 지켜주고, 경제 흐름을 조절하며 사회 갈등을 완화하는 면에서 다른 소유제 형식이 대체할 수 없는 독특한 역할을 한다. 중국이 여러 소유제 가운데 공유제의 주체적 지위를 견지하는 것은 국가의 재분배 능력을 강화하고 공유 발전과 공동부유를 위해 힘있는 버팀목 역할을 하는 것이다.

(2) 비공유제 경제가 공동부유를 함께 누리는 것을 촉진한다

중국 각지의 발전을 살펴보면 보편적으로 보이는 현상이 있다. 민영 경제가 발달한 지역일수록 국민의 생활 수준이 높다는 것이다. 예를 들어 저장성浙江省은 중국의 민영 경제가 가장 발달한 성 가운데 하나다. 국민 생활 수준은 전국 선두를 차지하고, 전면적인 소강사회의 실현 정도는 전국 각 성시 가운데 1등이다. 취업은 비공유 경제가 발전 공유를 촉진하는 가장 중요한 경로다. 취업은 민생의 근본으로서, 비공유 경제가 받아들여 일자리를 만들어내는 주된 경로로서, 이미 중국의 많은 노동자들이 소득을 얻는 중요한 원천이 되었다. 경제의 새로운 정상 상태에 진입한 이후로 경제의 지속적인 성장이 거대한 압력 속에서 진행되면서 중국의 일자리는 전체적으로 안정된 모습을 보였고, 서비스업 일자리 증가가 중요한 원인이 되었다. 그 과정에서 비공유 경제는 주된 역할을 하였다. 또 소강 돌파 단계에서 풀기 어려운 여러 가지 어려운 문제들은 여전히 남아 있다. 예를 들어 중점 벽지나 중점 집단의 탈빈곤의 어려움은 너무 크다. 하지만 전통 빈민 구제 모델은 그 원가가 점차 늘어나고 있고, 수익은 줄어들고 심지어는 실패하고 있다. 이 난제를 해결하는 관건은 당사자를 위주로 하는 각자의 적극성을 움직여 내느냐이다. 실천을 통해 증명되었듯이 취업과 창업은 가장 좋은 빈민 구제 모델이다. 또한 가장 바람직한 소강을 향한 노선이다. 특히 빈곤한 집단, 특히 농촌의 빈곤 인구가 빈곤에 이르게 된 중요한 원인은 잠재성 실업이다. 최근에 농촌 타오바오, 시골 여행 등 농촌 창업 형식의 발전은 전통 농업 인구가 시장 경제 활동과 사회 분업에 참여할 수 없었던 단점을 메워 주었다. 사실상 농촌 노동력의 효과적인 작업을 늘려 주었고, 빈곤에서 탈피하여 부를 축적하는 효과는 크게 나타났다. 현재 대중 창업과 혁신이 폭발적으로 발전하고 있는 것은 비공유 경제의 발전에 새로운 동력을 불어넣을 뿐만 아니라 대중의 창조 혁신 잠재력을 더 잘 발휘할 수 있게 해주며, 자신의 노력으로 발전 성과를 얻는 것으로, 이것이 바로 중국이 공동부유를 실현하는 효과적인 노선이다.

(3) 소득 분배로 공동부유의 기본적인 구조를 구축하다

소득 분배는 본질적으로 이익 분배다. 마르크스주의는 이익 문제를 회피하지 않았을 뿐만 아니라 이익 문제를 매우 중요한 위치에 두었다. 마르크스는 이익이 하나의 관계 범주이고, 그것이 반영하는 것은 인간들 사이의 사회 관계라고 생각했다. "공동의 이익은 한 가지 '보편적인 것'으로서 관념 속에 존재하는 것이 아니고, 서로 분업하는 개인들간의 상호 의

존관계가 현실 속에서 존재하는 것이다."¹⁰ 소득 분배 제도는 여태까지 어떠한 관련 주체와도 직접적이고 예민하며 가장 현실적인 이익 문제이다. 무수한 사회 실천이 여러 차례 증명했듯이 훌륭한 소득 분배 제도는 인간의 적극성을 불러일으켰다. 시의에 맞지 않는 소득 분배 제도는 인간의 적극성을 속박하는 것으로 작용하였다. 소득 분배 제도가 여러 이익 주체들을 다루고 공공의 이익에 영향을 미치는 제도적 장치이기 때문에 관련 개혁은 반드시 각자의 이익 추구를 충분히 구현해야 하지, 일부분 사람들에 대한 과도한 격려가 되거나 또 다른 일부 사람들에 대한 이익을 못 본 체 해서는 안된다. 현재 사회에는 관심을 기울일 만한 흐름이 존재하고 있다. 예를 들어, 어떤 관점에서는 시장 경제를 할 바에는 물질적인 자극을 주어 어떤 사람이 어떤 요소로 공헌을 했을 때 그것에 상응하여 물질적 보답을 얻게 해주는 것으로 구현되어야 한다고 생각한다. 이런 관점의 편파성은 정신적인 격려나 스탁옵션 등의 다른 격려 방식의 역할이 소득 분배 차이 확대를 간과할 수 있다는 점에 있다. 사실상 일반성과 특수성은 어떤 사람의 어떤 요소가 생산을 촉진하고 자산을 창조하는 합작 과정에서 해낸 역할에 있다. 많은 공헌들은 관찰도 어렵고 계량화도 어렵다. 모든 일은 물질적인 자극, 특히 해당 기간의 물질적인 자극에 따라 달라져 분배 제도의 마땅히 갖춰야 할 온전성에 해를 끼치고 공정한 분배를 할 수 없게 된다. 어떤 관점에서는 현재 중국 경제의 총량이 세계 2등으로서, 중국은 이미 복지 사회나 준복지 사회를 세울 여건을 갖추고 있으며, 이는 함께 발전을 누려가는 가장 빠른 방식이라고 생각한다. 개혁 개방 이후로 특히 최근에 중국은 사회 보장망 확충을 매우 중시하고 있고, 사회 보장의 세세한 기능을 주목하고 있다. 하지만 현재와 이후 오랜 시간동안 중국은 사회주의 초급 단계에 처해 있고, 중국 경제의 바닥은 매우 얇으며 발전 수준은 상대적으로 뒤떨어져 있는 이 국면은 바뀌지 않을 것이다. 아울러 서방 복지 국가의 여건을 갖추지도 못했다. 외국 복지 사회의 실천을 보자면, 유럽, 특히 서유럽과 북유럽의 복지 사회는 중대한 좌절을 맞보고 더 이상 지속되기 어

---

10 《마르크스 엥겔스 전집》(제3권), 인민출판사, 1979년판, 37쪽.

려운 상황에 놓이게 되었다. 몇몇 남미 국가는 복지를 과도하게 하여 민주주의 늪 속으로 빠져들어 '중간 소득의 함정'을 뛰어넘지 못하고 있다. 이런 교훈은 반드시 받아들여야 한다. 따라서 실제 상황에서 출발하여 소득 향상을 노동 생산 효율 향상의 기초위에 놓고, 복지 수준 향상을 경제와 부의 지속 가능한 성장의 기초 위에 놓아야 한다. 새로운 시기 소득 분배 제도이 개혁은 반드시 공평과 효율의 기본 틀을 함께 고려하며 진행하면서, 발전과 공동 향유, 공동부유의 가장 훌륭한 균형점을 찾아내야 한다.

(4) 재분배 조절이 공동부유의 실제 효과를 늘여준다

최초 분배는 생산 분야에서 진행된 분배로서, 소득 분배의 기초 고리이다. 최초 분배 메커니즘이 합리적인가의 여부는 생산 효율에 직접 영향을 미칠 뿐만 아니라 사회 소득 분배를 크게 결정한다. 만약 최초 분배가 과도한 평균화나 커다란 차이를 나타내는 등의 상황이 나타난다면 재분배, 3차 분배는 소득 분배 합리화 목표를 실현하기 어렵게 된다. 왜냐하면, 초급 분배 메커니즘이 생산 분야에서 발생하면 재생성과 자아 강화성을 갖추기 때문이다. 초급 분배가 결정하는 소득 구조가 일단 형성되면 기존 분배 질서는 사회 생산의 중복 진행에 따라 끊임없이 공고해질 수 있다. 정부의 재분배는 '느린 양적 변화'로서 그 효과는 정부의 통제력과 사회 발전 수준 등의 요소 등의 제한을 받게 되어 그 조절 작용은 비교적 장기간이 지나서야 구체화된다. 따라서 초급 분배 분야는 정부의 조절을 끌어 들여야 한다. 이 때문에 정부는 정확한 자리를 찾아 재분배 조절 역할을 해야 하고, 작용을 중시하고 앞에 두어 시장화 개혁을 깊이 있게 추진함으로써 요소의 배치와 최초 분배 과정에서의 시장 메커니즘 발휘가 결정적 작용을 할 수 있는 여건을 마련해야 한다. 3차 분배는 국민 소득이 시장화가 주도하는 초급 분배를 거쳐 정부가 중요한 역할을 발휘하는 재분배 이후 진행되는 자선 부조를 주요 내용으로 하는 사회 공익성 분배를 말한다. 3차 분배는 사회 자주성과 도덕성을 갖추는 것으로, 공민이 자주적인 자원의 기초 위에서 사회 구성이 내부에서 진행되는 재산의 직접적이거나 간접적인 이전이고, 사회 구성원의 도덕적인 힘의 영향과 지배하에 진행되는 자원 분배 행위로서, 공민의 주체적인 사회적 책임감을 드러내며, 최초 분배와 재분배에 대한 중요한 보충이다. 선진국의 사례에서 보여주듯이 3차 분배는 광범위하게 존재하며, 이는 최초 분배와 2차 분배의 내재적인 단점을 상당한 정도로 보충해 주고, 나아가 소득 분배의 갈등을 완화시키며 사회 조화 촉진에 독특한 역할을 한다. 최초 분배와 정부의 재분배 및 사회의 3차 분배는 공동부유를 실현하는 데 유리하도록 함께 세워나가야 할 분배 메커니즘이다.

(5) '중간 소득의 함정'을 뛰어넘어 공동부유의 기초를 다져나가자

'중간 소득의 함정'이라는 개념은 2006년 세계은행의 <동아시아 경제 발전 보고>에서 처음 등장했다. 한 경제 주체의 1인당 소득이 중간 수준에 도달한 이후에 경제 발전 방식이 순조롭게 변화하지 못하고 경제 성장 동력이 부족하게 되면서 결국 경제 정체의 상태로 빠져드는 것을 말한다. 후발 경제 주체가 현대화로 향해 가려면 먼저 낮은 수준의 '빈곤 함정'을 타파하고 경제 비약을 실현해야 한다. 그 다음으로 사회 생산력의 지속적인 확장을 통해 경제 현대화를 실현해야 한다. 세계 경제사에서 이상의 세 차례 약진을 순조롭게 완성한 경제 주체는 몇 되지 않는다. 그 중에서 서방 국가가 아닌 경제 주체는 매우 드물다. 세계은행의 관련 연구가 보여 주듯이 1960년 전세계 101개 중간 소득 경제 주체 가운데 13개 국가만이 2008년 국제 금융 위기가 일어나기 전에 고소득 대열에 진입하였다.

시진핑은 '중간 소득 함정'의 문제를 매우 중시하면서 여러 차례에 걸쳐 중국이 '중간 소득 함정'을 뛰어넘는 것에 중시하고 자신감을 가질 것을 표명하였다. 2014년 10월, 시진핑은 베이징에서 열린 아시아 태평양 경제 협력 지도자들이 상공업 자문단 대표와의 대화에서 다음과 같이 언급하였다. "중국의 입장에서 말하자면, '중간 소득의 함정'은 지나갈 것이 분명하고 관건은 언제 지나가고, 지나간 이후에 어떻게 전진 발전해 갈 것이냐 하는 것이다. 우리는 개혁 발전이 안정되고 성장이 온건하게 이뤄지며, 구조를 조정하고 민생을 두텁게 하고 개혁을 촉진하는 가운데 평형점을 찾아 중국 경제를 온건하게 멀리

까지 이르게 할 것이다." 중국은 '중간 소득의 함정'을 피하고 건실한 발전 기초를 갖추고 있다. 2015년 9월 22일, 시진핑은 『월스트리트 저널』의 취재에 응해 다음과 같이 지적하였다. "내가 특별히 강조하고 싶은 것은 어떤 상황이 벌어지더라도 중국은 전면적인 개혁을 흔들림없이 해나갈 것이고, 끊임없이 개방을 확대해 나갈 것이라는 사실이다. 우리는 안정적인 성장, 개혁 촉진, 구조 조정, 민생을 두텁게 하기, 위험 방지, 거시적인 혁신과 조정 강화, 경제 안정된 발전 촉진을 종합적으로 관리하고 있다. 중국은 신형 산업화, 정보화, 도시화, 농업 현대화를 지속적으로 추진하고 있고, 국민들의 저축률은 높으며 소비 잠재력은 매우 크다. 국민들은 일을 열심히 하고 중간 소득을 올리는 사람들의 비중이 향상되고, 서비스업 발전 추세는 매우 강하다. 시장 공간과 잠재력은 매우 커서 앞으로 일정 시기에 경제의 중고속 성장의 기초와 여건을 갖추게 될 것이다." '13차 5개년 계획' 시기는 중국이 전면적인 소강사회를 이룩할 수 있느냐의 중요한 시기로서, 중국이 '중간 소득의 함정'을 뛰어넘는 관건이 되는 시기이기도 하다. 중국이 계획해 놓은 발전 목표를 순조롭게 완성하면 2020년 1인당 GDP는 12,000달러 안팎에 이르게 된다. 세계은행의 기준에 따르면 고소득 국가의 수준에 접근하는 것으로, '중간 소득의 함정'을 성공적으로 뛰어넘어 결정성 의미의 기초를 놓게 된다. '중간 소득의 함정'을 뛰어넘는 것은 중국이 혁신 구동과 고품질 발전의 궤도에 성공적으로 접어들었다는 것을 의미하는 것으로, 이는 중국이 공동부유를 실현하는 믿을만한 치고가 될 것이다.

4 _ 공동부유의 중국적 경지

(1) 천하天下에 대한 심경

중국은 예로부터 '천하위공天下爲公'이라는 천하에 대한 심경이 있었다. 유가 경전에 있는 수신修身, 제가齊家, 치국治國, 평천하平天下는 유가의 이상적 인격의 참된 추구였다. 마르크스주의 역사관에서 보면, 인류사회는 지역사로부터 세계 역사로 들어선 이후 각 민족과 각 지역에 있는 사람들의 운명이 날이 갈수록 긴밀해져 가고 있다. 마르크스가 제기한 '노동자는 조국이 없다'는 말은 노동자 계급이 자신의 조국을 포기했다는 말이 아니라 노동자 계급의 운명은 전인류의 운명과 긴밀하게 연결되어 있다는 것이다. "프롤레타리아는 전인류가 해방되어야 비로소 자신을 해방시킬 수 있다"는 것이다. 중국 공산당은 마르크스주의로 무장한 정당으로서, 처음부터 광활한 글로벌 시야를 수립하였다. 중국 공산당의 초심은 중국 인민을 행복하게 하고 중화민족의 부흥을 도모하는 것이었다. 중국이 피동적으로 글로벌 발전에 진입하고, 글로벌 자본주의 체계로 들어간 상황에서 중국 국민의 행복은 필연적으로 반봉건 반식민지 사회라는 족쇄를 깨부수는 것 위에 세워져야 했다. 중화민족의 위대한 부흥을 실현하는 것은 또한 필연적으로 새로운 글로벌 구조에서 실현되어야 하는 것이다. 마찬가지로 중국 국민이 공동부유를 실현하는 과정은 필연적으로 글로벌화의 과정과 개방 환경 속에서 이루어질 수 있다. 중국 특색의 사회주의는 새로운 시대로 진입하였고, 중국은 '백년간 없었던 커다란 변화의 국면'에 직면해 있다. 이는 중국이 더 적극적으로 자신의 발전과 대외 개방의 관계를 잘 처리할 것을 요구하고 있고, 세계 평화와 발전을 촉진하고 인류 공동운명체 건설, 세계의 대동을 자신의 숭고한 사명으로 생각하고 글로벌 통치 체계의 개혁과 건설에 적극적으로 참여하여 각국 국민의 합심 협력을 추진하고 지속적인 평화 건설, 보편적인 안전, 공동 번영, 개방과 포용, 깨끗하고 아름다운 세계 건설에 앞장선다. 중국 국민이 공동부유의 위대한 실천을 추진해 나가는 것은 인류 역사상 전례가 없는 일로서 인류 문명 발전에 반드시 많은 영향을 미칠 것이다. 이 과정에서 중국은 필연적으로 천하에 대한 심경을 중국과 외부 세계의 전면적인 상호 교류 과정에 깊이 녹여 넣을 것이고 그로써 공동부유의 중국적 실천은 인류 공동운명체 건설에 훌륭한 설명을 해낼 것이고, 힘있게 지탱해 나갈 것이다.

(2) 국민 중심

수많은 사상 유파가 '가치 중립'을 선전하는 것과 달리 중국 특색의 사회주의 이론 체계는 뚜렷한 국민 입장을 드러내고 있다. 바로 수많은 국민 대중 편에 서서 국민의 이익을 지키고 실현하며 증진하기 위해 사상적인 무기를 제공하였다. 2016년 7월 1일, 중국 공산당 수립 95주년 대회에서 시진핑은 다음과 같이 지적하였다. "국민의 입장은 중국 공산당의 근본적인 정치적 입장으로서 마르크스주의 정당이 다른 정당과 뚜렷하게 구별되는 지점이다." 국민을 중심으로 하는 것은 중국 특색의 사회주의 정치 경제학의 가장 뚜렷한 가치 취향이고, 강대한 생명력을 가진 중요한 보장이기도 하다. 18기 중앙 정치국 상무위원회가 국내외 기자들을 만났을 때 시진핑이 당 중앙을 대표하여 엄숙하게 인정하였다. "우리들의 책임은 당 전체, 전국, 각 민족 국민들을 단결시켜 사상 해방을 지속하고, 개혁 개방을 견지해 나가며, 사회 생산력을 끊임없이 해방시키고 발전시키고, 대중의 생산 생활의 어려움을 힘껏 해결해 나가며 공동부유의 노선을 굳건하게 지켜나간다." 국민 중심의 발전 사상은 중국의 발전적 실천 과정에서 한걸음 더 나아가 관철하였고, 중국 경제 성장은 함께 누리고 포용하는 성격을 갖는다. 시진핑은 중국 공산당 수립 95주년을 축하하는 대회 연설에서 재차 공산당이 전심전력으로 국민을 위해 봉사하는 근본적인 취지를 천명하였다. 아울러 국민이 역사를 창조하고, 꿈을 달성하는 위대한 역량임을 인정하였고, 또한 당 전체가 국민의 입장을 고수하고 초심을 영원히 간직하고 계속 전진해 나갈 것을 호소하였다. 당의 뿌리가 국민에게 있고, 당의 역량이 국민에게 있으며 모든 것이 국민을 위한 것임을 견지해 나가고 모든 것이 국민에게 의지해야 하며 국민의 적극성, 주동성, 창조성을 충분히 발휘하여 국민을 위해 끊임없이 전진해 나가야 한다고 역설하였다. 국민을 중심으로 하는 발전 사상은 추상적이고 오묘한 개념이 아니다. 입으로만 떠들어서는 안되고, 사상의 고리에 머물러서는 안되고, 경제 사회 발전의 각 고리에서 구체화되어야 한다. 국민을 중심으로 하는 것은 국민에 의지하고 국민의 주체적 지위를 존중하며, 국민의 창조 정신을 발휘하고 함께 건설하고 함께 누리며 자신의 노력을 통해 자신의 소유인 부유하고 행복한 생활을 만들어 나가는 것이다. 오랜 기간 생산력 수준이 낮아 물질 총량의 부족함으로 말미암아 국민들은 부유한 생활을 할 여건을 갖출 수가 없었다. 함께 건설하고 함께 누리는 것도 언급할 만 하지 못했다. 사회 생산관계 속에서만이, 그리고 사회 생산력이 비교적 높은 수준에 이르러서야 국민들은 자본의 논리 지배가 야기한 소외 현상의 여건을 탈피하고, 사회 자산 창조에 있어서 자신의 주체적인 역할과 분배 과정에서의 주도적인 역할을 회복하였다. 그제서야 처음으로 국민들이 함께 건설하고 함께 누리는 것, 공동부유와 함께 누리는 행복한 생활을 추구하는 현실 노선이 되었다.

(3) 현실을 발을 디딘 착실한 일 처리

공동부유 실현은 더할 나위 없이 숭고하고 매우 어려운 임무로서, 여러 세대에 걸쳐 매우 힘들게 노력을 기울여야 한다. 마음속에 꿈을 간직하고, 그곳으로 향하는 길은 발아래 두어야 하는 것이다. 신중국이 공동부유로 향하는 역정을 되돌아보면, 그것은 현실에 발을 디딘 분투의 역사였다. 신중국 수립 이후 사회주의 탐색의 과정에서 우여곡절의 길을 걸었다. 성과도 있었고, 좌절도 있었다. 그 가운데 중국은 상대적으로 독립적인 산업과 국방 체계를 세웠다. 또 두루 혜택을 주는 국민 교육 체계와 위생 건강 시스템을 세워 국민의 교육 수준의 의료 수준을 대대적으로 향상시켰다. 이것들은 모두 개혁 개방 이후의 경제 발전으로 인해 그 기초를 놓을 수 있었다. 개혁 개방 이후 중국은 공동부유의 목표를 따라 계속 전진하여 10년 안팎의 노력을 거쳐 배부르고 따뜻한 단계에 도달하였다. 수천 년 문명사에서 처음으로 중국은 국민들의 먹는 문제를 해결하고 오랜 기간의 고통스러운 역사를 마감할 수 있었다. 먹고 사는 문제를 해결한 것은 중국이 빈곤의 악순환으로 형성된 '빈곤의 함정'을 끝내고, 후발 경제 주체가 날아오르는 기초 여건을 마련하기 시작했다는 것을 의미하고, 아울러 덩샤오핑이 제기한 '처음 10년이 이후 10년의 기초가 된다'는 생각의 장기적인 구상을 인증했다는 사실을 말해준다. 먹고 사는 문제를 해결한 이후 1990년대에 덩샤오핑의 남순강화와 공산당 14대 개최를 표지로 삼아 중국 경제 사회 발전은 전대 미문의 새로운 고도 성장 주기로 접어들었다. 21세기에 들어와 중국은 WTO 가입이라는 역사적 기회를 잡고, 경제 글로벌화의 중요한 수익자가 되었다. 그 중에서 메커니즘이 실현된 구조는 중국의 독특한 '낮은 가격 경쟁의 우세'로서, 글로벌 산업 분업 시스템 내에서의 가공 제조를 도맡으면서 국제 경제의 대순환에 가입한 것이었다. 이와 동시에 20세기 말의 국영 기업 개혁, 세제 개혁 등 중대한 개혁과 제도 혁신을 거치면서 시장이라는 커다란 물결 속에서 중국은 경쟁력 있는 국영 기업과 민영 기업 등의 시장 주체를 소유하게 되었고, 지방 정부가 주도하는 개발 지구 건설 과정에서 경쟁력 있는 산업 그룹이 형성되었다. 이는 중국 경제의 새로운 발전에 중요한 여건을 제공해 주었다.

경제 건설의 새로운 성과는 소강사회의 새로운 발전을 힘있게 지탱해 주었다. 공산당 18대 이후 시진핑을 총서기로 하는 새로운 중앙 지도체제는 국내외 발전 환경과 여건의 변화를 정확하게 파악하고 경제 발전의 새로운 정상 상태에 적극적으로 적응하고 파악하며 이끌어 혁신과 거시적인 조절을 계속 함으로써 전면적인 소강 건설에 중대한 진전을 가져왔다. 국민 생활 수준은 크게 향상되었고, 국가 경쟁력과 국제 경쟁력은 지속적으로 상승하였다. 사회 전체의 공동부유 수준은 뚜렷하게 상승되었고, 공동부유는 단계적 효과를 얻게 되었다. 신중국 70년의 분투 역정은 바로 중국이 공동부유의 목표를 향해 가는 지속적 분투의 과정으로서 반드시 역사에 남겨 중국 국민이 현대화와 민족 부흥, 공동부유를 실현하는 새로운 발걸음 속에서 싸우며 앞을 향해 용감히 나아가는 것을 격려해야 할 것이다.

(4) 가슴에 꿈을 안고

공동부유 실현 자체는 수천 년간 중국인이 오매불망 갈구하던 위대한 꿈이었다. 중국인의 공동부유 추구는 나름대로의 독특한 지혜를 갖고 있다. '천하위공天下爲公'과 '천하대동天下大同'에 대한 높은 추구를 구체화한 것이기도 하고, 소강사회 등 보다 실무적인 현실적 추구를 제기한 것이기도 하다. 중국인이 소강사회를 건설하는 위대한 실천은 경제 사회 발전 수준이 낮은 데에서 높은 곳으로 발전하는 일반적 법칙에 부합하며 생활에 대한 성실하고 안락하게 살고자 하는 이상적 상태에 대한 추구를 반영한 것이다. 아울러 진취적이면서 절도 있게 실제적인 것에 힘쓰는 생활 철학을 구체화한 것이다. 소강사회에 대해 중국인이 처음 계획을 가지고 소강을 대동사회와 다르게 바라볼 수 있는 이상 상태로 보았지만 수천 년 동안 중국의 평범한 백성들은 배부르고 따듯하게 살아가는 생활을 추구했다. 하지만 그렇게 하지 못했던 빈곤이나 반빈곤 상태에 처해 있었기 때문에 소강은 신중국 수립 이후에야 비로소 실현할 수 있는 분투 목표가 될 수 있었다. 소강 실천은 개혁 개방 이후에 와서야 전개될 수 있었다. 새로운 역사 조건 하에서 중국 국민은 전면적인 소강사회 건설을 맞이하였고, 기본적인 현대화 발전 과정에 들어서면서 공동부유 실현과 보다 가까워졌다. 중국이 현대화를 실현하고 중화민족이 위대한 부흥을 실현하는 꿈과 공동부유를 실현하는 꿈은 서로 부딪히면서 공동부유의 중국적 탐색은 독특한 매력을 갖게 되었다. 시진핑은 개혁 개방 40주년 경축 대회에서 다음과 같이 지적하였다. "우리가 지금 처해 있는 것은 물살이 매우 급한 가운데 놓여 있는 배처럼, 험준한 산 속에 있는 사람처럼 나아갈수록 어려워지고 전진할수록 험해지는, 전진하지 않으면 물러나게 되고 그렇다고 전진하지 않을 수 없는 때이다…. 이 수없이 많은 경쟁의 시대에 우리는 절대로 조금이라도 오만해져서 스스로 발걸음을 멈추거나 조금이라도 머뭇거리면서 방황하거나 해서는 안된다. 반드시 위대한 투쟁, 위대한 공정, 위대한 사업, 위대한 꿈을 두루 돌아보면서 물결에 맞서 용감하게 헤쳐 나가야 한다." 어려움과 도전에 직면하여 가슴에 꿈을 품고 힘껏 싸워 나가면 공동부유의 새로운 성과를 얻을 수 있을 것이고, 공동부유의 새로운 경지를 열어나가 인류 발전사의 또 하나의 새로운 기적을 창조해낼 수 있을 것이다.

03

장쑤성江蘇省 공동부유의 길

전국 공동부유의 '대국면'에서 장쑤성은 그 전략적 지위와 앞선 기세로 시종 중요한 위치를 차지해 왔다. 신중국 수립 이후 장쑤성은 줄곧 전국의 경제 중심 도시, 인문의 도시로서 국민 생활 수준이 오랜 기간 전국 선두를 차지해 왔다. 개혁 개방 이후 장쑤는 전국 발전의 대국면에서의 지위가 더욱 두드러졌다. 2014년 12월, 시진핑은 장쑤를 시찰하면서 "전국의 발전을 도모하는 데 있어서 장쑤에 대한 중앙의 일관된 요구는 장쑤가 착실하게 전면적인 소강사회의 각 항목 사업을 잘 해내는 기초 위에서 적극적으로 기본적인 현대화 발전 실현을 탐색해 나가도록 하는 것"이라고 하였다. 장쑤성이 전국에서 먼저 발전하고 앞장서서 길을 탐색해 갈 것을 중앙에서 요구한 것은 장쑤성에 대한 간절함 바람이기도 하고, 장쑤성에 묵직한 사명과 책임감을 부여한 것이기도 하다. 전국이 공동부유로 매진해가는 과정에서 장쑤성은 착실하게 공동부유 실천을 해나가면서 실제 효과를 드러낸 것은 '전국을 위해 발전의 길을 탐색하라'는 사명을 이행한 중요한 구체화였다.

1_ 장쑤江蘇 공동부유 1.0판 – 빈곤에서 온포溫飽로

(1) 풍요로운 땅의 온포라는 난제

구중국 경제 판도에서 장쑤는 오랜 기간 선두를 차지해 왔다. 그 가운데 쑤난蘇南이 소재하고 있는 강남 지역은 중국에서 풍요로운 땅으로 인정되어 왔다. '쑤저우蘇州와 후저우湖州가 풍년이 되면 천하가 풍족하다'는 것은 번화한 강남을 생동감 넘치게 묘사한 말이다. 아편전쟁 이후 전국 경제 발전에서 선두에 서 있던 쑤난 등의 지역은 서방 열강의 침략을 일찌감치 받았다. 명청 시대에 싹이 텄던 이른바 강남 자본주의의 싹은 제국주의의 총칼에 의해 꺾어 버렸다. 특히 면방직 공업을 대표로 하는 강남 수공업은 한 때 크게 발전하는 모습을 보였지만 경쟁력을 갖춘 영국 면방직 공업에 타격을 받아 사양길로 접어들고 말았다. 페이샤오퉁費孝通은 〈강촌경제江村經濟〉에서 쑤난의 한 마을을 예로 들어 당시 경제 사회 상황을 체계적으로 분석하였는데, 한 측면에서 당시 사람들의 생활 상황을 알 수 있다. 페이샤오퉁은 현대 제사업制絲業의 선진기술이 일본과 중국으로 들어간 이후 농촌의 제사업은 쇠락하기 시작했다고 했다. 산업혁명의 영향을 받은 방직업의 힘도 마찬가지로 국내 잠사 시장의 축소를 가져왔다. 시장 축소는 농촌 지역의 전통 잠사 수공업의 파산을 동반하였다.[1] 청나라 말, 민국 초기에 장건張謇, 영씨榮氏 가족[2]을 대표로 하는 장쑤성의 조상들은 실업구국實業救國의 길을 탐색하였고, 이후 쑤난 향진 기업이 일어나는 데 도움을 주었다. 하지만 구중국에서 장닝江寧 기기국, 진링金陵 제조국 등 초기 군사 공업이나 쉬저우徐州의 이국역매利國驛煤 철광 채굴 등 근대 채광업, 또는 민족 자본이 설립한 실공장, 옷감 공장 및 식용유, 밀가루 등의 공장은 모두 쇠퇴 운명에서 벗어나지 못했다. 신중국 수립 이전에 장

---

[1] 페이샤오퉁, 〈강촌경제 – 중국농민의 생활〉, 장쑤인민출판사 1986년판, 11~12쪽.
[2] 역자주: 영종경(榮宗敬)과 영덕생(榮德生)을 말한다. 이들은 장건(張謇)과 더불어 청말 민초에 상하이를 주무대로 하여 근대적인 공장, 학교, 병원 등의 운영을 통해 실업구국을 실천한 인물들로 중화민족 경제 발전의 선구자로 일컬어진다.

쑤 지역 주민들은 전국 국민들과 마찬가지로 온포가 부족한 비참한 지경에 처해 있었고, 공동부유는 말할 것도 없었다.

(2) '빈곤의 함정'을 뛰어넘어 에너지를 비축하다

세계 각 경제 체제의 성장 과정을 볼 때 여러 경제 주체는 '저수준의 균형 발전 함정' '맬더스 함정' 등의 각종 '빈곤의 함정'에 빠져 오랜 기간 빠져나오기 힘들었다. 중국 고대사회는 비록 찬란한 문명을 꽃피우기는 했지만 수많은 백성들은 '빈곤의 함정'에서 빠져나오지 못했다. 신중국이 수립된 이후 장쑤 경제는 비록 우여곡절을 겪었지만 전체적으로 장족의 발전을 했고, 국민들은 국가의 주인이 되어 경제 사회의 발전 성과를 향유할 수 있었으며 점차 수천 년간 벗어나기 힘들었던 '빈곤의 함정'에서 빠져나올 수 있었다.

첫째, 농업과 수공업, 자본주의 상공업에 대한 사회주의적 개조를 통해 사회주의 제도를 세웠고, '빈곤의 함정' 타파, 공동부유 추진의 제도적 기초를 놓았다. 난징시를 예로 들어보자. 1952년 2월, 난징시 근교의 토지 개혁이 성공적으로 이루어졌다. 토지 개혁은 중국 봉건 제도의 경제 기초를 철저하게 무너뜨렸고, 수많은 농민들은 토지 등 기본적인 생산 재료와 자신이 주인이 되는 정치 권리를 얻었으며, 농민의 생산 적극성은 크게 고양되었고, 농민 생활도 크게 개선되었다. 1953년에 과도 시기 당의 총노선의 요구에 따라 난징시 위원회, 시정부는 난징시에서 농업과 수공업, 자본주의 상공업에 대한 사회주의적 개조를 전체적으로 전개하여 과거에 관료가 근무하며 기세등등했던 소비 도시를 국민을 위해 봉사하는 새로운 생산 도시로 신속하게 개조하였다. 1956년 말에 난징 자본주의 상공업의 사회주의적 개조는 기본적으로 완성되었다. 농업과 수공업, 자본주의 상공업의 사회주의적 개조가 완성됨에 따라 난징에서는 생산 재료 공유제와 노동에 따라 분배하는 것을 기본 특징으로 하는 사회주의 경제 제도를 건립하기 시작했고, 사회주의 기본 제도의 초보적인 건립으로 수많은 노동자들은 국가의 주인이나 사회 생산 재료의 주인이

되었다.³

둘째, 새로운 노동 제도를 건립하고, 노동자의 주체적 지위를 확립하였다. 국민 정부 시기에 기업은 고른 노동으로 고용 노동 제도를 실행하여 봉건 독재의 색채가 비교적 농후하였다. 신중국 수립 이후에 장쑤 기업의 노동 제도는 여러 가지 형식이 병존하는 노동 제도로부터 점차 고정 노동자를 위주로 하는 노동자 고용 제도로 변해갔다. 국가의 관련 정책은 1959년에 제정되었다. 노동 지표를 사용하여 사회에서 고용한 인원은 모두 정규직으로 하는 제도를 실행하였다. 그러자 장쑤 전체 성의 각종 업종에서는 모두 정규직 제도를 노동자 고용의 주요 형식으로 하였고, 정규직 노동자는 전체 노동자의 80% 안팎을 차지하게 되었다. 1990년에 이르러 정규직 노동자는 전체 노동자의 67.8%를 차지한다. 신형 노동 제도의 건설은 노동자가 직접 노동 임금과 복지 혜택을 얻도록 하였고, 기업의 주인이 되어 효과적으로 노동자의 적극성을 불러일으켜 사회 자산 증가와 '빈곤의 함정' 탈출에 여건을 제공해 주었다.

셋째, 상품 경제의 완강한 존재이다. 계획 경제가 주도적인 지위를 차지하는 상황에서 장쑤는 여전히 상품 경제의 요소들이 남아 있었고, 사대社隊 경제는 대표적 경제 형태였다. 문화대혁명을 전후하여 장쑤의 사대 경제는 새로운 발전 모습을 보였다. 1978년말이 되어 각종 기업이 72,000개였는데, 그 가운데 공업 기업이 52,000개였다.⁴ 향진 기업의 중점 도시로서 우시현은 1976년에 현 운영, 사 운영, 대 운영 공장 1,800여 개가 있었고, 생산량은 해방 초기의 28배로서 총생산량의 63%를 차지했다.⁵ 우시현에서 처음으로 1970년대 초에 제기한 '공업으로 농업을 촉진한다'는 발전 전략은 나중에 쑤난 사대 기업들에게 널리 받아들여졌다. 1971년부터 1976년까지 우시현 사대 공업은 1억 9천 252만 위안을 쌓아올렸고, 그 가운데 44.7%는 농업에 쓰여 8,606만 위안에 달했으며, 매년

---

3 王宇,〈建國初期南京的社會主義三大改造〉,《檔案建設》, 2012년 제1기.
4 〈關於我省社隊企業調整, 發展的意見〉, 江蘇省檔案館館藏, 檔號: 4002-6-868, 1979년 11월 10일.
5 〈縣革委會關於文教, 衛生, 民政, 勞動工資, 外事活動的請示報告, 通知〉, 無錫市檔案館館藏 檔號: xc10-1-241, 1976년.

평균 1,436만 위안이었다. 1976년에는 1749만 위안으로 그 해 국가의 농업 투자의 7배에 달했다.[6] 1965년부터 1976년 사이에 우시현 식량 총생산량은 8억 3천 662만 근에서 11억 9,227만 근으로 향상되어 증가폭이 43.5%에 달했다. 농업 소득도 1억 889만 위안에서 1억 3,671만 위안으로 향상되어 25.55%의 증가세를 보였다. 우시현을 대표로 하는 쑤난 사대 기업은 문화대혁명을 전후로 하여 급속하게 발전하였다. 어떤 의미에서는 역사 전통과 제도 변화가 맞물렸고, 근대 상공업 문명과 전통 농경 문명이 서로 어우러졌으며, 외부적인 정책 추진과 마을 내부의 수요가 서로 맞물린 것이라고 할 수 있다.[7] 사회 경제가 사회 생산력의 확대 발전을 이끌었고, 쑤난이 앞장서서 '빈곤의 함정'을 뛰어넘는 데 물질적 조건을 마련해 주었다.

넷째, 대규모 수리水利 공정을 일으키고, 탄광을 개발하여 국민 경제 발전에 기초를 놓았다. 『장쑤성지省志』의 기록에 따르면 신중국 수립으로부터 개방개방 직전까지 농업 분야에서의 장쑤의 투자는 주로 수리 공정에 사용되었다. 1970년대 이전에 총투자에서 비교적 큰 부분을 차지한 것이다. 공업 분야에서는 1차 5개년 계획 시기에 투자는 주로 방직, 농업용 기계, 화학 비료, 에너지 기업의 확장과 개축에 사용되었다. 2차 5개년 계획 시기에는 중공업 투자가 폭증하여 총투자에서 차지하는 비율이 44.38%에 달했고, 경공업 투자 비중은 2.18%까지 낮아졌다. 3년 조정 시기에 경공업 투자 비중은 8.3%까지 회복되었고, 중공업 투자 비중은 38.66%까지 떨어져서 철강, 화학 비료, 시멘트, 석탄, 농기계 등의 '다섯 가지 작은' 공업 그룹을 형성하였다. 4차 5개년 계획 시기에는 야금, 광산, 에너지, 화학 비료, 시멘트 등 공업 건설을 강화하여 점차 규모있는 기업이 형성되었다. 1976년 이후 국민 생활 개선을 위해 시장의 생활 용품 공급이 증가하였고, 비생산 건설 투자가 증가하였으며 동시에 경공업과 중공업 투자 비율을 조정하였다. 5차 5개년 계획 시기에 경공업 투자 비중은 11.06%까지 증가하였고, 6차 5개년 계획 시기에 다시

---

6 《關於無錫縣發展社隊工業若干問題的調查報告》, 江蘇省檔案館館藏, 檔號: 4002-4-159, 1981년 수정.
7 朱萬悅, 《"文革"前後蘇南社隊企業發展原因的歷史考察 - 以無錫縣爲例》, 《檔案建設》, 2017년 제5기.

12.52%까지 늘어났다. 중공업 투자 비중은 47.47%와 38.52%까지 떨어졌다.

1978년이 되어 장쑤성의 1인당 GDP는 430위안 (174달러)가 되어 미국인 1인당 GDP의 1.6%가 되었다. 세계은행이 발표한 134개 국가(지역) 가운데 장쑤는 129위 국가 수준에 해당되었다. 요컨대 구중국에서 신중국에 이르기까지 장쑤성은 처음으로 공동부유를 실현할 제도적 여건을 갖추었다. 신중국 수립으로부터 개혁 개방 전야에 이르기까지 장쑤성의 발전은 비록 우여곡절을 겪었지만 역사적 발전을 이루었고, '빈곤의 함정'에서 벗어나기 위해, 또 온포 실현을 위해 기초 여건을 만들어냈다. 하지만 장쑤성이 정말로 '빈곤의 함정'을 벗어나는 것은 개혁 개방 이후가 되어서야 실현될 수 있었다.

(3) 전국에서 가장 먼저 온포溫飽를 실현하다.

1987년 10월, 중국 공산당 13차 전당대회에서 중국 경제 건설의 세 걸음이라는 총체적인 전략 방침이 제기되었다. 그 가운데 첫 번째 목표는 1981년에서 1990년까지 국민 총생산을 1980년의 두 배로 하여, 국민의 온포 문제를 해결한다는 것이었다. 이 목표를 실현한다는 것은 옛 중국 대지에서 처음으로 빈곤과 작별하고 국민들이 처음으로 배불리 먹고 따스한 생활을 한다는 것을 의미한다. 장쑤성의 발전 기초는 비교적 양호했다. 개혁 초기의 고도 성장 과정에서 전국에서 선두로 나서 국민의 온포 문제를 앞장서 해결하였고, 공동부유로 향해 가는 데 있어서 튼튼한 기초를 놓았다.

첫째, 농촌 체제 개혁을 앞장서 추진하였다. 농민의 생산 적극성을 불러일으켰고, 농민의 생활 수준은 역사적으로 온포라는 문지방을 향해 나아갔다. 장쑤성의 농촌 개혁은 쓰훙현泗洪縣 상탕진上塘鎭에서 시작되었다. "누런 진흙에 물은 흐르지 않고 열에 아홉 가구는 먹을 것이 부족했다. 쓰러져 가는 초가집에 벽으로 바람이 들어오고, 볏짚을 베다가 잠자리로 할 정도였다" 당시 상탕 사람들의 생활 모습이었다. 1978년에 큰 가뭄이 들었고, 상탕 공사 사람들은 식량도 없고 소를 먹일 풀도 없었으며 뿌릴 씨앗도 없었다. 상탕에서 가장 가난한 생산대였던 점호垫湖 대대 제5생산대는 밀을 20킬로그램 생산하였다. 지난해의 절반에도 못 미쳤다. 난관을 극복하기 위해 상탕진에서는 가정 단위 도급 생산을 검토하였다. 1979년 제5대대는 판매하고 남은 식량 12500 킬로그램으로 1000여 만 위안의 집단 대출을 상환하였다. 1958년 이후 이곳에서는 매년 구제미를 먹었었다. 1979년에 이르러 생산대는 처음으로 스스로 자신들이 먹을 것을 해결하였다.[8] 장쑤 '농촌개혁 제일 마을'은 바로 장쑤의 농민이 '가난의 뿌리를 캐낸' 살아있는 사례이다. 1978년부터 1990년까지 장쑤 양곡 생산량은 2,400만 6천 5백톤에서 3,264만 1,500톤으로 상승하였고, 농림 어업 총생산량은 105억 8,700만 위안에서 580억 5,300만 위안으로 상승하여, 1차 산업 생산액은 68억 7,100만 위안에서 355억 1,700만 위안으로 상승하였고, 장쑤 농촌 주민 1인당 평균 가처분 소득은 155위안에서 884위안으로 상승하였다. 장쑤의 농민 생활 수준은 전체적으로 온포를 실현하였다. 그 가운데 쑤난 농촌의 농민은 사대 경제와 향진 기업 발전 과정에서 얻은 비교적 많은 비농업 수입으로 인해 전체적인 생활 수준이 온포를 뛰어넘어 소강 구역으로 들어섰다.

칼럼 1 전면 청부제를 완비하는 데 있어서 장쑤성의 공헌

전면 청부제를 완비하는 데 있어서 장쑤의 가장 큰 공헌은 경제 발달 지역이자 고생산 지역에서도 가정 단위 도급 생산을 할 수 있느냐를 탐색했다는 점이다. 1980년대 초에 중국의 대부분 가난한 지역의 농업은 모두 '전면 청부제'였다. 발달한 지역의 농업이 도급을 할 수 있는가, '전면 청부제'가 보편적으로 적용될 수 있을까? 당시로서는 대답이 필요했다.

이싱현宜興縣은 1982년에 농업의 가정단위 도급 생산 책임제를 추진하였다. 그 해에 양곡 생산량은 7,000만 킬로그램이 늘었고, 부자재 생산도 10% 증가하였다. 농민 1인당 평균 소득은 50위안 증가하였다. 신화사 기자 저우전펑周振豐은 이싱에 들어가 취재를 하여 〈경제 발달 지역의 농업도 가정 도급 생산을 할 수 있는가?〉라는 제목의 보고서를 써냈다. 보고 이후 당시

---

8   孫巡, 徐明澤, 季鋮:《重訪 "江蘇農村改革第一村": 春到上塘新篇》,《新華日報》, 2018년 6월 14일.

국무원 총리의 칭찬을 받았다. 쑤난의 문제가 해결되면 전국 농업 생산 책임제 문제는 해결될 수 있다고 하면서 조사 보고는 전국 각 성, 시, 자치구에 보내져 열람되었다. 『인민일보』1983년 1월 23일자에 이 조사 보고를 발표하면서 〈전면 청부제는 더 이상 막아서는 안된다〉는 논설 위원의 글을 실어 전국을 들썩거리게 했다. 바로 이렇게 '전면 청부제'는 쑤난의 타이후太湖 지역과 주강 삼각주와 자오둥膠東 반도 등 경제가 발달한 지역에서 신속하게 추진되었다. 당시에 누군가는 이싱현 농민이 발달 지역에 적합한 농업 경영 체제를 앞장 서서 세운 것이 연이어 조그마한 마을이 '전면 청부제'를 실행한 이후 농촌 개혁에 있어서 또 한번의 봄천둥을 울리게 되었다고 하였다.

장쑤에서 전면 청부제를 시행한 것이 소중하게 여겨지는 점은 실제 상황에서 출발하여 여러 가지 형식을 취하고, 한 가지 방법만 사용하지 않았다는 것이다. 쑤난 지역에서는 전문 도급, 청부 할당 등의 여러 가지 방법을 사용하였고, 화이베이(회북) 지역에서는 전면 청부제의 방법을 채택하였다. 당시 통계에 따르면, 청부 할당은 50.9%에 달했고, 가정 단위 도급 생산은 46.8%를 차지했으며, 1.4%의 생산 대대는 원래의 경영 관리 형태를 유지하고 계속 대대나 생산대의 통일된 관리를 받고 있었다. 화시牌西 마을 서기 우런바오吳仁寶는, 합칠 것은 합치고 나눌 것은 나눈다고 하였다. 화시 마을은 생산 여건은 좋아서, 집단 경제가 발달하여 나눌 것이 없으면 상부에서도 질책도 없다.

— 기록 : 〈농촌 개혁에 있어서 장쑤의 공헌〉『세기풍채世紀風采』, 2018년 제8기.

둘째, 도시 경제 체제 개혁의 심화되면서 도시 발전의 기능이 불러일으켜지고, 도시 주민의 생활 수준은 앞장서서 온포를 뛰어넘었다. 개혁 개방 이전에 장쑤 국영 기업, 특히 중대형 국영 기업은 엄격한 계획 경제 관리를 실시하였고, 기업의 자주권은 매우 작았다. 1980년대 초에 장쑤에서는 농촌 체제 개혁을 추진하는 동시에 도시에서 기업을 살리는 것을 중심으로 하는 개혁 시도를 추진하였다. 1984년에 난징시는 중국 대도시 종합 개혁의 시범 장소가 되어 장쑤는 기업의 자주권을 확대하는 것을 중점으로 하는 기업 개혁을 촉진하였다. 1987년 7월부터 성 전체 기업에서는 전면 청부제가 광범위하게 추진되었다. 1992년에 장쑤는 기업 전면 청부제를 한걸음 더 나아가 완비하는 동시에 1,000여 개의 중대형 기업에서 다른 형식의 기업 경영 개혁을 진행하는 시범 장소를 두게 되었다. 기업 개혁의 추진은 기업의 적극성을 불러일으켰고, 기업생산 경영의 효율을 상승시켰으며, 도시 발전 기능을 불러일으켜 도시 주민의 생활 수준을 고도 성장의 새로운 단계로 이끌었다. 1978년부터 1990년까지 성 전체의 주요 공업 생산품 생산량은 크게 성장하였다. 그 가운데 철강 생산량은 60만 3,100톤에서 203만 1천톤으로 상승하였고, 발전량도 126억 4,200만와트에서 404억 4,700만 와트로 상승하였다. 농업용 화학 비료 생산량은 72만 1,800톤에서 145만 9천톤으로, 시멘트 생산량은 444만 천톤에서 1,532만 8,900톤으로, 화학섬유는 21,100톤에서 49만 7천 6백 톤으로, 컬러 텔레비전 수상기는 300대에서 366,400대로, 가정용 냉장소는 0에서 831,800대로, 자동차는 15,079대에서 4,6291대로 상승하였다. 경공업 제품과 산업 용품의 생산량은 빠르게 증가하는 추세를 보여주었다. 2차 산업의 생산 수치도 131억 9백만 위안에서 692억 5천 900만 위안으로, 직공의 평균 임금은 513 위안에서 2,129위안으로, 도시 주민 1인당 가처분 소득은 288 위안에서 1,464 위안으로 상승하여, 모두 빠르게 상승하는 추세를 보였다.

이 기간에 장쑤 도시 주민의 생활 수준은 전국에서 가장 온포 라인을 넘어섰고, 소강 사회의 새로운 단계로 들어섰다.

칼럼 2 쉬저우徐州가 앞장서 '3철鐵을 깨뜨리다'

1992년 초에 쉬저우시는 기업에 대한 세 가지 제도 개혁을 시작하였다. 간부 관리제도 개혁 차원에서 '철의자'를 없애고 간부가 위아래로 오르내릴 수 있도록 하였다. 고용 제도를 개혁하여 '철 밥그릇'을 없애고 직원이 드나들 수 있도록 하였다. 임금 분배 제도를 개혁하여 '철 임금'을 없애고 직원 수입이 높을 수도 있고, 낮을 수도 있도록 하였다. 이 조치는 커다란 반향을 불러일으켰다. 후에 더 나아가 '4개改'와 '4건建'을 종합적으로 완비하였다. '4개'는, 간부 인사 제도 개혁을 통해 효율로써 승진과 좌천을 정하여 위아래로 오르내릴 수 있도록 한다. 임금 분배 제도를 개혁하여 효율에 따라 소득을 결정하여 높을 수도 있고 낮을 수도 있게 한다. 노동 고용 제도를 개혁하여 계약제를 주요 형식으로 한다. 이를 통해 드나들 수 있도록 한다. 기업 내부 기관의 설치를 개혁한다. '시장과의 맞춤'을 강조하고, 상부와의 맞춤을 강조하지 않으며, 간략하고 정밀하며 고효율을 추구한다. '4건'은 자산 증식을 목표로 하여 기업 누진 메커니즘, 인센티브 메커니즘, 제약 메커니즘, 과학 기술 발전 메커니즘을 세운다. 중공 장쑤성 위원회, 성 인민 정부는 제때에 쉬저우의 이런 경험과 우시無錫 등 시의 국영 기업에 향진 기업의 원활한 메커니즘 경험을 들여와 확대 추진해 나가도록 하였다.

— 장쑤성 지방지 편찬위원회, 〈장쑤성지江蘇省志·종합경제지〉
'도시 경제 체제 개혁', 장쑤고적古籍출판사 1999년판

셋째, 향진 기업의 새로운 출현은 함께 건설하고 함께 누리며 함께 부유해지는 시대의 전형이 되었다. 1970년대에 중국 경제는 도시와 농촌이 나뉘어진 2원 경제에 속해 있었다. 농촌 경제는 '3급 소유의 隊를 기초로 하는' 인민 공사의 집단 경제 제도를 실행하고 있었다. 고도로 집중 통일된 계획 경제의 속박 아래에서 전국의 다른 지역과 마찬가지로 쑤난의 농촌 경제는 양곡 생산을 위주로 하고 있었고, 생산품에 대해 구매와 판매를 통제하고 있어서 농민 생활은 온포를 유지하기 힘들었다. 인구는 많고 지역은 좁은 압력 아래에서 쑤난 농촌의 간부와 대중은 생산대대, 생산대의 집단 농업 누적을 이용하고, 수공업 장인과 고향으로 돌아온 지식 청년들을 이용하며, 도시의 기업들과 여러 가지 형태의 연계를 이용하여 '자본의주의 길을 걷는다'는 정치적인 위험을 무릅쓰고 전국에서 가장 먼저 공업을 위주로 하는 사대 기업을 만들어 발전시켰다. 1978년에 이르러 쑤난 향진 기업은 총 생산 액수는 25억 9,400만 위안에 이르러 농촌 사회 총생산액의 52.51%를 차지함으로써 농업 경제 위주에서 공업 위주의 역사적 변화를 실현하였다. 1983년의 중앙 1호 문건과 1984년의 중앙 1호, 4호 문건에서는 대규모 농촌 상품 경제 발전을 제기하였다. 이에 쑤난 향진 기업은 개혁 개방의 바람을 타고 새롭게 나타났다. 1990년에 쑤난 농촌 공업 기업의 개수는 3,3813개로 늘어났고, 직공 수는 279만 5,700명, 총생산액 734억 7,700만 위안, 직공 임금 40억 200만 위안으로, 이윤과 세금 25억 1,100만 위안을 실현하였다. 고장 자산 원가는 197억 1,100만 위안이었다. 이상의 각종 지표는 1980년~1990년

동안 연평균 성장 속도는 각각 14.31%, 15.59%, 37.60%, 27.09%, 14.69%, 37.96%였다. 쑤난 향진 기업이 창조한 가치는 농촌 사회 총생산액에서 이미 60%를 차지하였다. 고도성장의 쑤난 향진 기업은 농촌 경제 사회의 거대한 변화를 이끌었다.

칼럼 3 쉬저 옌차오향堰橋鄉의 '1포3개一包三改'

1983년, 옛 우시현無錫縣 옌차오향(현재는 후이산구惠山區 옌차오 진)은 앞장 서서 기업에서 '일포삼개'를 실시하였다. '1포'는 공장장, 사장을 위주로 하는 경제 도급제로, 도급자는 기업의 경영 성과를 전적으로 책임지고, 기업의 모든 경영을 지휘할 권한을 갖는다. 도급 지표를 완성하거나 초과달성하면 그 보수는 본인 임금의 30% 이상 높을 수 있고, 특별한 공을 세운 사람은 본인 임금의 두 배를 넘을 수도 있다. 만약 임무를 완성하지 못하면 노동자와 마찬가지로 기본 임금을 비율에 따라 삭감한다. '3개'는 기업 간부를 '임면제'에서 '초빙제'로 바꾸고 초빙 기한은 1년으로 연임할 수 있다. 도급 계약을 완수하지 못하면 일률적으로 면직된다. 노동자는 '채용제'에서 '계약제'로 하여 '철밥통'을 없앤다. 성과가 좋지 않거나 교육이 효과가 없으면 공장장은 그 신분을 아르바이트생으로 바꿀 수 있고, 퇴사시킬 수도 있다. 간부와 노동자의 '기본 임금'을 '노동에 따른 임금'으로 바꾸어 많이 일하면 소득을 많게 하고, 노동을 하지 않으면 소득이 없는 분배 원칙을 충분히 구현한다. '1포 3개' 개혁은 들불처럼 전국으로 번져 나갔다. 그 해에 기관, 공급 판매사, 극장을 제외하고 '1포 3개'는 향 전체 각양각색의 기업에서 전면적으로 추진되었고, 수많은 농민의 개혁 열정은 철저하게 격동되었다. 현 전체에서 처음으로 트랙터를 구매한 사원, 처음으로 건설팀을 꾸렸던 사람, 처음으로 전면 도급제를 도입한 농장 등의 '개혁의 선봉'들이 향 전체에서 급속하게 출현하였다.

짧은 1년 동안에 향 전체에서 '적자 기업이 적자를 보전하고 이익을 본 기업은 날로 늘어나는' 좋은 국면이 나타났다. 1982년과 비교하여 향 전체의 농공업 총 생산액은 74% 늘어났고 1인당 평균 소득은 504위안으로, 배 이상 증가하였다. '1포 3개'는 전국에서 커다란 반향을 불러일으켰다. 1984년 2월, 당시 우시시無錫市 시 위원회 부서기였던 위지엔郁謙이 시 위원회 정책 연구실 사람들을 이끌고 조사연구에 나섰다. 옌차오 9대 개혁을 '1포 3개'로 요약하였다. 무시현과 우시시 위원회는 연이어 글을 발표하여 옌차오향의 방법을 확대 추진하겠다고 밝혔다. 4월 13일에 『인민일보』에는 〈옌차오향 향진 기업 전면 개혁 1년간의 효과〉 소식이 발표되었다. 아울러 〈'포包'자가 이끈 향진 기업〉이라는 제목의 논설 위원의 글이 함께 실렸다. 이 글에서는 옌차오 주민의 창조 정신을 칭찬하였다. 이는 '1포 3개'의 경험이 정식으로 옌차오 공사가 전국으로 향하도록 하였다.

— 마위에馬悅, 〈옌차오 '1포 3개' 개혁 혁신 청취〉『우시일보無錫日報』 2018년 10월 25일

쑤난의 향진 기업은 함께 건설하고 함께 누리며 함께 부유해지는 것의 전형이다. 이는 특수한 제도적 안배와 시대적 특색에 힘입은 것이다. 투자와 재산권의 구조에서 쑤난의 초기 향진 기업의 투자 주체는 지역 사회 집단이었다. 따라서 쑤난 지역 기업의 소유권은 그 지역 사회 노동자와 농민들에게 있었다. 즉, 향과 진에서 운영하는 기업은 전체 향과 진 노동자와 농민들이 공동으로 소유하고, 촌이 운영하는 기업은 마을 전체 노동자와 농민의 공동 소유가 되는 것이다. 고용 구조에서는 쑤난 향진 기업에서는 현지 채용 방식을 취했다. 현지 농민이 향진 기업에 취업하여, 전통 농업으로 소득을 얻을 수 있는 동시에 임금 소득도 증가시킬 수 있다. 동시에 외부 노동력의 대량 유입으로 외부 노동자의 수입 향상도 함께 이뤄진다. 1980년대 말에 우시현에는 외부 노동자가 30만 명이 있었고, 장인시江陰市 18만명으로 쑤난 농촌의 외부 노동 인력이 피크기에는 300만 명 안팎까지 이르렀다. 쑤난 현지 노동력이 외지로 나가 사업을 하거나 장사를 하는 사람은 매우 적었다. 쑤난의 수많은 대중들은 향진 기업 발전의 직접적인 수익자이자 함께 건설하고 함께 누리는 존재가 되었다.

칼럼4 '비시碧溪의 길'

1984년 2월 25일, 『인민일보』 제1면 톱기사에 〈비시향의 농산물 가공 발전의 신형 집단鎭 건설〉이 실렸다. 이틀 후에 신화사는 장편 통신 〈비시의 길〉 방송을 내보내어, 개혁 개방에 이후 비시가 취한 '땅을 떠나되 고향을 떠나지 않고, 공장에 들어가되 도시로 가지는 않으며,

노동자이기도 하고 농민이기도 하면서 집단이 함께 부유해지는' 방법에 대해 크게 칭찬하였다. 개혁 개방 초기 중국 농촌의 혁신적인 실천은 전국에서 발전한 '쑤난 모델'을 이끄는 중요한 원천이 되었다.

   역사적으로 비시는 양쯔강에 인접해 있고, 모래가 많은 토질로, 순면 구역이다. 1958년에 비시에 첫 번째 개인 운영 공장이 생겨났다. 이로부터 사대 기업이 돌틈을 비집고 나온 풀처럼 꺾이지 않고 강인한 생명력이 자라났다. 중국 공산당 11기 3중전회에서 개혁 개방이라는 역사적 정책 결정을 하자, 비시 간부와 대중들은 향진 기업을 크게 발전시켰고, 몇 년이라는 짧은 시간에 향진 기업 경제는 폭발적인 성장세를 보였다. 현상적으로 보자면 '비시의 길'은 산업 구조 조정의 길이었다. 원래 농촌의 산업 구조는 단순하여, 농업을 위주로 하는데, 비시향은 실제적인 상황에서 출발하여 농업 생산 특히 면화 생산을 잘 하는 동시에 그 지역에 맞는 사대 공업을 발전시켜 농촌 산업 구조 조정의 조정된 발걸음을 앞장 서 내딛었다. '비시의 길'은 농촌 노동력 이동의 길이었다. 농업 도급제는 생산력을 크게 해방시켰고, 농촌 산업 구조의 조정과 비농산업의 발전을 촉진하였다. 농촌의 잉여 노동력 또한 농업에서 공업으로 방향을 바꾸어 논밭에서 공장으로 향했고, 단순 노동에서 전문 노동으로 바뀌었다. '비시의 길'은 또한 집단 마을 건설의 길이었다. 공장이 열리면서 농민들이 들어왔고, 집단 마을은 떠들썩해졌다. 수요는 풍부해졌고, 농촌의 집단 마을 건설도 의사 일정을 앞당겼다. 기획을 하고 개발을 하며 관리를 하고 공장, 상점, 시장, 문화센터, 초중고등학교, 병원 등이 합리적으로 배치되었고, 물과 전기, 길 등 인프라가 점차 깔렸고, 향촌과 집단 마을의 잘 조합된 건설은 '비시의 길'이 중요한 내용이 되었다. 이상의 상황은 비시향이 실제로는 1980년대 쑤저우 내지 쑤난 발전의 전형이자 축소판이라는 점을 보여주고 있고, '비시의 길'은 어떤 의미에서는 쑤저우 발전의 길이자 쑤난 발전의 길이기도 하다.

        ― 자오훙성趙供生, 〈'비시의 길'의 전승과 혁신을 말하다〉, 『군중』 2009년 제11기

2 _ 장쑤성 공동부유 2.0판 -
전체적인 소강으로부터 높은 수준의 전면적인 소강으로

(1) 소강 시대 공동부유의 '먼저 두기'를 잘 두다

개혁 개방 초에 덩샤오핑은 중국의 상황을 고려하고 세계 각국의 현대화 발전을 참고하여 중국이 "20세기 말에 네 가지 현대화"를 실현한다는 정해진 목표를 이룰 수 있는지 여부에 대해 깊이 생각하였다. 세계 선진 수준과의 대비를 통해 덩샤오핑은 소강사회의 위대한 구상을 제기하였다. 1983년 2월, 덩샤오핑은 장쑤를 시찰하면서 장쑤성과 쑤저우시 지도자들의 종합 보고를 청취하였다. 그가 관심을 가진 주제는 주로 '소강'이라는 목표를 실현할 수 있느냐였다. 즉, 2020년에 농공업 총생산액이 1980년의 두 배에 이를 수 있느냐였다. 장쑤 책임자는 종합 보고에서 말하길, 1977년부터 1982년까지의 6년 동안 장쑤 농공업 총생산액은 한 배가 뛰었던 이런 속도는 전체 성으로 보자면 20년이 걸리지 않아 두 배가 될 수 있다고 하였다. 당시 쑤저우의 경제 발전은 장쑤에서 선두에 서 있었다. 1인당 평균 농공업 생산액은 800달러에 근접해 있었다. 1978년에서 1982년에 이르는 발전 속도에 비추어 볼 때, 1995년에 이르면 두 배가 뛸 수 있다고 본 것이다. 덩샤오핑은 다음과 같이 지적하였다. 국민 총생산이 1인당 800달러가 된 이후 사회는 어떤 모습을 하게 될까? 쑤저우의 책임자는 먹고 입고 쓰는 것, 주택, 취업, 인구 유동, 교육 문화, 정신 면모 등 6개 분야에서 대답을 했다. 쑤저우행은 덩샤오핑에게 깊은 인상을 남겼다. 베이징으로 돌아온 후, 1983년 3월 2일, 덩샤오핑은 쑤저우를 예로 들어, 소강에 도달한 이후의 사회 상황을 묘사하였다.

"첫째, 인민들의 먹고 입고 쓰는 문제는 해결되었고, 기본 생활은 보장을 받게 되었다. 둘째, 주택 문제는 해결되어 1인당 평균 20제곱미터에 달했다. 토지 부족으로 위로 발전하여 조그만 도시와 읍, 농촌은 2층과 3층 건물이 많이 있다. 셋째, 취업 문제가 해결되어 도시와 읍은 기본적으로 구직자가 없다. 넷째, 외부로 흘러나가는 사람이 없어져서 농촌 주민들이 대도시로 나가고 싶어하는 상황이 이미 변했다. 다섯째, 중고등학교가 보급되고, 교육과 문화, 체육과 기타 공공 복지사업이 자신의 능력에 맞춰 배치되었다. 여섯째, 사람들의 정신적 면모가 변화하여 범죄가 크게 감소하였다."9

쑤저우가 거둔 발전 성과는 물질적 공동부유와 정신적 공동부유의 상호 관련성과 동조성을 생동감 넘치게 설명해 준다. 장쑤가 소강 단계에 들어선 이후 공동부유의 '먼저 두기'를 잘 한 것을 직접적으로 구체화해낸 것이다. 소강사회 건설에서 장쑤는 소강사회의 내용과 표준 건립을 매우 중시하였다. 근원적으로 공동부유의 유전자와 특색을 소강에 부여하였다. 장쑤성은 2003년에 〈장쑤성 소강사회 전면 건설의 주요 지표〉를 제정하여 발표하였다. 전국에서 앞장 서서 '전면적 소강사회 건설'에 관련된 사회 지표를 명확하게 제기하여 소강사회의 내용과 표준에 대해 그 범위를 확정지었다. 네 가지 대분류에 18가지 대항목, 25가지 개별 항목의 지표 체계에는 1인당 GDP, 산업 구조, 도시화 수준 등 경제 발전 지표가 있고, 또 도시와 농촌 거주민의 1인당 소득, 취업, 사회 보장, 주택, 엥겔 계수 등의 민생 지표도 있으며, 과학 기술, 교육, 문화, 보건 등의 사회 발전 지표도 있고, 또 산림녹화율, 환경의 질 등 생태 환경 지표와 사회 치안 만족률, 마을 주민 의법 자치율 등의 정치 문명 지표도 있다. 장쑤성은 전면적인 소강사회 건설의 4대 분류, 18항목의 지표를 이용하여 성 전체와 성 직할시에 대한 2003년 전면적인 소강사회 건설의 발전 상황을 평가하였다. 그 목적은 시와 현의 지도 간부가 의식적으로 과학 발전관과 부자 우선의 방침을 '두가지 솔선'의 전체 과정으로 구체화하고, 모두 과학적 태도를 촉진하고 개혁 발전의 중대한 문제를 연구하고 해결하며, 대중의 생산 과정에서의 긴박한 문제를 연구하고 해결하도록 인도하고 격려하는 것이다. 또한 대중이 시급히 요구하고 군중에게 이익이 되는 일을 많이 하며 기초적이고 장기적으로 역할을 하는 실제적인 일을 많이 하고, 후세 사람들이 찬탄할 수 있도록 노력하며 유감을 남기지 않도록 노력한다. 지표 체계의 방향성을 더 잘 발휘할 수 있도록 그리고 격려와 모니터링 역할을 할 수 있도

---

9 《鄧小平文選》(第三卷), 人民出版社, 1993년판, 24~25쪽.

록 진정으로 장쑤성의 '두 가지 솔선' 성과를 보다 높은 품질과 보다 높은 수준, 보다 높은 만족도를 가질 수 있도록 한다. 2013년에 장쑤성은 <장쑤 전면적인 소강사회 건설 지표 체계(시범 시행)>를 정식으로 발표하였다. 소강사회 지표 체계에 대해 비교적 큰 폭으로 이루어진 이번 조정은 원래 있던 4대 분류, 18항목, 25개 지표로부터 5대 분류, 22개 항목, 36개 지표로 확대되었다.

첫째, 부분 지표를 새롭게 늘렸다. 주로 현대 농업 발전 수준과 문화 산업 증가 수치가 GDP에서 차지하는 비중, 단위 GDP 에너지 소모, 도시와 농촌 주민 소득별 인구비례 등이 포함되었다.

둘째, 부분 지표가 강화되었다. 주로 연구 경비가 GDP에서 차지하는 비중, 도시화율, 주민 수입 수준 등이 포함되었다.

셋째, 부분 지표를 바꾸어 도시화 발전 수준, 주거용 주택 세트 비율, 현대 교육 발전 수준 등으로 바뀌었다. 모니터링 지표로 보면, 장쑤성의 소강사회 건설 수준은 신속하게 향상되어 전체적인 수준이 전국의 선두에 섰고, 이는 장쑤성이 발전을 가속화하여 의식적으로 공동부유의 '먼저 두기'라는 선견지명이 있었다는 것을 말해준다.

(2) '백성의 부유함'이 공동부유의 꼭대기층 설계를 시작하다

'백성의 부유함'은 장쑤성이 비교적 고도 성장 단계에 임해서의 중대한 현실적 과제로서, 장쑤는 비교 위위, 산업경쟁력, 소득 분배 구조 등 복잡한 영향을 받았다. 동시에 글로벌 가치 사슬에서의 강쑤의 지위, 지역 경쟁에서의 역할 및 장쑤 내부의 서로 다른 지역과 부문, 집단 간의 이익을 다루었다. 이런 배경 하에서 장쑤는 공산당 18기 3중전회의 보고에서 제기된 '꼭대기층 설계는 돌을 만지면서 강을 건너는 것과 결합'되는 개혁방법론에 입각하여 각 지역, 부문, 사회 주체의 자발적인 탐색을 격려하는 동시에 꼭대기층 설계에 있어서의 제도적 혁신과 정책적 공급을 강화하는 데 치중하였다. '백성의 부유함'이라는 새로운 장쑤의 꼭대기층 설계를 추진하는 과정에서 '부강함이 아름답다'는 새로운 장쑤의 전체적인 계획을 제외하고 목표성을 가진 전략적 계획으로 다음과 같은 것들이 있다.

첫째, 민생 행복 공정을 실시하고, 평생 교육, 취업 서비스, 사회 보장, 기본 의료, 주택 보장, 사회 양로 서비스 등 '6대 체계'를 건설하고, 각 항목의 민생 사무를 잘 처리한다. 12차 5개년 계획 기간에 직접 민생과 더불어 그것과 밀접하게 연관되어 있는 재정을 직접 이용하여 3조 위안을 지출한다. 이는 성 전체 공공 재정 지출의 75%를 차지한다.

둘째, 주민 소득의 한 배 증가 실행으로, 농민, 직공, 중저 소득자, 어려운 가정 등 '네 집단'의 소득을 늘리고, 주민의 임금성, 경영성, 재산성, 이전성 수입을 힘있게 증가시키고, 취업과 창업, 투자, 사회 보장과 도움 등 '5대 소득 증가 채널'을 확대하며, 주민의 소득 수준과 생활의 질을 보편적으로 향상시킨다. 2015년에 이르러 도시와 농촌 주민 1인당 가처분 소득은 각각 3,7173 위안과 1,6257위안이 되어 11차 5개년 계획 시기 말에 비해 66.9%와 79.4% 늘어났다. 이밖에도 장쑤는 꼭대기층 설계와 기층 탐색을 유기적으로 탐색하여, '백성의 부유함'의 전체적인 배치 실현를 강화하는 데 치중하고, 각지에서 적재적소의 선택 노선을 격려하며 기층의 혁신과 '돌을 안고 강을 건너는' 선택적 공간을 속박하지 않는다.

(3) 높은 수준의 공동부유 채널을 개척하자

주민은 '백성 부유'의 새로운 장쑤 건설의 주전이자 근본적인 의지처이다. 장쑤는 주민들이 사회 자산을 창조하는 데 있어서의 적극성과 능동성을 일으킬 수 있도록 하는 것에 힘을 기울이고 있다. 백성들이 부를 창출하는 데 있어서 각종 제약이 되는 내용들을 해제하여 부 창출 동력이 넘치도록 하고 있다.

첫째, 농민의 부 창출 채널을 넓혀주고 있다. 농민의 소득 증대를 제약하는 중요한 포인트에 집중하고 있다. 농민 스스로의 창업을 격려하고, 새로운 산업, 새로운 기술, 새로운 업종, 새로운 모델 등에서 더 많은 소득을 거둘 수 있도록 장려한다. 타지로의 수출과 타지로 이전하여 취업하는 것을 함께 중시하고, 더 많은 농민들이 집 근처에서 취업하여 더 많은 임금 소득을 얻을 수 있도록 돕는다. 장쑤성 도시와 농촌 주민 소득 비율은 2010년의 2.52 : 1에서 2015년에 2.3 : 1로 줄어들었다.

둘째, 주민들의 부 창출 탐색을 장려한다. '창업 중국'은 쑤난 혁신 창업 시범 사업을 가일층 추진함으로써 공동 창업 공간 등 창업 서비스 플랫폼을 건설하고 창업 부화 서비스 능력 향상을 돌파구로 하고, 혁신 자원 통합을 통해 창업 정책 제도를 다시 세운다. 나아가 창업 혁신의 잠재력과 활력을 높이고 혁신 구동 전력을 깊이 있게 실시하여 새로운 동력을 제공한다.

셋째, 과학 기술 인력의 부 창출에 있어서의 병목 현상을 풀어준다. 장쑤는 글로벌 영향력이 있는 산업 과학 기술 혁신 센터 건설을 둘러싸고 인력 자원 배치에서 시장의 주체적인 지위 강화에 치중하여 과학 연구 기관과 과학 기술 인재의 혁신 성과 수익권을 보장하고, 과학 기술 혁신 인재의 급여 제도를 건립하고 과학 연구 사업 단위의 특성에 부합하는 실적 임금제를 적용함으로써 높은 차원과 높은 기원을 가진 인재들에 대해 협의 임금, 프로젝트 임금 등을 실행하여 많은 과학 기술 종사자들의 적극성을 불러일으킨다.

(4) 높은 기준에 입각하여 공동부유 정책 시스템을 세운다

장쑤성의 역대 성 위원회, 성 정부는 민생 문제 해결을 매우 중시하였다. 민생의 보장과 개선을 경제 사회 발전이라는 전체 국면에 놓고 계획을 세워 민생 건설의 정책과 지원 시스템을 형성하였다.

첫째, 취업 지원 시스템이다. 취업 우선 전략을 견지하여 취업 촉진에 유리한 산업 정책, 재정 정책, 세금 우대 정책, 금융 지원 정책을 실행하고, 경제 성장과 취업 확대라는 선순환을 실현한다.

둘째, 사회 보장 지원 시스템이다. 장쑤성은 전체 커버, 기본 보장, 여러 차원, 지속 가능한 방침으로 공평성, 유동성 적응성, 보장의 지속 가능성을 중점으로 삼아 사회 보장 체계를 지속적으로 완비해 왔고, 주민들의 기초 생활 보장, 의료, 양로 보장 수준을 한결음 더 향상시킨다.

셋째, 교육 지원 시스템이다. 장쑤 교육 현대화 건설은 뚜렷한 효과를 나타내고 있다. 취학전 교육을 전체적으로 보급하여 전국에서 앞장 서서 의무 교육을 전체적으로 실시하였고, 중고등학교 입학률은 99.1%에 달했다. 고등교육의 주요 발전지표는 전국 선두에 서 있으며, 직업 교육의 혁신 발전을 지속적으로 추진하였고, 평생 교육 시스템을 한걸음 더 나아가 완비하였다.

넷째, 의료 보건 지원 시스템이다. 새로운 형태의 농촌 협력 의료의 1인당 재정 보조가 380위안으로 늘어났다. 기본 공공 보건 서비스의 무료 항목이 12종류, 45개 항목으로 늘어났다. 의료 보건 서비스 능력이 뚜렷하게 강화되었다.

다섯째, 탈빈곤 지원 시스템이다. 장쑤성은 빈곤 구제 개발을 전면적으로 완결하고 착실하게 추진하여, 농촌의 411만 저소득 인구가 4000 위안이라는 탈빈곤 목표를 전체적으로 실현하였다.

(5) 공동부유의 단점에 대한 맞춤형 보충

'백성의 부유함'을 실현하는 훌륭한 청사진은 어떤 의미에서 말하자면, 민생 개선의 정도와 밑받침이 되는 보장의 질에 달려 있다.

첫째, 민생의 보장망을 촘촘하게 하여 '백성의 부유함'의 단점을 힘껏 보충한다. 사회 공평주의 촉진을 둘러싸고 구제 제도를 끊임없이 보완해 가고, 민생 보장망을 촘촘하게 한다. 기초 생활 보장의 기준과 1인당 평균 소비 지출을 연계 탐색하여 '지출형' 빈곤 문제 해결을 추진한다. 나아가 도시와 농촌의 기초 생활 보장 기준의 차이를 줄인다. 쑤난에서는 시를 단위로 하고, 쑤중과 쑤베이는 현을 단위로 하여 2020년 이전에 도시와 농촌 기초 생활 보장 기준의 통일을 전면적으로 실현한다.

둘째, 적당한 보편적 복지를 발전시킨다. 예를 들어, 도시와 농촌 표준화 지역의 가정 노령화 서비스 센터의 커버리지 비율을 높이고, 주민 구역 내의 삽입식 양로 기관을 대대적으로 발전시키면, 가까운 곳에서 지역 노인들을 위한 전문화된 서비스를 제공할 수 있다.

셋째, 우대 위문 정착 정책을 실행한다. 예를 들어, 중점 우대 위문 대상을 위해 단기 요양이나 순회 진료 서비스를 제공하고, 보통 고등학교에서 퇴역 사병에 대해 '단독 입학'이나 '등록 입학'을 실행하여 기능 훈련과 학력 교육을 함께 중시하는 신형 교육 훈련 시스템을 세워나간다.

3_ 장쑤성 공동부유 3.0판 – 기본 현대화를 향하여

(1) 고품질 발전으로 높은 수준의 공동부유를 추진하다

고품질 발전은 발전 방식, 경제 구조, 성장 동력 등 여러 측면에 있어서의 체계적인 중대한 변혁을 다룬다. '고속'에서 '고품질'로의 방향 전환이 나타내는 것은 발전 법칙으로, 장쑤 경제의 발전 방향을 나타내주는 것이다. '있느냐'로부터 '좋으냐'로의 방향 전환이 나타내는 것은 발전의 추구로서, 장쑤성 발전의 가치 방향을 명확히 한 것이다. '중저中低'로부터 '중고中高'로의 방향 전환이 나타내는 것은 발전 수준으로서, 장쑤형 업그레이드에 근본적인 준수 포인트를 제공하는 것이다. 장쑤로 말하자면, 고품질의 발전을 실현하기 위해 노력할 뿐만 아니라 이 변혁에서 전국의 선두에서 걸어가야 한다. 장쑤는 미래를 바라봄에 있어서 반드시 전략을 잘 세워 싸움을 주도해야 한다. 경제 사회 발전의 법칙에서 보자면, 장쑤성은 이미 보다 높은 차원으로 매진해 가는 중요한 단계에 도달하였다. 장쑤가 추구하는 '선두에 걷는다'는 단순한 속도 우위나 앞단계의 지표를 넘어선다든가 하는 것이 아니고, 새로운 발전 이념의 인도 아래에서 현대화 경제 체계 건설을 둘러싸고 개혁적인 방법으로 탐색 과정에 있는 문제를 잘 해결하고 실천하며, 혁신적인 이념과 사고, 방법으로 발전의 품질에 대해 전체적인 돌파를 하는 것이며, 보다 많은 고품질의 발전 성과를 창조하기 위해 노력하고, 장쑤의 새로운 특색과 장점을 형성하는 것이다. 구체적인 사업에서 '여섯 가지 고품질'을 중점적으로 추진하는 것이다.

장쑤성의 고품질 발전이 전국에서 선두에 서려면 반드시 현실적인 장점과 미래 잠재력을 갖춘 분야에서 시작하여 미래 경쟁에 참여하고, 장기적 발전의 새로운 장점을 만들어 내야 한다. 장쑤성이 '여섯 가지 고품질'을 선택하여 문제를 해결한 것은 장쑤가 다원화된 기본적 장점을 갖추고 있다는 점을 보여준 것이다. 기초가 있고, 여건이 되는 시스템 추진에서 미래지향적인 종합적인 경쟁우위를 형성한다. '여섯 가지 고품질' 발전을 추진하는 것은 바로 고품질 공급 증진을 중점적으로 경제 발전의 고품질을 추진하려는 것으로, 체제 창출 메커니즘의 새로운 장점을 동력으로 개혁 개방의 고품질을 추진하고, 도시와 농촌 일체화 발전 총괄을 지탱점으로 하여 도시 농촌 건설의 고품질을 추진하며, 문화의 흡인력, 경쟁력, 소프트 파워 양성을 통해 문화 건설의 고품질을 추진하고, 아름다운 장쑤 건설을 견인점으로 하여 생태 환경의 고품질을 추진하며, 민생의 보장과 개선을 기초로 하여 국민 생활의 고품질을 추진한다. 여섯 가지 측면의 체계적인 노력을 통해 장쑤의 고품질 발전은 전국에서 선두에 서는 것에 믿고 의지할 만한 버팀목이 되는 동시에 장쑤가 공동부유를 실현하는 데 고품질의 발전 초석이 된다.

혁신은 '여섯 가지 고품질' 발전의 영혼으로 주로 세 가지 측면에서 구체적으로 나타난다.

첫째, '여섯 가지 고품질' 자체는 장쑤가 추진하는 고품질 발전의 혁신 조치로서, 중앙의 요구를 구체화한 것이기도 하고 장쑤의 특색을 녹여낸 것으로, 장쑤의 발전 요구와 결합된 실천적 탐색이다.

둘째, 혁신은 고품질 발전의 첫 번째 동력이다. 날로 격화되는 지역 경쟁 속에서 현실에 입각하고 미래를 쟁취하는 혁신은 장쑤가 고품질 발전을 추진하는 데 있어서 둘도 없는 선택이다. 장쑤는 전국에서 최초로 혁신 구동 발전 전략을 세웠다. 이 전략을 실시한 것은 첫 번째 생산력이 담긴 거대한 잠재력을 최대한으로 해방시키고 불러일으키는 것이다. 새로운 형세 속에서 보다 강력하고 목표성이 있는 조치를 취하고 혁신 요소들을 모으며 혁신 산업을 키우고, 혁신 동력을 기르고, 첫 번째 자원인 인재를 활용하여 첫 번째 동력인 혁신을 불러일으켜 혁신 체제를 지속하고, 혁신 생태를 꾸려서 근본적으로 장쑤 과학 기술 혁신 성과 산업화의 문제들을 해결해 나가고 장쑤 혁신의 지도성 장점을 만들어 나가 고품질 발전에 혁신 동력을 제공해 준다.

셋째, 혁신 정신과 방법을 '여섯 가지 고품질' 발전의 전 과정에 불어넣는다. 예를 들어, 도시와 농촌에서 고품질 발전을 세워나가는 과정에서 장쑤 도시 시스템의 온전함, 도시와 농촌의 조화 정도가 높은 장점에 착안하여 도시군 건설, 농촌 진흥의 혁신 노선을 대담하게 탐색하여 도시와 농촌의 고품질 공간 형태를 만들어내는 것이다. 생태 문명의 고품질 발전 과정에서 비교적 높은 중화학 공업 비중을 유지하고 환경 용량의 제약을 받는 여건에 있는 고품질 발전 노선 혁신을 탐색해 나간다. 주민 생활의 고품질 발전 과정에서 새로운 형세 아래에서의 '부 창출' 노선을 대담하게 탐색하여 장쑤라는 대지에서 자산이 충분히 흘러넘치게 하고, 주민들이 고품질 발전 성과를 함께 누리도록 하여 장쑤 공동부유가 새로운 수준에 도달하도록 한다.

(2) 혁신이 공동부유의 품질 수준을 향상시킨다

장쑤의 쑤난 등지에서는 이미 전체적으로 높은 수준의 전면 소강 상태에 도달하였다. 이에 따라 성 전체는 높은 수준의 소강사회와 기본적인 현대화 탐색을 진행하는 동시적인 발전 단계에 진입하였다. 이 단계에서 '중국 스타일의 현대화'인 소강 건설과 기본적인 현대화 탐색 사이에는 함께 직면하는 여러 가지 문제들이 존재하게 된다. 그것은 세 가지 측면으로 집중적으로 나타난다.

첫째, 도시와 농촌의 협조다. 장쑤는 도시와 농촌의 격차가 비교적 적은 지역이다. 쑤저우의 도시와 농촌 일체화 수준은 전국 선두를 달린다. 하지만 자세히 분석해 보면 외부 유입 인구가 시 전체 일구의 절반을 차지하는 쑤저우는 도시와 농촌 격차가 다른 방식으로 존재한다. 그것은 바로 외부 유입 농업인구와 현지 주민 사이의 격차다. 농업 유입 인구 시민화의 본질은 권리와 복지가 현지 인구와의 균등화이다. 농업 유입 노동력이 일단 도시 호적을 얻게 되면 완전한 시민화를 실현할 수 있게 된다. 외부 유입 인구 시민화를 추진하는 것은 '인간의 도시화'라는 내재적인 요구이기도 하고 쑤난의 기본적인 현대화 탐색에 충분한 인구 자원을 제공하기 위한 것이다.

둘째, 생태 환경 보호다. 쑤난 지역의 인구 밀도는 매우 높다. 개방 강도도 높다. 인간의 활동과 공업 활동이 밀집되어 있으며, 환경 용량도 제한이 있고, 자기 회복력이 취약하다. 동시에 비록 산업 구조 발전의 일반적 법칙에 근거하여 쑤난 등 발달한 지역에서는 이미 서비스업 수준과 자주적인 혁신 능력의 발전 단계에 도달하기는 했지만 중화학 공업에 대한 투자가 많고, 주기가 길며, 매몰 원가가 높다는 등의 특징으로 말미암아 그 발전에 매우 강한 연속성이 있는 데다가 상당 긴 시간 내에 장쑤성은 여전히 중화학 공업을 발전시킬 장점과 동력을 갖추고 있다. 이는 객관적으로 경제 성장이 중화학 공업에 대한 구조적 의지 상황을 형성하였고, 그 결과 어느 정도 산업 구조의 '잠금 효과'를 형성하였다. 에너지와 생태 등 분야의 발전 병목을 어떻게 돌파하고 환경 쿠즈네츠 곡선이 환경에 좋은 방향으로 뻗어나가게 할 것인가 하는 문제는 혁신적인 발전 방식이 필요하고, 경제 성장 방식이 조방형에서 집약형으로 전환이 실현되어야 한다.

셋째, 사회 통치 문제다. 높은 수준의 소강과 기본적인 현대화의 내재적 요구는 지역과 도시의 종합적 통치 수준을 향상시킨다. 통치 시스템과 능력의 현대화 표준으로 평가해 보면, 장쑤의 종합적인 수준은 전국 선두에 위치해 있다. 하지만 여전히 적지 않은 문제들이 있다. 도시 관리의 정밀화, 낮은 수준의 품질화, 사회 통치 수준과 대중의 기대에 존재하는 차이 등이 그것들이다. 지역의 통치 시스템과 그 능력의 현대화는 전면적인 소강의 내재적인 요구이기도 하고 기본적인 현대화의 중요한 내용이기도 하다. 그리고 그것은 전면적인 소강과 지역의 기본적인 현대화의 관련성과 일치성을 드러낸다.

기본적인 현대화는 전면 소강의 업그레이드 버전이다. 또 사회주의 현대화 강국 건설에 필수적인 단계이다. 소강사회와 비슷하게 기본적인 현대화는 마찬가지로 중국이라는 환경에서 사용되는 뚜렷한 중국 특색을 갖춘 혁신적 개념으로, 현대화의 공통적인 법칙을 따르고 또한 독특한 내용적 특징을 갖고 있다. 공산당 19차 전당대회 보고에 근거하여 기본 현대화는 물질 문명 차원에서 경제력, 과학 기술력, 종합 경쟁력의 상승으로 표현되었다. 정치 문명 차원에서 공민의 권리, 법치 건설이 높은 수준으로 도달하고, 국가 통치 시스템과 그 능력의 현대화가 기본적으로 실현되는 것이다. 정신 문명 차원에서는 사회 문명 정도, 문화 소프트파워와 영향력이 새로운 차원에 도달하는 것으로 표현된다. 사회 문명 차원에서는, 국민 생활과 공공 서비스 수준의 대폭적인 개선, 공동부유와 사회 통치가 새로운 경지에 도달하는 것으로 표현된다. 생태 문명 차원에서는, 환경 쿠츠네츠 곡선이 꺾이는 점을 뛰어넘어 생태 환경의 근본적인 호전을 실현하는 것으로 표현된다.

장쑤는 기본적인 현대화를 향하여 공동부유 실천을 추진하고 있는데, 역사 교체기에 중점과 어려운 점을 둘러싸고 앞장서 돌파하는 데 역점을 두고 있다. 현재 중국은 '두 100년'이라는 역사 교체기에 놓여 있다. '첫 번째 100년'에 전면적인 소강사회 건설이라는 전략적 목표를 순조롭게 달성해야만 '두 번째 100년'에 사회주의 현대화 강국 건설이라는 튼튼한 기초를 놓을 수 있을 것이다. 앞에서 뒤로 이어지는 역사 교체기에 중국은 이를 악물고 소강을 이뤄가야 하는 시험대에 놓여 있고, 현대화라는 새로운 동력을 세워 나가야 하는 도전에 직면해 있다. 시진핑은 개혁 개방 40주년 축하 대회에서 다음과 같이 지적하였다. "우리가 현재 처해 있는 지점은 물살이 급한 곳에 있는 배요, 깊은 산속에 있는 그런 상황이다. 앞으로 나아갈수록 어려워지고 힘해지는 상황으로, 나아가지 않으면 물러나게 되어 나아갈 수 밖에 없는 그런 상황이다." '두 100년'이라는 역사 교체기의 기회와 도전에 직면하여 장쑤는 그럴 여건이 되고 또 '두 100년'이라는 역사 교체기에 중점과 어려운 점을 먼저 탐색해 나갈 필요성도 갖고 있다. 예를 들어, 커다란 장애물을 앞장서서 돌파하고 선진국의 기술 독점과 기술 봉쇄를 먼저 돌파하는 데 힘을 내어 중국 산업이 높은 단계로 올라서는 데 전략적 버팀목이 되는 것이다. 또 중대한 개혁을 추진하는 가운데 먼저 탐색하여 재산권 제도와 요소의 시장 배치 추진을 중요한 분야로 삼아 개혁에 힘을 기울여 새로운 체제 메커니즘의 장점을 앞장 서서 형성한다. 아울러 제조업은 장점을 앞세워 탐색을 진행한다. 장쑤의 산업 기초, 특히 제조업의 장점에 의지하여 현대화 경제 시스템 건설을 앞장 서서 탐색하고, 세계 수준의 선진 제조업 클러스터를 만들어,

기본 현대화 건설을 지원하는 산업 기초를 구축한다. 중점 돌파와 전면적인 발전을 통해 장쑤 공동부유의 전체적인 발전 수준을 지속적으로 상승시킨다.

04

지역의 조화로 공동부유 공간을 최적화하다

지역의 공동부유는 공동부유의 중요한 구체화로서, 지역의 조화는 지역 공동부유의 전략적 노선이다. 마오쩌둥은 〈10대 관계를 논함〉에서 연해 공업과 내지 공업의 관계를 깊이 있게 설명하면서, 연해 공업의 저변을 잘 이용하고 발전시켜야 우리가 더욱 큰 힘을 가지고 내지 공업을 발전시키고 지원할 수 있다고 강조하였다. 덩샤오핑은 '두 가지 커다란 국면'의 구상에서 명확하게 언급하였다. "연해 지역은 대외 개방을 빨리 해야 한다. 2억 인구를 가진 광대한 지역을 빨리 발전시켜야 내지內地를 더 잘 발전시킬 수 있다. 이는 매우 일의 대세에 관련된 문제이다. 내지에서는 이 커다란 국면을 돌아보아야 한다. 반대로 어느 정도 발전하게 되면 또 연해에 더 많은 힘을 내어 내지의 발전을 도와주라고 요구할 수 있다. 이것 역시 커다란 국면이다. 그때 연해에서는 이 커다란 국면에 따라야 한다."[1] 그의 구상은 중국이 소강 수준에 도달했을 때 먼저 부유해진 지역이 빈곤한 지역을 돕는 문제를 제기하고 해결하고자 하였다. 장쑤성의 공동부유 과정을 살펴보면 '두 커다란 국면' 구상이 생

---

1   《鄧小平文選》(第3卷), 人民出版社, 1993년판, 278쪽.

동감 넘치게 구체화되고 인증되었다는 사실을 알 수 있다. 장쑤성의 각 조각은 공간 차원의 조화에서 발전하였고, 장쑤의 공동부유 공간을 효과적으로 최적화하여 장쑤 공동부유 실천의 뚜렷한 특징이자 장점이 되었다.

1_지역의 불균형 발전이 우선 부유를 실현하였다

(1) 지역 치부致富 '선수권 대회'

불균형 발전에서 균형 발전으로의 전환은 후발 국가와 지역이 공동부유로 향해 갈 때 반드시 거치는 길이다. 발전 기초가 취약하고 자원이 부족한 상황에서 큰 나라에서는 각 지역의 동시 발전이 매우 어렵고, 필연적으로 우월한 자원을 모아 여건이 되는 지역에 집중시켜 지역 우선 발전의 태세를 형성해야 한다. 개혁 개방 이후 중국은 세계가 주목할 만한 경제 기적을 이루었다. 그 성공 방법 가운데 중요한 것은 지역 간 경쟁을 장려하는 '선수권 대회' 방법을 취한 것이었다. 지역 간에 '성장을 위한 경쟁'은 중국 경제 고도 성장의 효과적인 제도적 장치로 여겨졌다. 신중국 수립 이후에 중화학 공업 우선의 발전 전략 등 복잡한 요소의 영향을 받아 동북 지역은 중국 국가 자원의 중점 지역이 되었다. 상하이, 베이징 등 소수의 도시에는 전국의 좋은 품질의 자원이 집중되었다. 특히 상하이에는 잘 팔리는 브랜드가 모였고, 전체적인 발전 수준은 전국에서 으뜸을 차지하였다. 개혁 개방 이후 동부 연해 지구에서 먼저 발전하는 불균형 전략의 인도 아래에 광둥, 장쑤 등 동부의 성들은 먼저 발전했고, 단숨에 전국 경제의 선행 지역이자 전국 '선수권 대회'에서 우등생이 되었다. 장쑤는 향진 기업, 개방구 경제, 현 구역 경제 발전 등의 분야에서 두드러진 모습을 보였고, 지역의 공동부유를 질적으로 비약시켰으며, 전국에 수많은 경험과 시범을 제공하였다. 이 밖에 장쑤성은 지역 내 서로 다른 지역 간에 불균형에서 균형으로의 발전 경쟁을 도모하였는데, 이는 장쑤성이 '두 커다란 국면' 구상을 실천하는 분명한 본보기가 되었고, 전국의 공동부유 실천에 장쑤의 경험과 지혜를 제공하였다.

(2) 여세를 몰아 앞장서 발전하다

지역 불균형 발전 전략은 실천 측면에서 여건이 되는 지역의 우선 발전으로 먼저 표현된다. 이는 후발 지역이 낮은 수준의 균형 함정에서 뛰쳐나오는 중요한 한 걸음이다. 공동부유는 같이 걷는 부유가 아니다. 또한 같이 걷는 부유를 실현하는 것도 불가능하다. 여건이 되는 지역의 우선 발전은 공동부유 실천을 구성하는 중요한 일환이다.

개혁 개방 이후 장쑤성은 역사적 기회를 잡고 '두 가지 솔선'을 추진하고, 장쑤성의 공동부유에 특색 있는 내용을 부여하였다. 개혁 개방 이후 장쑤성 주민들은 의식적으로 앞선 탐색과 발전의 시대적 임무를 담당하였다. 1980년대, 여섯 개 분야에서의 쑤저우蘇州의 탐색과 성취는 덩샤오핑의 높은 평가를 받았다. 아울러 이로부터 '네 가지 현대화의 희망이 매우 크다'는 것을 굳게 믿으며 덩샤오핑이 소강사회 이론을 제기하는 데 실천적인 근거와 현실적인 참고 자료를 제공하였다. 쑤난蘇南 지역도 소강사회 '중국식 현대화'의 앞선 탐색자가 되었다. 21세기에 들어와서 장쑤는 전국의 발전 국면에 입각하여 장쩌민과 후진타오의 '전면적 소강사회 건설에 앞장서고, 기본적인 현대화 실현에 솔선'한다는 간절한 바람을 기억하고 성급 전면 소강의 지표 체계를 전국에서 가장 먼저 제정하고 전국 소강사회 건설에 새로운 길을 탐색해 나갔다.

2011년에 장쑤성은 〈현대화 기본 실현의 장쑤성 지표 체계(시범 시행)〉을 제정하였고, 2013년에 공산당 18대 정신과 전국 '양회' 기간에 장쑤 사업에 대한 시진핑의 새로운 요구에 근거하여 〈현대화 기본 실현의 장쑤의 지표 체계(시범 시행)〉을 형성하여, 지역 현대화 탐색에 지침을 제공하였다. 2014년 12월, 시진핑은 장쑤성을 시찰할 때 "현재 여건으로 보아 장쑤는 전면 소강사회 건설 목표를 앞장 서서 실현할 수 있고," "전면적인 소강사회 건설에 있어서의 각 사업의 기초를 잘 다지는 기초 위에서 기본적으로 현대화를 실현해 나갈 수 있는 길을 적극적으로 탐색해 나가야 한다"고 하였다. 동시에 장쑤성의 현재 주요 에너지는 여전히 전면적인 소강 건설을 추진하는 데 중점을 두어야 한다. 전면적인 소강사회 건설 단계에서 기본적인 현대화 건설에 필요한 일들을 할 수 있지만, 서둘러 기본 현대화로 갈 수는 없고, 다시 돌이켜 보충 수업을 할 수 없다. 장쑤는 시진핑의 중요한 지시에 담긴 정신에 따라 주요 정신을 전면적인 소강사회에 놓고, 높은 수준의 전면적인 소강사회를 건설하는 훌륭한 성과로 지역 현대화의 건설 기초를 다져 나갔다.

중국 공산당 19대 이후 장쑤성 위원회는 객관적인 법칙에 부합하고 중국적 특색을 갖추었으며 장쑤성의 특징을 드러내는 지역 현대화의 길을 탐색하기 위한 노력을 기울였다. 이는 장쑤성 지역 현대화 탐색이 새로운 역사 발전 단계로 들어섰음을 나타내 준다. 장쑤성이 소강의 길과 지역 현대화의 길을 탐색하는 것은 동시에 치부에 있어서 먼저와 나중의 길을 탐색하는 것이기도 하고, 지역의 불균형 전략 실천이 지역이 먼저 부유하게 되는 것을 실현하는 성공적인 탐색이기도 하다.

(3) 쑤난蘇南이 선부先富의 전형이 되다

쑤난 지역은 발전의 기초가 좋아서 개혁 개방 이후에 향진 기업, 외향 경제 및 혁신형 경제의 중요한 기회를 잡아 지역 발전의 여러 차례에 걸친 비약을 실현함으로써 중국에서 지역 우선 부유의 모델이 되었다. 공동부유는 현대화의 중요한 내용이다. 반대로 지역 현대화 수준은 지역 공동부유의 발전 정도에 영향을 미친다. 현대화 기준으로 평가할 때, 쑤난 지역은 중국 유일의 현대화라고 이름 붙인 국가급 시범 지역으로서, 지역 현대화 실천 과정에서 단계적 효과를 거두었다. 관련 연구는 쑤난의 대부분 지표가 이미 목표치에 도달했거나 근접했음을 보여주고 있다. <쑤난 현대화 건설 시범 지역 기획>에서 제기된 '지역 현대화 기본 실현'의 44개 3급 지표 가운데 2017년에 이미 31개 지표가 목표치에 도달했다. 만 명당 발명 특허 보유량, 자주 브랜드 기업 증가치가 지역 총생산액에서 차지하는 비중, 영농 종합 기계화 수준, 도시화 비율, 마을 환경 정비 목표달성율, 기대 수명, 인터넷 보급률, 천명당 의사 수, 지니계수, 만 명당 사회 조직 수, 인당 공공 문화 체육 시설 면적, 청렴 만족도, 공공 교통 서비스, 주민 주택 수준, 기본 사회 보장, 녹화 수준, 주요 오염 물질 배출량 (그 가운데 17개 3급 지표 포함) 등이 포함된다. 5개 지표는 기한 내 달성되거나 기본적으로 달성되었다. 과학 기술 발전 공헌률, 연구 개발 경비 지출이 지역 총생산액에서 차지하는 비중, 신기술 산업 생산액이 일정 규모 이상의 생산액에서 차지하는 비중, 문화 산업 증가액이 지역의 총생산액에서 차지하는 비중, 주요 근로 연령 인구의 평균 교육받은 연한 등이 포함된다. 이상 두 가지 지표는 총수의 80%를 넘는다. 그밖에 소수의 지표는 뒤처져 있다. 1인당 GDP의 목표치는 18만 위안인데, 2017년 쑤난 지역의 총체적인 목표 달성 정도는 80% 안팎이다. 서비스업 증가액이 총생산액에서 차지하는 비중 목표치는 60%인데, 2017년 쑤난 지역의 총체적인 목표 달성도는 86% 안팎이다. 그 가운데 난징은 59.7% 달성하였다. 하지만 다른 시는 52%에 달성에 머물렀다. 도시 공기 질은 2급 기준보다 우수한 비율 목표가 90%이고, 단위 지역 총생산액 에너지 소모 목표치는 만 위안당 0.45톤 기준보다 작다. 이런 지표들의 달성 정도는 80% 안팎이다. 분야별로 볼 때 쑤난 현대화 실현 정도를 높은 데에서 낮은 순서로 보자면 다음과 같다. 사회 현대화, 정치 문명, 경제 현대화, 생태문명, 도시와 농촌의 현대화.[2] 공산당 19차 당대회에서는 경제력, 과학 기술력, 국민 권리, 사회 문명, 국민 생활, 현대 사회 통치, 생태 환경 등의 각도에서 2035년까지 사회주의 현대화를 기본적으로 실현한다는 목표에 대해 설명하였다. 이런 목표 요구에 비춰볼 때, 쑤난 현대화 건설 목표는 한 걸음 더 나아가 장점을 갖고 개척하고 전개해 나가야 한다. 새로운 목표의 지도 아래 쑤난 현대화 건설은 반드시 새로운 내용과 기상을 끊임없이 드러낼 것이다.

---

2 宋林飛, 〈蘇南現代化建設階段性特徵與高質量發展〉, 〈學海〉, 2018년, 제4기.

2 _ 지역 조화 발전이 공동부유를 가져온다

(1) 지역 조화가 공동부유의 기초를 튼튼히 한다

공동부유는 서로 다른 집단 사이의 생활 부유 수준의 '수렴'으로 표현되고, 또한 지역 발전 수준의 높은 수준에서의 균형으로 표현된다. 큰 나라의 경제 주체에서 각 지역 간 발전 수준의 차이는 천차만별로서, 전통 사회의 공동 빈곤이 높은 수준의 균형 발전으로 전환되기 위해서는 매우 오랜 과정이 필요하다. 길고 긴 역사를 살펴보면 진작에 발전한 특정 역사 단계에서 낮은 수준의 균형이라는 함정을 깨고 여건이 되는 지역에서 먼저 부유해지게 만드는 것은 각 지역에서 공동부유를 실현하는 지혜로운 선택으로서, 역사적 합리성이 있다. 하지만 각 지역에서 공동부유를 실현하는 것은 일부 지역이 먼저 부유해지고 나서 전개되기를 기다릴 필요가 없다. 사실상 '로마는 하루 아침에 이루어지지 않았다'는 것처럼 지역 간에 공동부유 실현 또한 지속적인 지역 조화의 기초 위에 세워져야 하고, 장기적으로 쌓인 물방울이 바위를 뚫어야 지역 공동부유라는 물은 도랑을 이루게 된다.

- 지역 협력의 두터운 기초

자연스럽게 형성된 장쑤성의 남북 차이, 강으로 연결된 지리적 구조는 자원의 상호 보완이라는 각도에서 지역 협력에 내생적인 요구를 제공하였다. 오랜 역사 과정에서 형성된 공통의 문화, 공통의 시장 및 공통의 행적 구역은 장쑤성 각 지역판 내부의 밀접한 협력과 서로 다른 지역판 사이의 상호 협력에 보다 깊은 역사적 기초를 높았다. 인구 유동은 지역 연동의 특수한 표현 형식이다. 역사 발전 과정에서 장쑤성은 남북 인구 유동은 예로부터 있어 왔다. 명나라 홍무洪武 연간에 명 태조 주원장은 쑤난 지역의 많은 인구를 당시에 인구가 적었던 쑤베이 연해 지역으로 이동시켰다. 쑤저우 창먼閶門은 당시 수십만 이주민들의 출발지로 여겨졌고, 역사에서는 '홍무 해산'이라 불렀다. 민국 시기에 장건張謇은 '폐조흥간廢灶興墾(살림집을 없애고 황무지를 개간하자는 운동)'을 일으켜, 30여만 명의 계해啓海 사람들은 북쪽 옌청鹽城으로 옮겨서 황무지를 개간하여 면화를 심게 되었다. 근대에 쑤난 지역은 상대적으로 발달했기 때문에 수많은 쑤베이 이주민들은 쑤난과 상하이 등지로 생계를 위해서 오게 되었고, 비교적 커다란 규모의 인구 유동 현상이 일어났다. 산업 측면에서 보자면, 쑤베이 지역은 자원이 풍부하지만 산업 수준은 비교적 낮았다. 주로 발달한 쑤난 지역에 방직, 석탄 등 원재료나 초급 생산품을 제공하여 비교적 긴밀한 지역 분업이 이루어졌다. 계획 경제 시기에 장쑤성 지역의 분업은 국가의 계획 관리 제약을 받았다. 개혁 개방 이후에는 계획 경제 체제의 궤도와 함께 일정한 시기 안에 남북 분업 추세가 나타났다. 하지만 상품 경제 발전에 따라 지역 간의 교류와 분업은 빠르게 회복되고 발전하였으며, 장쑤성 내부 협력을 추진하는 강력한 시장 동력을 형성하였다.

- 지역 협력 정책의 발전

계획 경제 시기에 장쑤성의 서로 다른 지역 사이에서는 계획에 맞춰 생산과 분업을 진행하였다. 보다 큰 범위에서 화동국華東局의 감독과 지도를 받아 상하이를 필두로 하는 화동 경제 협력 구역의 지역 분업 체계에 참여하였다. 개혁 개방 이후 장쑤성은 정책 지도를 적극적으로 강화하였고, 지역 협력의 새로운 동력을 세워나갔다. 1984년 1월, 장쑤성 정부는 성 전체 계획 경제 사업 회의를 소집, 개최하였고, '쑤난을 적극적으로 향상시키고, 쑤베이蘇北 발전을 가속화한다'는 전략 방침을 제기하였다. 1989년 12월, 장쑤성 위원회 제8차 당대회에서 '쑤난을 적극적으로 향상시키고, 쑤베이의 발전을 가속화'하는 것이 장쑤성이 장기적으로 견지해 나가야할 중대한 지역 발전 전략임을 천명하면서, 그러기 위해서는 전반적인 계획과 구체적인 조치를 갖춰야 한다고 밝혔다. 장점을 드높이고 단점을 피하며, 자원을 합리적으로 이용하고, 지역과 산업을 결합하여 생산력의 지역 배치를 최적화하고, 소수의 빈곤한 지역을 계속해서 중점적으로 지원하여 경제 발전을 가속화한다. 1994년 12월, 장쑤성 위원회 제9차 당대회에서는 "쑤베이의 소강 없이는 성 전체의 소강은 없고, 쑤베이의 현대화 없이는 성 전체의 현대화는 없다"는 사상을 제기하면서, '지역 공동 발전 전략'을 3대 전략 가운데 하나로 명확히 함으로써 쑤베이 지역의 빈곤 부조 역량을 강화하였다. 2001년

11월, 장쑤성 위원회 제10차 당대회에서는 '쑤난 발전 수준 향상, 쑤중蘇中의 급속한 발전 촉진, 쑤베이의 후발 장점 발휘' 방침을 계속 견지해 나가기로 하고, 지역 공동 발전의 정책적 조치를 진지하게 구체화하였다. 쑤난이 선발 효과와 견인 작용을 충분히 발휘해야 하고, 성 전체의 현대화 건설의 선도구이자 신기술 산업의 밀집구, 개방형 경제의 고도 성장 구이자 지역 경제의 강대한 중심축을 건설한다. 쑤중蘇中은 남쪽에 이어 북쪽으로 이어지는 위치의 장점을 충분히 발휘하여 최대한 빨리 장쑤 경제 성장의 새로운 동력이자 개발과 개방의 새로운 스팟이 되고, 아울러 적극적으로 여건을 만들고 힘있게 쑤난 발전 발걸음을 따라잡으며, 강에 잇닿아 있는 경제판을 형성하도록 한다. 쑤베이는 비교 우위를 충분히 발휘하여 기초 시설 건설을 지속해 나가고, 공업화를 가속화하여 발전 환경 최적화에 노력하고, '해상 쑤둥蘇東' 공정을 깊이 있게 실시하며, 쉬리엔徐連 경제 벨트 건설을 가속화하여 최대한 빨리 자원 가공 기지, 현대 농업 기지, 해양 산업 기지, 육교 축 중심, 상업과 무역의 중심이 되어 과학 기술의 발전에 의지하여 도약식 발전을 실현한다. 2011년에 장쑤성 위원회 제12차 당대회에서는 다음과 같은 내용을 제기하였다. 쑤난의 전환형 업그레이드를 지원하고 과학 기술 혁신 능력과 국제 경쟁력을 강화하며 성 전체 과학 발전의 첨병 역할을 계속 잘 해나가도록 한다. 쑤중의 급속한 발전을 지원하고 강과 바다가 연동되는 개발과 합작 개발을 보다 힘있게 추진하며, 쑤중이 최대한 빨리 쑤난 경제판에 들어올 수 있도록 한다. 쑤베이의 전체적인 발전을 지원하고 재정, 산업, 과학 기술, 인재 등의 '네 가지 전이'와 남북이 공동의 개발하는 공동 지구를 계속 추진하여 '한 도시, 한 정책'을 실행하고 쑤치엔시宿遷市 발전이 더 큰 성과를 이루도록 지원하며, 쉬저우 옛 공업 기지 진흥과 쑤베이의 중요 중심 도시 건설을 지원하도록 한다.

2013년 11월, 장쑤성 위원회 제13차 당대회에서는 다음과 같은 문제를 제기하였다. 쑤난 지역은 더 많은 선도형 발전을 형성하는 데 눈을 돌려야 하고, 새로운 기술과 산업, 업종, 메커니즘 등에서 앞장 서서 나가고, 성 전체가 전환기에 있는 발전에 시범을 제공한다. 쑤중 지역은 융합을 중시하고, 특색을 만들어내며, 육해 총괄, 강을 넘어선 융합과 강과 바다의 연동 발전을 깊이 있게 추진하고, 쑤난과의 융합, 양쯔강 삼각주의 핵심구와의 융합을 가속화한다. 쑤베이 지역은 각종 자원을 깊이 있게 발굴하고 이용해야 하며, 전통적인 방법에서 벗어나 적극적인 생태 우선, 녹색 발전의 새로운 길을 적극적으로 탐색해야 한다. 상하이-난징선, 강과 바다, 롱하이선隴海線을 따라가는 발전을 총괄적으로 추진하는 동시에 화이하이淮海 경제 구역, 화이허淮河 생태 경제 벨트 건설을 가속화하고, 항주-난징선 지역의 발전을 계획하고 추진해야 한다.

 장쑤성이 지역 협력을 적극적으로 추진하는 것은 지역 협력 발전의 틀을 형성하였다. 1985년 7월에서 9월까지 장쑤성은 성 내의 서로 다른 지역 간의 연계 정도에 근거하여 쑤저우, 우시無錫, 창저우常州, 난징, 전저우鎭州, 양저우揚州, 통저우通州, 옌청鹽城, 타이저우泰州, 쉬저우徐州, 화이저우淮州와 성 안에 있는 경제 기술 협력 지구를 세워 성내 인근 지역과 협력을 강화하였다. 1986년에 <장쑤성 인민 정부의 국무원 <횡적 경제 연합 추진에 관한 문제 규정>의 실시 방법>을 공포하여, 여러 개로 나뉘어지는 것을 없애고, 많은 형식과 여러 차원의 횡적 경제 연합을 추진하였다. 이와 동시에 장쑤는 연이어 화이하이 경제 구역, 난징 경제 구역 등 성 간의 경제 협력에 참여하였다. 아울러 상하이와의 협력을 적극적으로 강화하였고, 양쯔강 삼각주 일체화 발전에 주도적으로 참여하였다. 상하이의 과학 기술과 인재 등의 지원은 쑤난 향진 기업의 발전을 촉진하였고, 푸동 개방은 쑤난의 팽창형 경제의 비등을 가져왔다. 새로운 시대에 접어들어 장쑤는 보다 주도적으로 성 내부의 협력 사업을 기획하여 '1＋3' 기능 구역의 전략적 구상을 제기하였다. 아울러 보다 높은 차원에서 양쯔강 삼각주의 고품질 일체화, 양쯔강 경제 벨트 등 구역의 전략에 녹아 들어가 지역 안팎에서의 협력 수준은 지속적으로 향상되었고, 장쑤 경제 사회의 전면적인 발전을 힘차게 추진하였다. 지역 공동부유의 시각에서 보면, 성 내의 지역 협력과 성을 넘어선 지역의 협력은 함께 진행되었고, 지역 분업을 깊고 넓게 하였으며, 한편으로 현지 발전에서 필요한 요소의 부족을 보충해 주었고, 다른 한편으로 비교적 장점이 있는 현지의 요소 가치를 풀어주고, 현지의 발전을 추진하는 동시에 합작 지역의 발전에 자신의 가치로 공헌함으로써 윈윈을 실현하였다. 이 과정 자체는 지역 간 공동부유로 향해 가는 과정이다.

칼럼 1 쑤저우 쑤치엔 공업 단지 – 장쑤 지역 협력의 전형적 모델

장쑤성 위원회와 성 정부는 2001년에 '남북 연결'이라는 전략적 정책 결정을 하고, 쑤저우와 쑤치엔 연결 합작을 확정지었다. 2006년에 성 위원회, 성 정부는 지역 협력 발전의 시작점으로서 단지를 함께 건설하고, 쑤저우 쑤치엔 공업 단지 건설을 의사 일정에 올렸다. 성 안에서는 쑤치엔 공업 단지를 산업 이동의 집결구이자 현대화된 신도시의 시범구, 외부로 나아가는 선도구, 메커니즘 혁신의 시범구로 건설할 것을 요구하였다. 2018년 말에 쑤저우 쑤치엔 공업 단지에는 기업 210곳이 입주하였고, 총투자 규는 389억 위안에 달했고, 단지는 1묘畝당 투자 강도는 560만 위안이고, 세금은 56만 위안으로, 45개 남북 공동 건설 단지의 으뜸이다. 쑤저우 쑤치엔 공업 단지의 모델은 매우 빠르게 성 전체로 추진되고 있다. 쑤난과 쑤베이 공동 건설 개발구는 시장 법칙에 따라 이루어져 행정의 벽을 돌파하고, 지역 협력의 새로운 메커니즘과 새로운 모델을 세웠고, 쑤난의 자금과 기술, 인재를 쑤베이로 흘러가게 함으로써 강한 확산 효과를 거두었다고 할 수 있다. 쑤베이 개발구는 쑤난 개발구의 영향을 받아 투자 프로젝트를 도입하였고 쑤난 개발구의 성공적인 경험을 이식하여 개발구 건설 관리 수준을 향상시켜 1+1>2 의 효과를 만들어냈다.

― 쑨쉰係巡, 쉬밍저徐明澤, 지정季鋮, 〈蘇宿工業園區十二年建成微縮版 "洋蘇州"
― 解讀區域協調發展的江蘇樣本〉, 『新華日報』 2018년 12월 27일.

(2) 남북 공동 건설이 뚜렷한 성과를 보이다

- 유래가 오래 된 남북의 차이

장쑤 지역의 발전 차이는 그 유래가 오래 되었다. 쑤베이 지역은 역사적으로 개발이 이르게 이루어졌다. 수나라와 당나라 이전의 발전 수준은 쑤난보다 높았다. 1194년 황허가 화이허淮河의 물길로 바다로 들어간 이후 쑤베이 지역의 자연 환경은 뚜렷한 변화를 보였고, 안정된 자산 축적을 할 수가 없었다. 지역 발전은 쇠퇴하기 시작했고, 많은 인구는 온포를 유지하기 어려워 이주할 수밖에 없었다.

쑤난 지역은 북방 인구의 대량 유입 덕분에 접차 당시 중국의 역사 조건 하에서 물자가 풍부하고 인구가 많은 땅이 되었다. 경제 발전은 시장의 번영과 문화 번성으로 이어졌고, 물자가 풍부하고 인구가 많은 강남은 중국의 길고 긴 봉건사회에 가장 상징성을 지닌 랜드마크 가운데 하나가 되었다. 그 사이에 형성된 실업, 무역, 도시, 인문 등 여러 가지 요소가 세월의 흐름을 겪은 후에 여전히 당대 쑤난 지역이 만들어낸 새로운 시대에 번영을 누린 귀한 자원이 되었다. 해방 초기에 쑤베이는 수리 시설을 비롯한 인프라 건설에 박차를 가했고, 물길의 종합적 관리 기초 위에 커다란 면적에서 경작 제도와 양곡의 배치 조정을 진행하였다. 가뭄과 홍수 문제를 해결하면서 양곡 생산은 대폭 늘어나 단숨에 장쑤의 새로운 식량 기지가 되었다. 하지만 발전 기초 등의 영향으로 장쑤성의 남북 차이는 여전히 존재하고 있었다. 〈장쑤지江蘇志·종합경제지志〉에 기록된 내용으로, 가치를 비교해 볼 수가 있다. 1949년 쑤베이 농공업 총생산액 가운데 농업은 88%를 차지하고, 공업은 12%를 차지한다. 쑤난 농공업 총생산액 가운데 농업은 69.6%를 차지하고, 공업은 30.4%를 차지한다. 쑤난 지역 경제 가운데 공업이 차지하는 비중이 더 높고, 부피도 더 크다. 보다 중요한 것은 쑤난 지역에서 근대 이후 형성된 상공업 전통은 계획 경제 하에서 여전히 완강하게 존재하고 있었고, 놀랄만한 생명력을 보여주고 있다는 사실이다.

• 남북 차이의 지속적인 확대

신중국 수립 이후 중국 공업화의 발걸음은 빨라졌고, 공업 기초가 비교적 좋은 쑤난 지역은 선발 효과에 의지하여 공업 발전 태세가 쑤베이 지역보다 좋았다. 1949년부터 1978년까지 쑤베이 지역 농공업 총생산액 중 공업 생산액이 차지하는 비중은 12%에서 57.87%로 향상되었다. 쑤난 지역은 30.4%에서 82.63%로 향상되었다. 쑤난 지역 공업화 수준은 쑤베이 지역보다 분명하게 높았다. 1978년에 쑤베이 지역은 성 전체의 69% 인구를 차지하였고, 생산은 성 전체의 51.1%의 국내 총생산액을 차지하였다. 쑤난 지역은 성 전체의 31% 인구를 차지하였고, 생산은 성 전체의 48.9%의 국내 총생산액을 차지하였다. 1인당 국내 생산 총액은 쑤난이 668.7 위안으로 314.43 위안인 쑤베이를 두 배 이상 넘어섰다.

개혁 개방 이후 중국은 비교적 강점이 있는 시장화 개혁을 취하고, 여건이 되는 지역이 먼저 발전하게 하는 등 전국에서 발전의 새로운 길을 탐색하였다. 이 과정에서 쑤난 지역은 비교 우위를 강화하여 시장 지향의 향진 기업과 외향형 경제를 대대적으로 발전시켰고, 경제는 급속하게 발전하였다. 쑤베이 지역은 역사적 기초, 위치 요인, 특히 교통이 불편한 영향을 받아 발전이 상대적으로 뒤처져서 쑤난 지역과의 차이가 벌어졌다. 1992년에 장쑤성 전체의 공업 총생산액은 4,673억 5,700만 위안으로, 비교 가능 가격으로 계산해 보면 1978년의 337억 6,500만 위안이 비해 9.73배 늘어났다. 그 가운데 쑤난 지역은 3,219억 5,500만 위안으로 성 전체에서의 비중이 1978년의 61.8%에서 68.9%로 향상되었다. 쑤베이 지역은 1,454억 700만 위안으로, 성 전체에서의 비중이 1949년의 37.6%, 1978년의 38.2%에서 31.1%로 하락하였다. 1992년 장쑤 국내 총생산액은 1971억 6천만 위안에 달해, 1978년에 비해 3.37배 증가하였다. 그 가운데 쑤난 지역이 성 전체에서 차지하는 비중은 1978년 48.9%에서 56.8%로 향상되었다. 쑤베이 지역이 성 전체에서 차지하는 비중은 1978년의 51.1%에서 43.2%로 하락하였다. 쑤난의 1인당 국내 총생산액은 5,461.2위안에 달했고, 쑤베이의 1인당 국내 총생산액은 1,858.03위안에 달하여 쑤난의 34.02%에 머물렀다.

장쑤 지역의 발전 비교

연도	국내 총생산액		공업 총생산액		농업 총생산액		양곡 생산량	
	쑤난	쑤베이	쑤난	쑤베이	쑤난	쑤베이	쑤난	쑤베이
1949년			62.4	37.6	34.2	65.8	37.1	62.9
1978년	48.9	51.1	61.8	38.2	32.0	68.0	36.2	63.8
1992년	56.8	43.2	68.9	31.3	30.7	69.3	26.5	73.5

자료 출처 : '쑤난(강남) 지역과 쑤베이(강북) 지역'. 〈장쑤지방지·종합경제지〉에 실림

· 남북 차이의 파동 속의 수렴

쑤베이 지역의 상대적 낙후 국면을 바꾸기 위해서 장쑤성 위원회와 성 정부는 연이어 일련의 지원 조치를 발표하였다. 쑤베이 지역의 발전을 위해 강력한 정책을 펼친 것이다. 1984년에 장쑤성 위원회와 성 정부는 '적극적으로 쑤난을 향상시키고, 쑤베이를 보다 빨리 발전시킨다'는 방침을 제기하였다. 쑤베이 지역에 대해 정책, 자금, 물자, 기술, 인력 등의 분야에서 알맞은 지원을 하고, 쑤베이의 13개 재정 보조금 지급 현에 대해 도움을 주며, 쑤베이 지역, 특히 빈곤 지역의 경제 발전을 촉진하였다. 장쑤는 또 지역의 공동 발전 촉진을 성 전체 경제 발전의 주된 전략 가운데 하나로 하였다. 이 전략을 실시한 이후로 성 전체 주민의 공동 노력으로 지역의 공동 발전은 중요한 발전을 이루었고, 쑤난 발전 수준은 상승에 가속도가 붙었으며, 쑤중에서 고도 성장의 싹이 나타나기 시작했고, 쑤베이의 후발 우위 기세는 점차 발휘되기 시작했다. 하지만 지역 공동 발전의 내재적인 추동 메커니즘과 선순환성 상호 작용 메커니즘은 아직 형성되지 않아 지역 경제 발전은 적지 않은 문제를 안고 있었다.

첫째, 경제 총량과 1인당 평균 수준이 커지고 있다. 1990년대 이전 5년간 쑤난과 쑤중, 쑤베이 경제 발전 수준의 격차는 급속하게 컸고, 이후 5년간 다소 완화되었다. 하지만 10차 5개년 계획 기간에 들어서면서 차이는 다시 커졌다. 2000년 쑤난의 GDP와 1인당 GDP는 각각 쑤중의 2.98배와 2.4배, 쑤베이의 2.44배와 3.55배였고, 2002년에는 쑤중의 3.22배와 2.55배로 상승하였고, 쑤베이의 2.58배와 3.74배가 되었다. 2002년 쑤난의 1인당 GDP는 28594 위안으로, 성 전체 평균 수준보다 98.7% 높았다. 쑤중과 쑤베의 1인당 GDP는 각각 11232 위안과 7643 위안으로 성 전체 평균보다 22.0%와 46.9% 낮았고, 쑤베이는 전국 평균 수준보다 354 위안 낮았다.

둘째, 산업 구조와 공업화 발전의 차이는 더 뚜렷해졌다. 2002년에 쑤난과 쑤중, 쑤베이 공업 증가액 비중은 각각 48.5%와 42.6%, 35.8%였고, 농업 비중은 각각 4.7%와 14.5%, 24.0%였다. 비농 노동자 비중은 77.8%와 59.7%, 47.6% 였다. 쑤난의 신기술 산업은 이미 상당한 규모를 갖추고 있었고, 쑤중과 쑤베이는 전통 산업의 비중이 비교적 컸다. 경제 발전 이론과 국제 경험에 비추어 판단해 보면, 쑤난은 이미 비교적 발달한 경제 단계에 진입하였고, 공업화 고급 단계의 초기에 접근하고 있다. 쑤중은 공업화 초기에서 공업화 중기로 넘어가는 단계로서 아직 경공업에서 중화학 공업으로 넘어가는 전환이 일어나지 않았다. 쑤베이는 초급 생산품 생산으로부터 공업화 초기의 과도 단계에 처해 있다.

셋째, 경제 성장 동력에서 비교적 큰 차이가 존재한다. 쑤난 경제의 내생적 동력과 외부 추진력은 비교적 강해서, 투자와 소비, 지출, 수출입이라는 3대 수요는 경제 성장의 지탱 강도가 고르게 쑤중과 쑤베이보다 높다. 특히 외부 수요 측면에서 2002년 쑤난 무역 의존도는 82.1%에 달했고, 2000년에 비해 23% 상승하였다. 쑤중과 쑤베이는 25.4%와 7.1%로서 각각 1.2와 0.9%만 상승하였다. 2002년 쑤난에서 외국의 직접 투자는 91억 2천만 달러로 쑤중과 쑤베이의 13.5배와 15.8배에 달했다. 사회 전체 고정 자산 투자 비중은 31.6%로, 쑤중과 쑤베이보다 각각 23.2%와 26.8%보다 높았다.

넷째, 자산을 생성하고 모으는 능력과 부자 정도에서 비교적 큰 차이를 보였다. 2002년에 쑤난의 총 재정 수입은 916억 3천만 위안에 달하여, 쑤중과 쑤베이의 4.67배와 4.75배에 달했다. 쑤난 재정 수입이 GDP에서 차지하는 비중은 14.6%에 달하여, 쑤중과 쑤베이에 비해 각각 4.5%와 6.7% 높았다. 도시와 읍 주민의 가처분 소득과 농민의 순수입은 2002년에 쑤중이 쑤난에 비해 각각 1443 위안과 1305위안이 낮았고, 쑤베이는 쑤난에 비해 각각 2167 위안과 1825 위안이 낮았다. 화이베이 지역의 일부 농민들의 생활은 여전히 비교적 가난하다.[3]

(3) 각자의 장점 발휘하기

중국 동부 연해에 자리잡은 장쑤성은 국방의 제일선으로서, 5차 5개년 계획이 시행되기 전

---

3   장쑤성 통계국, 〈加速推進江蘇省區域經濟共同發展的幾點思考〉, 중국통계정보망, 2003년 1월 27일.

에 중앙은 장쑤에 중대한 건설 프로젝트를 적게 안배하였다. 국가에서는 중화학 공업 추월 전략을 실시하는 과정에서 '156' 공정4 등이 실시된 지역은 더 많은 국가 자원과 기회를 얻을 수 있었다. 상대적으로 장쑤성의 발전은 자연적으로 계속 쌓여온 것에 의존하는 경우가 많았다. 국가의 중대한 프로젝트를 비교적 적게 받았기 때문에 장쑤의 간부들과 대중들은 건설 과정에서 기다리거나 의지하지 않고 주관적인 능동성을 발휘하면서 자력 갱생, 현지에 알맞은 발전의 길로 나아갈 수 있었다. 아울러 수많은 발전 스타일과 노선이 쏟아져 나왔다. 소강과 현대화로 향해 가는 탐색 과정에서 쑤난은 선두에 섰고, 향진 기업과 개방형 경제의 탐색을 앞장 서서 시작하였다. 쑤베이蘇北 등지에서는 단순하게 쑤난蘇南이 걸어간 길을 답습하지 않았다. 개혁 개방 초기에 쑤베이는 향진 기업 발전의 여건이 쑤난에 미치지 못했다. 쑤베이는 작은 항목에서 시작해서 눈 굴리는 방법으로 자본 축적을 진행하였고, 향진 기업의 쑤베이 노선을 적극적으로 탐색하였다. 쑤치엔 껑처향耿車鄉은 쑤난과 원저우溫州 등지의 경험을 빌어와 가족 경영 기업, 연합 가족 경영 기업을 주체로 하고, 향과 촌의 기업을 뼈대로 하여 네 바퀴가 일제히 구르는 '껑처 모델'을 만들어냈다. 경제가 덜 발달한 지역에서는 가족 경영 기업과 연합 가족 경영 기업을 중점으로 하면서 향과 촌이 운영하는 기업 발전을 함께 이끌어 '뒷바퀴가 앞바퀴를 구동시킨다'고 불렀다. 경제가 비교적 발달한 지역에서는 향과 촌이 운영하는 기업이 이미 우위를 점하고 있어서 가족 경영과 연합 가족 경영 기업의 발전을 도와주는데, 이를 '앞바퀴가 뒷바퀴를 구동시킨다'고 불렀다. 장쑤의 서로 다른 지역에서는 현지 사정에 알맞게 향진 기업을 발전시켰고, 향진 기업의 전면 발전을 이끌어내어 장쑤 공동부유 실천의 뚜렷한 시대적 주인공이 되었다. 21세기에 들어와서 장쑤 각지, 특히 쑤베이 지역에서는 적극적으로 비공식적인 치부의 길을 탐색하여 점차 쑤난의 전통과는 다른 공업화의 길로 발걸음을 내딛었다. 요컨대 공동부유를 추구하는 길 위에서 장쑤 각지는 적극적으로 탐색하고, 각기 장점을 선보이며 장쑤 각지에서 발전

---

4 역자주 : 중국의 제1차 5개년 계획 시기에 소련과 동유럽 국가로부터 들어온 156가지 중점 광공업 건설 프로젝트로서, 1950년대 초에 시작되어 10년간 지속되다가 중소관계가 악화되면서 중지되었다.

의 효과적인 노선을 추진하고 있는데, 이는 장쑤가 지역 공동부유를 추진해가는 개성적인 노선이기도 하다.

(4) 심도 있는 협동으로 공동부유의 에너지를 축적하다

- 효율적인 국토 공간 개발의 새로운 구도를 구축하다

공간 구조를 튼튼하게 세우는 것은 생산력의 이념이기도 하다. 주체의 기능 구역 제도를 흔들림없이 실시하고 공간 조직이 장점을 갖게 하며 개발 방향을 명확히 하고 용도 관리를 강화하며 대구역의 균형과 소구역이 모이는 과학 개발의 새로운 구도를 구축해 나간다. 주체의 기능을 발휘하는 구역은 국토 공간 개발 보호 기초 제도가 되는 역할로서 강을 끼고 있는 등의 비교 우위가 있는 개발 구역은 앞장 서서 경제 발전 방식과 공간 개방 방식을 바꾸어 절약과 집약의 용지 수준을 중점적으로 향상시켰고, 건설 용지 증가를 해마다 감소시켰다. 바다와 롱하이선을 끼고 있는 등의 중점 개발 구역은 인구와 산업이 빠르게 모여 들어 신형 도시화와 공업화의 신흥 구역이 되었다. 개발 제한 구역과 자원 요소별 맞춤 발전, 농산물 주산지 현대 농업 산업 체계 건설 부각은 농산물 생산의 핵심 구역을 만들어냈다. 중점적인 생태 기능 구역은 적시에 커버하는 범위를 넓혀 나갔고, 생태보호와 회복을 가속화하였으며, 생태 공공 서비스 상품 공급을 늘려나갔다. 해양 주체 기능 구역의 기획을 편제하고 실시하여 전면적으로 자연 해안선 구조를 확정하여 육상과 해상의 조화와 인간과 바다의 조화로운 발전을 촉진하였다.

- 신형 도시화와 도시와 농촌 발전의 일체화 수준을 향상시키다

도시 그룹을 주체로 하는 형태는 신형 도시화 공간의 배치 완비를 가속화하였고, 성 전체의 경제 사회 발전과 구역의 동반 발전, 구역의 경쟁과 협력에 참여하는 중요한 매개체가 되었다. 성도인 난징의 구역성 경제 문화, 과학 기술 혁신, 금융 비즈니스 중심 지위, 성할시 구역 중심 도시의 첨단 요소가 모이게 하는 능력을 강화하고, 현대화와 국제화 수준을 향상시

킨다. 도시 공간 구조를 조정하고, 중심 도시 구역의 비핵심 기능을 적절하게 분산시키며, 인구 규모를 합리적으로 조정한다. 도시 정비를 강화하고 공공 자원의 배치를 최적화하는 데 치중하여, 특색있는 핵심 문화를 만들어내고 주민의 동질감과 소속감을 늘려나간다. 주변 도시의 인프라와 연결하여 공공 서비스를 함께 누리도록 추진하고, 방사형 구역 발전 능력을 향상시킨다. 중소 도시와 연결점을 통해 받쳐주는 기능을 강화한다. 주도적으로 중심 도시 산업의 클러스터에 녹아 들어가 주어진 자원과 비교 우위를 보이는 특색있는 산업을 육성한다. 현 지역의 경제를 크게 발전시키고, 더 많은 취업 자리와 창업 기회를 만들어낸다. 국가 중소 도시의 종합 개혁 테스트를 가속화하고, 기초적인 여건이 우수하고 해낼 수 있는 있는 능력이 강하며 발전 잠재력이 큰 현(시)을 구역의 다음 중심 도시가 되도록 발전시킨다. 소도시를 종류별로 나누어 발전시킨다. 도시와 농촌을 연결하는 작은 도시의 유대 작용을 두드러지게 하고, 대, 중도시 주변의 조건을 갖춘 작은 도시를 새로운 도시나 위성 도시로 발전시키도록 장려하며, 중심 도시의 기능을 효과적으로 완화하고, 인구와 공공서비스 압력을 분담한다. 산업 주도형, 생태 휴양형, 문화 관광형, 상업 무역 물류형 등 특색 있는 마을을 발전시켜 농촌 발전을 돕는다.

  중점 중심 도시 산업 발전 능력과 교통 분기 기능을 강화하여 더 많은 농업 이동 인구를 끌어들인다. 조건에 부합하는 경제가 발달한 진鎭은 소도시로 발전하도록 돕는다.

- 지역의 협력 발전을 보다 높은 차원에서 추진한다

'일대일로' 건설과 양쯔강 경제 벨트 발전, 양쯔강 삼각주 일체화 발전이라는 국가 3대 전략의 우위는 중대한 발전 기회를 움켜쥐고 국가 전략 속에서 장쑤의 경쟁력 상승을 현실화하였고, 고품질 발전의 선두에 서게 되었다. 양쯔강 삼각지 구역의 일체화 발전에 적극적으로 녹아들었다. 주도적으로 국가 차원과 연결되면서 계획을 강화하여 잘 해냈다. 〈화이허 생태 경제 발전 기획〉을 현실화하여 닝항 생태 경제 벨트 발전을 빠르게 추진하였고, 일체화의 각종 사업을 적극적으로 추진하였으며 지역 일체화 발전 과정에서 보다 높은 품질의 발전을 실현하였다. 신형 도시화를 착실하게 추진하였다. '1+3' 중점 기능구 기획에 따라 양쯔강 도시군 건설을 힘있게 추진하여, 도시체계 건설을 완비하였고, 소도시의 다원적인 특색있는 발전을 추진하였으며, 대, 중도시와 소도시가 협력 발전하는 구조를 적극적으로 만들어 나갔다. 난징의 성도 기능과 중심 도시로서의 기능을 향상시켜 쉬저우徐州 화이하이淮海 경제구역 중심 도시를 하루 빨리 건설하고 난통 통저우만의 양쯔강 경제 벨트 전략 지점 건설을 지원한다. 난징과 전장鎭江과 양저우揚州, 쑤저우와 우시無錫와 창저우常州 일체화 발전을 하루 빨리 추진하고, 쑤난과 쑤베이의 공동 단지 건설을 착실하게 추진한다. 나아가 도시 계획, 건설 관리 수준을 향상시킨다. 생태 공원 건설을 가속화하고, 낡은 옛 구역을 하루빨리 개조하고, 종합적인 지하 관리, 해양 도시 건설을 추진하며 도시의 '쌍수雙修'를 전개하고 도시 지하 공간의 기획과 개발 이용을 강화하여 '수놓은 꽃'으로 정밀하게 관리함으로써 도시 기능과 질을 계속해서 향상시키고 보다 살기 좋은 환경을 만들어낸다. 현대 종합 교통 운송 시스템 건설에 박차를 가한다. 중추 경제를 대대적으로 발전시켜 교통 인프라의 상호 통신을 통해 지역의 더욱 높은 품질과 일체화 발전을 촉진해 나간다.

3_지역의 새로운 구조가 공동부유를 함양한다

(1) 난징의 수위도를 높여 성 지역의 공동부유를 이끈다

난징의 수위도를 높이는 것은 중앙의 요구이기도 하고 장쑤성의 경제 사회 발전이 일정 단계로 발전하는 데 있어서 객관적인 요구이기도 하다. 난징의 종합적 발전 수준을 높이는 데 유리하고, 또 성 전체 발전에 있어서 난징의 영향력을 늘리는 데 유리하다. 장쑤의 공동부유 실천 과정에서 난징의 수위도를 높이는 것은 성 전체의 공동부유 발전 수준을 높이는 데 있어서 중요한 전략적 역할이 있다.

장쑤성 위원회는 난징의 수위도를 높이는 데 있어서 체계적인 조치를 취하면서 난징이 역사와 현실, 그리고 미래가 교차하는 차원에서 발전의 자리매김을 확정하고, 일대일

로 건설과 양쯔강 경제 벨트 발전, 양쯔강 삼각주 일체화 발전이라는 국가 전략의 기회를 움켜쥐고 경제력, 인프라, 과학 기술 혁신, 공공 서비스 등 각 분야에서 도시의 에너지 레벨을 향상시키고, 현대화된 종합 교통 중추를 하루 빨리 건설하고, 혁신 도시와 문화 도시 건설을 해냄으로써 투철한 사명감으로 시대에 부끄럽지 않은 성과를 이루어낼 것을 요구하였다. 또 난징 건설 발전에 대한 지원을 강화하고, 혁신 발전과 산업과 교통 등의 분야에서 영양가 있는 정책적 조치들을 강화하였다. 성급 기관의 각 부문에서는 사업 계획을 세울 때 능동적으로 난징을 중요한 위치에 놓았고, 성도 의식과 서비스 관념을 강화하여 실제 행동에서 난징을 지원하였다. 난징시는 자원을 모으고 에너지 레벨을 향상시키는 면에서 적극적으로 움직였고, 선두 역할을 충분히 발휘하였다. 이웃 도시와의 연동 발전 강화에 치중하면서 성도 책임, 성도 담당을 구체화하였다.

첫째, 난징 종합 교통축 건설을 성 전체 교통 운송체계 건설 과정에 올려놓고 기획하였고, 국가 종합 교통축 건설에 난징을 시범 도시로 하는 것을 힘차게 추진하였다.

둘째, 성 전체의 자원을 모아 난징의 혁신 발전과 산업의 업그레이드를 지원하였다.

셋째, 성 위원회는 난징 발전의 중대한 문제를 주제로 연구하였다.

2019년 4월, 난징시는 〈난징시의 성도 기능과 중심 도시 수위도를 향상시키기 위한 실시 방안〉을 제정하여 발표하였다. 전체적인 목표는 다음과 같다. 2021년까지 난징시의 고품질 발전의 핵심 지표는 성 전체 1위, 전국에서 선두를 달리는 것이고, 장쑤의 영향도, 난징 도시권의 영향도, 양쯔강 삼각주의 중심도를 뚜렷하게 상승시킨다. 방안은 중점 임무가 '6대 공정'을 실시하는 것임을 분명히 하였다.

첫째, 도시의 과학적 창의 능력은 공정을 업그레이드시키고, 보다 활력과 경쟁력이 있는 혁신 생태 시스템을 만들어내고, 종합적 과학 창의 중심을 만들어내며, 과학 기술 산업혁신 센터를 건설한다.

둘째, 산업 버팀목 능력은 공정을 업그레이드한다. 선진 제조업, 현대 서비스업, 신경제 '3대 시범 기지'를 건설하는 데 힘쓰고, 현대 산업 체계를 하루 빨리 건설한다.

셋째, 자원 조직의 능력은 공정을 업그레이드한다. 중점은 '한 축에 세 개의 중심'이다. 즉 국가 종합 교통축, 국가의 높은 수준의 인재가 모이는 중심, 국가 동부의 데이테베이스 중심, 양쯔강 삼각주 지역을 아우르는 금융 중심으로서 사람과 정보와 자금이 흘러 난징으로 모이게 하는 것이다.

넷째, 영향력을 발휘하는 것은 공정을 업그레이드한다. 주변 지역의 장점과 상호 보완하고 협력 발전을 강화하고, 중심 도시의 영향력을 발휘한다.

다섯째, 시범은 능력을 이끌어 공정을 업그레이드 한다. 중점은 국가 단위의 새로운 구역 건설로서 3대 전투를 잘 치러내고, 개혁에 있어서 노력을 심화하며 좋은 시범을 보여 역할을 이끌어낸다.

여섯째, 서비스 보장 능력은 공정을 업그레이드한다. 시민과 시장 주체, 당과 정부, 군과 학생에 대한 서비스를 향상하여 사회 안정을 보장하는 능력 수준을 향상시킨다.

각계각층의 협력으로 난징의 수위도와 도시 종합 기능은 뚜렷하게 향상되었다. 특히 유명 도시 혁신 건설의 급속한 추진은 앞서 가는 형태의 공동부유를 만들어내는 데 중요한 기초가 되었다. 2018년에 난징의 신기술 기업은 1,282곳이 늘어났고, 70% 성장률을 보였다. 증가량과 증가폭이 성 전체에서 1위였다. 신기술 산업의 생산액은 17% 증가하여 처음으로 1조 위안이라는 관문을 돌파하였다. 취업 보험에 참여하는 대학생이 34만 명으로 60% 성장률을 보였다. 발명 특허권도 그 수가 성 전체 1위였다. 난징은 혁신 자원이 모이는 '강한 자기장' 경험을 만들어 국무원의 표창을 받기도 했다. 교통축의 지위는 보다 빨리 향상되었다. 난징 철도축 지도 기획은 정식으로 비준을 받았고, 난징을 중심으로 하여 중국 전체로 뻗어나가는 '쌀 미米'자 형태의 고속 철도망은 건설 단계에 들어섰다. 루커우祿口 공항은 전국에서 서비스가 가장 좋은 공항으로 거듭나기 위해 박차를 가하고 있고, 고속 철도와 공항 환승 서비스 시스템을 건설하고 있다. 중요한 교통 인프라 건설을 힘차게 추진하고 있는데, 교통 노선 7개 라인과 강을 건너는 6개 라인이 함께 건설되고 있으며, 2018년에 시 전체 지하철의 노선 길이는 378킬로미터로 전국 4위를 차지하고 있다. 민생 사업의 높은 표준이 추진된다. 공공 재정지출의 75%가 민생 보장에 쓰이는데, 지역 양로 사업, 엘리베이터 설치 등의 사업은 전국의 성 전체에서 수위를 다툰다. 2018년에 난징은 전국에서 가장 안전한 10대 도시 가운데 4위를 차지하였고, 10년 연속 중국에서 가장 행복감을 느끼는 도시로 뽑혔다.

(2) '1+3' 기능구는 공동부유의 새로운 구도를 만들어낸다

2016년 말, 장쑤성 제13차 당대회에서는 장쑤성이 보다 높은 차원에서 지역 발전을 총괄하고 지역의 구도를 다시 세울 것을 제기하였다. 2017년 5월, 장쑤성 위원회는 '1+3' 기능구의 전략적 구상을 정식으로 제기하였다. 그 요지는 지리적인 획분에서 벗어나 성 전체의 발전 구도를 다시 세우고, 새로운 전략을 담아낼 수 있는 공간을 세운다는 것이다. 중점적으로 기능구 전략을 실시하여 성 전체를 크게 몇 개의 기능구 즉, '1+3'의 기능구로 나눈다는 것이다. 이는 바로 글로벌 경제 발전이 요소 분업이라는 새로운 단계로 들어가는 것으로, 쑤난과 쑤중, 쑤베이라는 자연 지리적인 경계와 고유한 행정의 벽을 능동적으로 깨뜨리고, 보다 넓은 시각과 시장 메커니즘의 사유와 생태 환경 보호 요구를 존중하여 장쑤 지역의 장기 발전을 꾀하는 것이다. 아울러 새로운 지역 기능 구도를 만들어 새로운 발전구 배치로 성 전체의 발전 우위를 새롭게 만들고, 각지에서 서로 다른 기초 여건과 자원의 배분에 입각하여 발전 사고의 전환, 발전의 새로운 길을 모색하고, 행정구 경제의 기능구 경제로의 전환, 지역 동질경쟁의 시너지 발전으로의 전환을 실현하며, 첨단 요소들의 집결을 가속화하고, 전 세계적인 가치 사슬 분업에 깊이 관여할 수 있도록 촉진한다.

- **양쯔강 도시군이 장쑤성의 공동부유를 이끈다**

'1+3' 기능구에서 '1'은 양쯔강 연안에서 양쯔강 도시군을 만드는 것으로, 장쑤성의 난징, 전장鎭江, 창저우常州, 우시無錫, 쑤저우蘇州, 양저우揚州, 타이저우泰州, 난통南通 등의 여덟 개 도시를 망라하며, 성 전체의 2, 3차 산업, 특히 공업 경제의 주요 전쟁터이자 성 전체 경제 발전의 주된 힘이 되는 것이다. 2017년 6월, 장쑤성 위원회와 성 정부는 난징에서 좌담회를 열어 양쯔강 도시군 건설 문제를 깊이 연구하였다. 장쑤성 위원회의 주요 지도자는 다음과 같이 지적하였다. 양쯔강 도시군은 어떤 전략적 자리매김을 하느냐, 어떤 사명과 임무를 짊어져야 하느냐, 보다 넓은 시각에서 고려해야 한다. 성 내부적으로는 성 전체 경제의 '발동기'이자 성장극이 되어야 하고, 쑤난과 쑤중을 한 걸음 더 나아가 융합시켜야 하며, 전환형태의 업그레이드를 통해 첨단 요소를 더 빨리 모으고, 글로벌 가치 사슬에 포함시켜 첨단 발전의 신경제 판을 형성하고, 성 전체를 지원하고, 다른 지역의 발전을 이끌어낸다. 국내적으로는, 양쯔강 삼각주 도시군의 북쪽 날개 핵심구와 양쯔강 경제 벨트 녹색발전 시범구이어야 하고, 산업 발전, 혁신 구동, 도시 건설 등 각 분야에서 내용 있는 발전에 치중하며, 전체적인 경쟁력을 향상시키고 외부 구역과의 교류를 강화하며 양쯔강 삼각주의 세계적인 도시군을 공동 건설하는 동시에 녹색 발전, 전환형 발전, 집약 발전에서 더 많은 노력을 들여 양쯔강 경제 벨트 건설에 시범적인 녹색 도시군을 건설한다. 국제적으로는, 경쟁력이 강하고 영향력이 큰 중요한 개방 문호이자 상징적 지역이어야 한다. 법치화, 국제화, 편리화된 비즈니스 환경을 최적화하고, 생산 요소의 질서 있는 흐름, 자원의 고효율적 배치, 시장의 심도 있는 융합을 추진하고, 보다 높은 차원에서 국제 경쟁과 협력에 참여한다.

공동부유 차원에서 양쯔강 도시군이 힘을 합쳐 발전이라는 명제하에 새로운 발전 이념을 수립하고, 새로운 시대 장쑤의 함께 누리는 발전의 시범구를 만들어냈다. 지역의 협력과 혁신을 힘차게 추진하고, 산업의 경쟁력을 향상시키는 데 돌파구를 만들어 나가며, 지역 공동부유의 혁신력과 산업 버팀목으로서의 힘을 향상시킨다. 인프라를 서로 통하게 하고 녹색 도시군을 건설하며 국제화 발전을 가속화하고 도시군의 에너지 레벨을 향상시키는 등의 요구를 힘있게 돌파하여 지역 공동부유의 고품질 기초를 구축하였다.

- 경제 경제구가 특색있는 공동부유를 추진하다

2009년 6월 10일, 국무원 제68차 상무회의에서 <장쑤성 연해지구 발전 계획>을 심의하고 통과시켰다. 이는 장쑤성 연해지구 발전이 정식으로 국가의 전략으로 업그레이드 되었고, 실시하게 되었다는 것을 말해준다. 장쑤성 연해지구는 종합 교통축, 신형 공업 기지, 토지 자원 개발구, 생태 환경이 양호한 주거 적합지구 건설을 추진하고, 연해 지구발전은 쾌속

열차에 올라타 성 전체의 성장 속도는 가장 빠르고, 발전 활력은 가장 강하며, 개발 잠재력은 가장 큰 구역 가운데 하나가 되었다. 최근에 장쑤 연해의 세 도시 발전 태세는 비교적 양호하고, 구역의 공동부유는 빠르게 발전하는 모습을 보이고 있다.

난통시南通市는 중점 산업에 주목하고, 선진 제조업 집단군 양성과 산업 발전의 에너지 레벨 상승에 집중하고 있다. 도시 공간과 기능을 최적화하고, 나아가 교육과 의료, 과학 연구, 문화 등 우수한 자원 공급을 극대화하고, 도시 서비스 에너지 레벨을 계속 향상시키고 있다. 북쪽 강 주변의 고속 철도, 난통의 새로운 공항, 통저우만 항구 등의 중요한 공정을 하루 빨리 추진하고, 공항철도 축, 강과 바다가 연계된 운송축, 인터넷망 구축에 노력을 기울여 교육축 에너지 레벨 상승을 끊임없이 도모한다. 함께 건설하고 함께 누리기 위해 주민들의 소득 증대를 추진한다. '부민富民 50조' 정책을 제정하여 2018년 시 전체 1인당 GDP가 115,320위안에 이르러 처음으로 성 전체 평균 수준(115,168위안)을 넘어섰다.

옌청시鹽城市는 '일대일로' 합류점 건설을 최대 기회로 삼아 보다 높은 차원에서 연해 개방과 연해 기능 활성화를 총괄 기획하고 있다. 중대한 산업을 전력으로 벌여나가 산업 체인망을 둘러싸고 산업과 기업, 프로젝트, 기술, 팀이 '5위 일체'가 되는 중점적인 양성 교육을 실시하고, 연해 산업이 선진 제조업, 전략적 신흥 산업, 현대 서비스업 등의 분야로 확대 발전해 나갈 수 있도록 추진하며, 전환형 발전의 새로운 고지를 만들어낸다. 메커니즘의 혁신을 추진하고, 한중 산업단지의 투자와 무역 등의 분야에서의 메커니즘 혁신에 있어서 '압력 모니터링' 플랫폼 역할을 발휘하고, 투자 무역을 편리하게 개혁하고 공평과 공정, 투명하고 예측 가능한 국제 일류의 비즈니스 환경을 만들어낸다. 합작 에너지 레벨을 주도적으로 상승시키고, 산업 합작을 끈으로 하여 '일대일로' 주변 국가 및 지역과 인문 교류 및 경제 교류를 밀접하게 함으로써 산업도시 융합 핵심지구와 임항 산업단지 '점'의 돌파로 연해 경제 벨트 '선'의 발전을 이끌어내고, 시 전체의 개방 합작이라는 '면'의 형성을 실현하며, 국가 개방 전략 가운데 옌청의 참여도와 영향력을 향상시킨다.

렌윈강시連云港市는 '항구도 도시를 발전시키고, 사업이 시를 강하게 하며, 혁신 구동과 녹색 발전, 협력 공동 발전' 등의 5대 전략을 깊이있게 실시하였다. '고품질의 발전, 늦게 출발했지만 먼저 도착한다'는 것을 주요 주제로 하여 경제 성장과 사회 발전을 강조하였다. 또한 물질적인 부유함과 함께 정신적인 풍요로움도 강조한다. 시종 협력 발전이 주 방향임을 이해하고, 더 나아가 시스템적 사유를 강화하며, 안정됨과 안전, 생태, 청렴를 지키는 전제하에 개혁을 심화하고 도시와 농촌 건설, 민생 개선, 문화 건설 등 각 분야의 사업을 총괄하여 경제 고도 성장, 사회의 전체적인 발전, 백성이 즐거이 일하고 거주하며, 각 사업이 함께 발전해 나갈 수 있도록 한다.

- 화이하이淮海 경제구가 구역의 공동부유 고지를 조성하다

2017년 6월 23일, 국무원은 〈쉬저우徐州 도시계획(2007-2020)〉(2017년 수정)을 비준하면서, 쉬저우가 국가 역사 문화 도시이며, 전국적으로 중요한 종합 교통축인 동시에 화이하이 경제구 중심 도시라는 것을 명확히 하였다. 성 전체의 '1 + 3' 중점 구역 기능구 전략 배치를 구체적으로 추진하기 위해서 장쑤에서는 〈쉬저우의 화이하이 경제구 중심 도시를 건설하는 것에 관한 성 위원회, 성 정부의 의견〉을 발표하였다. 2018년 1월, 장쑤는 정식으로 〈쉬저우의 화이하이 경제구 중심 도시 건설을 지지하는 데 있어서 중점 임무 분석 방안〉을 공포하였다. 쉬저우의 화이하이 경제구 중심 도시 건설을 지지하는 국가 차원의 지원을 얻어내는 등의 70가지 항목의 임무 분석 방안을 제기하였다. 그 가운데 주민 소득 증대와 공공 서비스 공급 강화, 공공 서비스 시설의 완비, 교육 자원 배치의 최적화, 지역 의료 서비스 공급 능력의 향상, 사회 보장 완비, 주택 보장과 양로 서비스 체계, 맞춤형 극빈자 도움, 맞춤형 빈곤 탈피 등 구체적인 요구를 제기하였다.

쉬저우徐州의 시 위원회와 시정부에서는 화이하이 경제구 중심 도시 건설을 흔들리지 않고 빠르게 진행할 것과 중심 도시의 수위도를 향상시키며, 도시 기능의 품질을 전체적으로 최적화하고, 주민 부유 정도를 힘차게 향상시킬 것을 제기하였다. 여덟 가지 항목의 부유 공정을 필두로 '풍족한 쉬저우' '일하기 좋은 쉬저우', '따뜻한 쉬저우' '수양하기

좋은 쉬저우' 건설에 박차를 가함으로써 주민을 보다 부유하게 살도록 보장을 받으며 존엄있게 살 수 있도록 해준다. 주민들이 함께 누릴 수 있도록 공공 서비스 수준을 획기적으로 향상시킨다. 표준화로 공공 서비스의 균등화를 견지해 나가고 '교육에 강한 쉬저우' '문화 쉬저우' '건강 쉬저우', '활력 넘치는 쉬저우' 건설에 박차를 가하여 주민들이 따스함, 행복감을 함께 보장을 누린다는 느낌을 받을 수 있도록 한다. 기능을 완비한 일류 주거 환경을 만든다. '살기 좋은 쉬저우' '교통이 편한 쉬저우' '녹색 쉬저우' '안전한 쉬저우' 건설에 박차를 가하여 '중국 주거 환경상'을 최대한 빨리 만들어 이것을 기초로 'UN 거주 환경상'을 수상하고 시 전체 주민들이 보다 안심하고 쾌적하게 살아갈 수 있도록 한다.

2010년, 제1회 화이하이 경제구 핵심 지역 도시 시장 회의에서 공동으로 〈화이하이淮海 경제구 핵심 지역 일체화 건설에 관한 의견〉에 서명하였다. 이는 쉬저우 도시권을 주체로 하는 화이하이 경제구 핵심 지역 일체화 건설이 정식으로 출발했다는 것을 의미한다. 2014년에 제5회 화이하이 경제구 핵심 지역 도시 시장 회의는 쉬저우를 중심으로 화이하이 도시군을 건설하고 국가전략을 쟁취한 중대한 결의를 제기하였다. 2018년 12월, 화이하이 경제구 내의 장쑤와 산둥, 허난, 안후이 접경 지역 10개 지급 시가 연합하여 〈화이하이 경제구 합동 발전 선언〉을 발표하였고, 공동으로 의견을 내어 협력 발전의 새로운 메커니즘을 건설하고, 도시 교통망을 하루 빨리 확충하고, 도시 산업의 협력을 심화하며, 생태 환경 보존을 추진하며 사회 사업의 공동 건설을 함께 건설하고 함께 누려나가자고 하였다. 기본 공공 서비스 균등화 완비를 통해 메커니즘을 촉진하고, 교육 교류 협력을 강화하며 의료 보건 서비스 능력과 수준을 향상시키고, 문화관광의 융합 발전을 추진하고, 사회 관리를 혁신하고 안정된 사회 환경과 공정한 법치 환경 및 양질의 서비스 환경을 적극적으로 만들어나가며, 구역 주민의 날로 늘어나는 행복한 생활 수요를 더 만족시키도록 한다.

- 장화이江淮 생태 경제구로 생태 공동부유를 탐색한다

화이안淮安, 쑤치엔宿遷 등 구區가 설치된 두 시 전역과 리샤허里下河 지역의 까오어우高郵, 바오잉寶應, 싱화興化, 지엔후建湖, 푸닝阜寧 등 5개 현(시)를 중점으로 하여 장화이 생태 경제구를 건설한다. 이는 장쑤가 실시하는 '1 + 3' 중점 기능구 전략으로서, 보다 높은 차원에서 지역 협력 발전의 전략적 조치를 총괄한다. 2018년 9월 18일에서 23일까지『신화일보』1면에 6편의 논설 위원 글이 실렸는데, 장화이 생태 경제구의 중요한 의미한 건설 노선을 집중적으로 설명하였다. 글에서 지적하기를, 장화이 생태 경제구 건설은 발전하지 않거나 공업이 필요하지 않다는 것과는 다르며, 어떤 공업을 발전시킬 것이냐를 봐야 한다고 하였다. 동시에 성 안에서 생태 경제구 기능의 위치와 예전의 발전 위치를 단순하게 대립시켜서는 안 되고, 유기적으로 고려하고 추진해야 하며 예전의 계획을 기초로 하여 발전 노선을 최적화하고 발전 모델을 업그레이드 해야 한다고 하였다. 이 지역에서 공업을 발전시키려면 반드시 '생태 + 공업'에 초점을 맞춰야 하고, 전복식 혁신이 속출하는 현재의 기회를 잘 잡아 '무에서 유를 만들어내는' 글을 많이 써서 공업이 양의 누적에서 질적인 돌파로 향해 갈 수 있도록 해야 한다는 것이다. 장화이 생태 경제구 건설은 생태 우위를 이용하여 '바구니를 들고 야채를 잘 골라야' 하고, 풍경이 좋은 장화이 지역에서 생명력 넘치는 새로운 경제를 발전시켜야 한다.

장화이江淮 생태 경제구 건설의 착안점과 종착점은 모두 '사람'이다. 장쑤성의 목표는 행복한 생활, 사람들이 동경하는 곳, 인간과 자연이 조화롭게 살아가고, 생태가 아름답게 발전할수록 주민들의 행복감이 높아지는 선순환을 실현하는 것이다. 생태 경제구는 생태미도 필요하지만 생활미도 필요하다. 생태 경제구 건설은 주민들이 이익을 보게 해야 한다. 그들이 생태를 지키면서 가난해서는 안 된다. 각지의 서로 다른 자원 여건과 발전에 기초하에 주민 부유의 잠재력을 발굴하고, 소득 증대의 채널을 열어 주민들의 주머니가 빠르게 가득찰 수 있도록 해야 한다. 취업과 창업은 더욱 커다란 주민 부유의 공간으로서, 취업을 이끌고 창업을 도와주는 투 트랙을 견지해야 하고, 농민의 자주적인 창업, 귀향 창업에 더 좋은 환경을 제공해 주며, '아르바이트 물결'을 '창업 물결'로 변화시켜야 한다. 이와 동시에 각기 특색을 갖춘 산업 클러스터를 형성할 수 있도록 노력하며, 인터넷망, 물류망 등의 플랫폼 기술을 통해 새로운 업종을 기르고 산업 클러스터, 가치 사슬 등의 효과적인 파생을 실현해야 한다.

05

도시 농촌 일체화를 통한 공동부유 브랜드 창출

도시와 농촌 발전의 일체화는 중앙의 '3농 문제' 해결, 도농 격차 해소, 경제 사회의 지속가능한 발전 유지 등의 전략적 임무이다. 경제가 발달한 성으로서 장쑤의 도시화, 도농 발전의 일체화 수준은 전국에서 선두에 서 있다. 장쑤는 신형 도시화와 도농 발전의 일체화 개혁의 실천과 혁신을 통해 공동부유를 기본적 핵심 가치로 하고, 시대적 특징과 중국의 특색, 그리고 장쑤의 특징을 갖춘 도시화와 도농 발전의 일체화라는 길을 적극적으로 탐색하였다. 특시 쑤나의 도농 발전 일체화는 시종 국민을 중심으로 하고, 공동부유를 목표로 하는 발전의 사고 방식을 견지해 왔고, 효과적인 국민 부유 매커니즘을 세우고 일련의 개혁 조치를 통하여 '부농민의 부유'를 실현하고 '공동의 부유'로 이끌어가는 데 있어서 새로운 길을 탐색하였다.

1_ 도농郡農 일체화 - 도농 공동부유의 이론과 유래

(1) 외국의 대표적인 몇 가지 논의들

• 마르크스주의의 '도농 융합' 이론

마르크스주의의 고전 저작 가운데 《1844년 경제학철학 수고》《독일 이데올로기》《반뒤링론》《철학의 빈곤》《정치 경제학 비판》 등은 모두 도농 융합에 관한 언급을 하고 있다. 전체적으로 보아 마르크스주의에서는 '도농 융합'이 도농 관계 발전과 도농 형태의 최고 목표이며, 공산주의 사회의 기본 특징 가운데 하나라고 인식한다. 마르크스의 논술에서 우리는 도농 관계가 일반적으로 도농 혼돈 − 도농 대립 − 도농 연관 − 도농 통일 − 도농 융합의 역사 발전 맥락에서 추진된다는 것을 발견하게 된다.¹ 일반적으로 마르크스주의는 도농 융합 관계에 관해 공상적 사회주의의 미래 사회에 대한 아름다운 구상에서 시작된 것이라고 생각한다. 하지만 마르크스 엥겔스는 사적 유물론의 관점을 충분히 이용하여 도시와 농촌의 관계를 새로운 차원으로 밀어올렸다. 마르크스주의에서는 도시와 농촌의 융합이 도시와 농촌 갈등 운동의 결과이며 사회 발전의 법칙에 들어맞는다고 생각한다. 마르크스는 사적 유물론의 각도에서 출발하여 도농의 대립이 영원한 현상이 아니고, 도농 관계가 생산 발전에 따라 분리와 대립으로 향해 가지만 최종 결과는 여전히 생산력 발전에 따라 융합으로 나아간다고 보았다.

1847년의 〈철학의 빈곤〉에서 마르크스는 "도농 관계가 변화되면 전체 사회도 따라서 변화된다"고 썼다.² 원시 사회에서 도시와 농촌은 하나로 뒤섞여 있었다. 노예 사회에 와서야 도시가 나타났고, 점차 인류가 상품을 교환하고 사회적 교류를 하는 중심이 생겨났다. 이렇게 도시와 농촌은 공간적으로 점차 분리되기 시작했다. 하지만 도시는 여전히

---

1 費利羣, 騰翠華, 〈城鄕産業一體化: 馬克思主義城鄕融合思想的當代視界〉, 《理論學刊》, 2010년 제1기.
2 《마르크스 엥겔스 선집》(제1권), 인민출판사, 1995년판. 157쪽.

농촌에 의지해야 했고, 농촌에 의지하여 운영되었다. 이런 정치와 경제의 의지는 봉건사회 말기까지 지속되어야 했다. 자본주의 초기에 이르러 생산력이 크게 발전하면서 많은 인구와 재화가 집중되고, 도시는 질적인 비약을 하게 되면서 점차 전체 국가 정치와 경제 생활의 중심이 되었다. 인구와 재화의 집중은 한편으로는 도시의 발전을 가져왔고, 또 다른 한편으로는 농촌의 상대적 낙후와 폐쇄 및 고립을 가져왔다고 할 수 있다. 마르크스가 살던 시대에 도농 대립은 이미 비교적 두드러진 사회 갈등이 되었다. 마르크스는 이 역사 발전 변화를 통찰하였고, 그것에 대해 깊이있는 분석을 하였다. 마르크스주의는 인류 역사상 도농 관계의 발전을 세 단계로 나누었다. 도농의 '혼돈 일체' 단계, 도농의 '분리 대립' 단계, 최종적으로 '상호 융합'의 길로 나아가는 단계 등이 그것이다.

마르크스 엥겔스는. 미래 사회는 절대로 도농 대립의 고정된 이원 구조가 아니고 미래 사회의 상황은 생산력이 고도로 발달한 기초 위에서 노동 평등과 협조의 상황, 즉 도농 융합의 상태일 것이라고 생각하였다. 어떤 학자는 이런 도농 융합이 바로 "도시와 농촌 생활 방식의 장점을 결합하여 양자의 편면성과 단점을 회피한 것"[3]이라고 생각하였다. 분명히 마르크스 엥겔스가 인식한 노동 결합은 실제로는 사회적 존재와 발전의 총체성, 협조성 특징이다. 그리고 이 특징은 도농 생활 방식의 상호 보완의 기초 위에 세워진 것이다. 따라서 도농 융합의 기본 의미에 대한 우리의 이해는 좀 전문적으로 말해서, 전체 사회 시스템(도시와 농촌 시스템 포함)의 구조와 요소가 협조와 통일을 통일, 최적의 조합 이후의 존재 상태와 발전 태세라고 할 수 있고, 사회의 전체적인 협조 발전인 것이다. 여기에서는 도농 융합과 지금 우리가 제기한 도농 일체화는 매우 접근된 의미를 갖고 있다.

• 루이스Lewis Mumford의 '도시의 발전으로 농촌의 발전을 이끌다' 모델

루이스를 대표로 하는 이원 경제이론은 '도시의 발전으로 농촌의 발전을 이끄는' 발전 모

---

3   吳冠岑, 劉友兆, 〈我國城鄉制度變革的制度變遷理論解析〉, 《農業經濟》, 2007년 제5기.

델을 제기하였다. 루이스는 1954년에 발표한 <노동력 무한공급 조건에서의 경제 발전>이라는 글에서 이원 구조는 개발도상국의 발전 과정에서 가장 기본적인 경제적 특징으로서, 이원 구조 발전의 핵심문제는 전통적 농업 분야의 잉여 노동력이 현대 공업 분야로 옮겨지는 문제로서, 경제 발전의 중심이 전통적 농업에서 현대 공업으로 향하는 구조 전환이라고 주장하였다. 루이스의 관점은 신고전 경제학의 "노동력은 무한정 공급되지 않는다"는 가설을 버렸다. 그는 한 국가를 두 분야, 즉 전통 경제 분야와 현대 경제 분야로 나누었다. 그는 전통 경제 분야에서 자연자원과 상대적으로 말하자면 많은 인구로 노동력의 공급이 무한정 이루어진다고 생각하였다. 전통 경제 분야에서 노동의 한계 생산력은 매우 낮다고 할 수 있다. 바로 이 분야의 존재 때문에 현대 경제 분야는 끊임없이 성장하고 확대되는 과정에서 상대적으로 변하지 않는 임금 수준을 이용할 수 있고, 비교적 자유롭게 필요한 노동력 공급을 받을 수 있다. 따라서 이런 성장 모델에서 경제 성장에 제약을 받는 유일한 요소는 바로 자본의 누적이다. 루이스와 로스터의 이런 논법에 따르면 경제 발전의 핵심은 무엇인가? 바로 일정한 수단과 방법을 통해 현대 경제 분야가 특정 수준의 저축률이나 투자율을 지속적으로 유지하는 것이다. 바로 이런 상황 때문에 개발도상국의 경제 발전은 오랜 기간 내에 이원적 경제 구조를 보이게 된다. 이런 구조에서는 한편으로 기본적 생존을 유지하는 임금으로 지속적이고 끊임없이 노동력을 제공하는 전통 경제 분야를 유지해 나가고, 다른 한편으로 누적률 제약을 받지만 여전히 끊임없이 확장하고 있는 현대 경제 분야이다. 일반적으로 말해서 이런 상태는 줄곧 현대 경제 분야의 발전이 전통 경제 분야의 잉여 노동력을 전부 흡수할 때까지 지속될 것이다. 따라서 이원 경제 성장이 일체화되고 균형을 이루는 현대 경제 성장의 변화로 이어질 것이다. 따라서 잉여 노동력이 완전히 흡수되는 그 시점, 루이스가 전환점이라고 부른 그 시점은 경제 성장 자체가 이 전환점에 이르게 되는 근본적인 원인이라고 말할 수 있다.

　　루이스는 개발도상국에 '이원 경제구조'가 존재한다고 생각했다. 따라서 그는 도시를 중심으로 하여 보다 큰 지역 통일체가 형성된다고 강력하게 주장하면서 도시와 농촌 간의 균형을 다시 세워야 한다고 주장했다. 이 과정에서 자원 요소를 통해 도시와 농촌

간의 흐름이 농촌 지역의 발전을 일으킨다고 하면서 전체 주민이 도시 생활의 장점을 향유할 수 있게 해야 한다고 주장하였다. 하지만 루이스 이론의 도농 일체화 발전 모델에도 문제가 있다고 주장하는 학자가 있다. 그 주요 문제는 둘로 나뉜다. 그 하나는 도시가 농촌의 발전을 이끈다는 채널은 통하지 않는다는 것이고, 다른 하나는 도시가 농촌의 발전을 이끈다는 의식이 강하지 않다는 것이다. 중국 도시와 농촌의 발전 수준은 그 차이가 비교적 크고, 서로 다른 도시 간에 발전 차이도 매우 크다. 이 때문에 농촌의 발전을 이끌고 영향을 준다는 면에서 우위에 있는 것으로 서로 보완하고, 분업하여 협력해야 하며, 가능한 한 도시와 농촌의 발전이 서로 어긋나는 상황이 발생하지 않도록 해야 한다.

- 마이키를 대표로 하는 '도농 융합' 발전 모델

초기 서방의 공상적 사회주의자들의 '도농 일체화' 구상은 생시몽, 푸리에, 오웬이 대표적이었다. 그들의 관점은 도농 일체화 이론의 초기 형태였다. 19세기 초에 프랑스의 걸출한 사상가 생시몽은, 사회는 농업 노동에 종사하는 사람과 공장주와 국가의 고용을 받는 사람으로 구성되며, 이 사람들은 전체 사회 조직체계에서 평등한 구성원이라고 주장하였다. 푸리에가 '팔랑주'라고 이름 붙인 이상 사회가 보다 구체적이다. 이 이상 사회에서는 중공업과 농업은 더 이상 도시와 농촌을 나누는 표지가 되지 못한다. 이곳에서 도시와 농촌의 차별은 점차 사라지고, 도시와 농촌은 평등하며 조화롭게 발전한다. 오웬이 주장하기를, 생산의 사유화와 소비의 사회적 모순을 해결하는 방식은 사회화 조직 정도가 비교적 높은 농공업이 결합된 사회화 대량 생산이라고 하였다. 도농 관계에서 오엔이 생각하는 이상 사회는 "도시의 주택과 농촌의 조택이 기존의 모든 장점을 겸비할 수 있어야 하고, 동시에 이런 사회가 필연적으로 갖추게 되는 무수한 불편과 폐단이 전혀 없어야 한다"는 것이다. 전체적으로 보아서, 비록 이런 역사 발전 단계의 아름다운 바람이 당시 경제 사회 발전 조건의 제약을 받아, 실천 속에서 실패로 막을 내리기는 했지만 그들의 대담한 구상과 실천은 도시와 농촌의 협력과 융합을 어떻게 발전시킬 것인가 하는 핵심문제를 부각하였고, 아울러 훗날 도시 발전 이론에 참고할 만한 가치를 많이 제공하였다.

> **칼럼 1** 도농 일체화 연구와 관련된 이론
>
> 허시만A·O·Hirshman의 극화 효과와 적하 효과 학설.
>
> 세계적인 발전 경제학자 허시만이 제기한 이론으로, 만약 한 국가의 경제 성장률이 어떤 지역에서 앞서가는 일이 생겼다면 그 나라는 다른 지역에 대해 역할이 일어난다는 것이다. 이해를 쉽게 하기 위해 그는 경제가 상대적으로 발달한 지역을 '북방'이라고 하고, 발달하지 못한 지역을 '남방'이라고 불렀다. 북방의 성장은 남방에 대해 불리와 유리의 역할을 각각 극화 효과와 적하 효과로 불렀다. 지역 경제 발전 초기에 극화 효과가 적하 효과에 비해 컸기 때문에, 경제가 상대적으로 발달한 '북방'이 우위를 점하게 되었다. 하지만 장기적으로 봤을 때 최종 적하 효과는 극화 효과보다 컸다. 즉 '북방'의 발전은 '남방'방의 경제 성장을 이끌 것이다.
>
> 지역 경제학의 중심 — 외곽 이론.
>
> 프리드만은 다음과 같이 생각하였다. 경제 발전은 연속적이지는 않지만 점차 누적되어 가는 혁신 과정이다. 그리고 혁신은 지역 내 소수의 변혁의 중심(핵심 구역)에서 기원한다. 아울러 이 중심들은 위에서 아래로, 안에서 밖으로 혁신적 잠재 능력이 비교적 낮은 지역(외곽 구역)으로 확산되어 가며, 중심에서 혁신이 끝없이 나타나게 하여 혁신은 중심의 발전 능력과 활력을 증강시켜 준다. 아울러 주도적인 효과, 정보 효과, 생산 효과 등을 통해 중심의 유리한 지위를 보다 공고하게 하고, 나아가 외곽의 발전을 불리한 위치에 처하게 한다.
>
> — 리루이꽝李瑞光, 〈국외 도농 일체화 이론 연구 종술綜述〉,
> 『현대농업과기科技』 2011년 제17기

(2) 국내의 주제 연구와 시진핑의 언급

중국 도농 발전의 실제 상황을 놓고 볼 때 서방의 고전적 발전 경제학 이론은 중국에서 완전히 검증되지는 않았다. 설령 농촌의 잉여 노동력이 사라졌지만 중국의 도농 격차는 여전히 비교적 높은 수준을 차지하고 있다. 하지만 루이스의 전환점은 서로 다른 정도로 구체화되고 있다. 중국 경제 체제 개혁의 심화와 11기 3중전회의 관련 정신이 구체화됨에 따라 도시와 농촌에서 거대한 변화가 일어나는 동시에 1980년대 중반부터 관련 연구가 점차 '농공 일체화'로부터 도농 일체화에 이르기까지 도농 일체화를 주제로 하는 연구가 갈수록 많아지고 있다. 국내 학자들은 보편적으로 중국 도농 일체화 발전은 반드시 중국 발전의 실제 상황과 결합되어야 하며 중국 특색이 있는 도농 일체화 이론을 버팀목으로 삼아야 한다고 여긴다.

- 도농 일체화의 개념 연구

정책 분야에서 '도농 일체화' 또는 '도농 발전 일체화'를 제기한 것은 중국 정부가 개혁 실천 과정에서 중국적 특색에 입각하여 제기한 것이다. 그 취지는 중국 경제 사회 발전 과정에서 오랜 기간 존재해왔던 이원 구조 문제를 해결하려는 데 있다. 중국 도농 발전의 실제 문제에 적응하고 끊임없이 나타나는 새로운 상황과 문제를 해결하기 위해서 각 분야의 전문가들이 도농 일체화에 대해 연구를 했다. 예를 들어 양롱난楊榮南은, 도농 일체화가 생산력이 일정한 수준에 도달하고, 도시와 농촌이 서로 발전하고 서로 의존하면서 공동번영, 도농 융합의 목적에 도달해야 한다고 주장하였다.[4] 쉬에더셩薛德升 등은, 도농 일체화가 도시와 농촌 사이에 서로 나뉘어져 있는 벽을 허물고 생산 요소의 합리적 흐름과 최적화 배치를 실현하고 도농 경제와 사회생활이 긴밀하게 결합하여 조화롭게 발전함으로써 도시와 농촌의 차이를 점차 좁히고 없애서 도시와 농촌이 하나가 되어야 한다고 주장하였다.[5] 도농 일체화에 대한 학계의 연구가 심화됨에 따라 도농 일체화에 대한 학자들의 이해 또한 끊임없이 보완되고 전체적인 분야를 다루게 됨으로써 노동 일체에 관련된 내용과 연구 범위도 점차 세분화되었다. 도농 일체화의 목표가 도농 융합이지 농촌의 도시화나 농민의 시민화, 농촌과 도시가 같아지는 것이 아니라고 주장하는 학자도 있었다. 진백경과 진승명의 연구

---

4 楊榮南, 張雪蓮,〈城鄕一體化若干問題初探〉,《熱帶地理》, 1998년 제1기.
5 薛德升 等,〈有關 "鄕村城市化" 和 "城鄕一體化" 等幾個槪念的辨析〉,《城市問題》, 1998년 제1기.

는, 중국 특색의 도농 일체화는 공업과 농업, 도시와 농촌, 시민과 농민을 하나의 총체적인 것으로 기획하여, 체제 개혁, 메커니즘의 혁신, 관련 정책의 조정 등을 통해 도농의 점차적인 융합과 일체화 발전을 실현하는 것이라고 주장하였다.[6]

이상의 논의를 종합해 보면, 도농 일체화가 사회, 경제, 공간 배치, 생태 환경, 문화생활 등 다방면의 내용을 다루고, 도농 일체화에 대한 각각의 학자들의 인식도 차이가 존재하기 때문에 각 분야의 학자들이 자신의 전공 시야에서 바라본 도농 일체화에 대한 개념, 내용 등에 대해 다르게 설명하고 있기 때문에 현재로서는 아직 공인된 개념이 형성되지 않고 있다. 이는 또한 도농 일체화 문제 자체의 복잡성이 드러난 것이다.

- 도농 일체화의 발전 모델 연구

발전 모델은 21세기에 들어 온 이후 도농 일체화에 대한 연구에 있어서 중요한 분야이다. 도농 일체화에 대한 각 지방의 실천과 탐색 분야가 끊임없이 발전함에 따라 최근에 중국 학자들은 도농 일체화 모델에 대해 많은 실증적 연구를 했다. 현재 도농 일체화 발전 모델에는 주강珠江 삼각주의 '도시 발전이 농촌 발전을 이끈다'는 모델, 베이징의 '공업과 농업의 협력, 도농의 결합' 모델, 상하이의 '도농 총괄 기획' 모델, 향진 기업 발전으로 도농 일체화 발전을 꾀하는 '쑤난蘇南 모델' 등이 있다.

주강 삼각주는 수십년에 걸친 탐색, 실천, 발전을 거치면서 이미 현대 문명 도시 집합군이 되었다. 도농 일체화 효과는 뚜렷해졌고, 도시 발전이 농촌을 이끄는 전형적인 모델로 인정받는다. 주강 삼각주가 총결해낸 도농 일체화 표준은 도시와 농촌의 인프라 건설을 추진하였고, 도시와 농촌 기본 서비스의 균등화를 촉진하였으며, 도농 기획과 관리 수준의 향상을 촉진하여 '도시 발전이 농촌을 이끌고, 공업으로 농촌을 보충하는 메커니즘을 형성하였다.

---

6   陳伯慶, 陳承明, 〈新型城鎭化與城鄕 一體化疑難問題探析〉, 《社會科學》, 2013년 제9기.

베이징의 모델은 주로 도시 공업이 농촌을 지원하고, 향진 기업 발전이 주축을 이루면서 도농의 '산업 시스템 배치, 합리적인 분업, 최적화와 상호 보충, 발전을 이끌어내는' 국면을 형성하였다.

상하이 모델은 도시 중심이 교외로 확산하는 것에서 시작된 것으로, 산업의 구조 조정과 공간 배치 조정의 필요에 따라 형성된 것이다. 1984년에 상하이에서 도농 일체 개념이 제기되었고, 1986년에 실험이 이루어지기 시작했다. 처음에 상하이의 생각은 단계적인 목표 선택, 종합적인 동력 선택, 다양화된 메커니즘 선택과 차별화된 모델 선택으로써 상하이의 도농 경제 발전과 지속적이고 건강한 발전 전략 목표의 실현이었다. 지속적인 추진하에 상하이는 이미 초보적으로 도농 일체화 체계를 형성하였다.

쑤저우와 우시, 창저우 지역에 대해 학계에서는 1980년대부터 경제와 사회 발전에 대해 요약하고 총결하였는데, 이것이 바로 향진 기업 발전이 도농 일체화 발전을 이끌어낸 '쑤난 모델'이다. 쑤저우와 우시, 창저우는 전통적 '쑤난 모델'의 주요 발원지이다. 그 모델은 개혁 개방 이후의 공업화와 도시화 발전 과정에서 도농 관계의 종합적 법칙을 반영하고 있다. 중국 공산당 17차 전당대회 이후 국가에서는 가급적 신속하게 도농 일체화 발전이라는 새로운 구조를 형성한다는 배경 하에 쑤난 지역이 이전 시기의 경험에 의지하고, 정부의 강력의 추진, 자원 배치, 이익 분배를 통해 점차 '3농'으로 기울어졌다. 그 후에 정책 주정과 향진 기업 개혁을 거치면서 많은 농민들은 공업화와 도시화에 깊이 참여하였다. 공업화 동력과 투자 주체는 다원화되고 섞이게 되었고, 민영 경제는 빠르게 발전하여 전국 도농 일체화의 선두이자 시범 지역이 되었다. 후에 호적 제도 개혁에 따라 도시와 농촌 주민 신분의 차이가 점차 사라지면서 2원 사회 구조는 점차 사라져 갔다.

(3) 새로운 시대 도농 일체화 탐색

2013년 7월 22일, 시진핑은 후베이성 악주시 장항진 동산촌에서 농촌 사업을 시찰하면서 마을 주민과의 좌담회에서 다음과 같이 말했다. "농촌은 황폐하거나 남아서 지키거나 기억

속에 있는 곳이어서는 안 된다. 도시화는 발전해야 하고, 농업 현대화와 새로운 농촌 건설도 발전해야 한다. 함께 발전해야 서로가 빛날 수 있고, 도농 일체화 발전을 추진해야 한다….우리는 공업화, 정보화, 도시화도 해야 하고, 농업 현대화와 새로운 농촌 건설도 해야 한다. 두 분야가 함께 발전해야 하는 것이다. 도농 2원 구조를 깨뜨리고 도농 발전 일체화를 추진해야 한다. 농촌을 농민이 행복하게 생활하는 아름다운 곳으로 건설해야 한다." 시진핑은 중국이 농촌 건설을 확대해 나가야 하는 방향을 언급한 것이다. 공업화와 도시화, 현대 농업 발전을 촉진하고 농촌 진흥을 실현하는 것은 도농 발전, 새로운 도농 관계 건설을 실현하고, 도농 경제 사회 발전의 일체화를 실현하는 유기적인 구성 요소이다.

 2013년 11월에 개최된 18기 3중전회에서는 〈중공 중앙의 전면적인 심화 개혁에 관한 중대 문제 결정〉을 심의 통과되었다. 시진핑은 〈결정〉에서 도농 발전 문제를 심도 있게 설명하였다. 시진핑은 도농 발전이 조화를 이루지 못하는 것은 중국 경제 사회 발전에 존재하는 두드러진 모순으로서, 전면적인 소강사회 건설과 사회주의 현대화를 추진해 가는 데 있어서 반드시 해결해야 하는 중대한 문제라고 언급하였다. 개혁 개방 이후 중국 농촌의 면모는 경천동지할 변화가 일어났다. 하지만 도농 2원 구조는 근본적으로 바뀌지 않았다. 도농 발전의 차이는 그 추세가 근본적으로 바뀌지 않은 것이다. 이 문제를 근본적으로 해결하려면 반드시 도농 발전 일체화를 추진해야 한다. 〈결정〉에서는, 반드시 체제 메커니즘을 완비하여 공업이 농업을 촉진하고, 도시 발전을 농촌으로 연결하며 공업과 농업이 서로 혜택을 주고, 도농이 일체가 된 새로운 형태의 농공과 도농의 관계를 형성함으로써 많은 농민들이 현대화 발전과 현대화 성과를 함께 누릴 수 있도록 해야 한다고 언급하였다. 〈결정〉에서는 관련된 개혁 조치들을 제기하였다. 같은 해 12월에 개최된 중앙 도시화 사업 회의에서 시진핑은 다음과 같이 언급하였다. "도시화와 공업화의 길은 현대화의 두 엔진이다. 중국 특색과 과학 발전이라는 새로운 형태의 도시화 길로 걸어가는 데 있어서 핵심은 인간을 근본하는 것이고, 그 관건은 품질 향상, 공업화와 정보화, 농업 현대화와 함께 추진해 가는 것이다…. 인간을 근본으로 해야 하고, 인간을 핵심으로 하는 도시화를 추진하며, 도시 인구의 소양과 주민 생활의 질을 향상시켜 도시에서 취업과 생활을 안정시킬 능력이 있는 상주 인구의 질서 있는 시민화를 촉진하는 것을 첫 번째 과제로 삼아야 한다." 시진핑의 연설은 새로운 형태의 도시화 발전의 길에서 방향을 제시해 주었다.

2015년 4월 30일, 중공 중앙 정치국은 도농 발전의 일체화 체제 메커니즘을 완비하는 것에 대해 제22차 집단 학습을 진행하였다. 시진핑은 도농 발전의 일체화를 가일층 추진하는 것이 18차 당 대회에서 제기한 전략적 임무이며, '네 가지 전체' 전략 배치를 실현하는 필연적인 요구라고 강조하였다. 전면적인 소강사회 건설에서 가장 번잡하고 중요한 임무는 농촌, 특히 빈곤한 농촌 지역이다. 우리는 반드시 사업에 박차를 가하고 투자를 더 하여 도농 관계에서 중요한 성과를 이뤄야 하다. 특히 도농 2원구조를 깨뜨리고 도농간의 공공 자원의 고른 배치에서 중요한 성과를 거두어야 한다. 이를 통해 농촌에 새로운 동력을 불어넣어야 하고 수많은 농민들이 개혁 발전과 그 성과를 함께 누릴 수 있도록 해야 한다. 도농 발전 일체화를 추진하는 것은 공업화, 도시화, 농업 현대화를 일정 수준으로 발전시키는 데 필연적인 요구로서, 국가 현대화의 중요한 상징이기도 하다. 전면적인 소강사회 건설이라는 단계적 성격의 임무와 비교해 볼 때 도농 발전의 일체화를 추진하는 것은 위대하면서도 장기적인 역사 임무이다. 2020년 전면적인 소강사회 건설이라는 목표로부터 2050년의 기본적인 현대화 실현까지 도농 발전의 일체화 추진, 도농 융합의 체제 메커니즘 건설, 현대 농업 발전의 진정한 실현, 새로운 농촌과 공업화 및 신형 도시화의 조화로운 발전은 몇 십년에 걸친 힘든 노력을 거쳐야 한다.

2_장쑤 특색의 도시화 - 도농 일체화를 향하여

개혁 개방 이후 장쑤의 도시화는 기본적으로 페이샤오통費孝通이 제기한 '조그만 도시'에서 시작되었다. 사대 공업에서 향진 기업으로, 다시 민영 기업에 이르기까지 조그만 도시에서 개발구 건설에 이르기까지, 도시권 건설에서 새로운 형태의 도시화에 이르기까지, 도농 발전의 일체화에 이르기까지 장쑤 특색의 도시화의 길을 걸어왔다.

(1) 특색있는 소도시 발전

장쑤의 소도시는 장쑤 내지 전국 도시와 발전 과정에서 역사적인 역할을 했다. 전통적인 쑤난 모델은 쑤난의 향진 기업이 일으킨 소도시의 급속한 발전을 가리키는 것이다.

- 향진 기업鄕鎭企業이 소도시의 번영을 가져오다

1970년대부터 장쑤성 쑤난 지역의 많은 향진에서 상하이에 인접해 있다는 지리적인 장점을 이용하고, 당시 상품 부족이라는 계기를 잘 잡아 소박하게 사대 기업을 만들었다. 1980년대 후반이 되어 농촌 개혁이 심화됨에 따라 국가에서는 향진 기업 발전을 중국 농촌 경제를 진흥시키는 데 있어서 반드시 거쳐야 하는 길로 여기고, 농민들이 도시로 가서 공장에 들어가거나 사업을 할 수 있도록 허가하였다. 동시에 진 설치 표준을 조정하였다. 이는 향진 기업이 생겨나고 수많은 농촌 잉여 노동력이 '땅을 떠나되 고향을 떠나지 않고, 공장에 들어가되 도시에 들어가지 않는' 여건을 마련해 주었다. 나아가 공업 발전으로 농업을 발전시키고, 공업으로 진을 세워 향진 지역의 급속한 발전과 소도시 수의 급속한 성장을 이끌어냈으며, 소도시가 크게 발전하는 도시화 발전 구조를 형성하게 되었다.

　이런 발전 과정에서 향진 기업의 발전은 소도시 번영발전의 기초를 놓았고, 아울러 소도시 발전의 동력이 되었다. 한편으로 향진 기업 발전과 집약은 소도시 인프라 건설을 촉진하였고, 인구 집중과 소도시 급속 발전 국면을 형성하였다. 다른 한편으로 향진 기업은 비농 인구의 취업을 이끌었는데, 이는 농촌의 잉여 노동력이 현지에서 이동할 수 있게 하였다. 이 밖에 향진 기업 발전은 농촌 주민의 소득을 늘려 주어 농촌 물질 문명과 정신 문명의 향상을 수반하였다. 뿐만 아니라 향진 기업의 발전은 원가가 낮은 공업화와 도시화를 촉진하였다. 도시화의 성공은 중국 도시화 발전의 완충지대가 되었다. 이 시기에 장쑤 도시화 수준은 계속 상승하였다. 1978년에 장쑤의 도시화율은 13.7%에 불과하여 전국 평균보다 4% 낮았고, 100만 명 이상의 성 전체 도시 가운데 하나로서 대부분 도시는 20만명 이하이였다. 1999년에 성 전체 도시화 수준은 전국 평균 수준과 비슷해져서 34.9%에 달했다. 도시 숫자는 1983년의 34개에서 1997년의 855개로 늘어났다.[7]

· 소도시의 지속적인 발전

1990년대에 쑤난蘇南의 향진 기업鄉鎭企業이 '마을마다 불이 켜지고 곳곳에서 연기가 피어 오르기는' 했지만 너무 분산되어 있어서 환경이 오염되고 경쟁력이 떨어져서 발전의 어려워졌다. 하지만 장쑤 소도시의 발전은 정체되지 않았다. 뿐만 아니라 장쑤의 소도시는 처음부터 끝까지 도시화 과정에서 중요한 위치를 차지했다. 새로운 시대에 접어들어 장쑤는 특색있는 소도시에 대한 정책적 지도와 기술적 지도에 치중하였고, 각 지와 현에서도 전통 산업 업그레이드와 신흥 업종 등의 분야에 이르기까지 특색 있는 탐색을 지속하였다. 2017년 초에 장쑤성 정부는〈장쑤 특색의 소도시 건설에 관한 지도 의견〉을 발표하여 첨단 제조, 신세대 정보 기술, 취업, 건강 보건, 현대 농업, 역사 고전 등의 특색있고 최적화된 산업 도시를 중점적으로 육성하고, 관광자원을 집중적으로 개발하여 풍광이 수려한 정감 넘치는 소도시를 육성하는 문제를 제기하였다. 장쑤성 주택 건설청에서도〈장쑤성 소도시 공간 특색의 건설 지침〉을 발표하여, 도시 공간의 구조, 주변 자연 환경과의 관계, 지역 문화 전승, 공간 척도 등 분야에서 지침 분류에 착수하였고, 소도시의 특색있는 발전과 풍치 조성을 이끌었다. 중국 특색의 소도시에 뽑힌 명단 중 장쑤의 특색 소도시는 각각 난징시 까오춘구高淳區 야시진椏溪鎭, 우시시無錫市 이싱시宜興市 딩슈진丁蜀鎭, 쉬저우시徐州市 피저우시邳州市 옌좡진碾庄鎮, 쑤저우시 우중구吳中區 루즈진用直鎮, 쑤저우시 우장구吳江區 전저진震澤鎭, 옌청시鹽城市 동타이시東台市 안펑진安豊鎭, 타이저우시泰州市 장옌구姜堰區 친통진溱潼鎮 등이다.

---

7 徐鳴,〈江蘇城鎮化和城鄉發展 一體化實踐〉,《行政管理改革》, 2014년 제10기.

장쑤성의 기존 특색있는 소도시는 주로 산업 발전과 혁신 업종을 업그레이드 하는 기초 위에서 도시가 농촌 잉여 노동력을 흡수하는 전통적인 우위 공업 도시와 관광 도시가 있고, 신흥 생태 도시, 인터넷망이 더해지는 도시 등의 유형이 있다. 현재의 특색 있는 소도시는 이미 국가 전략이 되어 농촌 지역 발전을 이끌 책임과 함께 철새형 도시화에서 현지형 도시화로 바뀌어가는 책임을 떠맡고 있다. 그 건설은 산업 발전과 특색있는 모습 조성 등의 요구를 갖고 있는 새로운 형태의 도시화에 있어서 중요한 수단으로서, 도농 발전의 일체화 수준을 향상시키는 데 있어서 관건이 된다. 현재의 특색있는 소도시 건설은 정부와 사회의 관심을 받고 있다. 주택 건설, 발전 개혁, 관광 등의 여러 분야에서도 추진되고 있고, 사회 자본 역시 긴밀한 관심을 쏟고 있어서 새로운 경제의 성장 포인트가 될 것이다.

- 소도시의 산업 업그레이드 탐색

2018년 말까지 장쑤의 소도시 인구는 이미 성 전체 인구의 3분의 1을 차지하여, 도시화의 주요 수용 공간이 되었다. 또한 이것은 장쑤가 노동 발전 일체화를 추진하는 관건의 한 고리이기도 하다. 현재 상당 부분의 소도시는 산업 업그레이드의 길을 모색하고 있다. 장인시江陰市 신차오진新橋鎭은 세계에서 가장 큰 방직 산업 기지로, 난징시 야시진은 중국 최초의 국제 느린 도시로서, 그것들은 모두 농업 등 생태 자원에 의존한 관광업을 발전시키고, 소도시 생태 발전의 길을 탐색한다. 쑤베이의 샤지沙集는 중국 타오바오 마을의 중요한 발원지로서, 장쑤성 전자 상거래 시범 기지이자 장쑤성 서비스업 집결 지역으로서, 인터넷망을 통해 전통 가구 제조를 설계와 생산, 판매를 하나로 하는 산업 체인을 완성하였다. 아울러 정보화와 산업화, 도시화가 서로 연계되는 성공적인 모델을 이끌었다. 장쑤는 새로운 형태의 성 건설에 박차를 가하고 있다. 성 정부에서도 특색이 있는 소도시가 산업적 특색이 분명하고, 체제 메커니즘이 활발하며, 인문적인 분위기가 짙고 생태 환경이 뛰어나며 여러 기능이 중첩되고 살고 좋은 여행하기 좋은 특색 있는 소도시가 되어야 함을 강조하고 있다. 또한 구조 개혁의 중요한 수단을 제공하고 경제 전환형 업그레이드와 발전 동력 전환의 중요한 플랫폼으로서 힘을 모아 혁신하고 주민의 부 축적에 초점을 맞추는 중요한 역할을 하기 위해 노력하고 있다. 장쑤의 특색있는 소도시는 자원, 위치 등의 특색에 발맞추어 적재적소로 서로 다른 특색이 있는 발전의 길을 걸어갈 것이다.

> **칼럼 2** 장쑤의 특색있는 소도시의 특색 있는 역사

- 신차오新橋의 패션 소도시

  산업+문화관광이 두드러지고, 산업의 피크, 문화관광 상품을 만들어낸다. 문화관광의 기능은 특색있는 소도시 건설의 중요한 요소로서, 장인시 신차오진은 '산업 본부+관광' '문화+관광' '농촌+관광' '산업+문화관광' 네 분야를 둘러싸고 발전시키고 있다. 그 가운데 '산업 본부+관광'에서 소도시는 양꽝陽光그룹과 하이란海瀾그룹이라는 지명도 높은 대기업의 힘을 빌어 공업 관광을 힘차게 넓혀나가고 있다. 정품 패션 전시관을 설립한다든가 개인 맞춤제를 시행한다든가 하여 공장을 매장으로 변화시키는 것이다. 하이란 그룹 브랜드 체험 점포와 양꽝 패션 본부 치지엔뎬旗艦店은 누적 판매액이 4억 위안을 넘어서서 생산 사슬을 관광 사슬로 만드는 완벽한 모델이 되었다.

- 스모시石墨烯 소도시

  산업 기금이 주도하여 금융 서비스 체계를 완벽하게 건설하였다. 금융은 특색있는 소도시 건설의 중요한 지원 내용으로서, 창저우 스모시 소도시는 산업인도 기금을 주도적으로 설립하여 단지 재정 전액을 출자하여 총액 1억 5천만 위안의 산업 인도 기금을 출자, 스모시 중점 프로젝트 기업 유치에 지원하였다. 단위 기업의 투자액은 원칙적으로 500만 위안을 넘지 않았고, 3년을 기한으로 하였다. 또 대외 합작 산업 투자 기금을 설립하였다. 주로 단지 국유 공사가 참여하는 기금으로, 자금 출처는 14개의 기금으로, 총납입액은 120억 위안 정도이다.

- 쑤시우蘇綉 소도시

  전통과 재생, 수제품 거리의 설계와 문화 발굴. 전후鎭湖 거리 주임 佛曦는 주제 '전통과 재생'에 관해 수제품 거리의 설계와 문화 발굴에 대해 소개하였다. 중국 4대 수제품의

으뜸으로서 쑤시우는 지금으로부터 2000여 년의 역사를 갖고 있다. 전후는 유명한 '쑤시우 고향'으로서, 독특한 역사와 지리 및 문화적 요소가 전후의 쑤시우를 가장 완벽하면서도 성공적으로 보호와 전승 및 발전할 수 있도록 하였다.

― 〈경험과 계발, '10' 소도시의 장점을 취하고, 쑤파蘇派 소도시의 이름을 드높이다〉, 신화망, 2018년 11월 29일

(2) 도시화와 도농 발전의 일체화를 가속화하다

개혁 개방 이후 장쑤의 공업화, 도시화, 국제화는 뚜렷하게 빨라졌다. 특히 신형 도시화 전략의 실시로 도시 경제는 급속하게 발전했다. 성 전체 도시 인구 비중은 안정적으로 상승하였고, 농촌 발전을 이끌어내는 데 역할을 톡톡해 해내어 도농 발전 일체화에 기초가 되었다.

• 도시화 추진 가속화

성 전체의 도시와 발전을 가속적으로 추진하기 위해 2002년 말에 〈도시화 발전의 가속 추진에 관한 장쑤성 정부의 의견〉을 발표하여 〈장쑤성 도시 체계 계획(2001-2020)〉에 따라 특대도시와 대도시 건설 추진, 중소 도시의 적극적이고 합리적인 발전, 중점 중심 도시 육성, 도시 발전의 품질 전면적인 향상, 현대화 발전에 걸맞고 대중소 도시의 상황에 부합하는 촉진과 협조발전 도시 체계구조 구축을 통해 성 전체 도시화 발전의 목표를 앞당겨 실현할 것을 요구하였다. 당시 제기된 목표는 2005년까지 성 전체 도시화 수준 45% 이상 도달하는 것이었다. 그 가운데 여건이 되는 지역은 55% 이상이었고, 2010년까지 성 전체 도시화 수준을 50% 이상으로 하고, 그 가운데 여건이 되는 지역은 60% 이상 도달하는 것으로 하였다. 지금 보면, 이 목표들은 이미 도달했거나 초과하였다.

2000년 이후 장쑤성의 도시화율 발전 속도는 전국 도시화율 발전 속도보다 빨라지

기 시작했다. 2018년말에 장쑤성 도시화율은 69.61%로, 전국 평균 수준(59.58%) 보다 10.03%p 높다. 도시화 3단계론(도시화 수준이 30% 이하를 저성장 단계, 30-60% 사이를 고성장 단계, 60% 이상이면 성숙한 도시화 사회로 본다)에 비추어 판단해 보면, 장쑤성의 도시화 수준은 이미 성숙한 도시화 사회로 나아가기 시작했다. 만약 도시화 6단계론(10% 이하를 도시화 이전 단계, 10% 이상을 도시화의 초보 단계, 20% 이상을 도시화의 가속 발전 단계, 50% 이상을 기본 실현 단계, 60% 이상을 도시화의 고도 발달 단계, 80% 이상을 도시화의 자아 완성 단계로 본다)에 비추어 판단해 보면, 장쑤는 이미 비교적 높은 수준의 도시화 단계에 도달하였다.[8]

> **칼럼 3** 장쑤 농촌 인구의 지속적인 하강세
>
> 농촌 인구에 관해 일반적으로 두 가지 통계 방법이 있다. 그 하나는 상주 인구 도시화율(상주 인구 도시화율은 도시에 상주하는 인구가 전체 상주 인구에서 차지하는 백분율)의 통계 방법이다. 방법은 성 전체 인구에서 도시 상주 인구를 감하는 것이다. 다른 하나는 농업 조사 방법으로, 통계 범위는 농업 가정, 농업 경영 단위, 농촌에 거주하면서 토지를 도급맡은 가구를 포함시키는 것이다. 이 통계 방법 중에서 부분적으로는 여전히 농업에 종사하고 있는 읍 지역의 인구나 도시 지역의 인구는 통계에 들어온다. 따라서 계산된 농촌 인구는 비교적 많다. 도시화율의 방법으로 통계를 낸 장쑤의 농촌 인구는 2017년에 2,508만 4천 명으로, 성 전체 인구에서 차지하는 비중이 31.2%에 이른다. 1990년에 비해 47.3%p 줄어들었다. 농업 조사 방법으로 통계를 낸 장쑤의 농촌 인구는 2017년에 4,775만 1천 명으로, 성 전체 인구의 59.5%를 차지하여, 2013년에 비해 1.4%p 줄어들었다. 두 가지 통계 방법으로 낸 농촌 인구 수와 비율이 오랜 기간에 걸쳐 모두 감소 추세에 있는데, 이는 도시화와 도농 일체화 발전이 효과를 보이고 있음을 보여주는 것이다. 제3차 농업 조사 결과에 근거하여 2016년말에 장쑤에는 농가 1,168만 4,700호, 농업 경영 단위는 84,500개가 있다. 농가는 보통 농가 1,153만 5,100호, 규모 농가 14만 9,600호가 있다.

---

8 李程驊, 鄭瓊潔, 〈城市化進程與服務業發展的動態關係探討──基於江蘇省域的樣本檢驗〉, 《南京社會科學》, 2012년 제4기.

— 〈2018년 장쑤성 농촌 발전 역사와 현상 분석 : 농촌 인구 비율의 지속적인 하강〉, 중상中商산업연구원망, 2018년 12월 5일〉

• 도농 발전 일체화 계획

2014년에 〈장쑤성의 신형 도시화와 도농 발전 일체화 계획(2014-2020년)〉 (2014년 〈계획〉으로 줄여부름)이 발표되었다. 이 계획의 가장 큰 특징은 도농 발전 일체화와 신형 도시화를 한 데 놓고, 장쑤의 특징과 요구를 구체화했다는 것이다. 이 계획에서는 장쑤가 미래에 신형 도시화와 도농 발전 일체화를 추진하는 총체적인 목표, 중대한 임무, 공간 배치, 발전 형태 및 발전 노선을 명확히 하였고, 체제 메커니즘 개혁의 주요 방향과 관건이 되는 조치를 계획하였으며, 성 전체의 도시화와 도농 발전의 일체화를 이끄는 기초적이고 전략적인 계획이다.

2014년의 〈계획〉에서는 장쑤의 신형 도시화와 도농 발전의 일체화 추진이 전환형 발전을 가속화하고, '두 솔선' 목표를 실현하는 데 있어서 중대한 현실적 의미와 깊은 역사적 의미를 갖고 있다는 사실을 명확히 지적하고 있다. 장쑤는 이미 현대화의 기본적인 실현이라는 새로운 길을 개척하고 있고, 신형 도시화와 도농 발전의 일체화 추진을 보다 두드러진 중요한 위치에 놓기를 절박하게 요구하고 있으며, 경제의 지속 건강한 발전과 도농 구역의 조화로운 발전에 강력한 엔진을 제공하고 있다. 인간의 도시화를 핵심으로 하여 도시화 발전 방식을 변화시키는 데 박차를 가하고, 신형 도시화와 도농 발전의 일체화 방안을 총괄 관리 및 전체 설계하고, 오랜 기간 주먹구구식 도시화 발전 모델이 가져왔던 여러 가지 문제들을 해결하는 데 유리하고 도농 이원 구조를 깨뜨리고 도시 내부의 새로운 갈등을 해결하는 데 유리하며, '중간 소득의 함정'에 빠지지 않고 지속가능한 발전을 실현하도록 노력한다. 도시 발전의 질을 향상시키고, 도시의 기능을 늘려나가며, 농업 인구의 시민화 작업을 질서 있게 추진하고, 도농의 기본 서비스 균등화를 실현하고 농업 발전 방식에 유리하도록 변화시키며 농업 현대화 발전에 박차를 가하여 농촌 진흥에 도움이 되도록 한다.

당시에 제기된 신형 도시화와 도농 발전의 일체화를 추진하는 임무는 주로 다섯 가지 측면에 걸쳐 있다.

첫째, 농민에서 시민으로의 질서 있는 추진을 신형 도시화와 도농 발전 추진의 첫 번째 임무로 삼는다. 둘째, 도농 공간 배치 형태의 최적화 추진을 신형 도시화와 도농 발전의 일체화 추진의 중요한 방향으로 삼는다. 셋째, 도농의 지속가능한 발전을 신형 도시화와 도농 발전 일체화 추진의 기본적인 요구로 삼는다. 넷째, 도농 사회 발전 수준을 신형 도시화와 도농 발전 일체화를 추진의 중점 내용으로 삼는다. 다섯째, 체제 메커니즘 개력은 심화를 신형 도시화와 도농 발전 일체화 추진의 강한 동력으로 삼는다.

당시에 제기된 신형 도시화와 도농 발전 일체화의 목표 요구는 다음과 같다.

도시화와 도농 발전 일체와 품질의 뚜렷한 향상은 도농의 기본 서비스 균등화와 올 커버리지를 실현하는 것이다 상주 인구 도시화율은 72%에 달하고, 호적 인구의 도시화율과 상주 인구 도시화율 격차는 5%로 줄인다. 도농 공간 배치 형태는 보다 최적화하여, 도시군을 주 형태로 하는 도시 체계를 보다 완비한다. 도농 공공 서비스 수준을 한걸음 더 향상시킨다. 도농 지역 서비스 관리 시스템을 전면적으로 건립하고, 도농 지역의 종합 서비스 시설 커버율이 99%에 달하도록 한다. 도농의 지속 가능한 발전 능력은 점차적으로 향상시키고, 생태 환경을 뚜렷하게 개선시키며, 녹색 생산, 녹색 소비가 경제 사회 생활의 주류가 되도록 한다. 농촌 인구 시민화 작업을 질서 있게 추진하고, 거주증을 기초로 하여 취업 연한, 거주 연한, 도시 사회보험 가입 연령을 기준으로 하는 적분제 정착 정책을 세워나가 2020년까지 자녀와 호적 학생이 유입됨에 따라 의무 교육을 받게 하고 진학 시험에 참여하게 하는 등 동등한 대우를 받는 비율이 100%에 달하도록 한다. 도농 공간 배치와 형태를 최적화하고 도농 사회 발전 수준을 향상시키며 도농의 지속 가능한 발전 능력을 강화시킨다.

3 _ 도농 발전의 일체화 - 쑤난의 시범 효과와 쑤베이의 후발 발전

(1) 쑤저우를 대표로 하는 쑤난 도농 발전 일체화

쑤난은 장쑤성 남부 지역의 줄여 부르는 이름으로서, 전통적인 쑤난은 주로 쑤저우蘇州, 우시無錫, 창저우常州 지역을 말하고, '쑤시창蘇錫常'으로 부른다. 지금의 쑤난 지역은 난징, 쑤저우, 우시, 창저우, 전장鎭江을 포함한다. 쑤난은 장쑤성 경제가 가장 발달한 지역으로서 중국 경제가 가장 발달하고 현대화 정도가 가장 높은 지역 가운데 하나이다. 2013년 5월에 국가 발전 개혁위원회에서 정식으로 <쑤난 현대화 건설 시범 지역 계획>을 발표하였다. 이는 쑤난 지구가 전국에서 앞장서서 지역의 현대화를 실현하고, 전국 현대화 건설의 시범 지역이 된다는 것을 의미하는 것이다. 그 가운데 쑤저우의 경제 사회 발전은 장쑤 내지는 전국에서 개혁 혁신과 진취적인 정신이 가장 두드러지게 표현되었다.

- 도농 일체화의 계획이 우선임을 견지하다

쑤저우의 도농 발전 일체화는 계획의 통일성을 매우 강조하였다. 한 측면에서 쑤저우는 개방식, 올 커버, 구역별 발전 및 여러 계획을 합치는 참신한 기획 이념을 강조하였다. 이런 기획은 전통적인 '도시, 농촌'의 이분법을 완전히 버리고, 도농 일체의 전체를 총괄하는 기획이다. 주로 향진, 촌장의 행정 구분을 넘어 주체 기능 구역을 획분하여 중심 도시, 산업 단지, 생태 보호구역, 특색있는 진, 신형 지역, 자연 촌락을 담아내는 현(시) 도농 공간의 배치 구조를 형성한다. 동시에 많은 기획을 타파하고 일체를 이루게 하고, 상호간에 나누는 구조, 전체적인 협조하는 기획, 산업기획, 도시 기획, 토지이용 계획, 환경 보호 계획 등 4단계 기획을 합치는 것을 실현하였다. 다른 측면에서는, 계획을 최우선 순위에 놓고 그 전체적인 생각은 속칭 '도시는 보다 도시답게, 농촌은 보다 농촌답게, 단지는 보다 단지답게' 하는 것이다. 이런 생각에 비추어서 먼저 과학적을 토지이용 계획을 짜고 나서 도시 전체의 전체적인 계획을 조정하여 연 구역을 단위로 총괄하여 잇도록 하고, 토지 잔존량을 활성화하여 자원 배치를 최적화하도록 한다. 계획 중에서 과학적인 분구 기능과 발전 방향에 주의를 기울여 도시와 촌의 공간, 산업, 인구 등에 있어서의 배치를 최적화하고, 각 항목의 건설, 시, 현(市), 촌 등이 도농 일체화 발전 체계를 총괄한다. 동시에 네 가지 존중(농민의 바람 존중, 생태 환경 존중, 역사 문화 존중, 풍토민정風土民情과 토지 형태 존중)을 기초로 하여 그 지역에 알맞도록 하고 특색을 두드러지게 하며 합리적인 배치로 '세 가지 집중'의 추진 수준을 향상시킨다.

- **쑤저우 도농 발전 일체화의 점진적 발전**

쑤저우시는 2006년부터 '도시와 농촌 발전 총괄'을 기획 편제의 지도 사상으로 삼고, 완비된 각급 체계로 도농 발전 공간을 넓혀 나갔고, 도농 일체화 개혁을 추진하였다. 2008년 9월에 쑤저우는 장쑤성 도농 일체화 발전의 종합 배치 개혁 시험 지구가 되었다. '3구 3성'의 건설 목표와 함께 쑤저우시 도농 일체화 발전 추진에 박차를 가하게 되었다. 또한 전체적인 기획, 진과 촌의 배치 계획, 각종 마을 기획 편제를 시작으로 도시와 농촌의 경제 산업 배치, 기초 인프라 건설, 문화 교육 발전, 사회 사업 발전 등 각 분에서 통일된 계획을 진행하고, '4규 합일'의 이상적인 목표 실현을 위해 끊임없는 노력을 하기로 하였다.

2009년에 〈쑤저우 도농 일체화 발전의 종합 배치 계혁 시험 지구 방안에 관한 회신〉에서 장쑤성 성 위원회와 성 정부는 쑤저우의 이 개혁 방안에 대한 명확한 요구를 제기하였다. 즉 인간을 근본으로 하고 제도 혁신을 견지하며 실천 존중을 견지하고, 총괄 검토를 견지하자는 것이었다. 아울러 도농 이원 구조를 혁파하고 도농 경제 사회 발전 일체화 개혁을 촉진하는 데 유리하고, 공업화와 도시화, 농업 현대화가 조화롭게 추진되는 혁신에 유리하며, 조화로운 사회 건설에 유리하기만 하면 먼저 테스트 하는 것에 대해 두 손 들어 환영하고 실천하는 과정에서 끊임없이 완비해 나가도록 할 것을 제기하였다. 이는 또한 쑤저우 도농 일체화 발전의 종합 배치 개혁의 총체적인 아이디어가 되었다.

〈중공 중앙의 농촌 개혁 발전에 있어서 중대한 문제에 관한 결정〉의 보고 요구에 따라 쑤저우시 위원회는 '도시를 보다 도시답게, 농촌을 보다 농촌답게'라는 도농 일체화 건설 목표를 제기하였다. 쑤저우시는 '도시를 보다 도시답게, 농촌을 보다 농촌답게, 단지를 보다 단지답게'가 쑤저우시를 변화시키는 경제 사회 발전 방식이고, 도농 경제 사회 일체화 발전을 실현하는 것이라고 생각했다. '도시를 보다 도시답게'는 주로 몇몇 현이나 도시, 중심이 되는 진鎭을 중소 도시로 발전시켜야 한다는 것이다. '농촌을 보다 농촌답게'는 주로 앞에서 말하는 기본 적을 정의되는 농촌을 농사짓는 농촌처럼 아름다운 전원 풍광과 전통적인 농경 문화를 간직한 곳으로 만들자는 것이다. '단지를 보다 단지답게'는 주로 시 전체 각종 개발구, 특히 현 이하 공업 개발 구역을 더 나은 산업 단지로 만들어 나가자는 것이다.

- 도농 일체화 수준의 끊임없는 상승

도시와 농촌 계획의 세로선 커버. 쑤저우는 '1450' 신형 도시화 배치를 확정하고, 대중소大中小 도시와 소도시의 조화로운 발전을 추진하였다. 아울러 산업과 도시의 융합 발전 및 새로운 농촌 건설의 조화로운 추진을 도모하였다. 전체 구역의 일체화와 여러 규정의 융합을 기획으로 이끌어나가는 것을 견지하였다. 쑤저우는 시종 도시와 농촌을 하나의 전체로 보고, 큰 틀에서 사고하였고, 총괄적으로 기획하였으며, 모든 설계는 전통적인 산업 계획, 도시 계획, 토지 이용 계획, 환경 보호 계획 등 서로 나뉘어지는 한계를 타파하여, '네 가지 융합'을 실현하였다. 현재 쑤저우의 조그만 도시들은 현지의 도시화에 버팀목이 되고 있고, 50개 소도시는 쑤저우 경제 사회 발전에 중요한 버팀목이 되고 있으며, 현지 도시화와 도농 일체화의 중심이 되고 있다. 쑤저우식 물의 마을이라는 특색은 매우 두드러져서 2016년 말까지 16개의 아름다운 시범 진이 건설되었고, 100여 곳의 아름다운 시범 마을이 세워졌으며, 690개 3성급 캉쥐康居 마을과 각종 농업 체험관과 기지 1,065곳이 세워졌다. 활력, 풍족함, 살기 편함, 아름다움의 쑤저우식 물의 마을과 '번화한 도시'는 서로 어우러져 그 이름을 빛내고 있다.

도농 공공 서비스 공급 기준이 끊임없이 상승하고 있다. 쑤저우는 시종일관 공공 서비스의 보편적 혜택 원칙을 견지하고 있다. 공공 서비스 균등화 공급 메커니즘을 완비하고 모든 사회 구성원이 함께 공공 서비스를 수준을 향유할 수 있도록 하며, 도농 일체의 공공 서비스 메커니즘이 보다 고르게 될 수 있도록 노력한다. 사회 보장 체계를 세워나가는 면에서 쑤저우는 도농 기초 보험, 기본 양로, 의료보험 등의 '3대 정책'을 앞서 실현하는 기초 위에서 매년 사회보험 보조 기준을 향상시키고 있다. 도농 의료 분야에서 쑤저우시 전체는 거의 모든 향진鄕鎭 보건소에 새로운 개조를 완성하였고, 농촌 보건 인력을 100%에 달하도록 하였으며 농촌 주민의 전자 건강 서류 작성률이 90% 이상이 되도록 하였다. 공공 문화 서비스 체계 분야에서 쑤저우는 교육, 문화, 보건, 체육 등의 각 사회 사업과 공공 서비스 시설이 농촌을 커버하도록 하고 도농 봉사 균등화 수준에서 새운 도약을 실현하도록 하였다.

- **국가 시범 지역으로서 쑤저우가 거둔 뚜렷한 성과**

쑤저우는 전국의 경제 발전과 도시화 수준이 비교적 높은 지역 가운데 하나이고, 장쑤성 유일의 도농 일체화 발전 종합 배치 개혁 시범 지구이다. 또한 국가 발전 개혁 위원회 도농 일체화 발전 종합 배치 개혁 연계점이자 중국-오스트레일리아 관리 프로젝트 네 시범 사업 도시 가운데 하나인 도시이다. 쑤저우의 도농 일체화 발전 종합 배치 개혁은 해당 지역이 전면적으로 형태 전환의 업그레이드라는 내부적인 요구를 도모한 것이고, 또한 장쑤성 내지 전국에서 시범이 되는 역사적 중책을 떠맡은 것이다. 개혁 개방 이후 쑤저우시 도시화 발전의 성과는 매우 뚜렷했다. 도시화 수준은 1978년의 16.7%에서 2005년의 63.5%로, 2009년의 66.3%로, 2017년에는 75.8%로 2020년에는 80%에 달한다. 현재 쑤저우의 도시화 발전은 이미 초기의 완만한 성장과 중기의 급속 성장 과정을 거치고 있으며 중후기의 안정된 성장 단계에 들어섰다. 쑤저우를 중심으로 하고, 쿤산昆山, 장자샹張家港, 창서우常熟, 타이창太倉 등 네 개 현과 시를 축으로 하며 몇몇 중점 진鎭을 연결점으로 하는 그물 모양의 구역 도시군이 이미 전체적인 추진 능력을 보여주고 있으며, 쑤저우를 양쯔강 삼각주와 전국 도시화 수준에서 최고이자, 경제가 가장 발달한 도시 가운데 하나로 만들었다.

> **칼럼 4** 높은 수준에 도달한 쑤저우 도농 일체화

수치가 보여주듯이 2010년부터 2016년까지 쑤저우 농업 현대화의 지수 수준은 6년 연속 성 전체에서 선두였다. 2016년 말까지 쑤저우 농촌 집단의 총 자산은 1,720억 위안에 달했고, 연평균 안정적 수입은 801만 위안이었으며, 농민 1인당 평균 가처분 수입은 27,800위안이었고, 도시와 농촌 주민 수입 차이는 1.96 : 1로 줄어들었다. 이는 전국 도농 주민 수입 차이가 가장 작은 지역 가운데 하나이다. 2018년에 쑤저우는 지역 총생산액 1조 8,500만 위안 안팎을 실현하였고, 1년 공공 예산 수입 2,120억 위안을 실현하였으며, 그 가운데 세수가 1,929억 5천만 위안이다. 한 해 수출입 총액은 3,541억 1,000달러로 전년도에 비해 12% 성장하였다. 그 가운데 수출은 2천억 달러를 돌파하여 2,068억 3천만 달러로 10.5% 성장하였다. 일반 공공 예산 지출은 1,952억 8천만 위안으로, 그 가운데 도농 공공 서비스 지출은 1,483억 위안으로, 일반 공공 예산 지출 비중의 75.9%를 차지한다. 2018년 말 쑤저우 상주 인구는 1,072만 1,700명으로, 그 가운데 도시 인구는 815만 3,900명으로, 도시화율은 76.05%에 달한다. 도시 거주민의 1인당 평균 가처분 소득은 63,500 위안으로 전년도에 비해 8% 늘어났다. 농촌 거주민의 1인당 평균 가처분 소득은 32,400 위안으로 전년도에 비해 8.2% 성장하였다. 시 전체 최저 임금 기준은 월 2,020 위안으로 조정되었다. 도농 최저 생활 보장 표준은 1인당 매월 945 위안으로 향상되었다. 이러한 수치들이 보여주는 것은 쑤저우 도농 일체화 발전 속도가 빨라서 이미 높은 수준에 도달했다는 것이다.

― 〈砥礪奮進的五年·蘇州實踐――推進城鄕發展一體化, 邁向共同富裕新境界〉,
『蘇州日報』 2017년 10월 23일자.

성 전체에서 유일하게 도농 일체화 발전 종합 배치 개혁 시범 구역으로부터 국가 발전 개혁 위원회의 도농 일체화 발전 종합 배치 개혁 연계점에 이르기까지, 다시 전국 농촌 개혁 시범 구역 및 전국 도농 발전 일체화 종합 개혁 시범 도시에 이르기까지 쑤저우는 시종 일관 도농 발전 일체화의 기치를 높이 들고 도농 발전 일체화 전략을 지속적으로 실천하였다. 용감하게 실천하고 혁신을 했으며, 도농 발전의 일체화 법칙에 대한 인식을 끊임없이 심화하였고, 공동부유의 지도 사상을 받들어 도농 발전 일체화 종합 개혁 시범

지구의 '8개 시험 구역' 건설을 전면적으로 추진하였으며 한걸음씩 내디디며 도농 이원 구조를 힘차게 타파하였고, 도시와 농촌의 격차를 효과적으로 줄여나갔다. 도농 발전 일체화는 이미 쑤저우 사업의 특색이자 브랜드이자 포인트가 되었고, 쑤저우 '3농' 문제를 해결하는 근본적인 노선이 되었다. 높은 수준의 전면적인 소강사회 건설은 높은 수준의 도농 발전 일체화의 버팀목이 되는 것과 무관하지 않다.

(2) 쑤베이蘇北의 도농 일체화 – '3집중'의 기초에서 초월을 힘써 초월하다

전체적으로 보아서 쑤난의 도농 발전 일체화의 새로운 구조는 이미 기본적으로 형성되었고, 현재는 한걸음 더 나아가 수준을 향상시키고 완비해 나가고 있다. 그리고 쑤베이는 현재 도농 발전 일체화를 추진하기 위해 노력을 기울이고 있다.[9] 2012년 4월 중순에 개최된 성 전체의 쑤베이 사업과 빈곤 구제 개발 사업 회의에서 성 위원회와 성 정부는 도농 발전 일체화를 쑤베이 발전의 중요한 내용으로 하여 박차를 가할 것을 명확하게 제기하였다. 현재 쑤베이 대부분의 시와 현은 이미 '도농 발전의 일체화' 구호를 제기하였거나 발전 전략의 하나로 확정할 예정이다. '3집중'과 '중점 공정'(캉쥐康居 시범촌 공정, 완칭萬頃 량티엔良田 건설 공정)의 추진하에 도농 건설은 처음으로 '일체화' 형태를 갖추게 되었다.

• 중점 공정 건설은 추진의 주요 수단

현재 대부분의 쑤베이 시와 현은 도농 발전 일체화의 방향 통일 부서와 추진 움직임이 없다. 성의 국토 자원청에서 실시하는 '광활한 토지 건설 공정'과 성省의 주택과 건설청이 실시한 '캉쥐 시범촌 건설 공정'은 객관적으로 쑤베이 지역의 토지 집중과 인구 집중을 주로 야기하는 도농 일체화 건설이다.

---

9 張春龍,〈推進城鄉一體化的問題分析—以江蘇蘇北地區的發展爲例〉,《信訪與社會矛盾問題研究》, 2018년 제4기.

2005년에 장쑤성에서는 '캉쥐 시범촌' 건설 사업이 추진되기 시작했다. 성 전체 25만 여개 자연촌의 기초에서 기초적인 여건이 좋고, 발전 요소가 훌륭한 5만개 안팎의 농촌 주민 거주 지역을 집중 거주 지역으로 기획 안내하고, 1,000개의 캉쥐 시범촌을 건설하여, 성 전체 4분의 1지역의 농민이 집중 거주하도록 한다. 많은 쑤베이 현들은 이 사업을 중점적으로 실시하여 많은 인구가 집중적으로 거주하는 캉쥐 시범촌을 건립하였다. 예를 들어 렌수이현蓮水縣은 캉쥐 시범촌 건설에 착수하여 2012년에 이미 농민 기획 거주지 56개를 건설하기 시작했는데, 전체 면적이 85만 제곱미터이고, 입주 농가는 6,000여 호에 달했다. 슈양현沭陽縣은 농민들이 도시에 들어가 거주하거나 캉쥐 시범촌 건설 활동을 전개하였고, 2012년까지 농민 집단 거주 구역은 179개를 건설하였고, 그 가운데 도시 57개, 농촌 122개, 주택 35,865채를 건설하여 19,260호의 농민들이 새 집으로 이사하였으며, 주택 7,438호를 철거하였으며, 토지 7,287묘를 늘렸다. 동하이현東海縣 바이타푸진白塔埠鎭의 '신위안新元 캉쥐 시범촌'은 2011년 바이타푸진이 애써 만들어낸 중점 복지 공정으로서, 1년만에 3층짜리 세 줄로 77동 278채, 여러 층짜리 여덟 개 동 260채를 지어 2,500명이 거주할 수 있게 하였다. 아울러 지역 서비스 센터, 유치원, 휘트니스 광장, 배전실, 공중 화장실 등의 시설을 건설하였다.

2008년 이후 성省의 국토 자원청이 성 전체에서 '잠재 자원을 효과적으로 모으고 도농 발전을 질서 있게 총괄'하는 것을 핵심 내용으로 하는 '광활한 토지 건설 공정'을 시범 사업을 조직하고 실시하였다. 이 사업은 쑤베이 지역의 도농 일체화 발전을 추진하여 쑤베이 시와 현의 토지와 인구 집중의 전형적인 시범이 되었다. 아울러 이 지역의 경지 면적을 효과적으로 늘렸으며 부분적으로 용지 갈등을 완화하였고, 농업 현대화에 기초 플랫폼을 제공하였으며, 아울러 도농 일체화를 위해 용지 공간을 확대하였다. 또한 농촌의 발전 방식 변화와 생산 수준의 향상을 추진하였고, 아울러 농촌 주민의 주거 환경 개선과 생활 수준 향상을 촉진하였다. 예를 들어 루까오如皋는 3년여에 걸친 '완칭 량티엔 건설공정' 건설을 통해 5638호를 철거 이주시켰고, 토지 5,713묘를 개간하였으며, 토지 33,870묘를 형성해 내어, 현대 농업과 규모 농업, 시설 농업 발전에 양호한 플랫폼을 제공하였다. 아울러 건설 요지 자원을 효과적으로 모아내어 공업화와 도시화 발전에 넓은 공간을 만들어냈다.

'광활한 토지 건설 공정'이든 '캉쥐 시범촌 공정'이든 쑤베이 지역에서는 토지의 규모화 재배와 경영을 촉진했다고 할 수 있다. 이는 현대 농업과 고효율 농업의 발전에 기초를 놓았다. 동시에 보다 나은 교통 여건, 인프라 여건, 부대 조건은 농민의 집단 거주를 이끌어냈고, 효과적으로 도농 총괄 발전을 촉진하였다. 아울러 농촌으로 하여금 전대 미문의 생활 방식 변화를 경험하게 하였다.

- '3집중' 발전 모델의 점진적 형성

쑤난 경제의 지속적 고도 성장과 도시화의 가속화로 인해 토지 자원의 부족과 사람들 사이의 갈등이 불거졌다. 이런 현상은 과학적이고 집약적으로 용지를 사용하는 것을 주된 내용으로 하는, 경제가 지속가능한 발전 궤도로 걸어들어가게 하는 새로운 형태의 '3집중' 발전 모델을 생겨나게 하였다. 현재 쑤베이 지역도 경제 사회 발전의 궤도에 접어들었고, 사람들 사이의 갈등이 불거지는 문제에 직면하기 직전인 상황이다. 이런 상황에서 쑤베이의 몇몇 시현에서는 조만간 정식으로 '3집중'을 제기하려고는 하지만 쑤베이의 많은 지역들, 몇몇 현과 진鎭에서는 '3집중'의 모델에 따라 추진되도 있다.

현재 쑤베이의 몇몇 시현에서는 이미 비교적 큰 규모의 공업 단지가 조성되어 영향력이 비교적 큰 유명 기업들이 모여있다. 몇몇 향진에서도 공업이 단지로 집중되는 요구에 따라 자체 공업 단지를 세우고 몇몇 규모 기업을 모여들게 하였다. 예를 들어 깐위현贛榆縣 저왕진柘汪鎭의 산업구에는 최근 몇 년 동안의 발전을 통해 철강, 석유 화학 산업, 수출 주도형 기업을 위주로 하는 특색을 갖춘 단지의 발전 구조를 기본적으로 형성하여 용수 공급, 도로, 녹화 등의 인프라와 부대 시설 건설이 끊임없이 완비되고 있다. 토지 집중 측면에서 쑤베이 지역의 농업은 줄곧 중요한 위치를 차지해 왔다. 하지만 노동력이 외부로 많이 빠져나가고 토지 사용 효율이 상대적으로 낮아지는 상황에서 규모화 경영은 필연적인 추세가 되었다. 깐위현 저왕진에서는 최근에 토지 용도 변경 메커니즘과 규범 토지 용도 변경 방식을 추진하고 완비하여 농지를 용도 변경하여 샤자꺼우촌下駕溝村에 천 묘 규모의 농업 시범구, 시린즈촌西林子村에 종묘 시범구 600묘, 웨이링韋嶺에 3,000묘에 양질의 녹차 시범구, 2,000묘 규모의 황도黃桃 종묘 시범구를 건설하여 농업 구조 조정과 농업 산업화 경영을 촉진하였다. 이와 함께 쑤베이 지역의 인구도 점차 집중되었다. 그 추진력은 주로 도시 구역이 끊임없이 확대된 이후 토지가 수용된 농민의 집단적 배치와 앞에서 언급했던 캉쥐 시범촌 건설이었다. 예를 들어 쓰훙현泗洪縣에서는 2012년에 '3집중'을 총관으로 삼아 토지 집중 경영, 인구 집중 거주 및 프로젝트 집중 발전을 농업과 농촌 사업의 주제이자 주된 내용으로 계속해 나가는 것을 현재 새로운 농촌 건설의 중요한 수단으로 하여 향진鄕鎭 구역의 공간 발전을 힘차게 추진해 나갈 것을 제안하였다.

도농 발전 일체화가 도시와 농촌의 전체적 발전을 총관하고 도농 발전의 각 측면을 취급하고 있다고는 하지만 쑤난 지역의 도농 발전 일체화 추진의 경험은 '3집중'이 도농 발전 일체화를 실현하는 중요한 내용이자 수단이라는 것을 말해주고 있다. 쑤베이 지역의 현재 있는 '3집중'에 제도나 정책, 조치가 완비되어 있지는 못하지만 '3집중'의 길은 한창 형성되고 있는 중이다.

칼럼 5 쑤베이 전자상거래 소진電商小鎭의 신형 도시화

농촌의 전자상거래 발전은 새로운 도시화에 발맞추어 소도시를 중심으로 분포하는 식으로 도시화하는 방법이다. 샤지진沙集鎭은 쉬저우시 우이닝현睢寧縣에 자리잡고 있는데, 진鎭의 동남부에 있는 동펑촌東風村은 '중국 타오바오淘寶의 첫 번째 마을'이라는 명성을 듣고 있다. 2016년에 진 전체 17개 행정촌은 전부 타오바오촌淘寶村으로 인정받았다. 샤지진 도시 공간의 배치와 건설은 발전 추세에 발맞추고 있다. 적당히 낮은 자본으로 확장해가는 추세로 단기간의 발전 동력을 보장받고, 품질 향상을 통해 업그레이드하는 동시에 사람들의 요구에 더 많은 관심을 기울이고 좋은 인재라는 발전의 핵심 요소를 확고히 한다. 충분한 토지 공급으로 저자본 발전의 강력한 추세를 유지하고 '산업으로 도시를 발전'시킨다. 또한 여러 가지 복합 기능 공간으로 산업 전환형 업그레이드로 '도시가 산업 발전을 촉진'하며, 완비된 인프라와 공공 서비스 시설을 통한 현지 인재와 소비로 '사람을 근본으로' 하는 정책을 실현한다. '산업, 도시, 인간'의 이 융합되는 발전의 길을 걸어간다.

— 戴昳雯, 張曉婧, 〈農村電商小鎭的空間規劃創新—以徐州市沙集鎭爲例〉,
《城鄕建設》, 2017년 제7기

4 _ 도농 일체화의 효과 - 농촌 전체적 수준의 향상

장쑤의 도시화, 도농 발전 일체화 추진은 전체적으로 도농 공간 구조를 최적화하였고, 도시와 농촌의 자원과 요소가 더 잘 모일 수 있게 하였다. 또한 도농 경제 메커니즘이 지속적으로 최적화하고, 도시와 농촌 주민의 소득 수준도 뚜렷하게 향상되었다. 도농 일체화의 효과를 평가할 때 농촌의 전체 수준이 향상된 것이 가장 분명하게 드러나는 내용이다.

(1) 농민 생활 수준의 뚜렷한 향상

소득 향상과 부유한 생활은 농민들이 가장 관심을 가지는 내용이고, 도시화와 도농 일체화의 중요한 목적이기도 하다. 최근에 일련의 정책, 특히 '잘 사는 주민 모으기' 정책은 농촌 주민의 소득과 생활의 질 향상을 구체적으로 촉진시켰고, 주민들의 행복감은 증대되었다.

• **농촌 주민의 소득이 비교적 빠르게 향상되었고, 도시와 농촌의 소득 격차는 지속적으로 축소되었다**
'3농' 사업의 지속적 추진, 특히 잘 사는 주민의 소득 증대 '33조'가 점차 구체화되는 상황에서 성 전체 농촌 주민의 1인당 평균 가처분 소득은 빠르게 향상되었다. 2017년에 19,158위안, 2018년에 20,845위안으로, 전년도에 비해 평균 8.8% 성장하였다. 성장 속도는 각각 해당 년도 도시 주민의 0.2%와 0.6%에 비해 빨랐다. 2010년 이후 농촌 주민의 1인당 평균 가처분 소득 증가 속도는 도시 주민에 비해 지속적으로 높았고, 도시와 농촌 주민 소득 격차는 계속해서 줄어들었다. 2018년에 도시와 농촌 주민의 1인당 평균 가처분 소득은 각각 47,200위안과 20,800위안으로, 각각 8.2%와 8.8% 성장하였다. 농민들의 소득 증가폭은 9년 연속 도시 주민보다 높았다. 공산당 18차 전당대회 이후 도시와 농촌 주민 소득은 2.37 : 1에서 2.26 : 1로 줄어들었다. 소득 출처로 보면, 농촌 주민와 도시 주민의 차이가 가장 큰 것은 임금성 소득으로, 그 차이는 17,914위안이다. 배 이상 차이가 나는 것은 순재산 소득으로 도시 주민의 순재산 소득은 농촌 주민의 6.9배에 이르렀다.

- **물질적 생활 여건의 개선으로 농촌 생활의 질이 대폭 향상되었다**

주택 면에서 보자면, 2016년 말에 99.8% 농가가 자신의 집을 소유하고 있다. 2006년(제2차 농업 센서스)에 비해 1.5% 향상되었다. 그 가운데 2채 이상의 주택을 소유한 비율이 22.1%로 2006년에 비해 16.9% 높아졌다. 판매가 가능한 집의 소유 비율은 17.9%이다. 건축 자재도 업그레이드 되어 2016년 말에 농가 주택은 벽돌 구조가 68.8%로 2006년에 비해 9.1% 늘어났고, 철근 콘크리트 구조가 13.2%로, 2006년에 비해 9.6% 늘어났다. 음용수와 위생 시설 면에서 2016년말에 성 전체의 음용수는 정화 처리를 거친 수돗물 사용 농가가 93%로 2006년에 비해 16.8% 늘어났고, 수세식 화장실 사용이 58.4%에 달했다. 내구성 소비재 사용 면에서, 2016년말에 100가구당 자동차는 33.2대, 컬러 텔레비전 159.1대, 휴대전화 251.2대, 컴퓨터 53.2대로서 각각 2006년의 7.5배, 1.6배, 2.7배, 7.8배 늘어났다. 이 밖에도 100가구당 샤워기 88.7대, 에어컨 130.3대, 냉장고 105.1대를 소유하고 있었다. 생활 에너지 면에서 2016년 말에 농민들이 취사와 난방에 전력, 가스, 천연 가스, 액화 석유 가스 사용 비중이 늘어나서, 석탄과 땔감 의존도가 낮아졌고, 0.3%인 34,500가구가 태양 에너지를 주로 사용하였다.

(2) 농업 생산 경영 조건의 최적화

농업은 농촌의 기초 산업이다. 제3차 농업 센서스 결과에 따르면 장쑤 농업 생산 여건과 현대화 수준이 크게 향상되었고, 경영 주체와 경영 방식은 계속 혁신되었으며 발전 추세가 양호하다.

• 농업 생산 여건이 크게 개선되었고, 기계와 시설의 광범위한 이용

농업 기계 보유량 면에서 2016년 말에 성 전체에서 트랙터 147만 900대, 경운기 61,200대, 그레이더 478,800대, 파종기 11만 1,100대, 탈곡기 15만 5천대 등, 제2차 농업 센서스 당시에 비해서 대폭 상승하였다. 논이 관개 수리 면에서 성 전체의 457,1150헥타르 경지 면적 가운데 관개 경지 면적은 3,074,980헥타르로 67.3% 차지하며, 그 가운데 각종 관개 시설의 경지 면적은 331,650헥타르로 전체 경지 면적의 7.3%를 차지한다. 성 전체 온실 면적은 10,900 헥타르, 천막 면적은 109,700 헥타르, 어업 양식 면적은 390 헥타르에 이른다.

• 농업 신형 경영주체가 발전하고, 상품 교역 시장 면적이 높아졌다

경영 주체 면에서 2016년 말에 성 전체 20.8% 보통 농가와 32.7%의 규모 농가가 신형 농업 경영 조직에 참여하거나 공사화, 농민합작사, 전업 협회, 토지 위탁 관리 등 새로운 농업 경영 방식을 이용하였다. 67.3%의 보통 농가와 77.9%의 규모 농가 및 87.9%의 농업 경영 단위가 정책성이나 상업성 농업 보험을 갖고 있다. 성 전체 6.7%의 규모 농가와 66.7%의 농업 경영 단위가 민박, 차나 과일 따기, 낚시, 농사 체험 등의 신형 경영 활동을 벌였다. 농산품 생산 분야에서 성 전체의 23%의 규모 농가와 73.8%의 경영 단위가 시설 농업, 순환 농업 또는 공장화 생산 등의 모델을 실시하였다. 11.3%의 규모 농가와 66.5%의 경영 단위의 생산품이 무공해 농산품, 녹색 식품, 유기농 식품으로 인증받았다. 농산품 판매 분야에서, 성 전체의 1.9%의 규모 농가와 2.6%의 경영 단위가 전자 상거래를 통해 농산물을 판매하였고, 가구당 판매액은 각각 4,421,000위안과 1,599,000위안에 달했다. 시장 건설 분야에서 성 전체의 96.8%의 향진에 상품 교역 시장이 있고, 그 가운데 양곡과 기름, 채소, 과일을 위주로 하는 전문 시장, 육류를 위주로 하는 시장, 수산물을 위주로 하는 시장이 있는 향진이 각각 62.8%, 17%, 17.6%를 차지한다. 성 전체의 73.9% 마을이 50제곱미터 이상의 종합 상

점이나 슈퍼마켓이 있고, 4.1%의 마을에서는 관광 서비스를 전개하고 있으며 45.6%의 마을에 사업자등록증이 있는 숙박시설이 있다.

(3) 농촌 공공 서비스의 발전

제3차 농업 센서스에서 보여주듯이 장쑤성 농촌 지역의 인프라와 공공 서비스는 이미 높은 수준에 달하고 있고, 주민들의 보편적인 느낌은 도로가 넓어졌고, 의료는 편리해졌으며, 등교하기 좋아졌고, 환경은 더욱 좋아졌다는 것이다.

- 농촌 인프라가 비교적 완비되었다

농촌의 교통 분야에서 제3차 농업 센서스 보고에 따르면, 2016년 말에 향진 지역 범위 안에서 기차역이 있는 향진은 5.7%, 부두가 있는 곳은 20.9%, 고속도로 나들목이 있는 곳은 30.3%를 차지한다. 99.9%의 마을이 도로가 통해 있다. 에너지와 통신 분야에서 성 전체 100% 마을이 전기와 전화가 있고, 14.2%의 마을에 천연 가스가 들어가고, 99.3%의 마을에 인터넷이 통하며, 37.4%의 마을에 전자 상거래 배송 플랫폼이 있다. 환경 위생 분야에서 99.6%의 향진에서 집중 또는 부분 집중으로 물 공급이 이루어지고, 98.6%의 향진에서 생활 쓰레기가 집중 또는 부분 집중으로 처리된다. 98.9%의 마을에서 생활 쓰레기가 집중 또는 부분 집중으로 처리되고, 36.5%의 마을에서 생활 오수가 집중 또는 부분 집중으로 처리되고, 94.5%의 마을에서 화장실 개조가 완성 또는 부분 완성되었다.

- 문화 오락, 교육, 의료, 양로 등의 서비스가 올 커버되었다

문화 오락 분야에서 2016년 말에 성 전체의 99.6% 향진에 도서관, 문화관이 있고, 44.1%의 향진에 극장, 영화관이 있으며, 49.8%의 향진에 체육관이 있고, 89.6%의 향진에 공원과 헬스 광장이 있다. 79.3%의 마을에 체육관이 있다. 교육 분야에서 99.8%의 향진에 유치원과 탁아소가 있고, 99.5%의 향진에 초등학교가 있다. 36%의 마을에 유치원과 탁아소가 있

다. 의료 분야에서 99.9%의 향진에 의료 위생 기관이 있고, 99.9%의 향진에 의사가 있으며 98.2%의 향진에 사회복지 시설이 있고, 88.9%의 마을에 위생실이 있고, 79.3%의 마을에 의사가 있다. 양로 분야에서 93.5%의 향진에 향진급 정부가 만든 경로당이 있다. 이와 함께 장쑤는 도농 기본 공공 서비스 균등화, 양로보험, 의료보험, 최저 생활 보장 제도에 보다 신경을 써서 올 커버를 실현하였고, 집행 기준은 점차 높아지고 있다.

농촌의 전체적인 발전과 함께 장쑤의 농촌 지역에서는 살기에 적합한 환경과 역사 문물의 전승에 보다 신경을 쓰고 있고, 또 농민의 정신적 풍모 향상에 치중하고 있다. 사람 중심의 도시화는 주민들의 행복감과 성취감을 더 향상시키고 있다. 2018년까지 장쑤는 중국의 아름다운 휴양 마을 29개소를 함께 건설하였고, 특색 있는 전원 농촌 시범 지역 136개를 확정하였다. 휴양 농업 종합 소득은 연평균 증가폭이 20%를 상회한다.

5 _ 도농 발전 일체화로부터 도농 융합 발전으로

도농 융합 발전은 도농 발전 일체화의 고급 단계이다. 개혁 개방 이후로 장쑤의 도시화는 주목할 만한 성과를 거두었다. 하지만 동시에 우리가 분명하게 알아야 할 것은, 현재 장쑤의 도시화 건설이 여전이 여러 난제와 도전에 직면해 있다는 사실이다. 중국 공산당 19차 전당대회 보고에서는 온전한 도농 융합 발전 체제 메커니즘과 정책 시스템을 세워야 한다고 지적하였다. 2018년 9월 말 발표된 〈농촌 진흥 전략 계획(2018-2020년)〉에서 도농 융합은 중요한 계획 내용이 되었다. 금년 5월에 중앙에서는 〈온전한 도농 융합 발전 체제 메커니즘과 정책 시스템 건설에 관한 의견〉을 발표하여 새로운 시대의 도농 융합 발전의 노선도를 그려냈고, 타임 스케줄을 확립하여 장쑤의 도농 융합 발전에 전대미문의 기회를 제공하였다.

(1) 도농 융합 발전에 대한 인식과 전체적인 배치

- 도농 융합 발전은 도농 일체화의 고급 단계

도농 융합 발전은 국민 중심의 내재적 요구이고, 현재 도농 발전의 불균형 문제를 해결하는 필연적인 선택이다. 농민 입장에서 도시화 발전이 어느 정도냐에 관계 없이 농촌 인구가 결국 상당히 큰 규모가 될 수 있느냐 하는 것이다. 도농 관계 측면에서 보자면, 도시화는 도농 협조 발전의 과정이고, 도시와 농촌은 결국 서로 발전과 공생을 촉진할 수 있느냐 하는 것이다. 도농 융합 발전은 새로운 시대에 도농 발전의 불균형, 농촌의 불충분한 발전 등의 갈등을 해결할 수 있는 방법이다. 중국은 공업화, 도시화, 정보화, 농업 현대화 등 '4화化'를 함께 추진해 나가는 과정으로, '4화' 관계를 잘 처리하는 것, 특히 농공 관계와 도농 관계를 잘 처리하는 것이 현대화가 실현되느냐 여부를 어느 정도 결정할 것이다. 도농 융합 발전은 발전 공간을 넓혀 나가는 강력한 동력으로, 도농 융합 발전의 체제 메커니즘과 정책 시스템을 건립하는 것은 농촌 진흥을 실현하는 중요한 제도적 보장이다. 일반적으로 도농 융합 발전과 농촌 진흥 추진은 서로 맞물려 있어서 더 많은 개혁의 시너지를 낼 수 있을 것이라고 생각한다. 농촌 진흥은 절대로 농촌에 대해서만 말을 해서는 이루어질 수 없다. 반드시 도시 발전을 통해 농촌 발전을 꾀하고, 공업 발전으로 농촌 발전을 꾀한 방법으로 도농 융합 발전 과정에서 난제를 해결해 나가야 하는 것이다.

현재 중국의 경제 사회는 이미 새로운 단계로 발전하였다. 도시와 농촌 간의 관계는 날로 강화되고 있고, 도시와 농촌은 대립과 분리에서 고급 융합으로 나아가고 있다. 중국 공산당 19차 전당대회 보고는 온전한 도농 융합 발전의 체제 메커니즘과 정책 시스템을 명확히 제기하였다. 바로 우리 사회의 주요 모순이 "이미 국민들의 날로 늘어나는 행복한 생활에 대한 수요와 균형 잡히지 못하고 충분하지 못한 발전 사이의 갈등으로 변화되었다"는 판단에 기초하고 있다. 도농 관계의 불균형은 중국 최대의 불균형이고, 농촌 발전의 불충분함은 가장 커다란 불충분함으로 인식되고 있다. 중국은 여전히 사회주의 초급 단계에 오랜 기간 머물러 있다. 중국의 도농 이원 구조는 여전히 뚜렷한 것이다. 도농 발전의 불균형, 농촌 발전의 불충분 문제를 해결하는 것은 수많은 농민들의 날로 늘어나는 행복한 생활 수요를 끊임없이 만족시키는 것이다. 또한 도농 융합 발전과 농촌 진흥에 의존할 필요가 있는 문제이다. 중국 공산당 제19차 전당대회 보고에서 제기한 도농 융합 발전은 새로운 발전관으로서, 도시화와 도농 발전 일체화의 고급 단계이며, 도농 발전을 총괄하고 농업과 농촌 현대화를 실현하는 데 있어서 반드시 거쳐야 하는 길이다.

- 도농 융합 발전과 신형 도시화는 일맥상통한다

개혁 개방 이후, 특히 1980년대 말 이후 중국은 역사적으로 형성된 도시와 농촌 간의 격리는 각종 경제 사회의 갈등을 초래하였고, 도농 융합 사상은 점차 중시받게 되었다. 최근에 많은 학자들이 도농 융합의 개념과 내용에 대해 연구를 진행하였다. 하지만 도농 융합이 사회 경제, 생태 환경, 문화 생활, 공간 경관 등의 분야를 다루기 때문에 도농 융합에 대한 사람들의 이해는 각기 다르다. 그 가운데 한 가지 관점은 도농 융합이 도농 일체화라고 생각한다. 도시와 농촌이라는 서로 다른 특징을 지닌 경제 사회 단위와 인간의 집단 거주 공간이 서로 의존하는 구역 범위 안에서 융합 발전, 협조 공생을 꾀하는 과정에서 생산력 발전과 인구, 자금, 정보, 물질 등의 생산 요소가 도시와 농촌 사이에서 자유롭게 움직이고, 도시와 농촌의 경제, 사회, 문화가 서로 스며들고 융합되며 고도로 의존한다는 것이다. 또 다른 관점은 도농 융합 발전이 도시화, 도농 발전 일체화의 고급 단계라 여기는 것으로, 생산력이 일정 시기까지 발전한 역사적 산물이라는 것이다. 사회학과 인류학에서는 도농 관계 측면에서 출발하여 도농 융합이 상대적으로 발달한 도시와 상대적으로 뒤떨어진 농촌이 서로의 벽을 부수고 점차 생산 요소의 합리적인 흐름과 최적화 조합을 점차 실현하여 생산력이 도시와 농촌 사이에서 합리적으로 분포하고 도농 경제와 사회생활이 긴밀하게 결합하고 조화롭게 발전하여 점차 도농 간의 기본적 차이가 축소되고 소멸되어 도시와 농촌이 하나가 되도록 한다는 것이다.

경제학계에서는 경제 발전 법칙과 생산력의 합리적인 배치 각도에서 출발하여 도농 융합 발전이 현대 경제 가운데 농업과 공업의 연계가 날로 늘어나는 객관적인 요구라고 생각한다. 도농 경제의 통일된 배치, 도농 간의 경제 교류와 협력을 강화하는 것은 도농 생산력의 최적화된 분업, 합리적 배치, 조화로운 발전을 통해 가장 훌륭한 경제 수익을 얻는다는 것이다. 어떤 학자는 도농 공업의 협조 발전을 '도농 공업 융합'으로 부를 수 있다고 하였다. 기획학자는 공간의 각도에서 도농을 접합 부분에 대해 통일된 기획을 하여, 일정한 내재적인 관계가 있는 도시와 농촌의 물질과 정신 요소에 대해 체계적인 배치를 진행하였다. 생태와 환경학자들은 생태 환경 각도에서 도농 융합이 도시와 농촌의 생태 환경의 유기적인 결합과 자연 생태에 질서 있게 잘 소통되는 것이 도시와 농촌의 건강한 조화로운 발전을 촉진해 준다고 생각했다.

도농 융합 발전에 대한 관련한 외국 연구성과를 종합적으로 살펴보면 두 가지로 정리할 수 있다. 그 하나는 마르크스 레닌주의자들이 전략적인 차원에서 출발하여 미래 사회의 발전 상황과 법칙과 도시와 농촌이 미래에 반드시 융합의 길을 가야 한다는 과학적 예측을 한 것이다. 다른 하나는 그 밖의 서양 학자들이 도농 발전의 일체화 차원에서의 토론을 통해 이루어진 '도농 융합' '도시의 발전이 농촌 발전을 이끈다' '농촌 발전이 도시 발전을 촉진한다' 등의 세가지 서로 다른 발전 모델 이론이다. 전체적으로 봤을 때, 도농 융합과 관련한 외국 연구의 부족한 점은 주로 다음의 내용에서 표현된다. 첫째, 도시와 농촌의 분할을 연구의 전제 조건으로 하는 것이 많다는 것이다. 대부분의 이론은 개념과 추상적 이론 단계에 머물러 있고, 실증 연구가 비교적 적다는 것이다. 둘째, 산업혁명 초기의 서양 국가와 제3세계 국가를 연구 대상으로 한 것이 많다는 것이다. 그러다 보니 얻어진 결론이 중국에 적용될 수 있느냐 하는 것이고, 실천적 경험 연구를 기다려야 한다는 것이다.

- 도농 융합 발전을 추진하는 데 있어서 장쑤는 훌륭한 기초를 갖고 있다

당과 국가의 정책 방침에서 봤을 때, 21세기 이후로 중국은 도농 발전의 불균형 문제를 해결하기 시작했고, 도농 발전 정책은 도농 통일-도농 일체화-도농 융합으로 이어지는 발전 과정을 거쳤다. 2003년 10월, 중국 공산당 16기 3중전회에서는 도농 발전을 '다섯 가

지 총괄'의 첫 번째에 놓는 것을 제기하였다. 그 핵심은 도시와 농촌의 소득의 큰 소득 격차, 도농 간의 발전 불균형, 도농 주민의 공공 서비스 향유 불균등 문제를 해결해야 한다는 것이다. 정책은 정부의 행위에 보다 치중하였다. 정부가 자원 배치를 지도하라는 것이다. 2012년 11월, 중국 공산당 18차 전당대회의 보고는 '도농 발전의 일체화 추진'을 명확하게 제기하였다. 도시 발전으로 농촌 발전을 이끌고 도시와 농촌이 일체가 되는 신형 도농 관계를 형성하며, 정책 중심은 여전히 도시에 치중되어 있어 도시 발전으로 농촌 발전을 이끌어 나가야 한다는 것이다. 당의 19차 대회 보고에서 지적하기를, 온전한 도농 융합 발전 체제 메커니즘과 정책 시스템을 세우고 농업과 농촌 현대화 추진에 박차를 가해야 한다고 했다. 농촌을 도시와 동등한 지위를 갖는 유기적인 총체로 삼아 경제 사회 문화의 공존 공영을 실현하는 것은 중국의 도농 관계가 역사적인 변혁이 일어났다는 것과 도농 발전이 새로운 발전 단계에 들어섰다는 것을 나타내 주는 것이다. 도농 발전을 총괄하는 것으로부터 도농 발전의 일체화로, 다시 도농의 융합 발전에 이르기까지 본질적으로 일맥상통하는 것이다. 하지만 내용상 도농 발전의 불균형 문제를 중시하는 당 중앙의 중시 정도는 계속 높아졌고, 신형 도농 관계를 건설하고자 하는 생각도 계속 높아졌다.

장쑤의 농업과 농촌의 발전 기초는 비교적 양호해서 도농 융합 발전을 가속화하는 것은 농촌 진흥을 실현하고 고품질 발전을 추진하는 것에 대해 중요한 의미를 갖는다. 18대 당대회 이후 장쑤성은 현대 농업건설을 착실하게 추진하였고, 농촌의 민생을 지속적으로 개선하였으며, 농촌 개혁을 전체적으로 심화하여 농업과 농촌 발전은 커다란 성과를 거두었다. 이는 성 전체의 경제 사회 발전에 힘있는 버팀목을 제공해 주었고, 농촌 진흥전략을 실시하는 데 튼튼한 기초가 되었다. '12차 5개년 계획' 과정에서 장쑤는 도시화 확대 발전을 도농 일체화 발전 전략으로 삼았는데, 이는 도시화를 뛰어넘는 새로운 단계이다. 쑤저우를 중심으로 하는 쑤난 지역에서는 도농 기획, 산업 발전, 인프라, 공공 서비스, 취업 사회 보장, 사회 관리 등 '여섯 가지 일체화' 분야에서 일련의 탐색을 진행하였고, 훌륭한 효과를 얻었다. 장쑤의 도시화는 이미 공업으로 진의 발전을 촉진하고 도시 발전으로 농촌 발전을 이끄는 신형 도시화의 길을 걷고 있다. 또한 높은 수준의 도농 일체화를 실현하는 것이 도농 융합 발전을 추진하는 새로운 단계에 처해 있는데, 장쑤의 도시화, 공업화, 지능화, 국제화, 생태화 추진은 보다 높은 수준의 목표를 향해 매진해 나갈 것이다.

(2) 다섯 개 분야의 도농 융합 추진

도농 관계를 어떻게 다시 설정할 것인가 하는 것은 어려운 문제다. 도농 융합 추진에 있어서 그에 상응하는 온전한 체제 메커니즘을 세워야 하고, 농촌 진흥의 제도적 공급을 강화하여 도시와 농촌이 '네 가지 주고 받기'(자원, 시장, 보충, 서비스) 관계 형성을 이끌어야 한다. 이를 통해 도시와 농촌이 경제, 사회, 자원, 공간, 생태 등의 분야에서 발전을 촉진하고, 최종적으로 도시와 농촌에 각종 우수한 품질의 자원이 모이도록 하고, 농촌 경제가 발전하도록 하며 향토 문화가 번영하도록 하고, 거주 환경이 훌륭한 곳이 되도록 해야 하는 것이다.

- 경제 융합을 통해 발전 동력을 강화한다

도농 경제 융합은 도농 융합 발전의 핵심이자 관건이라고 여겨진다. 물론 도농 경제 융합을 추진하는 것은 단순하게 도시의 자산을 농촌 지역으로 옮기는 (사실 옮길 방법도 없다)것은 아니고, 정책적인 노력을 통해 농촌 경제 발전의 내생 동력을 강화하는 늘려주는 것이다. 정책적 측면에서는, 오랜 기간에 걸쳐 형성된 농촌을 푸대접하는 정책적 환경을 바꾸고 농촌 지역으로 기울어지는 부양 정책을 제정하는 것이다. 농촌 자체 발전의 측면에서는 농촌 공급자 측의 구조성 개혁 측면에서 노력을 기울일 필요가 있고, 생태, 인터넷 등을 이용하여 농업을 개발하는 다양한 기능에 주의를 기울이며 농업의 산업 전체 사슬의 연장을 위해 노력하고, 농업의 고부가치 창출에 노력한다. 농촌 자원의 장점과 특색 있는 농업을 발굴하고 일정 시간의 노력을 통해 지역적 특색과 브랜드 경쟁력을 갖춘 농촌 브랜드를 형성한다.

- 사회 융합을 통해 민생에 보탬이 된다

사회의 융합은 농촌 생활을 더욱 행복하게 하는 것을 둘러싼 이념에 주의해야 한다. 농촌의 사회 건설은 줄곧 농촌의 단점이었기 때문이다. 적재적소와 마을에 맞는 정책 추진에 신경을 쓰고 농촌의 기본 공공 서비스 향상을 추진하여 도농 기본 공공 서비스의 균등화를 실현해 나가야 한다. 여기에서 주목해야 하는 것은, 당대 농촌 가정의 구조 변화와 인구 변화의 추세를 이해하고, 농촌의 전체 배치에 적합한 기본 공공 서비스 목록과 건설 표준을 연구 제정하며, 농촌 교육, 양로, 취업, 사회 보장 등 기본 공공 서비스를 추진하는 것이다. 가장 중요한 것은 도농 간에 배치에 있어서 합리적인 공공 서비스 체계를 실현하는 것이다. 추진 과정에서 시책 분류, 점진적 개선, 유기적인 갱신 방식에 주의를 기울여야 하고, 농촌의 도로, 물, 전기, 통신, 오수와 쓰레기 처리 등 각 분야의 인프라 건설을 추진하여 많은 농민들이 현대 물질 문명을 함께 누릴 수 있도록 해야 한다.

- 자원의 융합을 통해 끊임없이 버팀목을 강화한다

현재 농촌의 자원 요소는 공평하고 합리적인 개발을 기대하고 있다. 이는 도시와 농촌 자원의 자유롭게 흐르는 통로를 완비할 필요를 말해준다. 도시와 농촌의 최적화된 자원을 총괄하고 종합하며 이용하는 것에 주의를 기울여야 하는 것이다. 여기에서는 먼저 자원 배치에 대한 시장이 결정적 역할에 주의를 기울여야 한다. 그리고 나서 자금과 인재, 기술 등 희소 자원이 농촌으로 내려가도록 장려해야 한다. 동시에 제도, 메커니즘, 정책과 보장 제도 투입, 투융자 메커니즘 혁신, 재정 우선 보장 정책, 금융 중점 정책 등을 통해 사회가 여러 투자 구조에 적극적으로 참여할 수 있도록 하고, 도농 융합 발전 과정에서의 자금 문제를 해결하도록 한다. 농촌 인재 양성과 도입 메커니즘 혁신에 주의를 기울여야 한다. 직업 농민을 양성하고, 가정 농장, 전업 대가구, 농민 합작사, 산업화 선두 기업 등 신형 주체들을 도우며 사회 각 계층이 농촌 건설에 투신하고 농촌의 내생 발전 동력을 불러일으키도록 해야 한다.

- 공간 융합을 통해 끊임없이 특색을 과시한다

도시와 농촌의 공간 구조를 조정하고 최적화하는 것은 도농 융합 발전의 중요한 측면이다. 현재 제도나 정책 차원에서 도시와 농촌 사이에는 여전히 심각한 벽이 존재하고 있다. 시와 현 진, 촌 등 각급 행정단위는 하나의 총체로서 기획을 진행하고 있고, 도시와 농촌 전역에서 공간 기획이 진행되고 있다. 도시와 농촌의 인프라, 서비스, 생태 환경 등의 여러 종류의 자원을 모아 위치가 분명하고 기능상 서로 보충이 되며, 협조로 이어지는 도농 공간 건설에 주의를 기울여야 한다. 중요 지점에 있는 공간, 공공의 공간, 건축과 경관의 치밀한 설계를 통해 농촌 특색의 모습을 형성하도록 이끌어야 한다. 특색을 보여주는 측면에서 학습과 본받는 것이 필요하다. 특히 농촌의 전통 공간과 전통 건축물을 보호해야 하고, 향토 문화 전통 전승과 농촌의 경관 보존에 주의를 기울여야 한다. 다른 사람의 설계 풍격을 그대로 베끼는 것을 절대 반대하고, 적극적으로 본토 설계 이념을 내세워서 사람이 사는 산수 전원의 풍광을 다시 만들어내야 한다.

- 생태 융합을 통해 환경을 끊임없이 아름답게 한다

현재 농촌과 도시에는 완전히 다른 두 가지 생태 환경과 생태 시스템이 형성되었다. 도농 융합 발전을 실현하는 데 있어서 생태 융합은 기초적인 보장이다. 여기에서는 철저하혜 도농의 생태, 환경을 나누는 경향을 완전히 바꾸어야 하고, 이전의 도시와 농촌의 계단식 오염에서 도시와 농촌의 생태 환경으로 상호 보완적인 전환을 촉진해야 한다. 물론 도농 생태 융합이 쉬운 일은 아니다. 하지만 점차 추진하는 것은 이념과 관련이 된다. 현재 주의를 기울여야 하는 것은 도시 확장의 경계를 획정하고, 대도시가 무한정 뻗어나가는 것을 억제하는 것이다. 아울러 생태 시스템과 녹색 장벽을 구축하여 도농 환경 보호의 통일된 표준을 실행해야 한다. 산과 물과 숲, 호수, 초원의 체계적인 관리를 총괄하고 농업 자원의 오염을 엄격하게 통제 및 관리하며, 농업 폐기물 양 감소와 자원화에 박차를 가하고 농촌 하천의 준설, 둑 정비를 실시하며, 마을 쓰레기와 오염수 등의 생활 오염 관리를 강화하고, 아름답고 조화로운 전원 경관을 만드는 데 노력해야 한다.

도농 발전의 불균등과 불충분함을 해결하는 하나의 방법으로서 도농 융합 발전은 단번에 이루어지는 것이 아니다. 도시와 농촌을 분리하여 관리하는 생각과 함께 경로 의존과 체제 속박을 버리고, 개혁과 혁신의 정신으로 농촌 건설과 발전을 추진해야 한다. 하지만 근본적으로 농촌 진흥 전략의 실시는 한편으로 농민의 적극적인 움직임에 의존하여 농촌 진흥을 농민의 자주적 결정, 자주적 관리 위에 세우고, 다른 한편으로 사회 전체의 자원을 움직여서 농촌 자원을 발굴하고 농촌 경제를 발전시켜야 한다. 그러자면 중국 정부 부처가 기존의 업무 발상과 방법을 바꿔야 한다. 그리고 아래로부터 위로 향하는 내생적 동력이 형성되도록 촉진하고, 근본적으로 넓은 농촌 지역의 발전과 진흥을 실현하여 더 많은 사람들(도시 주민과 농촌 주민 포함)을 농촌 문명의 가치와 사명을 새롭게 인식하게 하고, 신형 도시화가 향수에 젖는 도시화가 되게 하며, 현대화가 뿌리가 있는 현대화가 되도록 해야 한다.

06

주민의 공동부유 수준 향상

국민을 위하고, 국민에 의존하며, 국민이 함께 누리는 것이 중국 사회주의 현대화 건설의 근본 취지이자 최종 목적이다. 시진핑은 여러 차례에 걸쳐, '국민의 마음'을 견지하면서 국민의 마음에서 나오는 소리를 경청하며, 국민의 지혜를 받아들일 것을 언급하였다. 수많은 국민들의 근본 이익을 잘 실현하고, 잘 지켜내며 잘 발전시키는 것이 모든 사업의 출발점이자 입각점이며, 발전 성과를 더 많게, 더 공평하게 전체 국민들에게 돌아가도록 해야 한다는 것이다. 신중국 수립 이후로 중국 공산당의 지도 아래에서 장쑤 주민들은 주인이 되어 생산 재료 공유제의 근본적 제도를 확립하였고, 공동부유 실현을 위해 굳건한 보장을 제공하였다. 개혁 개방 이후로 혜택이 많은 국민들에게 미치는 것을 목표로 하여 장쑤는 '주민은 부유하게, 성은 강대하게' 전략을 앞장서서 제정하고 지속적으로 실시하면서 적극적으로 사회주의 시장 경제와 서로 어울리는 발전 성과를 탐색하였고, 국민이 함께 누리는 실현 메커니즘, 국민의 소득 수준의 대폭 상승을 통해 국민의 생활이 온포溫飽에서 전체적인 소강을 실현하는 역사를 뛰어넘어 전면적인 소강사회로 매진하고 있다.

1_ 주민 소득 증가 - 공동부유의 관건

공동부유는 사회주의의 본질적 요구이자 생산력과 생산관계의 집중적 표현으로서 두 가지 기본적인 의미를 담고 있다. 공동부유에서의 '부유'는 재산에 대한 국민들의 소유 총량을 반영하고, 사회 전체의 상대적 풍요로움을 가리킨다. 사회 구성원이 비교적 높은 소득 수준을 유지하면, 절대 빈곤에서 벗어나 부유한 생활을 하게 된다. 공동부유에서의 '공동'은 사회 전체 구성원이 재산에 대한 공동 소유를 반영하는 것으로, 국민 사이에서 적당한 소득 격차를 유지하면서 빈부가 확연히 다르거나 양극 분화 현상이 보이지 않는 것을 말한다. 두 가지 함의는 서로 보완적인 의미가 있어서 어느 하나라도 빠져서는 안 된다. 때문에 중국 공산당 19차 전당대회 보고에서는 2035년까지 "국민의 생활이 더 여유롭고, 중산층 비율이 뚜렷하게 높아지며 도농 구역의 발전 격차와 주민 생활의 수준 격차가 뚜렷하게 감소하며, 기본 공공 서비스 균등화가 기본적으로 실현되고, 전체 국민이 공동부유를 향해 굳건한 발걸음을 내디딜 수 있게 된다"고 언급하였다. 2050년에는 "국민 전체의 공동부유가 기본적으로 실현되어 중국 국민은 보다 행복하고 안락한 생활을 향유하게 된다"고 하였다. 두 분투 목표는 소득 수준의 향상, 격차 감소 등을 분명하게 구체화한 것이고, 나아가 공동부유의 근본적 요구를 실현한 것이다.

(1) 소득 수준과 공동부유

공동부유의 전체이자 기초는 물질적 재산의 끊임없는 증가이다. 그 실현 기초는 생산력의 향상, 즉 사회 경제의 끊임없는 발전이다. 덩샤오핑의 말이다. "사회주의를 말하려면 먼저 생산력을 발전시켜야 한다. 이것은 중요하다. 이렇게 되기만 하면 사회주의의 우월성을 나타낼 수 있다. 사회주의 경제 정책이 옳으냐 옳지 않느냐는 결국 생산력이 발전하느냐, 국민 소득이 증가하느냐 여부를 보아야 한다. 이것은 모든 것을 압도하는 표준이 된다." 국민 소득 수준의 향상 여부가 경제 정책의 성과를 점검하는 중요한 표준이고, 또 공동부유를 실현하는 물질적 기초임을 알 수 있다. 중국 공산당 18기 3중전회에서 보다 나은 보장과 민생 개선, 사회 공평주의 촉진, 소득 분배 제도 개혁, 공동부유 촉진을 단단히 둘러싸야 한다고 언급하였다. 2015년, 리커창李克强은 정부 사업 보고에서 다음과 같이 지적하였다. "민생 복지 증진을 목적으로 하고, 사회 사업 발전을 가속화하며, 소득 분배 제도를 개혁하며, 모든 방법으로 주민 소득을 증가시키며 사회 공평주의와 조화로운 발전을 촉진해야 한다." 시진핑의 말이다. "수많은 국민이 개혁 발전 성과를 함께 누리는 것은 사회주의의 본질적 요구이고, 우리 당이 전심전력으로 국민을 위해 봉사한다는 근본 취지가 중요하게 구체화된 것이다. 우리가 추구하는 발전은 국민들에게 복을 주는 발전이고, 우리가 추구하는 부유는 전체 국민의 공동부유이다." 소득 분배 제도의 개혁을 심화하고, 국민 소득 수준을 높이는 것은 국민의 생활 수준 향상과 국민 생활의 질 개선과 직접적으로 관계가 있고, 이렇게 해야만 비로소 날로 늘어나는 국민의 행복한 생활에 대한 요구를 계속 만족시킬 수 있고, 또 공동부유의 강력한 물질적 기초를 튼튼하게 실현할 수 있다고 말할 수 있다.

(2) 소득 격차와 공동부유

공동부유는 국민들이 쉬지 않고 추구하는 사회적 이상이다. 그것에 대한 요구 가운데 하나는 대부분 사람들이 일정한 재산을 가지고, 재산이 소수 사람들에게 집중되지 않는 것이다. 공동부유는 반드시 보편적 부유의 기초 위에서 차이가 있어야 한다. 따라서 공동부유 안에는 공평 분배와 사회적 공정을 담고 있다. 만약 발전 과정에서 빈부 차이와 양극화 상황이 나타나면 공동부유의 목표는 점차 멀어져 가고, 당의 취지와 사회주의의 본질적 요구를 어기게 된다. 이 때문에 중국 공산당 18차 전당대회 보고에서는 다음과 같이 언급하였다. "사회주의 기본 경제 제도와 분배 제도를 견지해야 하고, 국민 소득의 분배 구조를 조정해야 하며, 재분배 조절력을 극대화해야 하고, 소득 분배 차이가 비교적 큰 문제를 힘써 해결하여 발전 성과를 보다 많이 보다 공평하게 전체 국민에게 돌아가도록 하여 공동부유의 방향으로 착실히 전진해 나가야 한다." 하지만 공동부유는 국민들의 소득 차이를 부정하지는 않는다. 주어진 자원, 능력 수준의 다름과 이로부터 야기되는 시장 가격의 차이로 인해 사회 구성원 간에는 필연적으로 어느 정도의 소득 차이가 존재하게 된다. 이것은 사회 발전 과정에서의 객관적인 법칙이다. 또한 시장 메커니즘의 객관적 반영이기도 하다. 더 중요한 것은, 이런 소득 격차가 분배 영역에서 왜곡되지 않는 상황에서 많이 일하고 많은 소득을 올리는 것은 사회 구성원의 노동 적극성을 불러일으킬 수 있다는 것이다. 나아가 사회 생산력 향상을 촉진시킬 수 있다. 따라서 사회의 재산을 끊임없이 늘려나가 공동부유의 '총량' 목표를 점차 실현해 나가고 재산이 효과적으로 흘러넘쳐 대부분의 사회 구성원들이 그로부터 이익을 보고, 자신의 생활 수준을 계속 개선해 나가고 향상시켜 나가는 것은 중국의 70년에 걸친 발전 경험과 교훈에서 증명된 바가 있다. 개혁 개방 이전의 평균주의 '큰 솥밥'은 국민들의 적극성과 창조성을 심각하게 좌절시켰고, 생산력 발전을 방해하였다. 그 결과는 '공동 빈곤'이었다. 그런데 '많이 일해서 많이 얻고, 적게 일하면 적게 얻으며, 노동 능력이 있으면서 일하지 않는 자는 먹을 수 없다'는 시장 메커니즘이 들어오면서 노동자와 요소 수요자의 적극성과 창조성을 충분히 불러일으켰고, 생산력 발전과 사회 재산의 증가를 크게 촉진시켰다. 이는 많은 국민들의 근본 이익과 공동부유라는 목표를 실현을 보증해 주었다. 따라서 적당한 소득 격차는 공동부유 목표를 촉진할 수 있는 더 잘 실현할 수 있게 해준다고 할 수 있다.

　소득 수준을 대표로 하는 재산 총량의 증가가 한 사회가 공동부유를 실현하는 전제이자 기초이다. 하지만 이것이 공동부유의 실현을 의미하지는 않는다. 만약 사회 분배의 불공평함이 사회 재산이 소수의 사람들 손에 집중되는 결과를 낳는다면 대다수 사회 구성원의 생활 수준은 높지 않을 것이고, 공동부유의 목표도 실현되기 어려워진다. 따라서 공동부유는 '부유'와 '공동'이라는 두 가지 측면의 변증법적 통일이다. 그 가운데 어느 한 측면의 요구가 달성되지 못하면 공동부유를 실현했다고 말할 수 없다. 역사 경험이 증명하듯이, 국민 소득 수준을 함께 향상시켜 대부분의 사회 구성원이 부유해지고 진정으로 빈부 차이를 해소하고 국민 부유를 실현하며 고소득 계층과 저소득 계층의 비중이 비교적 작고, 중간 정도 소득자의 비중이 큰 올리브형 사회 구조가 형성되어야 최종적으로 공동부유 목표를 달성했다고 볼 수 있다.

2_대중들의 소득 수준을 확실하게 높이다

신중국 수립 이후, 특히 개혁 개방 이후 장쑤는 지속적인 개혁 혁신을 통해 제도 환경의 최적화를 촉진하였고, 주민들의 성취감, 행복감, 안전감을 계속해서 늘려왔으며, 생활 수준은 크게 향상되었고, 국민 복지는 계속 증진되었다. 1987년 장쑤성의 1인당 GDP는 1980년의 한 배라는 목표를 실현하였다. 이는 장쑤성이 빈곤에서 벗어나 온포 단계로 들어섰다는 것을 나타내 주는 것이다. 1994년 성 전체는 기본적으로 소강을 실현하였다. 1997년에 화이베이淮北 지역의 207만 빈곤 인구의 온포 문제 해결은 장쑤성이 가난한 현과 작별을 고하게 하였고, 아울러 20세기 말에 현을 단위로 하여 총체적인 소강을 실현하였다. 21세에 들어와서 장쑤의 전면적인 소강사회 건설의 발걸음은 점차 빨라졌다. 중국 공산당 18차 전당대회 이후 장쑤성은 시진핑의 국민 중심의 발전 사상을 전면적으로 관철하고, 개혁 발전의 성과가 보다 많이, 보다 공평하게 전체 국민에게 혜택이 미칠 수 있도록 추진하였다. 민생 보장망을 치밀하게 하는 것으로부터 빈곤 탈출 전투를 추진하는 것에 이르기까지, 취업 확대로부터 교육, 의료, 양로 등의 분야 개혁에 이르기까지, 일련의 실재적인 국민 혜택 정책은 장쑤 주민들의 성취감을 뚜렷하게 늘려주었다.

(1) 고용과 수입 증대의 주요 채널을 원활히 열어 도시와 농촌 주민의 임금성 수입이 끊임없이 상승하게 하다

고용은 민생의 근본이다. 장쑤성은 시종 고용 확대를 중대하면서도 어려운 임무로 여기고, 적극적인 고용 정책을 장기적으로 실시하였다. 신중국 수립 이후에 장쑤성의 각급 정부는 고용 소개, 전직 훈련, 공사를 벌여 실업자 구제, 생산 자구책 조직 등의 정책 조치를 취하

여 성 전체가 1957년에 해방 전에 남겨진 실업 문제를 기본적으로 해결하였다. 개혁 개방 이후 장쑤성은 당 중앙과 국무원이 새로운 상황에서 고용과 창업에 관한 일련의 정책 결정 조치를 전면적으로 관철하였다. 아울러 충분한 고용 촉진을 민생을 보장하고 개선하는 가장 우선시되는 일로 여기면서 경제 사회 발전의 우선 목표로서 노동 고용 제도가 일괄적으로 관리하는 제도에서 시장화로 향하는 적극적인 변화를 실현하였다. 더욱이 공산당 18차 전당대회 이후 장쑤성은 도시와 농촌의 고용, 취업으로 이어지는 창업, 중점 집단 구제, 고용 기능의 향상, 고용 실업 모니터링, 인력 자원 서비스업 발전과 공공 일자리 서비스 강화의 기반인 '7대 행동 계획'을 총괄을 추진하고, 대학 졸업생 등 중점 집단의 고용을 힘껏 보장하며, 고용의 씨줄과 날줄을 촘촘하게 하고, 취업 마지노선을 튼튼히 하며 경제 사회 발전과 도시와 농촌의 각 집단을 아우르며 국민의 요구에 충족하는 고용 서비스 시스템을 기본적으로 건립해 나갔다. 이에 고용 총량은 지속적으로 향상되었고, 경제 성장의 신동력을 이끌어냈다. 수치가 보여주듯이 1978년에서 2018년까지, 성 전체의 고용 인구는 2,777만 7,200명에서 4,750만 9천 명으로 증가하였다. 고용 규모는 지속적으로 확대되었고, 3차 산업 고용 인구 구성은 69.7 : 19.6 : 10.7에서 16.1 : 42.8 : 41.1로 조정되었다. 3대 산업의 고용 비중 순서는 '1, 2, 3'의 발전 모델에서 '2, 3, 1'의 현대 모델로 업그레이드되었고, 고용 구조는 보다 합리적이 되었다. 정규직을 없애고 철밥통을 깨뜨리면서 노동 계약 제도를 실행하여 고용하는 직장의 고용 자주권과 노동자의 직업 선택권을 확대하였고, 노동력의 합리적인 흐름을 촉진하였으며, 노동 시장의 활력을 불러일으키고 고용의 융통성과 직업 선택의 주동성이 점차 강화되었다. 도시 직장의 고용 인력의 연평균 임금은 1978년의 615위안에서 2017년의 74,318위안으로 늘어났고, 물가 요소를 빼면 실제로는 16.7배 증가하여 연평균 실제 성장은 7.65%에 달했다. 도시 주민 1인당 평균 임금성 소득은 1990년의 1,183위안에서 2017년의 26,298위안으로 향상되었고, 물가 지수를 빼면 연평균 8.58 % 증가하였다. 도시 주민 1인당 평균 가처분 소득 가운데 차지하는 비중은 60.28%로서, 도시 주민 소득 증가분에 대한 기여분은 60%이다. 농촌 주민 1인당 임금성 소득은 1990년의 301위안에서 2017년의 9,513위안으로 증가하였고, 물가 지수를 빼고 연 평균 9.28% 성장하였다.

농촌 주민 1인당 평균 가처분 소득 가운데 차지하는 비중은 49.66%이고, 농민의 소득 증가분에 대한 기여분은 50.5%이다.

장쑤성 도시와 농촌 주민의 임금성 소득의 역사 변천 (단위 : 위안, %)

연도	도시 주민			농촌 주민		
	임금성 소득	비중	기여분	임금성 소득	비중	기여분
1990	1,183	80.81	-	301	34.25	-
1995	3,543	76.46	74.15	822	33.46	33.12
2000	4,561	67.08	47.22	1,663	46.26	73.90
2005	7,760	62.99	58.68	2,786	52.81	66.81
2006	8,776	62.31	57.56	3,076	52.92	54.00
2007	9,981	60.94	52.48	3,476	52.98	53.48
2008	11,406	61.06	61.93	3,896	52.96	52.83
2009	12,317	59.93	50.04	4,239	52.96	52.93
2010	13,535	58.99	50.97	4,896	53.70	58.98
2011	16,150	61.31	76.36	5,747	53.19	50.44
2012	17,889	60.28	51.89	6,474	53.06	52.04
2013	19,780	60.79	67.11	7,272	53.48	57.16
2014	20,721	60.33	57.70	7,169	47.93	-24.7
2015	22,460	60.42	61.8	8,015	49.30	68.8
2016	24,214	60.31	58.2	8,732	49.60	54.1
2017	26,298	60.28	60.0	9,513	49.66	50.5

자료 출처 : 해당연도 『장쑤성 통계연감』

1953년 장쑤성의 농촌 인구는 3,419만 명으로 총인구의 85.2%를 차지했다. 개혁 개방 이후 인구 밀도가 높은 특징과 향진 기업들이 새롭게 생겨남에 따라 농촌 노동력이 도시와 비농 산업으로 빠른 속도로 이동하였다. 2017년 장쑤성의 농촌 인구 비중은 31.2%로 줄어들었다. 1953년에 비해서 54%p 내려간 것이다. 장쑤성 제2차 농업 센서스 수치에서 보면, 농촌 상주 노동력 자원 총량은 3,060만 4천 명으로, 그 가운데 농촌 호적으로 외지에 나가 일하는 인력이 967만 5천 명으로, 1995-2011년 장쑤성의 농촌 인구는 41.4% 줄어들었다. 이것에 비해서 장쑤성 비농업 노동력 비중은 계속 상승하여 2010년에 이미 77.7%에 달했다. 1978년에 비해 40%p가 높아진 것이다. 2000년과 비교하여 2010년 말이 되면 성 전체 농촌의 노동 인구 이동 숫자는 3,694만 3,900명에 달하여 1,167만 2,100명 증가하였다. 농촌 노동력 고용 구조의 비농화는 농촌 주민의 임금성 소득 수준의 빠른 상승을 촉진하였고, 농민 소득 증가의 중요한 원천이 되었다. 수치가 보여주듯이, 1인당 임금성 소득은 농민 1인당 순소득 가운데 차지하는 비중이 1990년의 34.05%에서 2017년의 49.66%를 차지하여 15.61%p 상승하였다. 1990-2017년 임금성 소득이 농민 소득 증가의 공헌율이 17.38%p 향상되었다. 임금성 소득이 이미 농민 소득의 주요 구성 요소이자 농민 소득 증대의 중요한 동력원이 되었다고 할 수 있다.

(2) 적극적으로 대중의 수입 증가 수단을 늘리고 도시와 농촌 주민의 소득 구조를 끊임없이 최적화하다

장쑤성의 창업을 통한 고용 추진, 전 주민 창업행동 실시, 창업을 위한 장쑤성의 일련의 활동 추진 등은 계속해서 사회 전체의 혁신적인 창업 활력을 불러일으켰다. 직업 교육과 재직자 훈련 등의 분야에 재정 투입을 강화하고 직업 기능 훈련을 광범위하게 전개하며, 직업 기능 향상 행동 계획을 실시하고, 평생직업 훈련 제도를 세우며, 노동자 특히 농촌 노동력의 자질과 직업 이동 능력을 향상시키고 있다. 집단 무료 직업훈련을 전국에서 처음으로 시작하였고, 2017년에 무료 직업훈련을 받은 사람이 182,800명으로, 기업 근로자 기능 향상 교육 147만 4,700명, 도시와 농촌 노동자 고용 기능 훈련 64만 4,800명, 창업 훈련 31만 7,800명이고, 231,500명의 신세대 농민공이 맞춤형 교육과 승진, 직장 이동 훈련을 받았다. 아울러 이로부터 성 전체 창업 활력의 상승을 가져왔다. 통계에 따르면, 2016년에 도시와 농촌 노동자의 자주 창업자 22만 8,200명을 도왔는데, 2017년에는 29만 1천 명을 도와 성공

적으로 창업할 수 있게 도왔고, 이와 함께 122만 9,300명의 고용을 창출하였다. 그 가운데 대학생 창업이 37,600명이고, 농촌 노동력 창업자 93,900명을 도와주었다. 2018년 3분기까지 도시와 농촌 노동자가 도움을 받아 성공적으로 창업한 사람은 21만 8,200명으로 누계에서 87만 5,400명 고용을 창출하였다. 창업이 창출하는 도시에서 새로 늘어나는 고용 인원 비율은 50% 이상에 달했고, 점차 고용성장을 이끄는 가장 강한 동력이 되었다. 아울러 장쑤성 도시와 농촌 주민의 경영성 소득 향상을 촉진하였다. 그 중에서 도시 주민 1인당 경영성 소득은 1990년의 9위안에서 2017년의 4,656위안으로 상승하였다. 물가 지수를 감안하면 연평균 실제 성장은 20.68%에 달했다. 각 항목의 소득 가운데 가장 빠른 속도를 유지하고 있다. 도시 주민 1인당 가처분 소득 가운데 차지하는 비중이 1990년의 0.63%에서 2017년의 10.67%를 차지했다. 농촌 주민의 1인당 경영성 소득은 1990년의 557위안에서 2017년의 5,620위안으로 늘어났고, 물가 지수를 감안하면 연평균은 실제로 4.76% 증가하였다.

칼럼 1 장쑤성 고용정책의 '업그레이드판'을 만들자

장쑤성이 '대중 창업, 만인 혁신'을 힘있게 추진하고 창업정책의 '업그레이드판'을 만드는 데 힘을 쏟고 있다. 훈련에 치중하는 시장 경제 이념은 자립과 모험 및 창업 정신을 격려하여 '혁신을 격려하고, 실패를 널리 용서하는' 훌륭한 혁신 창업 분위기를 만들어, 착실한 정책으로 혁신 창업자를 격려하고, 풍부한 자원으로 혁신 창업자들을 응원하며, 세심한 서비스로 혁신 창업자들에게 힘을 보탠다. 새로운 상황에서 고용과 창업. 농민공 등이 고향으로 돌아와 창업하는 것을 도와주는 등의 114조 정책과 혁신 조치를 발표하였다.

정부가 창업을 격려하고 사회가 창업을 지원하며, 노동자가 용기있게 창업하는 새로운 메커니즘을 강화하는 것을 둘러싸고 전체 주민 창업행동 계획을 제정하여 대학생과 농민, 연구원, 도시 실업자, 귀국 유학생, 전업자와 제대 군인 등 '6대 집단'을 모아 창업 정책 전개, 창업 능력 향상, 창업 대상 건설, 창업 서비스 최적화, 창업 분위기 조성을 추진함으로써 사회 전체의 창업 활력을 불러일으키고, 창업의 대중화와 발전형, 전체 분야로의 변화를 추진한다. 대학의 창업 보육 센터, 농업 시범원, 전자 상거래 창업원, 농촌 관광 자원 기지 등 각종 자원을 충분히 활용하여 성 전체에서 2,716개 특색을 갖춘 창업 대상이 세워져서 도시와 농촌 노동자들에게 창업 보육, 창업 훈련 등의 서비스를 제공하여 입주 기업 누계는 189,500곳에 달했다. 부화 성공률은 50%에 달했다. 창업형 도시 건설을 심화하여 난징 등 6개 시는 국무원으로 '전국 창업 선진 도시'라는 평가를 받았고, 모든 시현은 성급 창업형 도시 표준에 이르렀다. 브랜드화를 두드러지게 하고 관련 활동을 전개하며 장쑤성 대학생 '10대 창업 차례'와 '10대 창업 프로젝트'를 표창하였다. 18차 전당대회 이후 장쑤성이 도움을 준 성공적인 창업인 숫자와 고용된 사람의 숫자는 연평균 각각 24%와 19%에 이르렀다. 2017년에 장쑤성은 국무원으로부터 고용과 창업 관련 사업에서 선진 지구로 뽑혔다는 통보를 받았다.

장쑤성 도시와 농촌 주민의 경영성 소득의 역사적 변천 (단위 : 위안, %)

연도	도시 주민			농촌 주민		
	경영 수입	비중	공헌분 액수	경영 수입	비중	공헌분 액수
1990	9	0.63	-	557	63.01	-
1995	39	0.85	0.97	1544	62.84	62.75
2000	319	4.69	12.82	1771	49.26	19.95
2005	951	7.72	10.91	2125	40.28	31.52
2006	1163	8.26	12.05	2300	39.57	32.59
2007	1409	8.60	10.72	2552	38.90	33.69
2008	1851	9.91	19.29	2813	38.23	32.70
2009	1954	9.51	6.04	2939	36.72	19.60
2010	2301	10.03	14.47	3215	35.26	24.78
2011	2753	10.45	13.16	3781	34.99	33.55
2012	3122	10.52	11.15	4180	34.26	28.63
2013	3303	10.15	5.48	4521	33.25	24.36
2014	4063	11.83	14.20	5030	33.63	38.60
2015	4134	11.12	0.1	5046	31.04	-5.6
2016	4411	10.99	8.5	5283	30.01	14.1
2017	4656	10.67	6.0	5620	29.34	20.0

자료 출처 : 해당 연도 《장쑤성 통계연감》

개혁 개방 이후 개인의 재산권이 합법적으로 인정을 받은 상황에서 주민의 재산 투자와 증식을 격려하는 것이 중국 시장화 개혁의 중요한 내용이다. 이런 정책의 배경 하에서 장쑤의 도시와 농촌 주민의 투자 채널이 계속 넓어졌고, 주민의 투자에 대한 생각도 계속 새로워졌다. 주택 제도 개혁의 실시는 부동산 가격의 지속적인 상승을 촉진하였고, 장쑤성 도시 주민의 재산성 소득은 그 속도가 매우 빨라졌다. 수치가 보여주듯이 도시 주민의 1인당 평균 재산성 소득은 1990년의 20위안에서 2017년의 4,625위안으로 상승하였고, 물가 지수를 감안하면 연평균 실제 성장 속도는 17.14%에 이른다. 도시 주민의 1인당 가처분 소득에서 차지하는 비중은 1990년의 1.4%에서 2017년의 10.6%에 이른다. 도시 주민의 1인당 가처분 소득 증대의 공헌율은 1995년의 1.41%에서 2017년의 14.5%로 늘어났다. 농촌 주민들은 집단 자산의 수익, 토지 수용 보상 및 주택 임대 등으로 농민의 1인당 재산성 소득 증가세는 매우 강해서 농민 1인당 순소득 가운데 차지하는 비중이 매년 높아지고 있다. 농촌 주민 1인단 재산성 소득은 1990년의 4위안에서 2017년의 680위안으로 증가하였고, 물가 지수를 감안하면 연평균 실제 16.31% 증가하였다. 각 항목의 수입 가운데 증가 속도가 가장 빠르다. 도시 주민 1인당 평균 가처분 소득 가운데 차지하는 비중은 1990년의 0.45%에서 2017년의 3.55%로 향상되었다. 농민 소득 증가의 기여분에 대해서 9.4%p 상승하였다. 경험이 말해주듯이, 주민 소득 구성 가운데 재산성 소득의 비율은 한 나라의 공민이 부유한 정도를 평가하는 중요한 지표가 된다. 자료에서 나타나듯이 구미 중진국 국민들의 재산성 소득이 가처분 소득에서 차지하는 비중이 약 40%에 달한다. 그런데 2017년 장쑤성의 재산성 소득은 도시와 농촌 주민 수입 구성에서 차지하는 비율은 각각 106%와 3.55%에 달한다. 또 재산성 소득의 안정성, 보편성은 강하지 않다. 장쑤성 주민의 재산성 소득은 여전히 갈 길이 멀다고 할 수 있다.

장쑤성 도시와 농촌 주민 재산성 소득의 역사적 변천 (단위 : 위안, %)

연도	도시 주민			농촌 주민		
	경영 수입	비중	공헌분 액수	경영 수입	비중	공헌분 액수
1990	20	1.40	-	4	0.45	-
1995	65	1.41	1.41	26	1.06	1.40
2000	87	1.28	1.01	48	1.34	1.93
2005	222	1.80	2.36	150	2.85	28.93
2006	239	1.70	1.00	179	3.08	5.33
2007	373	2.28	5.83	217	3.31	5.08
2008	284	1.52	-3.87	254	3.45	4.59
2009	349	1.70	3.21	326	4.07	11.19
2010	431	1.88	3.41	399	4.38	6.55
2011	606	2.30	5.08	477	4.41	4.56
2012	629	2012	0.65	563	4.61	6.16
2013	706	2.17	2.83	646	4.75	6.02
2014	3373	9.82	7.75	473	3.16	-32.6
2015	3682	9.91	11.2	545	3.35	11.1
2016	4151	10.34	18.2	606	3.44	8.7
2017	4625	10.60	14.5	680	3.55	10.8

자료 출처 : 해당 연도 《장쑤성 통계연감》

    장쑤성 각급 정부는 민생 사업을 매우 중시하면서 민생 분야의 투입력을 강화하였고, 사회 보장 체계를 차츰 완비해 가면서 공적 기금, 양로 기금, 퇴직 기금 표준은 계속 향상되어 도시와 농촌의 사회 보장 일체화 제도를 세워나가고 완비해 나갔다. 이를 통해 도시와 농촌 주민의 이전성 소득의 빠른 성장이 촉진되었다. 수치가 보여주듯이 2017년 말에 기업 퇴직자들의 기본 양로금, 도시와 농촌 주민의 양로보험 기초 양로금 최저 표준, 실업 보험금 수준은 각각 2013년에 비해 50.7%, 78.6%, 65.7% 향상되었다. 성 전체 주민의 기본 의료 보험 1인당 평균 재정 보조 기준이 470 위안 이상이었고, 2012년에 비해 95.8% 향상되었다. 도시 근로자들과 도시·농민 의료보험 정책 범위 내에서 입원 의료비의 청구 비율이 각각 85%와 70% 내외로 안정되었다.

장쑤성 도시 농촌 주민의 사회보험 체계가 점차 완비되었다. 1980년대에 장쑤성은 노동 계약제 근로자 기본 연금보험 및 정규직 근로자 퇴직금으로 사회적 총괄을 주요 모델로 하는 기업 근로자 양로보험 제도 개혁을 앞장 서서 탐색하였다. 국가 차원에서 기업 근로자의 연금 보험 제도 개혁을 통일적으로 추진하기 위해서 귀중한 경험을 제공하였다. 1990년대부터 사회 통합과 개인 계좌의 결합 요구에 따라 장쑤성은 기업 근로자의 기본 연금보험 제도를 점차적으로 통일시키고 다듬어 나갔다. 2009년에 장쑤성은 신형 농촌 연금보험 프로젝트를 전면적으로 전개하였다. 아울러 2010년 말에 농촌의 해당 연령 주민 참여 보험과 노인들의 기초 양로금 지급을 기본적으로 실현하였다. 2013년에 장쑤성은 신형 농촌 연금보험과 도시 주민의 연금보험 제도를 합쳐서, 성 전체에서 통일되고 공평한 도시 농촌 주민 사회 연금보험 제도를 세웠다. 2018년 3분기까지 성 전체 기업의 근로자의 기본 연금보험 가입자 수는 2,896만 3,300명에 달하고, 그 가운데 재직 근로자 보험 가입자 수는 2,141만 3,300명에 이르며, 퇴직자 수는 755만명에 달한다. 장쑤 의료 보장 제도는 비약적 발전을 이루었고, 장쑤 특색의 여러 차원의 커버 범위가 넓은 전 주민 의료 보장 체계가 초보적으로 형성되었다. 2007년에 장쑤성은 도시 주민 기본 의료보험 제도를 발표하여 도시 근로자 의료보험 제도가 커버하는 범위 밖의 도시 주민(아동과 중고등학생 포함)을 도시 주민의 의료보험에 받아들여 의료보험 제도가 모든 집단과 사람에 대해 커버할 수 있도록 하였다. 2016년에 장쑤성은 중국 내에서 앞장 서서 신형 농촌 연금보험과 도시 주민의 의료보험 제도를 합하여 통일된 도시 농촌 주민 기본 의료보험 제도를 만들었다. 전체 주민 의료보험 가입을 실현하는 기초 위에 장쑤성은 의료 보장 발전 선도구를 만들었다. 2017년에 장쑤성은 전국 각 성과 다른 지역 의료비 직접 결제를 앞장 서서 실현하였다. 2018년에 난통, 쉬저우, 옌청은 프로젝트 도시로서 상하이와 다른 지역 의료비 직접 결제를 실현하였다. 2018년 10월까지 성 전체의 기본 의료보험 가입자 수는 7,711만 2,500명에 달하고, 가입률은 97.5%에 달한다. 각 항목의 재분배 제도가 잘 이루어짐에 따라 장쑤성의 도시 농촌 주민의 이전성 소득 수준은 향상되었다. 그 가운데 도시 주민의 1인당 평균 이전성 소득은 1990년의 251위안에서 2017년의 8,043위안으로 상승하였고, 물가 지수를 감안하면 연평균 실세 증가 속도는 8.87%에 달한다.

농촌 주민에 대해서는, 2002년 이후 장쑤성 각급 정부에서는 농업세와 농특산세를 취소하는 기초 위에서 농사짓는 농민에 대해 직접 보조금, 우량종 보조금, 농기구 구매 보조금, 농업 생산 자료 종합 보조금을 지급하였다. 농업 지원 정책과 농촌 사회 보장 제도의 계속적인 완비 정책으로 농촌 주민들이 얻게 되는 이전성 소득은 빠르게 늘어났다. 수치가 보여주듯이, 농촌 주민의 1인당 평균 이전성 소득은 1990년의 4위안에서 2017년의 680위안으로 늘어났고, 물가 지수를 감안하면, 연평균 실제 증가 속도는 15.83%에 이른다. 농촌 주민의 1인당 평균 가처분 소득에서 차지하는 비중은 1990년의 0.45%에서 2017년의 3.55%로 상승하였고, 농촌 주민의 1인당 평균 가처분 소득 증가의 기여분은 1995년의 1.4%에서 2017년의 10.8%로 향상되었다.

장쑤성 도시 농촌 주민의 이전성 소득의 역사적 변천 (단위 : 위안, %)

연도	도시 주민			농촌 주민		
	경영 수입	비중	공헌분 액수	경영 수입	비중	공헌분 액수
1990	251	17.17	-	22	2.49	-
1995	986	21.28	23.48	65	2.65	2.73
2000	1833	26.96	38.97	113	3.14	4.22
2005	3386	27.49	28.05	215	4.08	99.61
2006	3905	27.73	29.41	259	4.46	8.19
2007	4615	28.18	31.00	316	4.82	7.62
2008	5137	27.50	22.64	396	5.38	10.06
2009	5931	28.86	40.69	501	6.26	16.20
2010	6677	29.10	31.13	608	6.67	9.61
2011	6833	25.94	5.39	801	7.41	11.44
2012	8037	27.08	36.32	983	8.06	13.10

2013	8749	26.89	24.57	1159	8.52	12.54
2014	6189	18.02	20.28	2286	15.28	103.7
2015	6897	18.55	26.9	2651	16.31	30.8
2016	7376	18.37	15.1	2985	16.95	26.9
2017	8043	18.44	19.4	3345	17.46	24.5

자료 출처 : 해당 연도 《장쑤성 통계연감》

각 항목의 주민에게 혜택을 주는 정책의 실시로 장쑤성 주민의 소득구조에 최적화가 촉진되었다. 그 가운데 농촌 주민의 수입 출처는 단일한 가정 경영 소득에서 가정 경영, 임금, 이전성 소득으로 다변화 되었고, 뚜렷한 다원화 발전 추세와 비농업 생산이 주도하는 구조가 뚜렷해졌다. 농촌 주민의 소득 구조로 볼 때, 비농업 소득은 농민 소득에서 차지하는 비중이 계속 상승하고 있다. 또 가정 경영 소득은 점차 주된 지위를 잃고 있다. 1990년에서 2017년까지 장쑤성 농민의 1인당 평균 가정 소득이 농민 소득증대에 대한 기여분은 42%p 떨어졌고, 농민 1인당 평균 소득에서의 비중은 1990년의 63.01%에서 2017년의 29.34%로, 33.7%p 떨어져서 기본적으로 주된 지위를 상실하였다. 이에 비해 농민의 1인당 평균 임금성 소득은 농민 1인당 순소득에서의 비중이 15.6% 향상되었다. 1995년에서 2017년까지의 농민의 소득 증가에 대한 기여분은 15%p 향상되었다. 임금성 소득이 이미 농민 소득의 주요 구성 요소이자 농민 소득 증가의 중요한 동력원이 되었다고 할 수 있다.

도시 주민에 대해서 보자면, 경제 체제의 개혁은 도시 주민의 소득구조에 변화를 가져왔다. 임금성 소득 비중이 낮아지고, 가정 경영성 소득과 재산성 소득이 빠르게 늘어나는 특징이 보인다. 그 중에서 임금성 소득은 도시 주민의 소득 구조에서의 비중이 1990년의 80.81%에서 2017년의 60.28%로 내려 앉아 20.6%p 줄어들었다. 도시 주민 소득 증가에 대한 기여분은 근 15%p 내려앉았다. 임금성 소득과 비교해서 1인당 평균 경영성 소득이 도시 주민 소득에서 차지하는 비중은 빠르게 상승하였고, 1990년에서 2017년까지 10%p 상승하였다 도시 주민 소득 증대에 대한 기여분은 5%p 상승하였다. 재산성 소득 비중은 1990년에서

2017년 사이에 9%p 상승하였고, 도시 주민 소득 증대에 대한 기여분은 13%p 향상되었다.

(3) 여러 조치를 함께 시행하여 도시와 농촌 주민의 소득 수준을 확실히 높이다

개혁 개방 이후 평균주의적 '큰 솥밥' 제도 혁파와 '앞선 부유가 공동부유를 이끈다'는 개인 소득 분배 제도의 확립은 효과적으로 생산 경영에서 격려가 불충분했던 문제를 해결하였다. 장쑤 주민들의 고용과 창업의 적극성은 크게 자극을 얻었고, 농촌 지역에서는 많은 전업 농가들이 나타났으며, 도시 지역에서는 관리와 경영에 능한 사람들이 쏟아져 나왔다. 주민들의 노동 생산성은 크게 향상되었고, 이로부터 도시 농촌 주민의 소득 수준이 빠르게 향상되었다. 2017년에 장쑤 농민 1인당 평균 순소득은 19158 위안으로, 1954년의 88위안에 비해 27.01배 증가하였고, 연평균 실제 증가 속도는 5.4%에 달한다. 도시 주민의 1인당 평균 가처분 소득은 1951년의 99.6위안에서 2017년의 43,622 위안으로, 실제 48.64배 증가하였고, 연평균 6.1% 늘어났다.

개혁 개방 이후 장쑤성 주민의 소득 증가 상황 (단위 : 위안, %)

연도	도시 주민 인당 평균 가처분 소득		농어촌 주민 인당 평균 가처분 소득	
	절대수	실제 증가	절대수	실제 증가
1978	288	-	155	-
1980	433	-	218	-
1985	766	11.6	493	0.5
1990	1464	3.2	884	6.3
1995	4634	5.5	2457	9.5
2000	6800	4.0	3595	3.5
2001	7375	8.3	3785	4.0
2002	8178	12.7	3996	5.9
2003	9263	12.3	4239	5.2
2004	10482	9.1	4754	7.2

2005	12319	15.2	5276	8.4
2006	14084	12.5	5813	8.4
2007	16378	11.7	6561	7.7
2008	18680	8.5	7357	6.2
2009	20552	10.5	8004	9.4
2010	22944	7.8	9118	9.2
2011	26341	9.2	10805	11.9
2012	29677	9.9	12202	10.1
2013	32538	7.1	13598	8.7
2014	34346	8.7	14958	10.6
2015	37173	6.41	16257	7.06
2016	40152	5.54	17606	6.51
2017	43622	6.70	19158	7.22

자료 출처 : 해당 연도《장쑤성 통계연감》

도시지역을 보자면, 개혁 개방 이후에 장쑤성은 혼합 소유제 경제를 적극적으로 발전시켜 혼합 소유제 경제하에서 직원들의 지분 소유를 허락하고, 노동에 따른 분배에서 생산 재료의 소유, 지분 소유, 지식 재산권의 소유, 관리 능력 등 여러 형식으로 분배에 참여하게 함으로써 노동, 자본, 기술, 관리 등 생산 요소를 공로에 따라 분배에 참여하게 하는 제도를 확립하였다. 국유 기업은 권한을 놓고 이익을 양도하는 개혁을 진행하여, 기업 내부자의 분배 결정권을 강화하고, 연봉제와 스톡옵션, 인센티브 등을 채택하며, 상여금, 직책수당, 보너스 등의 여러 분배 제도를 실시하여 국가와 기의 이윤 나누기, 도급제에서 현대 기업 제도 건립으로의 변화를 완성하였다. 비공유제 경제의 인정에 따라 개체, 개인 운영, 외자, 혼합 경제가 장쑤성에서 급속하게 생겨났다. 이 일련의 제도 혁신은 도시 주민의 생산 적극성을 크게 자극하였다.

장쑤성 도시 주민의 1인당 평균 가처분 소득은 1978년의 288위안에서 2017년의 43,622 위안으로 향상되었고, 물가 요소를 감안하면, 연평균 실제 8.18% 증가하였다. 서로 다른 발전 단계에서 보자면, 1978년에서 1983년 사이에 도시 경제 개혁이 상대적으로 뒤처졌기 때문에 도시 경제는 활력이 없었고, 도시 주민의 1인당 평균 소득 증가 속도는 비교적 느렸다. 1981년에서 1983년 사이의 연평균 성장 속도는 3.4%에 불과했다. 이후 기업 도급제와 개체 개인 운영 경제의 발전에 따라 경영성 소득의 증가는 도시 주민 소득의 대폭 향상을 촉진하였다. 1984년의 626위안에서 1992년의 910위안으로 증가하였고, 물가 요소를 감안하면, 연평균 7.46% 증가하였다. 그 중에서 1984년에서 1986년까지의 증가 속도는 14.7%에 달했다. 1993년 이후에 도시 발전의 과도한 확장으로 인한 경제 과열을 억제하기 위해 중국은 긴축성 거시 조정 정책이 실시하기 시작했다. 이는 도시 주민의 소득 증가를 늦추었다. 1992년의 21.1%에서 1997년의 9.7%로 하강하였다. 1998년에서 2003년까지 확장성 거시 정책의 실시는 도시 경제의 신속한 발전을 가져왔고, 도시의 고용을 촉진하였으며, 도시 주민의 소득을 1997년의 5,765위안에서 2003년의 9,263위안에 이르게 했고, 연평균 증가 속도는 8.65%에 달했다. 최근에 주민 소득을 배로 늘린다는 계획이 실시되고 개별 개인 경제를 지원하는 정책이 완비되어 감에 따라 장쑤성 도시 주민의 소득 수준은 계속 상승하였다. 2005년의 12,319위안에서 2017년의 43,622위안으로 높아졌고, 연평균 실제 증가 속도는 8.22%에 달한다.

농촌 지역을 보면, 개혁 개방 이후 장쑤성은 전면적으로 가정 도급 경영을 기초로 하여 일괄적으로 결합한 이중 경영 체제를 실행하였다. 농산물 유통 체제 개혁을 펼치고, 향진 기업을 우선 발전시키며, 비교적 빨리 농촌 세제 개혁을 실시하였다. 아울러 도농 일체화 발전을 적극 추진하였고, 주체와 요소, 시장을 살아나게 하고, 농업과 농촌 발전에 방해가 되는 장애물을 없앴다. 또한 농촌 생산력을 크게 해방시키고, 장쑤 농민 소득의 급속한 증가를 이끌었다. 농민들의 1인당 평균 소득은 1978년의 155위안에서 2017년의 19,158위안으로 증가했고, 물가 요소를 감안한 연평균 실제 성장률은 8.06%에 달하여, 파동 속에서 고도 성장을 실현하였으며, 주로 다음의 네 단계를 거쳤다.

제1단계(1978년~1984년) : 통상적 증가를 뛰어넘은 농민 소득의 증가 단계

가정 도급제의 시행과 평균주의 '큰 솥밥'의 타파에 힘입어 장쑤성 농촌 경제는 급속하게 발전할 수 있었다. 농민 소득은 크게 증가하여 7년 동안 소득은 1.9배 증가하였고, 연평균 소득 증가율은 19.3%에 달했다. 1984년에 많은 농민들은 이미 빈곤에서 벗어났고, 온포 생활로 접어들었다. 이 기간에 농민 소득의 향상은 주로 가정 경영 소득의 향상 때문이었고, 수입 총액에서 차지하는 비중은 20%에서 60%로 상승하였다.

제2단계(1985년~1996년) : 농민 소득이 상대적으로 느린 속도로 증가하는 단계

이 단계에서 농민 소득 증가는 저조기에 빠진다. 어느 정도 불리한 투자 정책과 농공업 가격비교 정책의 영향으로 말미암은 것이다. 1991년의 전례없는 홍수는 심각한 타격을 주었다. 물가 요인을 감안하면 장쑤 농민들의 실제 소득은 마이너스 성장이었다. 하지만 1985년-1988년 사이의 상품 경제 사조는 활발히 움직이기 시작했고, 농촌 산업 구조는 적시에 조정이 진행되었으며, 향진 기업들이 새롭게 생겨났고, 비농업 생산과 여러 가지 경영 방식이 빠르게 발전하면서 임금성 소득의 증가를 이끌었다. 이 시기 장쑤 농민들이 향진 기업에서 벌어들인 소득은 연평균 27.6% 증가하여 동시기 평균보다 높았다. 하지만 1990년-1991년에 되자 물가를 억제하는 긴축 정책의 영향으로 향진 기업의 발전 속도는 갑자기 하강하였고, 농민의 비농업 소득도 그에 따라 빠르게 줄어들었다. 1992년 덩샤오핑의 남순강화와 공산당 14차 전당대회에서 제기된 사회주의 시장 경제 체제는 장쑤 농민들을 향해 빠르게 소득을 증가시키는 호각소리를 울렸다. 시장 경제 체제의 점진적 심화에 따라 농촌 경제구조는 최적화되었고, 농산물 가격이 풀리고, 시장 판로로 넓어지면서 농업 생산성은 크게 향상되었고, 1차 산업에서 오는 가정의 경영 소득은 눈에 띄에 늘어났다. 수많은 농촌의 잉여 노동력은 고용 관념을 바꾸어 2차 3차 산업에 적극적으로 뛰어들었고, 임금성 소득과 비농업 경영 소득의 증가를 촉진하였다. 1992년에서 1996년 사이에 농민 소득은 회복 성장의 모습을 보였다. 1992년에 성장 속도는 두 자릿수(10.3%)를 넘었고, 1996년에 성장 속도는 12.6%에 달하여 연평균 성장 속도가 23.3%에 달했다.

(물가 지수 감안하지 않음) 1996년에 장쑤 농민의 1인당 평균 소득은 3,029위안에 달했다.

제3단계(1997년~2003년) : 농민 소득이 헤매면서 성장하는 시기

통화 긴축으로 농산물에 구조적 과잉이 나타났고, 거기에 내수 부족이 더해져서 농산물 가격이 지속적으로 하락하였고, 농업 생산은 늘어났지만 수확은 늘리지 않았다. 농민 소득 성장률은 20% 이상에서 5% 안팎으로 빠르게 떨어졌고, 비교적 낮은 수준에서 계속 맴돌았다. 전체적인 소득 성장률이 비교적 낮기는 했지만 그 가운데 임금성 소득은 기본적으로 완만하게 상승하는 모습을 보였고, 차지하는 비중도 점차 높아졌다. 아울러 2001년에는 가정 경영 소득이 농민의 가장 주요한 소득 원천이 되었다. 2003년에 그 비중은 50%를 돌파하였다. (51.6%)

제4단계(2004년부터 지금까지) : 농민 소득 성장의 회복기

농민 소득의 완만한 성장 문제에 대해 2004년 이후로 국가에서는 여러 개의 '1호' 문건을 내려보냈다. 농민 소득 증대의 중요하고도 어려운 문제를 해결하는 데 중점을 두어, 농민 고용 채널 확대, 농업세와 농산물 특산세 폐지 등을 통해 농민의 소득 증대에 좋은 환경과 여건을 마련해 주었다. 장쑤성은 진지하게 문건의 정신을 관철하여 '많이 주고, 적게 받고, 일을 시키자'는 방침을 견지하면서 농업세를 줄이는 동시에 양곡 직접 보조, 우량종 보조금, 농기구 구매 보조금을 전면적으로 추진하였고, 향진 기업의 발전과 농촌 잉여 노동력의 이전을 적극적으로 추진하였다. 앞에서 서술한 우대 정책과 농산물 가격의 회복성 상승이 더해지면서 농민 소득은 제 궤도에 접어들었다. 2005년에 2010년 사이에 농민 1인당 순소득은 명목상 11.6% 성장하였고, 물가 지수를 감안하여 연평균 8.2% 성장하였다. 12차 5개년 계획 시기에 접어들어 주민 소득을 배로 하자는 계획이 실시되고 각 항목의 농촌 우대 정책이 강화되면서 농민 소득 수준은 비교적 빠르게 향상되었다. 2010년에서 2017년까지 장쑤성 농민 소득수준은 실제 성장 속도가 8.43%에 달하여 8년 연속 도시 주민을 넘어섰다.

칼럼 2 장쑤 농민 소득 증대의 '가감승제법'

공산당 18차 전당대회 이후 장쑤성은 농민 소득 배가 행동, 소득 증대 '33조', 농민의 지속적인 소득 증대 행동 계획 등 일련의 정책적 조치들을 연이어 발표하여 농민의 소득 증대를 '삼농' 발전의 가장 단단한 성과와 가장 직접적인 구현을 검증하는 것으로 삼았다. 농민 소득증대의 '가감승제법'을 잘 하는 것이다.

더하기 : 구조 전환 방식으로, 현대 농업의 생산성 향상 속도를 높인다.

빼기 : 빈곤과 부담을 줄이고, 자본을 절감하여 효과를 높인다. 농업의 빈곤구제에 있어서 새로운 노선과 메커니즘을 탐색한다.

곱하기 : 과학 기술로 무장한 농업, 산업 융합으로 농업 단지와 신형 농업 경영 주체가 시범 역할을 충분히 발휘한다.

나누기 : 농촌 토지의 '삼권 분치' 개혁, 농촌의 집단 재산권 제도 개혁, 농촌 금융개혁을 전면적으로 심화하고 농민 소득 증대에 영향을 미치는 제약과 속박을 없앤다.

농사로 농촌을 부유하게 만들고 산업으로 주민들을 부유하게 만든다. 2017년에 장쑤성은 12개 성 중점 현의 자원 여건과 농업 생산을 결합하고, 현지 당 위원회, 정부의 도움으로 농업의 선두 기업 등의 사회 자본, 농업 산업화 항목과 선진 기술 도움을 받아 농업 산업 구조 조정과 농산물 현재 가공 전환을 촉진하여 특색과 우위를 지닌 농업 산업을 육성하는 데 박차를 가하고 각 성이 중점 지원 현 모두 농업 산업화 프로젝트와 '한 마을, 한 제품, 한 가게'의 특색 마을, 한 두 개 농업 특색 마을을 건설하도록 하였다. 2017년에 성 중점 현의 농업 산업 주민 부유 특별 항목 자금 1억 200만 위안을 내려보냈는데, 각 현마다 850만 위안을 기준으로 현 발전의 75개 관련 프로젝트 발전, 사회 자본 9,700만 위안을 지원하였고, 프로젝트 투자 총액은 1억 9,900만 위안에 달했다. 2018년 8월말까지 75개 프로젝트 가운데 63개가 이미 완공되었고, 2,000만 가구의 저소득 농가와 40여 개의 경제 취약촌의 소득 증가를 유발하였다.

고품질 발전 추진은 농촌의 전면적인 진흥을 촉진하였다. 2018년 성 위원회 1호 문건은 '농민 소득 만 위안으로 늘리기 공정'을 농촌 진흥 전략 10항 중점 공정 가운데 하나로 하여, 앞으로 5년 동안 산업, 고용, 창업, 개혁에 의한 주민 부유를 통해 농민 소득 성장의 효과적인 메커니즘을 가속화하고, 장쑤의 특색이 있는 농민 소득 증가의 길을 걸어나가며, 장쑤의 '신향토 시대'를 열어나갈 것을 명확히 하였다. 2022년에 성 전체 농촌의 주민들은 1인당 평균 가처분 소득이 2017년에 비해 만 위안이 증가할 것이다.

3 _ 주민 소득의 격차 축소

1992년 초에 덩샤오핑은 남순강화에서 다음과 같이 말했다. "사회주의의 본질은 생산력을 해방하고, 생산력을 발전시키며, 착취를 없애고, 양극화를 없애 최종적으로 공동부유에 도달하는 것이다." 먼저 부유해짐으로 공동부유를 이끌어내는 소득 분배 제도는 도시와 농촌 주민의 소득 향상을 촉진하는 동시에 주민 간, 지역 간, 그리고 업종 간 소득 격차의 확대를 가져왔다. 시진핑은 <전면적인 개혁 심화에 있어서 몇가지 문제 결정에 대한 중공 중앙의 설명>에서 "중국 국민의 소득 분배 차이는 여전히 크다"고 지적하였다. 소득 격차를 만드는 여러 가지 요소 가운데 개인의 자질, 지식과 기능 등으로 야기되는 소득 격차는 개방과 역동적인 사회 구조 형성에 도움을 준다. 아울러 이로써 사회의 양호한 발전을 촉진한다. 하지만 체제 메커니즘 등의 요소가 야기하는 기회와 권리의 불평등은 소득 격차를 직접 만들어낼 뿐만 아니라 2차 분배를 통해 소득 격차를 더 확대시킨다. 때문에 개혁 개방의 실천 과정에서, 특히 공산당 18차 전당대회 이후로 장쑤성은 시종 주민 부유 우선의 방향을 견지하면서 도농 일체화 및 지역 협조 발전 전략을 힘차게 추진하였고, 불합리한 소득 격차 축소에 힘을 쏟았다. 도시와 농촌, 지역이 함께 부유해지는 길로 굳건하게 걸어갔고, 국민들이 공동부유의 목표를 향해 끊임없이 전진하도록 이끌었다. 각 항목의 주민 우대 정책 실시는 장쑤 주민 간 소득격차가 억제 추세로 들어서게 하였고, 축소되는 방향으로 발전하는 추세가 나타나고 있다.

(1) 도농 발전의 일체화 추진으로 도시와 농촌의 소득 격차가 축소되는 추세를 보인다

개혁 개방 이후 건국 초기에 농업이 큰 비중을 차지했던 장쑤성은 자신의 지리적인 장점과 자원 여건의 도움으로 자신만의 특색이 있는, 공업으로 농업을 발전시키고, 도시를 발전시켜 농촌을 발전시키며, 도시와 농촌이 함께 발전하는 길을 걸어갔다. 전국에서 앞장서서 성급 도시와 농촌 소강사회 건설 4대 부류, 18개 항목의 지표 체계를 제정하여, 주민들의 성취감이 크게 상승하였고, 도농 일체화 발전 태세는 전국에서 앞서 달렸다. 1960년대 중반에 장쑤성 제1차 도시 사업 회의에서 "공업이 농업을 돕고, 도시가 농촌을 도와 장쑤성의 도시와 농촌 경제 번영을 촉진한다"는 요구를 명확히 제기하였고 초보적으로 도농 일체의 발전 구조를 형성하였다. 1980년대 초에 개최된 제2차 도시 사업 회의에서 "대도시와 중도시를 중심으로 하고 소도시를 연결고리로 하며, 드넓은 농촌을 기반으로 하여 도시와 농촌 경제, 과학 기술, 문화네트워크를 발전시키는" 도농 발전 아이디어를 제기하였다. 1990년대 초에 장쑤성은 경제 글로벌화의 발전 기회를 붙잡고 각종 개발구 발전을 통해 국유 기업 개혁과 민영 경제 발전을 가속화하여 성 전체의 도시 농촌 발전에 내부에서 외부에 이르는 중대한 변화를 실현하였다. 공산당 16기 5중전회에서 '사회주의 신농촌 건설' 발전의 아이디어가 제기된 이후 '공업화로 농민을 부유하게 하고, 도시화로 농촌 발전을 이끌어내며, 산업화로 농업을 향상시키는' 것에 따라 장쑤는 경제 사회 발전, 노동력 고용, 사회 보장, 공공 서비스 관리 등 분야에서 도시와 농촌을 나누는 울타리를 걷어내기 위한 노력을 기울였다. 아울러 '선진 생산 요소가 농촌으로 흘러들어가고 인프라가 농촌으로 뻗어나가며, 공공 서비스가 농촌을 커버하고, 현대 문명이 농촌에게 전파되는' 도농 발전 구조를 초보적으로 형성하였고, 도농 일체화 수준은 전방위적으로 상승하게 되었다. 공산당 17기 3중전회 이후로 장쑤성은 농민 전업 합작 조직, 농업 적합 규모 경영, 현대 고효율 농업, 농업 특색 산업기지 등 '4위 일체' 건설을 전체적으로 추진하였다. 합작사 총 개수는 전국 2등, 합작사 구성원 수와 출자액은 전국 1등을 차지하였다. 농민에게 오랜 기간 토지 경영권을 부여하고, '법에 의거, 자원, 유상' 원칙을 견지하면서 농민이 도급 이전, 세를 놓고 바꾸며, 양도, 지분 합작 등의 형식으로 토지 경영권이 움직일 수 있도록 하여 여러 가지 형식의 적합한 규모 경영을 발전시켰다. 그 중에서 쑤저우시는 농촌 전업 경제, 토지 지분, 지역 자산 등 3대 합작 추진을 통해 '도급 경영권 지분 교환권'과 '사회 보장, 농민 택지 주택 교환'을 실현하여 농촌 자원을 합친 후에 새로 늘어나는 토지 수익을 농민 소유로 하거나 농민이 사용할 수 있도록 하여 많은 농민들이 공평하고 합리적으로 경제 발전의 성과를 나누어 누릴 수 있도록 하였다. 현재 쑤저우는 이미 교육, 의료, 사회 보장 등 기본 공공 서비스의 도시와 농촌 균등화를 기본적으로 실현하였다.

현재 장쑤성에서는 농업으로 공업 발전을 촉진하고, 공업으로 농업을 건설하는 양호한 메커니즘이 이미 형성되었다. 자본 요소가 도시와 농촌 간에서 자유롭게 흘러다님에 따라 장쑤의 현대 농업체계는 이미 싹을 보이고 있다. 그 가운데 쑤난 지역의 현대 농업은 이미 비교적 성숙하게 자라났다. 현대 농업 발전 체계의 구축은 토지 경영자의 노동 생산성 향상을 통해 가능하고, 소득 수준의 향상을 촉진한다. 토지가 유출된 농가는 토지 도급 등의 방식을 통해 가정의 재산성 소득을 향상시킬 수 있다. 다른 측면에서 도농 일체화 수준의 향상은 농촌 노동력의 자유로운 흐름을 촉진하여 더 많은 농촌 인구가 농업에서 비농업 산업으로, 농촌에서 도시로 방향을 전환하여 농민의 비농업 임금성 소득을 향상시킬 수 있다. 이 밖에 도농 인프라와 기본 공공 서비스의 일체화는 농촌 주민의 이전 소득 향상을 촉진한다. 따라서 도농 일체화 전략의 실시는 현대화의 성과를 보다 많이 대중들에게 나눠줄 수 있고, 공동부유 실현을 촉진한다.

이상에서 나타났듯이 도농 일체화 전략의 실시는 농민 소득 수준의 향상을 촉진할 수 있고, 도농 주민 소득 격차 축소 목적에 도달할 수 있다. 그림 1을 통해 알 수 있듯이 장쑤성은 도농 주민 소득 격차가 비교적 적은 성이다. 개혁 개방으로부터 지금까지 장쑤성 도시와 농촌 주민의 소득 격차는 처음부터 끝까지 전국 평균 수준과 광둥성보다 낮았다. 또 1978년부터 2003년까지의 기간동안 장쑤성은 전국 평균 수준과의 차이가 점차 확대되었고, 2005년 이후에 둘의 차이는 축소되는 양상을 보이고 있다. 장쑤성과 광둥성의 차이는 2004년 이전에 계속 커졌고, 그 후에는 완만하게 감소하는 추세를 보이고 있다. 이는 장쑤성의 도농 일체화 추진력이 비교적 크고 도농 일체화 수준이 비교적 높은 필연적 결과이다.

발전 추세로 보아 장쑤성 도시와 농촌 소득 격차는 현재 변동하는 가운데 끊임없이 축소되는 모습을 보이고 있다. 1978년에서 1985년 사이에 농촌 가정에서 생산 도급제가 실시된 것은 농민들의 생산 적극성을 불러일으켰다. 그리고 같은 시기 도시 경제 개혁은 상대적으로 뒤처져 있었다. 도시 경제는 활력이 부족했고, 주민 1인당 소득 성장 속도는 비교적 느렸다. 때문에 도시와 농촌 주민 간의 소득 격차는 계속해서 축소되었다. 도시와 농촌 소득 비율은 1978년의 1.86 : 1에서 1985년의 1.55 : 1로 떨어졌다. 이후 농업 자기 축적과 자기 발전에 불리한 투입정책과 공업·농업 비교 가격정책 실행으로 말미암아, 게다가 향진 기업에 대해 지원에서 긴축으로 방향을 바꾸는 바람에 농촌 주민의 소득 증가는 느려졌다. 또 같은 기간에 기업 도급제와 개별 개인 운영 경제의 발전이 도시 주민의 소득 수준 향상을 크게 촉진하여, 도시와 농촌의 소득 격차는 더 커졌다. 도시와 농촌의 소득은 1985년의 1.55 : 1에서 1992년의 2.02 : 1로 커졌다. 1993년 이후 긴축성 거시 조

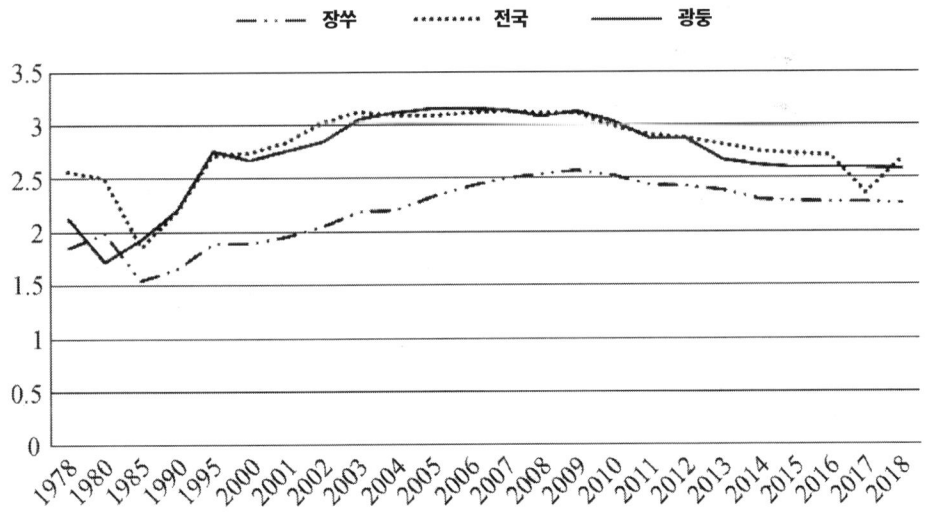

개혁 개방 이후 장쑤성 도시와 농촌 소득 격차의 변화

정 정책의 실시로 도시 주민의 소득 증가 속도는 떨어졌다. 그리고 같은 시기에 중앙 정부가 농산물 구매 가격을 올리는 정책을 실시하였고, 또 향진 기업와 농촌 3차 산업의 발전으로 농민 소득은 빠르게 성장하여 도시와 농촌 주민 간의 소득 격차는 계속해서 줄어들었다. 도시와 농촌의 소득은 1992년의 2.16 : 1에서 1997년의 1.76 : 1로 줄어들었다. 이후 확장성 거시 정책의 실시로 도시 경제는 빠른 속도로 발전하였고, 아울러 도시 고용을 촉진하였다. 같은 시기에 농촌 지역에서는 양곡 생산이 여러해 지속적으로 풍작을 거두었고, 게다가 향진 기업의 발전은 정체되어 농민 1인당 순소득은 나아지지 않았다. 도시와 농촌 소득 격차는 커지는 추세를 보였다. 도시와 농촌 소득은 1997년의 1.76 : 1에서 2003년의 2.18 : 1로 커졌다. 2004년 이후 각급 정부가 농업세 감면과 농사짓는 농민들에 대해 직접 보조금을 주는 등의 정책을 실시하였다. 하지만 도시 주민의 소득 성장 속도는 농민 소득의 성장 속도보다 훨씬 빨랐다. 그 격차는 매년 커져서 2004년의 2.05 : 1에서 2010년의 2.52 : 1로 커졌다. 2010년 이후 소득 한 배 성장 계획을 지속적으로 추진함에 따라, 그리고 농민 지원정책이 강화됨에 따라 도시와 농촌 주민의 소득 격차는 매년 낮아지는 추세를 보였다. 2010년의 2.52 : 1에서 2018년의 2.26 : 1로 낮아졌다.

(2) 지역 조화 발전의 전략을 실시하여 지역 소득 격차가 점차 줄어들다

역사 조건, 지리적인 위치, 경제 기초 등의 여러 요인의 제약을 받아 쟝쑤성 남북 가에서 차이가 비교적 크다. 아울러 쑤난, 쑤중, 쑤베이 주민 간에는 비교적 소득 격차를 초래하였다. 경제학 이론에서는, 적당한 발전 격차는 경제 사회의 빠른 발전에 유리하다고 한다. 하지만 비교적 커다란 지역 발전의 격차는 결국 경제 사회 전체의 지속가능한 발전에 영향을 미친다고도 한다. 따라서 쟝쑤성에서는 쑤난과 쑤중, 쑤베이의 불균형 발전 문제를 예의 중시하면서 지역의 조화로운 발전을 성 전체 경제 사회 발전의 중요한 목표 가운데 하나로 잡아 지역의 고른 발전 전략 실시, 즉 인프라 건설과 남북을 아우르는 협력, 빈곤 구제, '해상 쑤둥蘇東'과 '쉬화이徐淮 연결 경제 벨트' 등이 건설을 통해 쑤중과 쑤베이 발전에 힘을 보태

고 공동부유의 길을 함께 걸을 수 있도록 하였다.

2001년에 장쑤성에서는 쑤베이 진흥 계획을 실시하였다. '쑤베이 발전에 박차를 가하고, 지역의 공동 발전을 실시할 것'을 제기하였다. 장쑤성은 또 2003년에 강 연안 개발 전략을 제기하였는데, 이는 향진 기업의 새로운 출현과 외향형 경제 발전을 장려한 뒤에 내놓는 또 하나의 중대한 전략 조치였다. 장쑤성은 1990년대 중반에 '해상 쑤동' 건설과 해양 경제 발전의 전략 구상을 제기하였다. 2009년 6월 국무원에서는 장쑤의 연해 발전을 국가 전략으로 정식으로 포함시켰다. 공산당 18차 전당대회 이후 장쑤성은 적재적소, 분류 지도, 각각의 장점 전개, 상호 보충 등의 조치를 통해 쑤난의 발빠른 업그레이드 지원에 힘을 보탰고, 전면적인 소강사회 건설과 여섯 가지 항목의 중요한 공정을 벌이는 쑤베이에 힘을 보태며, 쑤중의 융합 발전과 특색있는 발전을 적극 추진하였다. 연해 개발 '6대 행동' 계획을 심도 있게 실시하여 전통적인 남중북 3대 지역을 3+1 지역 발전구조로 변화시켰다. 나아가 3+1 발전구조를 1+3 기능 지역 배치로 변화시켜, 장쑤 발전 판도를 새롭게 세워나갔다. 지역의 협력 발전 전략 실시로 장쑤 지역의 경제 성장 속도와 질은 향상되어 오랜 기간 장쑤 발전에 있어서 늪에 빠져 있던 쑤중과 쑤베이 지역의 최근 경제 발전 지표는 그 증가폭이 성 전체와 쑤난의 평균 수준을 뛰어넘어 '남쪽은 빠르고 북쪽은 느린' 상황이 '남쪽은 상승하고 북쪽은 빠른' 상황으로 변했고, 지역간 함께 전진, 경쟁 속의 발전이라는 양호한 구조가 초보적으로 형성되었다. 지역의 조화로운 발전을 추진하는 과정에서 장쑤성은 주민 부유 우선 방향을 시종일관 견지하였다. 자연 여건과 발전 단계에 근거하여 지역의 기능, 발전 목표, 산업 선택, 주된 노력 방향에 대해 명확하게 자리매김을 하면서 특색있는 발전, 조화로운 발전 실현을 위해 노력하고, 특색화, 차별화라는 혁신적인 발전의 길로 걸어나가 지역 조화 발전을 위해 힘을 합치는 모습을 보였다. 최근에는 지역간에 주민 소득격차가 완만하게 줄어드는 모습을 보이고 있다.

장쑤성 주민 소득 격차의 역사적 변화 (단위 : 위안, %)

	도시 주민 가처분 소득					농촌 주민 가처분 소득				
	쑤난	쑤중	쑤베이	쑤난/쑤중	쑤난/쑤베이	쑤난	쑤중	쑤베이	쑤난/쑤중	쑤난/쑤베이
2000	8406	7287	6611	1.15	1.27	4693	3577	3132	1.31	1.50
2005	15.083	11659	10303	1.29	1.46	7336	5315	4297	1.38	1.71
2006	17391	13263	11799	1.31	1.47	8221	5915	4733	1.39	1.74
2007	20077	15526	13655	1.29	1.47	9293	6698	5352	1.39	1.74
2008	22756	16574	12536	1.37	1.82	10458	7582	6038	1.38	1.73
2009	24995	18480	14101	1.35	1.77	11517	8444	6738	1.36	1.71
2010	27780	20748	16020	1.34	1.73	12978	9626	7724	1.35	1.68
2011	31762	24052	18415	1.32	1.72	15213	11396	9246	1.33	1.65
2012	35827	27095	20822	1.32	1.72	17160	12877	10502	1.33	1.63
2013	39224	29706	22933	1.32	1.71	19107	14375	11769	1.33	1.62
2014	42753	31969	24177	1.34	1.77	20954	15476	12670	1.35	1.65
2015	46222	34758	26349	1.33	1.75	22760	16862	13841	1.35	1.64
2016	49920	37585	28515	1.33	1.75	24638	18320	15120	1.34	1.63
2017	54169	40920	31007	1.32	1.75	26759	20000	16501	1.34	162
총계	9.21	8.33	7.19	-	-	8.02	7.90	7.52	-	-

자료 출처 : 해당 연도 《장쑤성 통계 연감》

    2000년 이후 장쑤성의 쑤난, 쑤중, 쑤베이 등 3대 지역 주민의 도시와 농촌 소득은 비교적 빠른 성장세를 유지했다. 아울러 남에서 북으로 차차 늘어나는 추세를 보인다. 쑤난과 쑤중, 쑤베이의 도시 주민들의 1인당 평균 가처분 소득은 2000년의 8,406위안, 7,278위안, 6,611위안에서 2017년의 54,169위안, 40,920위안, 31,007위안으로 늘어났고, 물가 지수를 감안하면 2000년에서 2017년까지의 쑤난 지역 도시 주민의 가처분 소득은 연평균 실제 증가 속도는 9.21%에 달해, 각각 같은 시기 쑤중과 쑤베이 증가 속도보다 1.1배, 1.28배이며, 쑤난 쑤베이 도시 주민의 1인당 가처분 소득의 비율은 2000년의 1.27 :

1에서 2017년의 1.75 : 1로 확대되었고, 쑤난과 쑤중 도시 주민의 가처분 소득 비율은 2000년의 1.15 : 1에서 2017년의 1.32 : 1로 확대되었다. 2000년에서 2017년까지 쑤난과 쑤중, 쑤베이 지역 농민의 1인당 평균 순소득은 4,693위안, 3,577위안, 3,132위안에서 26,759위안, 20,000위안, 16,501위안으로 증가하여, 물가 지수를 감안하며, 쑤난 농민들의 1인당 평균 순소득의 실제 증가 속도는 8.02%로, 각각 쑤중과 쑤베이 지역의 1.02배와 1.07배이다. 쑤난과 쑤베이 지역 농민들의 1인당 평균 순소득 비율은 2000년의 1.5 : 1에서 2017년의 1.62 : 1로 늘어났고, 쑤난과 쑤중 농민들의 1인당 평균 순소득 비율은 2000년의 1.31 : 1에서 2017년의 1.34 : 1로 늘어났다. 시간 추세로 보았을 때, 2000년에서 2008년 사이에 쑤난 지역의 도시와 농촌 주민의 소득증가 속도는 쑤중과 쑤베이보다 빨라서 지역간 소득격차가 벌어지는 추세를 보인다. 물가 지수를 감안하면, 2000년에서 2008년까지 쑤난과 쑤중, 쑤베이 지역의 도시 주민 1인당 가처분 소득의 연평균 증가 속도는 각각 11.06%, 8.69%, 6.23%이다. 쑤난과 쑤중, 쑤중과 쑤베이 지역의 도시 주민 1인당 가처분 소득 비율은 각각 2000년의 1.15 : 1, 1.27 : 1에서 2008년의 1.37 : 1과 1.82 : 1로 확대되었다. 2000년에서 2008년까지의 쑤난, 쑤중, 쑤베이 지역의 농촌 주민 1인당 가처분 소득의 연평균 실제 증가 속도는 각각 7.59%, 6.92%, 5.66%였다. 쑤난과 쑤중, 쑤난과 쑤베이 농촌 주민 순소득 비율은 각각 2000년의 1.31 : 1, 1.50 : 1에서 2008년의 1.38 : 1과 1.73 : 1로 확대되었다.

 2008년 이후 지역의 조화로운 발전이 강화됨에 따라 쑤중과 쑤베이 지역의 도시와 농촌 주민의 소득 증가 속도는 쑤난 지역을 뛰어넘었고, 지역 간 소득 격차는 서서히 떨어지는 추세를 보였다. 2008년부터 2017년까지 쑤난과 쑤중, 쑤베이 지역의 도시 주민 1인당 가처분 소득은 22,756위안, 16,574위안, 12,536위안에서 2017년의 54,169위안, 40,920위안, 31,007위안으로 증가하였고, 물가 지수를 감안하면, 연평균 실제 증가 속도는 각각 6.16%, 6.52%, 6.53%였다. 세 지역의 농촌 주민 1인당 순소득의 연평균 실제 증가 속도는 각각 6.83%, 7.12%, 7.47%였다. 쑤베이는 쑤난과 쑤중보다 약간 빨랐는데, 이로 인해 지역 소득 격차는 서서히 줄어들었다. 위의 표를 통해서 알 수 있듯이 쑤난과 쑤중, 쑤난과 쑤베이 지역 도시 주민의 1인당 평균 가처분 소득의 비율은 2008년의 1.37 : 1, 1.82 : 1에서 2017년의 1.32 : 1, 1.71 : 1로 떨어졌고, 쑤난과 쑤중, 쑤난과 쑤베이 농촌 주민의 순소득 비율은 2008년의 1.38 : 1과 1.73 : 1에서 2017년의 1.34 : 1과 1.62 : 1로 떨어졌다.

(3) 독과점 업계의 개혁에 박차를 가하여, 업종의 수입 격차가 감소하는 형세를 보이다

경제 성장 과정에서 업종간 소득격차 변화를 초래하는 요소로는 다음과 같은 것들이 있다.

첫째, 생산품 시장의 불완전성이 일으키는 임금 차이. 독과점 업계의 고임금 같은 것들이다.

둘째, 업계의 기술 특징이 서로 다른 인재 수요를 초래한다. 예를 들어 정보 전달이나 컴퓨터 서비스, 소프트웨어 산업 등은 다른 업종과의 소득 격차가 이 업종의 기술적 특징에 의해 결정된다. 이것은 합리적인 소득 격차에 속한다.

셋째, 업종 자체의 특징이다. 어떤 업종의 일이 비교적 위험하면 보상성 임금을 받는 것은 당연하다. 지질 탐사같은 일들이 그것이다.

하지만 점진적 개혁의 특징은 업종 소득 격차에서 가장 큰 부분은 독과점에 의해 이루어진다. 리스李實의 연구에서 밝혀졌듯이, 인적 자본과 직원의 소양은 대체로 독과점 부문과 경쟁 부문 소득 격차의 3분의 1로만 설명이 가능하고, 나머지 3분의 2는 독과점 지위에서 기인한 것이다. 더 심각한 것은 업종 간에 지나치게 큰 소득 격차는 많은 고급 인력 자원을 독과점 업종에 모이게 하여 경제 발전의 활력을 억제한다는 것이다.

개혁 개방 이후 효율 지향의 시장 경제 체제의 시행으로 장쑤성의 업종간 소득 격차는 벌어졌다. 이것이 바로 시장 메커니즘의 '효율 지향'의 표현 형식이다. 동시에 시장 경제 체제는 아직 불완전하여 독과점 업종이 독과점 지위를 이용하여 많은 이윤을 얻어냄으로써 다른 업종과의 소득 격차가 계속해서 커지고 있는 것이다. 때문에 장쑤성에서는 독과점 업종의 개혁에 힘을 쏟아 혼합 소유제 경제를 적극적으로 발전시키고, 국유 기업

고위 임원의 직무 소비와 연봉을 규범화하였다. 그를 통해 독과점 소득 격차가 커지는 것을 억제하였다. 전력, 가스 등 전통적인 독과점 업종을 체제 개혁의 범주에 넣고, 민간 자본을 도시의 중요한 인프라와 공공 사업을 포함하여 개방이 가능한 영역으로 들어가도록 허가하며, 정부와 사회 자본의 합작 모델PPP를 추진하고, 사회 자본이 특허 경영, 정부 구매 서비스 등의 방식을 통해 전통적인 인프라 사업의 건설과 운영에 투자하도록 적극적으로 격려한다.

2016년 3월, 장쑤성 인민 정부는 <국유 기업이 혼합 소유제 경제를 발전시키는 것에 관한 실시 의견>을 발표하였다. 상장을 주된 채널로 하고, 공공 회사 발전을 주요 실현 형식으로 하여 혼합 소유제 개혁을 추진한다. 연구 개발 혁신, 생산 서비스 등 실체 기업과 새로 만든 기업, 새로운 프로젝트 등을 중점으로 하여 비공유 자본을 적극적으로 도입하고, 혼합 소유제 경제를 우전 발전시킨다. 성 산하 기업이 각종 사회 자본과 합작하여 회사제와 합작제 창투펀드를 설립하는 것과 신흥 산업 투자에 힘을 빌리는 것을 을 대대적으로 지원한다. 현재 장쑤성 산하의 기업은 80여 개의 창투펀드를 설립하거나 설립하는 데 참가하였고, 직접 투자금액은 60억 위안을 넘어섰다. 국유 자본의 투자·운영 회사를 개편하거나 동종 기업을 지주 그룹으로 재편하여 혼합 소유제 개혁을 추진하기 위한 시장화 작업의 장을 제공한다. 잠시 조건을 갖추지 못한 기업에 대해 지분 다변화 등을 추진한다. 종업원 지분 시범 정책을 내놓았는데, 우선적으로 국유지주 상장회사, 신삼판 상장회사가 종업원 지분 보유 시범 사업을 전개하고, 혼합소유제 투자 형식으로 기업을 혼합 투자하여, 지분이 다원적이고 상호 제약적인 지배 구조를 실현하고, 국유 기업의 상장 업무를 장려하였다. 현재 장쑤 국유지주 상장회사의 수량은 이미 50개에 달하고, 육성 중인 상장 기업은 39개이다. 독점 기업과 국유 기업 개혁의 실시를 통해 장쑤성은 점차 각 업종의 시장에서의 불평등한 경쟁 상황을 해소하고, 일부 업종이 독점과 행정 특권을 통해 폭리를 얻을 수 있는 기회를 없앴다. 이러한 정책 배경 하에 최근 몇 년 동안 장쑤성 업종의 수입 격차의 지속적인 확대는 효과적으로 억제되어 완만한 하강 추세를 보이고 있다.

장쑤성 각 업종의 소득 격차 구조와 그 변화 (단위 : 위안)

연도	최고 업종	최저 업종	상대 격차	절대 격차
1990	2650	1669	1.59	981
1995	10747	4880	2.20	5867
2000	32549	5297	6.14	27252
2005	46083	7573	6.09	38510
2010	132755	17539	7.57	115216
2011	130853	21683	6.03	109170
2012	126400	24167	5.23	102233
2013	152135	26877	5.66	125258
2014	186393	30154	6.18	186393
2015	181105	32535	5.57	148570
2016	203086	36263	5.60	166823
2017	218925	36967	5.92	181958

자료 출처 : 해당 연도의 『장쑤성 통계연감』

업종 분포로 보자면, 장쑤성의 고소득 업종은 주로 금융업, 전력 가스업, 정보 전달과 컴퓨터 소프트웨어, 과학 연구와 지질 탐지, 공공 관리와 사회 조직 등 독과점 경영 성격을 띠는 업종과 과학 기술력이 높은 업종 등이다. 소득이 비교적 낮은 업종은 주로 재정 보조에 의지하는 기초 업종과 전통적인 노동 집약형 업종(농림 어업, 광산업) 및 경쟁 업종(제조업, 숙박업, 도소매업) 등이다. 표7을 통해서 알 수 있듯이, 1990년부터 2017년까지의 기간 동안 장쑤성에서 소득이 가장 높고, 낮았던 업종의 연평균 증가 속도는 각각 12.76%와 4.02%였다. 업종간 소득 차이는 빠르게 벌어져서, 소득이 가장 높은 업종과 가장 낮은 업종 간의 상대적 격차는 1990년의 1.59배에서 2017년의 5.92배로 확대되었다. 절대 금액 차이도 1990년의 1,669위안에서 2017년의 181,958위안이었다. 발전 추세로 보자면, 1990년에서 2010년까지 장쑤 업종간 소득 차이가 빠르게 벌어지는 시기로서, 이 시기에 소득이 가장 높은 업종과 가장 낮은 업종의 연평균 실제 소득 증가 속도는 각각 15.72%

와 7.02%였고, 업종간 소득 격차는 1990년의 1.59 : 1에서 2010년의 7.57 : 1이었다. '12차 5개년 계획' 이후로 장쑤성 업종간 소득의 상대적 격차는 파동 속에서 점차 축소되는 모습을 보이고 있다. 2010년에서 2017년 사이에 업종간 소득 격차는 2010년의 7.57 : 1에서 2017년의 5.92 : 1로 축소되었다. 2014년 이후 업종간 절대 수입 차이도 파동 속에서 하강하는 추세를 보이고 있다. 2014년의 186,393위안에서 2015년의 148,570위안으로 하강하였다가 그 후에 2017년의 181,958위안으로 상승하였다. 12차 5개년 계획 시기에 업종간 소득 차이가 줄어든 이유는 정부가 점차 공업이 농업을 먹여 살리는 정책을 실행하였고, 농업 인프라가 점차 완비되면서 농림 어업에 대한 투자도 매년 늘어나서 평균 임금이 급속하게 늘어났고, 고소득 업종과의 차이도 줄어들었기 때문이다.

(4) 취약계층의 지원 강화로 주민 내 소득 격차 감소

장쑤성은 끊임없이 보완해 가는 도시와 농촌의 기초 생활 보장, 재해구호 및 농촌의 5보(보)(먹고 입고 거주하는 것, 의료, 장례 보장) 부양 제도를 기초로 하고, 의료, 주택, 교육, 임시구호 등의 제도를 보조로 하며, 상시적인 사회헌금, 자선구호, 짝짓기 도움 등의 사회구호 수단을 보충으로 하는 도시와 농촌의 신형 사회구호 체계에 의지하여 기초 생활 보호 대상자, 극빈자, 떠돌이 및 중대한 질병이나 돌발적인 재난 등으로 인한 취약 사회 계층에 대해 발전 성과를 충분히 누릴 수 있도록 하고 있다. 수치에서 알 수 있듯이, 2005년 성급 재정사회 구조 자금 예산은 3억 7,500만 위안으로, 그 가운데 농촌 기초 생활 보장 1억 4천만 위안, 도시 기초 생활 보장 7,200만 위안, 농촌 경로원 건설 1억 3,300만 위안, 재난 구조 자금 2,500만 위안, 농촌 의료 구조 자금 500만 위안이다. 2018년의 사회 구조 자금은 30억 3,100만 위안으로, 그 가운데 도시와 농촌 최저 생활 보장 자금은 22억 4천만 위안, 의료 구조금 2억 4천만 위안, 임시 구조 자금 1억 위안, 재난 구조 자금 3,800만 위안, 극빈자 부양 1억 위안, 고아 생활 보장 3,600만 위안, 부랑자 및 걸인 관리 8,700만 위안, 명절 위문 자금 1억 9천만 위안 등이다. 현재까지 기본적으로 최저 생활 보장에 부합하는 사람들이 필요로 하는 보장을 실현하였고, 최저 생활 보장 표준도 여러 차례에 걸쳐 올려서 도시와 농촌 최저 생활 보장 평균은 각각 인당 매월 583위안과 518위안에 달했다. 전국 각 성에서 2위이고, 46%의 현에서 도시와 농촌 최저 생활 보장 표준과 동등해졌으며, 도농 일체화율은 전국 선두이다. 이밖에 장쑤성은 빈곤 구제에 박차를 가해 빈곤선 표준이 계속해서 향상되어 1,500위안, 2,500위안, 4,000위안, 6,000위안으로 상승하면서, 현재는 이미 절대 빈곤 현상이 사라졌고, 저소득 가구의 소득이 늘어났다. 아울러 이로 인해 주민 내부의 소득 격차도 낮아졌다.

장쑤성 도시 주민 가처분 소득 비교 (단위 : 위안, %)

지표	최저	중저	중등	중고	최고	최고/최저	최고-최저
2000	2771	4387	6350	9510	14949	2.86	1591
2005	3355	6220	10295	17192	33699	3.36	5892
2010	6943	12280	19246	31300	61765	5.39	12178
2011	8497	14750	22479	35829	67126	10.04	30344
2012	10052	19404	25402	34220	73555	8.90	54822
2013	9517	21473	28900	38191	86755	7.90	58629
2014	12418	22192	31152	42483	74515	7.32	63503
2015	14234	24632	33252	44566	79350	9.12	77238
2016	15989	27057	36456	48646	84072	6.00	62097
2017	16874	29310	39694	52884	90992	5.57	65116
증속	8.84	9.44	9.01	8.26	8.84	-	-

자료 출처 : 해당 연도 『장쑤성 통계연감』

　개혁 개방 이후로 경제 체제와 경제 구조의 영향으로 도시 주민이 소득 격차는 상승 후에 하강하는 추세를 보인다. 2000년에서 2011년까지 시장 경제의 발전과 도시 주민의 자금, 재산 등에 있어서 격차가 점차 벌어졌다. 고소득층은 재산이 누적됨에 따라 더 빨리 소득을 얻을 수 있었고, 도시 주민의 소득 격차는 계속 커져갔다. 그 가운데 도시 주민 중에서 최저 소득 그룹과 최고 소득 그룹의 소득 수준은 각각 2000년의 2,771위안,

14,949위안에서 2011년의 8,497위안, 67,126위안으로 증가하였고, 물가 지수를 감안하면 최고 소득 그룹의 연평균 실제 소득 증가 속도는 10.88%로서, 최저 소득 그룹의 1.53배, 중저 소득 그룹의 1.36배, 중등 소득 그룹의 1.28배, 중고 소득 그룹의 1.19배였다. 최고와 최저 소득 그룹의 소득 비율은 2000년의 2.86 : 1에서 2011년의 10.04 : 1이었다. 이후 사회 구조의 힘 증가와 소득 공평에 도움이 되는 정책 실시에 따라 저소득 그룹, 중등 수입 그룹의 도시 주민 1인당 평균 가처분 소득 증가 속도는 고소득 그룹을 뛰어넘었고, 도시 주민 내부의 소득 격차는 줄어드는 추세를 보였다. 2011년에서 2017년까지 도시 주민의 최저 소득 그룹, 최고 소득 그룹의 소득 수준은 각각 2011년의 8,497위안, 67,126위안에서 2017년의 16,874위안, 90,992 위안으로 늘어났고, 물가 지수를 감안하면 저소득 그룹, 중저 소득 그룹, 중등 소득 그룹, 중고 소득 그룹, 고소득 그룹의 도시 주민 1인당 평균 가처분 소득의 연평균 증가 속도는 각각 12.11%, 12.13%, 9.94%, 6.7%, 5.2%였다. 저소득 그룹과 중저 소득 그룹은 소득의 빠른 성장을 할 수 있었고, 이로부터 도시 주민 내부의 소득 격차는 줄어들었다. 최고 소득 그룹과 최저 소득 그룹의 1인당 가처분 소득 비율은 2011년의 10.04 : 1에서 2017년의 5.57 : 1로 근 절반 낮아졌다.

각 소득 그룹 농촌 주민 내부의 소득 격차 및 변화 추세 (단위 : 위안, %)

지표	순소득	최저	중저	중등	중고	최고	최고/최저	최고-최저
2003	4239	1558	2673	3652	5070	9416	6.04	7858
2004	4754	1751	3073	4235	5758	10292	5.88	8542
2005	5276	2314	3649	4773	6261	10551	4.56	8237
2006	5813	2235	3740	5122	7059	12444	5.57	10209
2007	6561	2827	4603	6001	7671	13187	4.67	10361
2008	7357	2819	4780	6637	8987	16183	5.74	13364
2009	8004	2815	5016	6953	9576	17990	6.39	15175
2010	9118	2994	5684	8028	11072	19977	6.67	16983
2011	10805	3455	6545	9453	13484	24148	7.0	20693
2012	12202	3860	7293	10680	15291	27072	7.0	23212

2013	13598	4558	8487	12038	16785	29945	6.6	25387
2014	14958	5163	9441	13370	18273	32638	6.3	27475
2015	16257	5529	10199	14352	19574	34802	6.29	29273
2016	17606	5804	11404	15819	21520	37610	6.48	31806
2017	19158	6218	12279	16942	23110	41693	6.71	35475
증속	8.45	7.49	8.58	8.66	8.52	8.30	-	-

비고 : 장쑤성 통계연감은 2003년 이후에야 농촌 소득 그룹별 수치가 존재

    농촌 주민 내부의 소득 격차도 도시 주민의 그것과 비슷한 변동 추세를 보인다. 개혁개방 이후, 농촌 생산 조직 형식, 경제 구조 및 노동력 고용 구조의 변화로 농촌 내부의 소득 격차는 농민의 소득 수준이 높아짐에 따라 점차 확대되었다. 이후 농민을 위한 각종 복지 정책의 실시, 특히 농촌 빈곤 퇴치를 위한 투자 증가에 따라 농촌의 중저 소득 그룹의 소득 증가 속도는 고소득 그룹보다 높아졌고 농촌 내부의 소득 격차는 매년 줄어드는 추세를 보이고 있다. 표9에서 알 수 있듯이, 물가 지수를 감안하면, 2003년에서 2012년까지의 기간동안 최저 그룹, 중저 그룹, 중등 그룹, 중고 그룹, 최고 그룹의 농민들의 1인당 순소득 증가 속도는 각각 6.89%, 8.05%, 8.88%, 9.26%, 8.68%였다. 중고 소득 그룹의 증가 속도는 중저 소득 그룹보다 낮았고, 이로 인해 소득 격차의 확대가 벌어졌고, 최고 소득 그룹과 최저 소득 그룹 농민의 1인당 평균 순소득 비율은 2003년의 6.04 : 1에서 2012년의 7 : 1로 증가하였다. 이후 농촌 주민 가운데 중저 소득 증가 속도는 비교적 빨라서 농촌 주민 소득 격차의 축소를 가져왔다. 2012년에서 2017년 사이에 물가 지수를 감안하면, 최저 소득 그룹, 중저 소득 그룹의 농촌 주민 인당 가처분 순소득 증가 속도는 각각 7.98%와 8.94%로서 중등 이상의 소득 그룹보다 높았다. 이로 인해 농촌 주민 내부의 소득 격차는 축소되었다. 그 가운데 최저 소득 그룹의 소득 증가 속도는 각각 중등 그룹과 중고 그룹, 최고 그룹의 1.02배, 1.21배, 1.14배였다. 중저 소득 그룹의 소득 증가 속도는 중등 그룹, 중고 그룹, 최고 그룹의 각각 1.17배, 1.35배, 1.27배였다. 농촌 주민의 최고와 최저 소득 그룹의 소득은 2012년의 7 : 1에서 2017년의 6.71 : 1로 하강하였다.

07

산업 변화가 공동부유를 촉진한다

개혁 개방 이후 장쑤성의 산업 구조는 몇 차례 변화를 겪었고, 전통 농업과 초급 공업을 주로 하여 현대 산업이 주도하는 신형 산업 구조의 발전을 초보적으로 실현하였다. 이 발전 과정을 움직인 힘은 주로 다음의 두 가지 측면에서였다.

첫째, 소유제를 기반으로 하는 산업 구조의 변화로서, 산업 조직이 개혁 개방 이전의 인민 공사 제도에서 통합적으로 나뉘고 결합되는 이중 경영체제로 집중적으로 구체화되었다. 또 새로운 농촌 건설, 농촌 진흥과 서로 들어맞는 새로운 형태의 농업 조직으로 변화되었다. 기업 차원에서는 전통적인 집단 경제의 기반에서 향진 기업이라는 색다른 조직이 나타났고, 아울러 소유제 개혁을 통해 현대 기업 제도로의 변화가 일어났다. 동시에 비공유제 경제, 외자 도입 경제 발전에 노력을 기울임으로써 전통 국유 경제가 주요 지위를 차지하던 상황을 벗어나게 되었다. 그리고 국유 기업은 몇 차례에 걸친 개혁을 통해 혼합 소유제를 중심으로 하는 신형 소유제 구조로 변화하였다.

둘째, 주도 산업이 교체되는 산업 구조의 변화에 기반하여 1980년대 향진 공업의 발전에서 집중적으로 구체화되었고, 국민 경제의 공업 경제로 향한 변화가 기본적으로 완성되었다. 1990년대와 21세기초에 외향형 경제 발전을 통해 전통 공업 경제의 국제화로 향한 신형 공업 경제의 변화가 초보적으로 실현되었다. 2008년 국제 금융 위기를 전후로 한 산업 전환으로 전략적 신흥 산업 발전을 견인하여 혁신적인 경제로 전환하였다. 이 단계에서 서비스업이 제조업을 뛰어넘어 국민 경제의 주도 산업이 되었다. 하지만 제조업을 핵심으로 하는 실체 경제는 여전히 산업 발전의 성격과 방향을 결정하고 있다. 개혁 개방 이후 장쑤성의 산업 구조 발전을 넓은 시각에서 살펴보려면, 주도적으로 움직이는 힘의 변천 노선을 거시적으로 이해해야 하고, 또 풍부하고 다채로운 개별 사건을 결합하여 살펴보아 변화의 근본적인 힘이 각 노동자의 노동으로 창조되었다는 것을 깊이 이해해야 한다. 이 발전 맥락은 장쑤성이 공동부유로 향해 가는 데 중요한 산업적 기반이 되었고, 장쑤성 공동부유의 길에 있어서 특색있는 내용을 빚어놓았다.

1_ 산업 변천이 공동부유의 내재적 메커니즘을 촉진한다

(1) 산업 변천의 고용 효과

고용은 민생의 근본이다. 고용은 주민들이 생활 수준을 향상시키는 주요 경로이며, 높은 수준의 고용은 주민들이 사회 발전의 성과를 공유하는 관건이 되는 곳이다. 산업의 변천은 전통 산업의 업그레이드, 새로운 산업의 창조, 산업 융합 발전 등 여러 종류의 산업 변혁 형태를 총칭하는 것이다. 여러 가지 유형의 산업 변천 과정에서 서로 다른 고용 효과가 생겨날 수 있다. 구체적으로 분석해 보면 다음과 같다.

첫째, 전통 산업의 업그레이드 과정에서 일부 전통적 일자리에 변화가 일어난다. 예를 들어 경제의 뉴노멀 하에서의 중국의 전통 산업은 전환 업그레이드 과정에서 일련의 완전히 새로운 고용 공간이 열리는 것이다. 전통 농업이 현대적 농업으로 바뀌면서 농업에 과학 기술 장비 운영이 강화되고, 농업 일자리는 새로운 내용을 갖게 되는 것이다. 전통적인 제조업이 현대 제조업으로 변화해 가는 과정에서 전통적인 고용 형태는 그에 상응하여 변화가 일어난다. 예를 들어 인공 지능 제조의 전통 제조업에 대한 업그레이드 개조는 전통 일자리에 대해 파괴적 창조를 하는 것에 상당한 것이다.

둘째, 새로운 산업이 탄생하고 성장해 가는 과정에서 전통 산업의 기회 상실이 수반되고, 또한 새로운 고용 기회가 많이 발생할 수 있다. 예를 들어, 자동차는 마차를 대신했는데, 이는 마차 시대의 여러 관련된 고용 기회를 없애버렸지만 다른 한편으로 보다 현대적이고 규모가 큰 새로운 일자리를 만들어냈다. 인공지능 시대의 도래는 수없이 많은 전대미문의 새로운 일자리와 관련 일자리를 만들어 낼 수 있다.

셋째, 산업 융합 발전 과정에서 각종 산업 업종의 융합은 새로운 고용 기회를 만들어 내곤 한다. 예를 들어, 농업의 '6차산업' 발전 과정에서 농업 일자리는 더 이상 전통 농업에 머물지 않는다. 농업 전자상거래, 농업 관광 등 새로운 일자리가 만들어지는 것이다. 따라서 고용에 대한 산업 변천의 영향을 전체적이고 정확하게 이해해야 한다. 아울러 산업 변천 과정에서 취업 구조의 최적화된 업그레이드를 촉진하고, 고용으로 공동부유를 촉진하는 데 유리한 내생 동력 메커니즘을 형성해야 한다.

(2) 산업 변천의 재물과 부 효과

인류의 산업 발전 과정 자체는 부 창조와 축적의 과정이다. 산업의 전환형 업그레이드는 재물과 부 창조 방식의 대체 업그레이드를 의미한다. 보다 효과적인 방식으로 사회의 재물과 부를 창조하는 것이다. 현대 기계 공업은 인류가 거대한 재물과 부를 창조하는 데 여건을 마련해 주었고, 또한 인류가 공동부유의 오래된 꿈을 제일 처음 실현가능할 수 있도록 만들어 준 산업적 기반이었다. 제조업을 핵심으로 하는 실체 경제의 발전은 공동부유를 실현하는 물질적 기반이다. 새로운 시대로 접어들어 날로 늘어나는 국민들의 수요를 만족시키는 것은 공업 생산품을 대량으로 생산하고 공급하는 것이 전제가 되어야 한다. 근본적인 방법은 고도로 발달한 실체 경제의 생산 체계와 선진 기술 시스템을 세우는 것이다. 따라서 한편으로는 제조업을 중심으로 하는 실체 경제의 전환형 업그레이드를 추진하여 새로운 산업 체계 속에서 물질적인 부를 위주로 하는 사회적인 부를 만들어내는 것이다. 다른 한편으로는 '현실에서 벗어나 허황된 것으로 향하는' 현상을 절실하게 바꿔서 부의 가상화, 거품화가 나타나는 것을 방지해야 한다.

(3) 산업 변천의 분배 효과

산업의 변천은 부의 창조 방식과 부의 분배 방식의 변혁을 수반한다. 예를 들면, 중국이 전통적인 농업 사회에서 현대 공업 사회로 전환하는 과정에서 현대 공업의 전체 효율이 전통 농업 부문보다 현저히 높았다. 이것은 공업의 사회적 부 창출 효율이 농업보다 높았기 때문이다. 따라서, 이 단계에서 향진 기업 및 향진 공업의 부상은 본질적으로 더욱 효율적인 방식으로 사회적 부를 창출하고 분배하는 것이었다. 노동자 임금은 같은 기간 농민이 농업 생산에 종사하여 얻은 사회적 재산보다 높았다. 인류 역사상 산업 변천의 중대한 변화는 모두 분배 방식의 중대한 변혁을 가져온다. 예를 들어, 최근에 농촌의 타오바오와 관광 등 농촌 창업 형태의 발전은 전통 농업 인구가 시장 경제 활동과 사회 분업에 참여할 수 없었던 단점을 상당한 정도로 메꿔 주었다. 사실상 농촌 노동력의 효과적인 작업일을 늘려 준 것이고, 빈곤을 탈출하여 부를 쌓는 효과가 잘 드러났다고 할 수 있다.

2_공동부유에 대한 산업 변천의 영향

(1) 신중국 장쑤성의 산업 변천 - 공동부유의 유전자를 탐구하다

신중국 수립 이전에 장쑤성 경제는 농업과 수공업, 상업 등의 전통 산업 외에 근대 공업과 광업, 교통 운수업, 우편 전신업, 금융업 등의 산업이 연이어 형성되었다. 1949년에 농업과 공업의 총생산 가운데 농업이 58.7%, 공업이 41.3%를 차지하였다. 3차 산업은 종사 인력

과 생산액을 나열해 보면 다음과 같다. 1차 산업(농업)이 1위, 3차 산업(교통, 우편, 상업, 금융 등)이 2위, 2차 산업(공업, 건축업)이 3위이다. 신중국 수립 이후에 장쑤성은 농업 생산이 회복되는 동시에 토지 개혁, 관개수리 사업, 경작 제도 개선, 우량종 보급과 새로운 농기구 사용, 신기술 등을 진행하여 농업 생산력이 회복되고 발전하였다. 이 단계에서 2차와 3차 산업은 비교적 빠르게 성장하였다.

1957년에 성省 전체 국내 총생산량은 65억 1,100만 위안에 달했다. 1차, 2차, 3차 산업의 증가치는 성 전체 국내 생산량에서 차지하는 비율이 1949년의 52.7 : 17.6 : 29.7에서 46.0 : 22.1 : 31.9로 바뀌었다. 노동자 1인당 성 전체 노동자 총수에서 차지하는 비율은 1952년의 86.98 : 6.24 : 6.78에서 85.97 : 6.50 : 7.63으로 바뀌었다. 농업이 여전히 성 전체 산업 체계 가운데 주도적인 산업이었다. 1958년의 '대약진운동'은 중공업 발전에만 치중하여 국민 경제 비율관계에 심각한 부조화를 초래하였다. 산업 구조는 급격하게 변했고, 농업이 차지하는 비율은 급속하게 떨어졌다. 1961년에 국민 경제는 조정되기 시작했고 농업 생산은 회복되었다. 1963년에서 1965년까지의 '3년 조정' 기간 동안 장쑤성 농업은 계속 발전하였고, 공업도 회복되었으며, 경제 구조는 조화를 이루는 방향으로 나아갔다. 1965년에, 장쑤성의 국내 총생산액은 1962년에 비해 42.4% 성장하였다. 1차산업의 증가액은 48.5%, 2차산업의 증가액은 85.1%, 3차산업의 증액은 7.1% 증가하였다. 성 전체 국내 총생산액 가운데 1, 2, 3차 산업의 비중은 43.3 : 31.8 : 24.9였다. 성 전체 노동자 숫자의 1, 2, 3차 산업의 비중은 82.65 : 9.20 : 8.15였다. 1966년부터 1976년까지의 '문화대혁명' 기간 동안 장쑤성 경제는 타격을 받았다. 그 가운데 농촌과 도시의 중소 집단기업은 충격이 상대적으로 적었다. 농업과 집단 공업의 발전과 농촌 사대 공업의 흥기를 비교 가능 가격으로 계산해 보면, 1976년은 1965년에 비해 농업 총생산액이 52.0% 성장하였고, 집단 공업(개인 운영 기업 포함) 생산액은 5.6배 성장하였다. 1976년에 1, 2, 3차 산업 증가액이 성 전체 국내 총생산액에서 차지하는 비율은 33.2 : 45.2 : 21.6으로 변하였다.[1]

종합해서 말하자면, 사회주의 혁명과 건설 시기에 장쑤성은 국가 투자 지원이 없는 상황에서 자력 갱생으로 방직, 기계, 화학 공업, 경공업, 전자 등 5대 지주 산업을 세웠고, 이후의 발전에 튼튼한 기반을 쌓았다.

(2) 개혁 걸음마 단계의 산업 변천 : 비교 우위가 공동부유의 공간을 창출하다

개혁 초기에 장쑤성 경제는 이미 일정한 규모를 형성하였다. 1978년에 장쑤성의 1차산업은 68억 7,100만 위안의 생산액을 실현하였다. 전국의 3.9%를 차지한 액수이다. 2차 산업은 131억 900만 위안으로, 전국의 3.1%를 차지했다. 장쑤성은 전국의 다른 지역과 비슷한 산업 구조를 갖고 있었고, 또 자신만의 상대적으로 독특한 경제 특색을 갖고 있었다. 제조업에 대해서 말하자면, 동북 등 중형 제조업이 발달하고 계획 경제가 절대적인 통제 지위를 점하고 있는 다른 지역과 비교하여 장쑤성 제조업 분포는 비교적 흩어져 있고, 인민 공사의 경제 기초 위에 세워진 제조업 제품은 경공업 제품을 위주로 하여 비교적 시장에 가까이 접근하였는데, 이것은 향후 농촌 기업의 발흥을 위한 기초를 다졌다. 비교 우위에 입각하여 주관적인 능동성을 발휘하고 국내 시장에 적극적으로 서비스하는 것은 장쑤성의 개혁 초기 산업 구조 진전의 뚜렷한 특징이다.

첫째는 산업 갈등이 두드러지는 상황에서 비교 우위를 방출하는 것이 산업 성장의 최적의 방법이 된다는 것이다. 신중국 수립 이후에 장쑤성 경제는 기본적으로 전통적 농업 위주였다. 공업과 서비스업 발전은 상대적으로 느렸다. 하지만 전통적인 방직 공업, 화학 공업, 기계 제조, 건축 자재 등의 발전은 비교적 빨랐다. 개혁 개방 초기에 장쑤성은 이미 일정한 현대 산업 기초를 형성하였다. 1977년에 장쑤 지역의 국내 총생산액은 487억 9,800만 위안으로, 그 가운데 1차 산업은 89억 1,600만 위안, 2차 산업은 326억 3,700만 위안, 3차 산업은 72억 4,500만 위안이고, 그 중에 공업은 297억 1,200만 위안이었

---

1 江蘇省地方志編纂委員會, 〈江蘇省志綜合經濟志〉(上), 江蘇古籍出版社, 1999년판, 224-226쪽.

다. 각 산업이 차지하는 비율은 26.3 : 52.0 : 21.7이고, 그 중에 공업이 차지하는 비율은 41.8%였다.

　　1979년 11월, 장쑤성 위원회 사업 회의는 개혁 초기의 장쑤 경제에 대해 전면적으로 분석하였다. 첫째, 농업의 발전이 공업 발전과 도시와 농촌 주민의 생활 개선에 대한 요구와 서로 맞지 않아 전체적인 발전이 정체 상태에 놓여 있다. 둘째, 경공업 발전이 중공업보다 뒤처져 있어서 국민 생활 수준의 개선과 밀접하게 관련이 있는 경공을 발전시키는 것이 시대적인 절박한 요구이다. 셋째, 국민 소득의 분배, 누적률이 너무 높고, 기본 건설 전선이 너무 길어 국민 생활의 개선과 향상에 영향을 준다. 따라서 적립, 투자, 소비 및 당기, 단기, 중장기 관계를 잘 처리해야 한다. 넷째, 노동 고용의 갈등이 비교적 두드러져 충분한 일자리가 부족하여 더 많은 일자리를 만들어내야 한다. 다섯째, 인재가 부족하고 세대가 이어지지 않는 현상이 삼각하여 현대화 산업 발전에 충분한 인재 공급이 되지 않는다. 회의에서는 장쑤성이 인력 자원의 풍부함, 과학 교육 문화사업의 비교적 발달, 인민 공사의 발전이 비교적 빠름 등의 우위에 있는 여건을 충분히 발휘하여 비교적 정밀도가 높고 원재료 사용이 비교적 적으며 국내에 광활한 시장이 있고 노동력 흡수가 비교적 많은 노동 집약형 업종을 발전시켜야 한다고 제안하였다. 개혁 초기에 장쑤성의 산업 구조는 역사적으로 형성되었다. 그 가운데 비교적 양호한 농업 기반은 현대 농업 전환에 기반이 되어 주었다. 인민 공사의 생산대는 1980년대에 향진 기업이 새롭게 일어나는 데 여건을 제공해 주었다. 경공업과 중공업의 불균형은 장쑤성이 경공업을 발전시킬 것을 요구하였고 이런 산업 초기의 특징은 개혁 개방 초기에 장쑤성의 산업 구조 발전 노선 결정에 상당히 큰 영향을 주었다.

　　두 번째는 제조업의 빠른 확장과 산업 고도화가 공동부유 창조의 중요한 조건이라는 점이다. 장쑤의 개혁은 농업으로부터 시작하여 농업 생산력을 크게 해방시켰고, 농업은 빠르게 발전했다. 하지만 농업에 비해서 장쑤성의 제조업 확장 속도는 더욱 빨라서 국민 경제의 주도적인 산업이 되었다. 1991년에 장쑤성 2차 산업은 3,416억 5,900만 위안의 생산액을 달성하였다. 1978년의 9.01배였다. 그리고 1차 산업은 5.49배 성장하였고, 3차 산업은 10.03배 성장하였다. 1991년에 장쑤성 각 산업의 비율은 12.05 : 70.88 : 17.07이었다. 국민 경제에서 제조업이 절대적으로 주도적인 지위에 놓인 것이다. 개혁 개방 초부터 1992년까지는 중국이 사회주의 시장 경제를 확립한다는 목표를 확고히 한 개혁 초기 단계로서, 전통 산업은 장쑤성 산업 구조에서 차지하는 비율이 지속적으로 하락하는 모습을 보였다. 장쑤성의 산업 가운데 농업과 식품 제조업, 방직업, 건축 자재 및 기타 비금속 광물, 건축업, 운송과 우편, 전자 및 통신 설비 제조업 등의 산업은 장쑤 경제에서 그 지위가 서로 다른 정도로 하락하였다. 그 가운데 전자와 통신 설비 제조업 이외에 나머지 대부분은 장쑤의 전통 산업으로서, 이들 산업은 과거에 줄곧 장쑤 경제에서 기둥 역할을 했었다. 제조업의 빠른 발전은 부를 창조하는 중요한 산업 분야가 되었고, 공동부유를 이끌어내고 촉진하는 데 유리한 여건을 제공해 주었다.

> **칼럼 1** 비교 우위의 방출 : 장쑤성의 경공업이 빠른 발전 단계에 들어서다
>
> 1997년까지의 관련 통계에 따르면, 경공업 발전으로 장쑤성은 22종류, 44개 업종, 3만여 제품의 전국에서 중요한 소비품 생산 기지 가운데 하나가 되었다. 1978년부터 1997년까지 장쑤성 경공업은 공업 총생산액이 7배, 연평균 11.56% 성장하였다. 가전, 제지, 식품, 플라스틱, 공예미술, 조명 전기기구 등 11개 업종이 점차 기둥 산업으로 발전하였다. 11개 업종의 생산액은 성 전체 경공업 총생산액의 근 60%를 차지하였고, 이익세는 성 전체 경공업 이익세 총액의 80%를 차지하였다. 기업 규모는 계속 커지고 있고, 중대형 기업이 전체 기업의 6.64%에서 13%로 상승하였다. 연 생산액이 1억 위안을 넘는 기업과 그룹이 1990년의 18곳에서 1997년의 60여 곳으로 발전하였다. 창청長城 전기기구, 백조 세탁기, 샹쉬에하이香雪海 냉장고, 금사자 자전거, 썬다森達 구두 등의 유명한 제품들이 쏟아져 나왔다. 쑤저우 자수 명품, 이싱宜興의 자사紫砂 다구茶具, 창셔우常熟의 수놓은 테이블 보, 난징의 금박金箔의 제품은 국내외에 이름을 날렸다.

세 번째는 서비스업 분야의 강한 성장세로서, 서비스업이 공동부유를 함양하는 새로운 방향이 되었다. 개혁 개방 이전에 사상관념과 발전 전략의 영향을 받아 장쑤성 서비스

업 발전은 줄곧 비교적 완만했다. 공산당 11기 3중전회와 1979년 4월에 개최된 중앙 사업 회의에서는 국민 경제에 대해 '조정, 개혁, 정돈, 향상' 방침을 실행하기로 확정하였다. 이 두 차례 회의 정신의 전달과 관철은 장쑤성 경제 건설에 중대하고도 깊은 영향을 미쳤다. 1979년 11월 10일부터 17일까지 성 위원회는 사업 회의를 개최하여 장쑤성의 실제 상황에 입각하여 국민 경제의 조정 작업을 잘 해내고, 나아가 당과 국가의 사업에 관한 치중점을 사회주의 현대화 건설로 옮기는 것에 관한 전략적인 정책 결정을 하였다. 회의에서는 장쑤성 지리적 위치가 우수하고 교통 여건이 좋으며 경제가 비록 비교적 발달하였지만 내외 무역이 거기에 걸맞지 않은 특성에 근거하여 생산 발전의 기초 위에 내외 무역을 대대적으로 발전시키는 지도 사상을 명확히 하였다.

　1979년부터 장쑤성은 중국 특색을 갖춘 사회주의 상업 체제를 건립한다는 목표에 따라 국영 상업의 경영 체제와 관리 체제 방면에서 초보적인 개혁을 진행했다. 개혁 개방 정책의 추진 하에 장쑤성의 상업, 운수, 체신, 금융업 등이 신속하게 확장되었다. 그러나 이 기간 서비스업의 발전은 여전히 전통적인 서비스업을 위주로 하고 있었으며 도매와 소매 거래의 음식점업, 운수우편업, 금융보험업은 장쑤 서비스업 중의 주요 산업이었다. 1991년에 이 세 가지는 장쑤 서비스업의 비중이 각각 30.3%, 17.4%, 16.8%를 차지하였다. 1979년에서 1991년까지 서비스업이 국민 총생산액에서 차지하는 비중은 17.88%에서 28.87%로 상승하였다. 장쑤성 국민 경제에 대한 서비스업의 공헌도는 이미 높은 수준에 달했다.

　요약하자면, 개혁 개방 초기에 장쑤성, 특히 쑤난 지역은 사상을 해방하고, 대담하게 탐색하며, 촌에서 운영하는 기존의 기업을 기초로 제조 가공업을 힘차게 발전시켰는데, 이는 향진 기업의 새로운 흥기를 가져왔고, 장쑤성이 '농업에서 공업으로 전환'하는 발걸음을 움직이게 하였다. 장쑤성 경제의 첫 전환 과정에서 제조업을 중심으로 하는 실체 경제는 주요한 경제 형태였다. 실물 형태의 제조 가공 제품은 당시 장쑤성 산업 구조의 주요한 힘이 되었다. 하지만 당시의 생산력 수준과 조직 수준의 한계로 향진 기업의 제품 질은 높지 않았고, 일용 소비용품 등 경공업 제품이 주요 제품 구조 형태였다. 이 시기에 장쑤성에서는 유명한 생산품들이 쏟아져 나왔다는 사실은 언급할만 하다. 예를 들어 쑤저우에서 생산한 창청 선풍기, 상쉐에하이 냉장고, 공작표 텔레비전, 춘화春花 공기 청정기는 전국을 풍미하였고, 쑤저우의 '4대 명물'이 되었다. 당시 중국의 전체적인 기술 수준이 뒤처진 상황에서 이 브랜드는 장쑤 제조의 품질에 대한 추구를 구체화하였고, 당시 중국의 산업 수준을 대표한다.

(3) 시장화 전환 초기의 산업 변천 – 공동부유의 새로운 도약 실천

시장화 개혁 초기는 주로 1992년부터 2001년까지 중국이 세계무역기구에 가입하는 이 단계를 말한다. 1992년 공산당 14차 당대회에서는 사회주의 시장 경제 체제의 개혁방향을 확립하였고, 1993년 13기 4중전회에서는 사회주의 시장 경제 체제 건립에 대해 전체적인 배치를 하였다. 장쑤성은 개혁 개방의 바람을 타고 전국에서 앞장 서서 시장화 개혁을 전개하였다. 그에 상응하는 산업 발전도 시장화의 길을 따라 힘차게 전진하였다. 이 시기에 장쑤성의 산업 발전은 날로 분명해지는 시장화와 고급화하는 특징을 보여준다. 향진 기업이 체제 기반에 심각한 변화가 일어났는데, 이는 향진 기업의 산업이 모호한 특징에서 개혁 초기 경제 사회의 환경에 적응했다는 것을 집중적으로 보여주는 것이지만 새로운 시대의 특징과 점차 들어맞지 않으며, 근본적인 변혁이 필요하다는 것을 보여주는 것이다. 산업의 성격을 명확히 하고 현대 기업 제도를 세우자는 것이다. 1990년대 후반에 장쑤성에서는 향진 기업 개혁이 진행되었고, 21세기 초에 기본적으로 그 개혁은 완성되었는데, 지역 경제의 장기적이고 안정적인 발전에 중요한 체제 기반이 되었다. 또 2000년에 있었던 국유 기업의 개혁과 탈빈곤 3년 목표가 기본적으로 완성되어 혼합 소유제 경제와 비공유제 경제가 빠르게 발전하였다. 정부의 조절능력도 강화되었고, 사회 보장 체계가 초보적으로 세워졌다. 이와 함께 외향형 경제가 빠르게 발전하였고, 산업은 경제 글로벌화 발전 속으로 녹아들어 갔다. 2000년에 장쑤성 무역 수출입액은 456억 4천만 달러에 달했다. '9차 5개년 계획' 기간 연평균 증가율이 22.9%에 달했다. 5년 누적 실제 외자 이용액은 324억 8천만 달러에 달했다. 또 내수가 산업 발전을 이끄는 동력이 보다 충만해졌다. 장쑤성의 소비는 국민 경제 성장을 촉진하는 공헌도가 1979년의 90%에서 1997년의 40.1%로 하강하였다. 1998년에 아시아 금융 위기의 충격에 대처하기 위해 장쑤성은 중앙의 조치를 실행 가능하게 하여, 내수 확대에 힘쓰고, 내수를 향한 산업 발전은 뚜렷한 성과를 거두었다. 2000년에 3대 수요가 전체적으로 상승하였고, 경제 성장의 동력을 강화하였다. 장쑤성은 투자, 소비, 수출의 경제 성장에 대한 공헌률은 각각 44.0%, 46.7%, 9.3%였다. 시장화 개혁과 산업 구조 조정을 함께 추진하는 가운데 장쑤성의 산업 규모, 질과 구조는 모두 지속적으로 큰 변화가 일어났다.

- 지속적인 농업 구조 조정 추진

장쑤성은 재배업의 구조 조정 강도를 높여, 양곡 면적은 줄어나가며, 면화, 채소와 화훼, 묘목 등의 경제 작물 면적은 확대하였다. 2001년에 농촌 공업 등 비농업은 이미 장쑤성 농촌 경제 발전의 중요한 기둥이 되었다. 농업 구조에서 재배업 생산액이 농림 어업 총생산액이 차지하는 비중이 45.7%로 조정되어, 1997년에 비해 3.7%p 감소하였다. 농업 내부 구성에서 양곡과 그 밖의 다른 농작물 파종 면적은 1997년의 75 : 25에서 2001년의 63 : 37로 조정되었다. 농산물 품종 구성에서 우량 품종 비중이 날이 갈수록 향상되어 2001년에 우량 밀가루 면적 비중이 20%로 상승하였고, 전용 밀 비중은 12%에 달했으며, 3위아 교잡 살코기형 상품 돼지가 도축 돼지 총량에서 차지하는 비중은 41.7%이고 우량 가금류의 비중은 42.1%를 차지하였다. 농업 산업화 경영이 전면적으로 추진되어, 농민의 이익과 비교적 밀접한 관련을 가지고 선도 범위가 넓은 선두 기업이 쏟아져 나왔다. 과학 기술로 농촌을 발전시키는 전략이 실시됨에 따라 농산물의 과학 기술 함량이 향상되었고, 과학 기술의 농업 성장 과정에서의 공헌도는 54%에 달하여 전국 평균보다 10%p 높았다. 농업 종합생산 능력은 더욱 증강되었고, 벼 생산은 묘당 생산이 7년 연속 천 근을 넘어서서 전국 성 가운데 으뜸을 차지했다.[2]

- 산업 조직 구조에 적극적 변화 발생

국유 기업 개혁, 향진 기업 제도 개혁을 주체로 하여 장쑤성의 산업 조직 구조는 개혁이 심화되는 가운데 심각한 변화가 일어났고, 새로운 경제 조직 비중은 점차 높아졌다. 공산당 15차 대회에서 공유제 주체, 여러 가지 소유제 경제의 공동 발전은 중국 사회주의 초급 단계의 기본 경제 제도이고, 공유제 실현 형식이 가능하고 다양화해야 하며, 비공유제 경제는 사회주의 시장 경제의 중요한 구성 요소라고 언급하였고, 이에 따라 중국의 개혁 개방과 현대화 건설은 새로운 발걸음을 내딛게 되었고, 장쑤 경제 체제 개혁에 방향을 제시하였다. 장쑤는 국유 기업, 향진 기업 등의 분야에서 개혁을 적극적으로 추진하였고, 산업 조직의 구성은 계속해서 최적화되었다. 국유 경제의 구도를 최적화함으로써 국유 경제를 일부 경쟁적인 업종에서 점차 퇴출시키고, 석유·석유화학·전력·항공우주 등 중요한 업종과 분야의 지배적 지위를 강화하며 전체 경제 발전을 지탱하고 이끌어내는 적극적인 작용을 충분히 발휘하도록 하였다. 국유 중대형 기업은 공산당의 15차 대회에서 제시한 '3년 두 가지 임무'와 '세 가지 개선과 한 가지 강화"라는 목표에 따라 개편, 합병, 매각, 파산 등의 형식을 채택하여 기업 활성화를 가속화하여 국유 기업의 곤란 탈피라는 3년 계획 목표를 순조롭게 실현하였다. 2021년까지 장쑤성의 국유 중대형 기업의 제도 개선은 89.8% 이루어졌고, 국유 소형 기업의 제도 개선도 89.8% 이루어졌다. 대부분의 국유 중대형 중추 기업은 현대 기업 제도를 초보적으로 세웠다. 1997년부터 2001년까지 장쑤성 국유 기업 수는 3,452개에서 1,410개로 감소하였다. 하지만 이윤 실현은 28억 천만 위안에서 36억 9,500만 위안으로 상승하였다. 개인과 외국 상사 등 신경제 조직의 자본 비중을 적극적으로 향상시켜 공업 투자 주체 다원화의 참신한 구조를 초보적으로 세웠다. 이와 함께 개인 운영 경제의 비중은 1997년의 1.33%에서 2001년의 11.21%로 상승하여 급격하게 상승하는 추세를 보였다.[3] 이 시기에 장쑤성이 길러낸 국제 경쟁력을 갖춘 대기업, 그룹은 현대 시장경쟁에서 중요한

---

2   江蘇省統計局,〈農業和農村經濟再上新臺階〉,《江蘇統計》, 2002년 제11기.
3   江蘇省統計局,〈工業競爭力穩步提升 - 高新技術産業快速發〉,《江蘇統計》, 2002년 제11기.

역량이 되었고, 기술력이 강하고 유명한 브랜드를 소유하며 경쟁 우위가 분명한 대기업과 그룹은 성 전체 공업 경제를 이끌어가는 역할이 날로 늘어났다.

- 공업 구조의 중공업화, 고가공화 추세가 보다 뚜렷해졌다

장쑤성 공업 구조가 점차 전통적인 경공업 위주에서 중공업 위주로 변화되었다. 장쑤성 경공업의 기원은 전통 수공업으로서, 그 역사가 오래 되었고, 업종도 매우 많다. 〈장쑤성지·종합경제지(經工卷輕工卷)〉에 나타나듯이, 1979년에 국무원에서는 소비품 생산 발전 정책을 내놓았다. 장쑤성 경공업 발전의 발걸음은 빨라졌고, 신상품 개발을 중요 내용으로 하여 전국 경공업 시스템에서 앞장서서 '생산 세대, 비축 세대, 연구 개발 세대, 기획 세대'라는 전략적인 정책 결정을 제기하였다. 1981년에 장쑤성 정부는 경공업 집단 기업에 대해 1980년도 이윤을 기준으로 하여 부분적인 소득세와 납부 합작 기금을 모두 절반만 징수하는 지원 정책을 내놓았다. 경공업 기업이 보편적으로 스스로 발전할 수 있는 능력을 키워주고, 기술 개조에 획기적인 진전이 있게 하여 1982년에서 1987년 사이에 오래된 기업 개조에 의해 발굴된 잠재력으로 늘어난 생산액이 약 70%를 차지했다. 1980년대 중반에 장쑤성 경공업은 47개 업종이 형성되었고, 2만여 개의 품종도 다양한 제품이 생산되었으며, 또한 전문화된 협업 세트의 소비재 생산 기지를 가지게 되었다. 플라스틱 제품, 자전거 부속, 조미료, 가죽, 법랑, 대형 전용저울, 전구 등 34종의 제품 생산량이 전국 제일이었다. 1992년에 장쑤성 경공업 기업은 근 만 개에 달했고, 그 가운데 집단 기업은 전체 기업의 80%를 차지했다. 4분의 1의 기업은 수출품 생산 임무를 떠맡고 있었고, 100여 개 국가와 지역에 수출하였다. 장쑤성의 경공업 제품 중, 주력 제품의 커버 면적이 비교적 적고, 유명 상품의 성장은 비교적 느리다. 시장 경쟁이 치열하고, 제품 원가가 높은 등의 요인으로 인해 1990년 시스템 내에서 결손 기업이 739개 출현하였고, 결손 면적이 1/4에 달하였다. 적지 않은 기업은 부담이 과중하며, 자기 개조와 발전 능력이 결핍되었다. 2001년에 장쑤성 경공업 비중은 42.5%로 떨어졌고, 중화학 공업 비중은 57.5로 상승하였다. 장쑤성의 제조업은 원재료 공업 중심

에서 가공 조립 중심으로 바뀌었다.[4] 초기 장쑤성의 가공 무역은 방직, 패션, 완구, 신발, 모자 등 노동 집약형 생산품 위주였고, 갈수록 많아지는 외구 투자 기업이 중국으로 와서 가공 무역에 종사하면서 기계·전기 제품, 특히 하이테크 제품이 가공 무역 가운데 차지하는 비중이 갈수록 높아지고 있다.[5] 2001년에 장쑤성의 가공 무역으로 수출한 전기 전자제품은 200억 위안으로, 가공 무역 수출 총액의 60%를 차지했고, 전기 전자 제품 전체 수출의 74%를 차지했다. 가공 무역 수출 가운데 컴퓨터, 통신 설비, 시청각 제품이 중요한 위치를 차지하는데, 가공 무역 수출 제품의 순위를 크게 향상시켰고, 장쑤성 수축 제품 구성을 크게 개선하였다. 이는 이후의 외향형 경제 확대 발전에 튼튼한 기초를 놓았다. 이 단계에서 장쑤성은 자신의 비교 우위에 의거하여 글로벌 제조업 분업 체계에 들어갔고, 수출 상품 구조는 지속적으로 최적화되었으며, 초급제품의 수출 비중은 대폭 하락하였고, 공업 완제품 특히 기계 전기와 일상 소비재 심가공 제품의 비중이 대폭 상승하였으며, 일부 중요한 전기 전자 기업들이 생겨났으며, 제품의 기술적인 측면에서도 컴퓨터, 선박, 전자부품, 자동차 및 부품, 전동공구, 디지털 제어기계 등의 자금과 기술의 밀집형 제품들이 점차 주도적인 위치를 차지하게 되었다.

장쑤성은 전국 공업의 요충지가 되어 전 세계 제조업 판도에서 점차 한 자리를 차지하고 있다.

(4) 세상 속으로 들어온 이후의 산업 구조 발전 - 공동부유의 새로운 공간을 열다

21세에 들어서서, 특히 2001년말에 중국이 WTO에 가입한 이후 중국의 국내외 경제는 커다란 변화가 일어났다. 장쑤성의 산업, 특히 제조업은 새로운 발전 단계에 들어섰고, 매우 활발한 발전 모습을 보여주었다.

---

4   江蘇省統計局, 〈結構調整顯成效〉, 《江蘇統計》, 2002년 제11기.
5   顧灝明, 〈江蘇省加工貿易現狀及其優化途徑〉, 《江蘇統計》, 2003년 제5기.

- **외향형 경제가 폭발적으로 성장하였고, 산업의 깊이가 글로벌 분업 시스템으로 들어갔다**

세상 속으로 들어간 기회와 도전에 대처하기 위하여 장쑤성 위원회와 성 정부는 2001년 11월에 〈WTO 가입에 대처하는 장쑤성의 사업 요점〉을 발표하여, 대외 개방에 대한 요구를 전방위적으로 대처하고, 정부의 직능 변화에 박차를 가할 것을 제기하였다. WTO의 규칙과 중국 정부의 허용에 입각하여 지방 법규, 규약, 정책의 통일성 및 투명도를 향상시키는 문제, 국제 자본주의의 흐름 추세에 대한 이해, 외자를 이용하고 조정하는 적절한 전략, 무역체제 개혁 심화, 국제 시장 개발 능력 증강, '내보내기' 전략의 실시, 국제화 경영수준 향상, 국제 무역의 갈등 예고와 자문 서비스 망 건립, WTO 규칙에 부합하는 무역 촉진 체계 완비, 쑤저우시에 '세상 속으로 들어가는' 것에 대처하는 선행 시범 지구 건설 등의 정책 조치들을 마련하였다. 중국이 '세상 속으로 들어감'에 따라 개방형 경제가 이미 비교적 강한 발전 기초로 자리잡은 장쑤성은 새로운 발전의 기회를 맞이하게 되었고, 개방형 경제의 도약형 발전이 실현되었다. 2011년 장쑤성의 연간 수출액이 1억 달러를 넘는 단위 상품 수가 2001년의 10배가 되었다. 전통적인 방직 패션 경공업 제품과 농산물, 컴퓨터와 부속, 태양 에너지 전지, 선박 등의 첨단 고기술, 전기 전자 제품이 이미 장쑤성 수출 성장을 이끄는 중요한 힘이 되어 있었다. 장쑤성 민영 무역 기업의 수출이 모든 성에서 차지하는 비중은 2001년의 1%에서 2010년의 15.2%로 성장하였다. 민영 기업은 점차 장쑤성이 국제 무역 투자 합작에 참여하는 주력이 되었다. 장쑤성의 무역 동반자는 계속해서 증가하였다. 2001년에 연간 수출액이 1억달러를 초과한 시장이 33개에서 97개로 증가하였다. 미주, 유럽, 아시아는 장쑤의 전통적 수출 시장이다. 이들 전통 시장을 공고히 하는 동시에, 아세안, 남미, 북아프리카 등 신흥시장도 빠르게 성장하였다. 2010년에 장쑤성의 수출입 총액은 4,658억 달러에 달했고, 그 가운데 수출이 2,706달러에 달했다. 실제 외자를 이용한 5년 누계는 1,100억 달러를 넘어서서, 전국 1등을 유지하였고, 서비스업에서 외자를 이용하는 비중은 2005년보다 18%p 이상 향상되었으며, 국외 협의 투자 누계가 45억 달러에 이른다.

- **글로벌 분업에 빠르게 편입되어 세계 수준의 제조업 기지로 점차 변화**

중국이 WTO에 가입함으로써 중국은 글로벌 분업에 참여하고 세계 시장에 들어가는 새로운 기회를 제공받았다. 이는 제조업에 비교 우위를 발휘할 수 있는 절호의 기회였다. 장쑤성은 이 기회를 잡고, 쑤난을 핵심 지역으로 하여 외향형 경제를 크게 발전시켰다. 가공 제조업을 주요 산업으로 하여 글로벌 분업 체계 속으로 들어가 제조업의 강한 성장을 가져왔고, 장쑤성의 제조업은 중국이 글로벌 분업에 참여하는 명함이 되었다. 2001년에 장쑤성은 산업 증가액 4,269억 1천만 위안을 달성하였다. 그 가운데 전자, 기계, 화학 공업, 자동차가 4대 기둥 산업이었다. 중대형 공업 증가액은 1,383억 6천만 위안으로 공업 증가액의 32.4%를 차지하였다. 2010년에 장쑤의 1년 규모 이상의 산업 증가액은 2조 1,224억 8천만 위안에 달했고, 비교적 빠른 성장을 이루었다. 이 시기에 장쑤성 제조업의 성장은 주로 국제 시장에 들어간 것에 힘입었다. 수출 주도형 경제의 확장이 장쑤 제조업을 이끈 주요 역량이었다. 이와 함께 장쑤성은 제조업이 주가 되는 산업 구조 조정을 추진하였다. 2006년에 장쑤성 위원회 제11차 당대회에서 장쑤성은 경제 성장 방식의 확실한 변화로 신형 산업화의 길로 걸어갈 것을 제안하였다. 경제 성장 방식을 빠르게 변화시키는 것이 장쑤성 과학 발전의 필연적인 요구이고, 신형 산업화가 장쑤 과학 발전의 제1 방략이라는 것이다. 이를 위해 선진 제조업, 특히 선진 장비 제조업을 크게 발전시키고, 크고 강하며, 정밀한 우위 산업을을 크게 발전시켜야 한다는 것이다. 2006년 11월, 장쑤성은 성 전체 신형 산업화 회의를 개최하고, 새로운 에너지원, 새로운 의약, 새로운 재료, 환경 보호 등 신흥 산업을 크게 발전시키는 문제를 명확하게 제기하였다. 2007년에 장쑤성의 신흥 산업 발전은 그 속도를 높였고, 태양광 발전과 송풍기 제조 산업 사슬이 더욱 완벽해지고, 타이저우泰州 의약품 도시 건설이 순조롭게 진행되며, 신소재, 바이오 신제품 개발이 활발하다. 2008년 글로벌 금융 위기가 발생하기는 했지만 장쑤성 위원회와 성 정부의 많은 관심 및 통일된 조치 하에 성 전체 각지에서는 새로운 재료, 새로운 에너지, 새로운 의약, 환경 보호 산업 등의 산업 구조 조정의 방향과 육성의 중점으로 삼아, 관련 산업은 여전히 높은 성장 속도를 유지하였고, 장쑤 경제 발전 과정에서 새로운 포인트가 되었다.

- **서비스업의 발전이 가속화되고 내부 구조가 현저히 개선되다**

2002년 장쑤성은 〈서비스업의 발전에 박차를 가하는 것에 관한 장쑤성 정부의 의견〉을 발표하였다. 서비스업 증가액의 연평균 속도가 국민 경제 성장 속도보다 적당한 수준에서 높아야 한다고 하였다. 2005년에 서비스업 증가액은 국내 총생산액에서 차지하는 비중이 40%로 상승하였고, 서비스업에 종사하는 인원의 비중이 33.5%까지 상승하였다. 아울러 서비스업의 발전 중점을 명확히 하였다. 연쇄 경영, 현대 물류업, 정보 서비스업, 관광업, 부동산업, 금융업, 중개 서비스업, 지역 사회 서비스업, 컨벤션업 등 서비스업의 발전 분야를 적극적으로 넓혀 나가자는 것이다. 이 문건의 발표는 서비스업의 발전에 후속 동력이 되었다. 2001년부터 2005년까지 서비스업 증가액은 연평균 12.7% 증가하였고, 2005년 서비스업 증가액은 국내 총생산에서 차지하는 비중이 35.4%에 달했다. 서비스업에 종사하는 인원 비중은 34.2%에 달했다. 2005년 6월에 장쑤성 위원회와 성 정부에서는 〈현대 서비스업을 발전시키는 것에 관한 약간의 정책〉과 〈현대 서비스업을 발전시키는 것에 관한 실시 요강〉을 연이어 발표하였는데, 이는 현대 서비스업 발전의 목표와 방향 및 정책 등을 추진하기 위한 것이었다. 2006년부터 2010년까지 장쑤성 서비스업 증가액은 연평균 14.4% 성장하였고, 증가 속도는 국민 총생산 연평균 성장 속도보다 0.9%p 높았으며, 서비스업 증가액이 GDP에서 차지하는 비중은 1%p 높았다. 2010년에 성 전체에서는 서비스업 증가액 1조 6,731억 4천만 위안을 달성하였고, 서비스업 증가액은 지역 총생산액에서 차지하는 비중이 40.9%에 달했다. 무역 유통, 교통 운수 등 전통 서비스업은 업그레이드 개조되었고, 소프트웨어, 금융, 현대 물류, 비즈니스 서비스업, 문화 산업 등 신흥 서비스업은 비교적 빠른 성장세를 유지하였으며, 서비스업 내부 구조는 날로 최적화되었다.

(5) 경제 발전의 뉴노멀 상태에서의 산업 변화 – 고품질 발전이 공동부유의 질적 상태를 향상시키다

2008년 국제 금융 위기를 전후로 하여 전환형 업그레이드를 기반으로 하는 내부 수요와 국

제 시장에 충격이 된 외부 압력으로 장쑤성에서는 경제 구조의 전략적 조정을 먼저 전개하였다. 수요 구조, 생산 구조, 기업 조직 구조, 생산품 구조, 비즈니스 모델 등은 모두 심도 있는 조정을 보였고, 투자 드라이브, 글로벌 파운드리로 대표되던 전통적인 성장 동력이 점차 감퇴하면서 전략적 신흥 산업, 생산적 서비스업을 핵심 엔진으로 하는 신성장 동력 형성에 가속도가 붙고 있다. 우리나라의 경제 발전이 뉴노멀에 진입함에 따라 장쑤 경제도 새로운 특성을 나타내고 새로운 도전에 직면하게 되며, 경제 발전의 뉴노멀 하에서 장쑤 산업 구조의 발전이 새로운 단계로 진입하게 되었다.

- 농촌 산업을 발전시켜 농민의 수입이 비교적 빠른 속도로 증가하도록 촉진하다

2019년 장쑤성 위원회 제1호 문서는 농업 농촌의 우선적인 발전을 촉진하고 '3농' 업무를 잘하는데 초점을 맞추고, 농촌 산업을 확대하는 일련의 조치를 제시하여 농민들의 수입 증가를 이끌었다.

첫째, 크고 강한 현대 농산물 가공업이다. 현대 농업 단지, 농산물 가공단지, 물류단지 건설을 가속화하여 50억 급과 100억 급의 국가급 현대 농업 단지, 성급 농산물 가공 집중 지역을 조성하고, 성급 현대 농업산업 시범단지를 건설하여 우세한 특화 산업 클러스터의 발전을 촉진하며, 가능한 한 산업사슬을 시골에 남겨 농민들이 산업 증식 수익을 더 많이 나누도록 하였다. 가정 농장과 농민 협동조합의 농산물 산지 초가공을 발전시켜 농산물의 현지 가치 증식을 촉진하고, 농업 선두 기업이 농산물의 정밀 가공과 종합 이용 가공을 가속화하도록 장려하며, 앞장서서 농업 산업화 연합체를 구성하여, 업종 선도형 기업과 농산물 가공에서 강점을 보이는 현을 건설하고, 2020년까지 농산물 가공 생산액과 생산량을 증가시켜 농업 총생산액과의 비율이 3.2 : 1에 이르도록 한다. 농부산물 도매 시장, 농산물 물류 핵심 네트워크와 냉각 물류 체계 건설을 강화한다. 농촌의 1, 2, 3차 산업 융합 발전을 추진하고, 시범 지역에서 프로젝트를 적극적으로 전개하고, 시범 지역과 선도 지역을 발전시킨다.

둘째, 농촌의 신형 서비스업을 발전시킨다. 농업 지역의 종합적 서비스 플랫폼 건설

을 추진하여 정부를 통해 서비스를 구매하는 방식을 장려하고, 공급 판매, 우편, 농업 서비스공사, 신형 농업 경영 주체와 농촌집단 경제기구, 농촌전문 기술협회가 각종 농업 생산 사회화 서비스를 전개하는 것을 지원한다. 농촌 경로당 등의 양로 서비스 시설을 노인 관련 사무를 담당하는 사회 조직 등에 맡겨 운영 관리하도록 장려하며 농촌의 상호 부조식 양로원 건설을 추진한다. '백 개의 농원, 천 개의 마을, 만 개의 포인트'의 레저농업 명품 사업을 실시하여 레저시설 업그레이드, 서비스 수준 향상, 문화 콘텐츠 자랑 등을 힘차게 추진하고, 농촌 관광 인프라 건설을 강화하며, 위생, 교통, 정보, 우편 등의 공공 서비스 시설을 개선하고, 농촌 레저관광 상품을 개발하기로 계획하였다. 농촌 과학 기술 서비스의 슈퍼마켓의 업그레이드판을 만드는 것은 농업 과학 기술 성과의 거래 플랫폼의 운영 서비스 능력을 향상시켰다.

칼럼 2 농민을 부자되게 하는 천억급 농업 산업

2018년 가을부터 장쑤성에서는 농업을 조정하여 비교 우위가 낮은 작물을 줄이고, 우량종 벼, 녹색 채소, 레저 농업, 현대 종묘업 등 네 가지 천억급 산업 발전 계획과 실시를 중점적으로 추진하였다. 우량한 벼 품종을 보급하여 전진적으로 50개의 마을을 중점 건설하고 우수한 품질의 쌀 산업 시범 현을 만든다. 우수한 솜씨를 발휘하여, '채소 바구니' 공정 기지, 상하이 외곽의 채소 기지, 채소 수출 기지 건설을 추진하고, 30개 안팎의 녹색 채소 산업 현을 육성한다. 종자 종묘를 농업 "칩" 공정으로 잡아 농업 구조 조정, 질적 전환, 농민 부 축적을 위해 버팀목을 제공해 준다.

— 장쑤성 농업위원회, 〈2018년 가을과 2019년 농업의 질과 효과를 높이는 사업을 잘하기 위한 지도 의견〉, 2018년 9월 18일.

- **실물 경제 진흥 과정에서 산업의 공동부유 능력을 향상시키다**

실물 경제는 장쑤성 경제에서 가장 두터운 밑천이다. 장쑤성이 산업의 공동부유를 추진함에 있어서 반드시 의지하여 발전시켜야 하는 것이다. 고품질 발전의 궤도 위에서 장쑤성은 실물 경제 발전의 중점이 선진 제조업 그룹을 육성하는 것이고, 이를 통해 장쑤성 산업 공

동부유의 높이와 힘을 향상시키는 것이다. 2018년 6월, 장쑤성 정부는 〈선진 제조업 그룹의 육성에 관한 지도 의견〉을 발표하였다. 중점적으로 육성해야 할 것으로, 신형 전력(신에너지) 장비, 공정 기계, 물류망, 첨단 방직, 첨단 신재료, 생물 의약 및 신형 의료 기계, 집적 회로, 해양공사 장비, 고기술 선박, 첨단 장비, 에너지 절약 환경 보호, 핵심 정보기술, 자동차와 부품, 신형 디스플레이 등 13개 선진 제조업 그룹을 제시하였다. 품질 제일, 효과 우선을 견지하면서 선두에서 달리자는 목표를 세우고, 고품질 발전 요구를 잘 이해하면서 공급 측의 구조적 개혁을 주실마리로 하고, 제조업 공간 배치를 최적화하며 중점 그룹 육성에 초점을 맞추고 혁신, 강한 주체, 개방, 융합을 촉진하고 산업사슬, 혁신사슬, 인재사슬, 정책 사슬을 상호 관통하여 작업추진 체제를 확실히 강화하고 개선한다. 정책 지원과 격려 메커니즘을 완벽하게 하여 선진 제조업 클러스터는 장쑤 제조의 장쑤 창조로의 전환을 촉진하고, 장쑤 속도의 장쑤 품질로의 전환, 장쑤 생산품의 장쑤 브랜드로의 전환에 관건적인 지지 역할을 충분히 발휘하며, 새로운 시대 제조에 강한 성의 새로운 장을 써낸다.

발전 기초와 발전 경로의 영향을 받아 현재 장쑤성 산업은 전체적으로 여전히 전세계 산업사슬 중 하단에 처해 있으며, 전환하여 업그레이드하는 임무는 매우 복잡하다. 몇 년에 걸친 지속적인 전환을 거치면서 장쑤성의 산업 구조는 끊임없이 최적화되었다. 2017년에 장쑤성은 3차 산업 증가액이 4조 3,169억 4,400만 위안이었고, 전년도에 비해 8.2% 성장하였다. 3차 산업은 장쑤 지역 총생산액에서 50.3%를 차지하였다. 2015년 이후 3년만에 3차 산업 비중이 2차 산업 비중을 넘어선 것이다. 3차 산업은 이미 경제 성장의 첫 번째 동력이 되었다. 동시에 서비스업의 내부 구조도 계속해서 최적화하여 장쑤성 산업 전환 업그레이드의 중요한 구현점이 되었다. 장쑤성의 산업 혁신력은 뚜렷하게 상승하였고, 혁신 발전 전략을 심도 있게 실시하였다. 장쑤 발전 대회를 개최하였고, 연구소 합작 활동을 전개하였으며, 과학 기술 혁신 40조, 인재 제정 26조, 지식 재산권 18조를 구체화하였다. 성의 기술 재산권 거래 시장을 건설하고, 온라인을 가동함으로써 중대형 기업과 신기술 기업이 연구 기관을 세우는 비율이 90% 내외, 기업 특허 수권량이 성 전체의 70% 이상을 차지하였다. 산업 과학 기술 혁신 센터와 선진 제조업 기지 건설 추진에 박차를 가하였다. 2017년에 사회 전체 연구 개발 투입이 지역 총생산액에서 차지하는 비중이 2.7% 안팎을 차지하였다. 만인 발명 특허량은 22.4건에 달했고, 고기술 업종 증가액은 그 성장 속도가 11.8%에 달했다. 장비 제조업 증가액은 9.5%, 서비스업 증가액은 50.3%, 고기술 산업 투자는 8.1%, 고기술 산업 생산액은 14.4% 성장하였으며, 고기술 산업은 13,000곳이 넘었고, 과학 기술 발전 공헌률은 62%에 달했으며, 지역 혁신 능력은 여러 해 연속 전국 상위를 유지하였다. 장쑤성의 전략성 신흥 산업 규모는 전국 선두였다. 성 전체의 2017년 전략성 신흥 산업 생산액은 13.6% 성장하였고, 판매 수입이 규모를 갖춘 공업의 총생산액에서 차지하는 비중이 31%에 달하여 전년도에 비해 0.8%p 향상되었다. 일정 규모 이상 기업의 신제품 생산액은 18.9% 성장하였고, 공업 로봇, 서버, 3D 프린터 생산량은 평균 50% 이상 성장하였다. 도소매업의 인터넷 도소매 판매액은 49.8% 성장하였다. 신흥 산업 분야에서 성 전체에서는 쉬꽁徐工 그룹, 궈디엔난루이國電南瑞, 텐허꽝닝天合光能 등 중추 선두 기업과 세분화된 업종의 선두 기업이 쏟아져 나왔다. 성 전체에서 백억 위안이 넘는 그룹 가운데 신흥기업이 절반을 넘어서서 전략성 신흥 산업 발전을 추진하는 데 있어서 주요 역량이 되었다. 혁신은 요소 구동이나 투자 구동보다 주로 기술 진보와 과학 기술 혁신에 의존하며 경제 발전은 지식 축적, 제도 규범, 브랜드 건설, 지적 자원, 효율적인 정보 등의 고급 요소의 투입을 더욱 중시할 것이다. 앞으로 장쑤성은 지역 혁신 능력을 한층 더 강화할 것이고, 경제의 질을 향상시켜 전국에서 가장 먼저 혁신 구동형의 고품질 발전 궤도에 진입할 것이다.

- **제조업의 안정적 성장으로 품질 효과를 뚜렷하게 상승시키다**

장쑤성은 글로벌 제조업의 메카로서 실물 경제는 장쑤성 경제의 저력이자 밑바탕이다. 최근에 장쑤성은 제조업 전환에 깊은 관심을 갖고 있다. 아울러 적극적인 발전을 이루었다. 국가 품질 감독 점검 검역 총국에서 2017년 8월에 발표한 〈2015년 전국 제조업 품질 경쟁력 지수 공보〉에 근거하면, 2015년 장쑤성 제조업 품질 경쟁력 지수는 89.86으로, 전국 4위로서, 전국(83.51)과 동부 지역(87.48)보다 높다. 역사적으로 봤을 때, 2008년 이후 장쑤성 제조업 경쟁력 지수는 전체적으로 점차 상승하는 추세를 보인다. 2008년의 86.95에서 2015년의 89.86으로 상승하여 2.91%p 상승하였다. 2017년에 장쑤성은 일정 규모 이상 공업의 증가액이 3조 5,117억 4,400만 위안을 달성하였는데, 그 가운데 고기술 업종, 장비 제조업 증가액은 각각 11.8%, 9.5% 성장하였고, 성장 속도는 각각 일정 규모 이상 공업에 비해 4.3%p, 2%p 증가하였다. 고기술 산업 생산액은 전년도에 비해 14.4% 성장하였고, 일정 규모 이상 공업 총생산액에서 차지하는 비중이 42.7%에 달했다. 공업 로봇 생산량은 99.6% 성장하였고, 3D 프린트 설비는 77.8%, 신에너지 자동차는 59%, 서버는 54.2%, 광섬유는 42.4%, 스마트폰은 26.4%, 태양광 전지는 25.9% 성장하였다. 이것은 장쑤 제조업 가운데 신산업, 새로운 업종이 차지하는 비율이 급속하게 상승하고 있고, 제조업 내부 구조가 계속해서 최적화되고 있으며 장쑤 제조업의 구조와 품질, 내용이 다시 만들어지고 있다는 것을 말해주는 것이다.

- 서비스업의 주도적 지위 형성은 서비스업이 산업을 첨단으로 향하도록 이끄는 것이다

2011년, 장쑤성 위원회와 장쑤성 정부는 〈현대 서비스업을 가일층 발전시키는 것에 관한 소견〉을 발표하였다. 성 전체에서 현대 서비스업의 '십, 백, 천'의 실천 계획과 생산성 서비스업의 '쌍백' 공정, 인터넷 플랫폼 경제의 '백, 천, 만' 공정 등의 3대 실천을 조직하고 실천하도록 하여 효과적으로 장쑤성의 서비스업 우선 발전을 추진하였다. 2012년 8월, 장쑤성 정부 판공청은 〈장쑤성 성급 서비스업 종합 개혁 프로젝트 사업 전체 방안〉을 발표하였고, 장쑤성 각지에서는 적극적으로 반응을 보였다. 모두 11개 직할시의 19개 현(시와 구) 또는 개발구가 신청하였고, 첫 프로젝트 단위에 들어가려고 경쟁하였다. 2016년에 장쑤성 발전 개혁 위원회는 〈장쑤성의 생산성 서비스업 '쌍백 공정' 실시 방안〉을 발표하였다. '쌍백 공정'은 성 전체에서 비교적 영향력과 시범 역할을 하는 100곳의 생산성 서비스업 시범 구역과 업종의 선두, 뚜렷한 혁신 능력을 갖춘 100곳의 생산성 서비스업 선두 기업을 육성한다는 것이었다. 정책의 강력한 리드하에 장쑤 서비스업은 계속해서 발전하였다. 2015년에 장쑤성은 서비스업 증가액이 처음으로 3조 위안을 넘어서 3조 4천억 위안을 달성하였

다. 같은 해에 장쑤성 서비스업 증가액은 GDP 비중의 48.6%에 달하여 처음으로 2차 산업의 비중을 넘어섰고, 장쑤성 경제 구조는 '2, 3, 1'에서 '3, 2, 1'로 근본적인 변화를 실현하였다. 2016년에 장쑤성은 서비스업 증가액 3조 8,152억 위안을 달성하여 전년도에 비해 9.2% 성장하였다. 증가 속도는 지역 생산 총액 증가 속도보다 1.4%p 높았다. 장쑤성 서비스업 증가액이 지역 총생산액에서 차지하는 비중이 50.1%로, 처음으로 50%를 넘어섰고, 서비스업이 처음으로 '강산의 절반'을 차지하였다. 2017년에 3차 산업은 GDP비중의 50.3%를 차지하여 2차 산업보다 5.3%p 높았다. 총량으로는 광둥(4조 7488억 2800만 위안) 다음이었고, 상하이, 저장, 산둥보다 높았다. 성장 속도로 봤을 때, 2016년 장쑤 서비스업의 성장 속도는 8.2%로, 전국 평균 수준을 훨씬 상회하였고, 상하이보다 높았으며, 장쑤 현대 서비스업의 강한 발전 추세를 보여주었다.

경제 발전의 뉴노멀하에서 장쑤 서비스업의 내부 구조도 끊임없이 개선되었다. 2016년에 정보 전달, 소프트웨어와 정보기술 서비스업, 문화와 체육, 오락업, 임대와 비즈니스 서비스업 등 업종의 증가 속도는 20% 이상에 달하여 서비스업 평균 성장 속도보다 훨씬 높았다. 도소매업, 교통 운수, 창고와 우편업, 숙박 음료업 등 몇 가지 전통 서비스업 성장 속도가 비교적 완만한 것을 제외하고는 다른 서비스업 성장 속도는 장쑤 서비스업 평균 성장 속도보다 빨랐다. 차지하는 비중으로 볼 때, 도소매업은 여전히 서비스업에서 가장 큰 산업이다. 그 다음은 금융과 부동산업으로 서비스업에서 차지하는 비중이 모두 10% 이상이다.

3 _ 산업 변화가 공동부유의 장쑤성 경험을 촉진하다

(1) 공동부유 실천 과정에서 인간의 핵심적 지위에 치중하다

부를 창출하는 데 있어서 인간의 핵심적 지위는 두 가지 의미를 포함한다. 첫째, 인간의 부 창출에 있어서 주체라는 것이다. 마르크주의에서는 인간이 생산력 가운데 가장 활발한 요소라고 생각한다. '백성의 부'를 건설하는 새로운 장쑤의 결정적 요소는 인간의 적극성과 창의력을 발휘하는 것에 있다. 예를 들어, 수혈식 빈곤 구제는 일시적인 어려움만 해결해 줄 뿐이고, 빈곤을 근본적으로 치유하고 부유함으로 나아가려면 반드시 조혈식 빈곤 구제의 길로 걸어가야 한다. 최근에 농촌의 타오바오, 농촌 관광 등 농촌 창업 형식이 일어나는 것은 전통 농업 인구가 시장 경제 활동과 사회 분업에 참여할 수 없었던 단점을 상당히 많이 메워 주었다. 사실상 농촌 노동력의 효과적인 작업 일수를 늘려 주었고, 빈곤에서 벗어나 부를 축적하는 효과는 매우 분명해졌다. 둘째, 인간이 부를 창출하는 목적이라는 것이다. 마르크스주의 정치 경제학의 착안점은 바로 국민을 생산의 목적으로 본 것이다. 자본주의 경제 발전이 위기를 맞은 것은, 그 중요한 이유 가운데 하나는 자본의 증식과 확장을 생산의 근본 목적으로 보고, '물'만 보고 인간을, 더욱이 국민을 보지 않은 것이다. 사회 주체인 인간, 특히 국민을 생산 잉여 가치의 도구로 여기고, 심지어는 사회에 1%와 99%라는 분화 대립을 만든 것이다. 역사와 현실이 반복하여 증명하듯이, 만약 사회 생산이 국민을 목적으로 하지 않는다면, 정의롭지 못할 뿐만 아니라 사회 발전 법칙을 위배하는 것으로서, 지속될 수 없는 것이다. '백성의 부'를 실현하는 것은 수많은 국민의 근본적인 이익을 발전의 근본 목적으로 삼는 것을 잘 실현하고 유지하며 발전시켜야 하고, 또 국민의 적극성, 주동성, 창의성을 발전의 강대한 동력으로 움직이게 하여 모든 사람이 참여하고, 최선을 다하며 모든 사람이 누리는 생동감 넘치는 국면을 형성하기 위해 노력해야 한다.

(2) 공동부유 실천 과정에서 기업가 정신의 중요한 역할을 더 잘 발휘한다

2014년 8월, 시진핑은 중앙 재경財經 지도 팀 제7차 회의에서 다음과 같이 언급하였다. "기업가는 매우 예민한 시장 감각을 갖고 있다. 모험 정신이 풍부하며, 집요하고 강인한 풍격을 갖고 있으며, 혁신의 방향과 혁신 인재를 모으고, 혁신적 투입을 마련하며, 새로운 조직을 창조하는 등의 분야에서 중요한 역할을 할 수 있다." 개혁 개방이 진전되면서 '3창創, 3

선先'을 핵심적 내용으로 하는 새로운 시기 장쑤 정신, 즉 새로운 시기 장쑤인의 과감한 혁신, 부지런한 창업, 우월한 진취 정신은 기업가 정신이 국민들에게 숨겨져 있는 생동감 넘치는 묘사이다. 이 정신이 풍부하게 숨겨져 있는 것은 새로운 시기 장쑤성이 '대중 창업, 만인 혁신'을 실시한 귀중한 재산이며, 부 창출 채널을 넓혀나간 장쑤의 믿음직한 기둥이기도 하다. 2018년 6월, 장쑤성 위원회와 성 정부는 <기업가의 건강한 성장 환경을 만들고 우수한 기업가 정신을 드높이며, 기업가의 역할을 더 잘 발휘하게 하는 실시 의견>을 발표하였다. 새로운 시대 중국 특색의 사회주의 사상을 지도로 하고, 새로운 발전 이념을 관철시키며, 고품질 발전 요구를 실현하고, 법치를 엄격한 이행, 개혁과 혁신, 규율 준수, 서비스 최적화, 전형적인 시범의 원칙을 견지해 나가며, 법에 따라 기업가의 합법적인 권익을 보호하는 법치 환경, 기업가의 공평한 경쟁과 성실 경영을 촉진하는 시장 환경, 기업가가 창업하여 일을 하는 것을 존중하고 격려하는 사회 분위기를 촉진하고, 기업가의 애국 경업, 기율과 법 준수, 창업 혁신, 사회 서비스를 이끌며, 수많은 기업가의 적극성과 주동성, 창조성을 이끌어내어 기업가의 역할을 더 잘 발휘할 수 있도록 한다. 또한 글로벌 전략의 시각, 시장 개척정신, 관리 혁신 능력과 사회 책임감을 갖춘 우수한 기업가를 육성하여 고품질 발전, 부유하고 아름다운 새로운 장쑤 건설에 강력한 동력을 제공할 수 있도록 한다.

(3) 부의 창조와 분배에서 사회 조절의 독특한 가치를 더욱 중시하다

사회의 생산력 수준을 높이는 것은 '백성의 부'에 있어 반드시 필요한 조건이다. 하지만 필요 충분 조건은 아니다. 부의 분배와 부의 창출과 마찬가지로 '백성의 부'에 영향을 미치는 중요한 요소다. 소득 분배 제도는 이익 관련 당사자의 공동 이익을 처리하는 가장 직접적인 경로로, 각 관련 주체의 이익과 밀접한 관계가 있다. 현재 및 앞으로 매우 긴 시간 내에, 중국은 여전히 사회주의 초급 단계에 처해지게 될 것이다. 실제적인 견지에서 출발하여 수입 향상을 노동 생산성 향상의 기초 위에 세워야 하며, 복지 수준 향상을 경제와 재력이 지속 가능한 성장의 기초 위에 세워야 한다.[6] 새로운 시기 소득 분배 제도의 개혁은 공평과 효율을 함께 중시하는 틀 위에서 진행되어야 하고, '발전'과 '함께 누림'의 황금 비율을 정확하게 찾아내야 한다. 3차 분배는 사회 자주성과 도덕성을 갖추고 있다. 공민의 자주적인 자원의 기초 위에서 사회 구성원 내부에서 재산의 직접 또는 간접 이전이고, 사회 구성원이 도덕적인 힘과 지배하에서 진행하는 자원 행위로서, 공민이 주체가 되는 사회 책임감이 구체화된 것이고, 1차 분배와 재분배에 대한 중요한 보충이다. 3차 분배는 광범위하게 존재하는데, 1차 분배와 2차 분배의 내재적인 결함을 상당한 정도로 보충해 줄 뿐만 아니라 소득 분배의 갈등 해소와 사회 조화 촉진에 독특한 작용을 한다.

(4) 공동부유의 실천에서 실물 경제의 지탱 기능을 더욱 강화하다

실물 경제는 직접 물질적 부를 창조한다. 사회적 부의 근본 원천인 것이다. '백성의 부' 실현은 결국 사회의 진정한 부를 증가시키는 것이다. 가상적인 부의 누적이 아닌 것이다. 국민들의 날로 증가하는 수요를 만족시키기 위해서는 제품의 대량 생산과 공급을 전제로 해야 한다. 근본적인 방책은 고도로 발달한 실물 경제 생산 체계와 선진 기술 체계를 세우는 것이다. 제조업은 고용 흡수, 사회 수요의 만족과 국민 생활 보장이라는 중요한 사명을 지고 있다. 현대 '실제에서 벗어나 가상으로 향하는' 현상이 심각한 사회 근원이 되었다. 오랜 기간의 모방 전략은 지식 재산권 보호 취약, 기업 혁신의 취약을 초래하였다. 전통 비교 우위의 역전이라는 거시적인 배경 하에서 전통 제조업의 영리 공간은 심각하게 억눌렸다. 실물 경제의 자본에 대한 흡인력은 줄어들었다. 장쑤성은 제조업의 메카이다. 실물 경제 발전은 장쑤 경제에 있어서 필연적인 선택이었다. 또한 '백성의 부' 새로운 장쑤성을 건설하는 가장 우선적인 방법이기도 하다. 장쑤성은 제조업을 위주로 실물 경제를 발전시키는데

---

6 中共中央宣傳部, 〈習近平總書記系列重要講話讀本〉, 學習出版社, 人民出版社, 2016년판, 214쪽.

반드시 실물 경제를 발전시키고 핵심 경쟁력을 갖춘 우수한 기업을 육성하여 경제 정책을 제정하고 실행하는 출발점으로 삼아야 한다. 발전 정책이든 개혁 조치든 모두 기업인으로 하여금 자신감을 진작시키고 손발을 놓고 대담하게 혁신하게 하며 기업 부담을 줄여주며 기업 활력을 증진시키는데 주안점을 두어야 한다. 노력하여 창조능력이 강하고 브랜드 가치가 높으며 시장 전망이 좋은 우수기업을 더욱 많이 육성하고 실물 경제가 끊임없이 강대해지도록 촉진하며 경제의 미시적 기초를 튼튼히 해야 한다.

산업적 측면에서 힘을 다해 저급 생산 능력의 과잉, 고급 공급 부족의 문제를 해결하고 제조업 생산의 품질과 효율을 제고하며 제조업체의 '쌍창雙創'을 대대적으로 지원한다. 더 우수한 품질의 제품, 더 풍부한 업종으로 국내 소비 업그레이드 수요를 이끌고 만족시키며 '백성의 부'에게 총량이 풍부하고 구조가 다원적이며 품질이 우수한 물질적 선택을 제공한다.

(5) 합리적 성장 구간에 새로운 공동부유의 길을 개척하다

공동부유의 실천은 오랜 역사 발전 과정이다. 경제 성장의 안정된 발전은 공동부유의 실천에 안정된 경제 환경을 제공해 줄 수 있다. 국내외 발전의 실제 사례에서 봤을 때, 경제 위기와 넓은 의미의 사회 위기 등 복잡한 요소의 영향을 받아 한 경제 주체는 짧은 시간 안에 경제의 급속한 쇠퇴가 나타나고, 공동부유의 발전에 심각한 파괴 현상이 벌어지며 공동부유 실천에 어려움을 더해 준다. 경제의 뉴노멀로 접어든 이후 합리적 성장 구간의 긴박성을 보다 강하게 유지하는 것이 신구 동력을 질서있게 맞닿게 하는 것을 유지하는 것이다. '합리적 성장 구간'론의 함의는 경제 운행 구간을 명확히 하고, 성장의 안정성을 지키며, 고용의 하한선을 지키고, 통화 팽창의 상한선을 지키는 것이다. 아울러 경제 운영의 합리적 구간과 조화를 이루는 거시적 경제 정책을 취하는 것이다. '합리적 성장구간'의 사고방식을 운용하여 새로운 통상적인 경제운용의 질을 평가하며 종합적인 지표를 수립해야 한다. 주요 경제 지표가 합리적 구간에 있는지 여부를 봐야 하고, 경제활력, 내생 동력이 성장하고 있는지를 봐야 한다. 또 경제 구조가 최적화되어 있는지를 봐야 하고, 경제 발전의 잠재력이 질서 있게 방출되는지를 봐야 한다. 경제 운영이 합리적인 구간을 유지하고 있을 때 전통 경제 발전 방식을 주 라인으로 하고, 구조 조정을 주안점으로 하여, 시장의 자원 배치와 자기 조절의 역할을 더욱 잘 발휘하도록 한다. 경제 운영이 상한과 하한에 가까워졌을 때 거시 정책은 안정 성장 또는 통화 팽창 방치에 치중해야 하고, 구조를 조정하고 개혁을 촉진하는 중장기 조치와 결합하여 경제 운행을 합리적 구간으로 유지해야 한다. 경제가 합리적인 구간에 있는지 판단하려면 성장 지표뿐만 아니라 구조 지표가 좋아지고 있는지, 그 구조 조정 과정에서 동력 안정화 추세, 경쟁력 강화 추세, 경제의 질과 효익이 향상되는지를 봐야 한다. 경제 구조 변화는 내재적인 법칙성을 갖고 있어 경제 발전 단계와 서로 어울리는 산업 구조의 변화에서 집중적으로 드러난다. 선진국의 경험에서 나타나듯이 한 경제 주체는 산업화 중후기 및 후기 산업화 발전 단계에 들어서면 서비스업이 지속적으로 상승하는 과정을 거치게 된다. 아울러 최종적으로 서비스 경제가 주도적인 산업 구조를 형성하게 된다. 현재 장쑤 각지에서 '산업화 후기'와 '후기 산업화'라는 두 발전 단계의 임계점을 연이어 넘고 있음에 따라 제조업과 서비스업이 비중은 근본적인 변화를 겪고 있다. 게다가 산업은 국경을 뛰어넘어 융합 바람이 일면서, '장쑤 서비스'가 장쑤의 새로운 브랜드와 새로운 강점이 되고 있다. 따라서 뉴노멀 배경 하에서 장쑤 경제의 합리적 구간 토론에서는, 성장 지표를 사용해야 할 뿐만 아니라 구조 지표를 운용해야 하며, 향후 일정 기간 장쑤 경제 구조 조정의 '상한과 하한'을 찾아내고, 경제 성장의 건전성을 공유하며, 실천하기 위해 양호한 발전 환경을 창조해야 한다.

(6) 고용 구조를 최적화하여 공동부유의 기초를 다지다

양호한 고용 구조는 공동부유를 실현하는 데 있어서 중요한 조건이다. 성 전체의 인구변동 상황에 근거하여 자료를 표본 추출하여 추산해 보면, 2018년 말에 성 전체 취업 인구는 4,750만 9천 명으로, 상주 인구 전체의 59.01%를 차지한다. 2017년 말과 비교해서 취업 인구는 69,000명 감소하였고, 총인구에서 차지하는 비중은 0.24%p 줄어들었다. 성 전체 취업 인구는 각 산업별 숫자로 보면 각각 764만 8,900명, 2,033만 3,900명, 1,952만 6,200명으로, 취업 인구에서 차지하는 비중이 각각 16.1%, 42.8%, 41.1%다. 2017년말과 비교해서 1차와 2차 산업의 취업 인구는 각각 34만 4,200명, 7만 7,100명 감소하였고, 3차 산업 취업 인구는 35만 2,300명 증가하였다. 1차와 2차 산업 취업 인구 비중은 각각 0.7, 0.1%p 감소하였고, 3차 산업 취업 인구 비중은 0.8%p 증가하였다. 총인구의 저속 증가, 노동 연령 인구의 대폭 감소 상황에서 성 전체 상주 인구 취업 총량은 최근에 파동식으로 하강하는 추세를 보이고 있다. 이와 함께 고용 구조는 한걸음 더 최적화되었다. 산업별 고용 구조의 변화는 다음과 같은 내용을 말해 주고 있다.

첫째, 도시화 발전이 빠른 속도로 안정되게 지속적으로 추진되고 있고, 1차 산업이 계속 밀어내기 효과를 보이면서 취업자 숫자는 비교적 대규모 감소 현상을 보이고 있다.

둘째, 노동력 자원의 감소와 공급측의 개혁이라는 이중의 작용 속에서 노동 집약형 기업, 특히 제조업의 빠른 전환형 업그레이드 발걸음은 고용 흡수력이 다소 떨어졌다. 동시에 재취업을 도와주는 조치와 직업 훈련 계획은 방출된 노동력 취업 문제를 효과적으로 해결하였고, 고용 형세를 안정화시켰다.

셋째, 제3차 산업 내 전통 업종의 분업은 더욱 세분화되고 심화되어 신형 업종이 끊임없이 생겨나는 것도 취업자 수 증가의 주요 요인이다. 그러나 인구의 고령화가 더욱 진전됨에 따라 노인 인구를 위한 서비스업의 증가가 빠르게 진행되고 있다.

(7) 공동부유를 촉진하는 과정에서 민영 경제가 발휘하는 중요한 역할

민영 경제는 거대한 고용과 창업의 공간을 갖고 있다. 대중들이 부를 쌓을 수 있는 중요한 방법인 것이다. 2018년 11월에 장쑤성 위원회의 주요 지도자들은 CCTV 등의 매체들이 연합 취재를 할 때 다음과 같이 언급하였다. 개혁 개방 이후 장쑤성의 민영 경제는 1980년대 초의 '언급할만한 것이 없다'에서 국내 자본, 외국 자본과의 '삼족정립'으로, 다시 성 전체 경제의 절반을 차지하는 데에까지, 2017년 말 장쑤성 민영 경제 증가액이 차지하는 비율은

55.4%에 달했다. 개인 경영 기업 수, 등록 자본액, 500대 민영 기업에 이름을 올린 숫자가 전국 선두를 달리고, 성 전체 경제 발전의 주력군이자 과학 기술 혁신의 주된 동력이자 고용의 주된 채널이 되었고, 장쑤성 경제 사회 발전을 추진해 나가는 데 있어서 빼놓을 수 없는 중요한 힘이 되었다. 같은 달에 개최된 장쑤성 민영 경제 좌담회에서 장쑤성 위원회는 장쑤성은 '네 가지 환경'을 조성할 것임을 분명하게 언급하였다. 즉, 공정한 경쟁이 이루어지는 시장 환경, 친화적이고 조화로운 경영 환경, 간명하고 효과적인 정책 환경, 공정하고 투명한 법치 환경 등인데, 이는 민영 경제 발전을 위해 양호한 생태계를 만들어낸다. 2019년 5월, 장쑤성 위원회 판공청은 <민영 경제의 고품질 발전을 촉진하는 것에 관한 의견>을 발표하여 다음과 같이 언급하였다. 2022년까지 민영 경제 증가액이 장쑤성 총생산액에서 차지하는 비중을 60% 안팎으로 하고, 민영 공업이 성 전체 공업 경제 성장에서 차지하는 공헌률은 65% 이상 달하게 한다. 민간 투자는 사회 투자 비중을 75% 안팎까지 끌어올린다. 90곳 이상의 기업이 500대 전국 민영 기업에 들어가도록 하고, 영업 소득이 천억 위안이 넘는 대형 민영 그룹을 15곳 이상 육성한다. 민영 기업의 특허권 숫자를 25만 건 넘게 한다. 2025년까지 민영 경제 발전 품질과 수익을 대폭 끌어올리고 산업 혁신 능력과 핵심 경쟁력은 눈에 띄게 늘어날 것이며, 세계적 영향력이 있는 민영 다국적 기업 그룹을 육성하여 혁신 인도, 규모있는 수익, 강함과 정밀함, 개방 발전 등 분야에서 전국 선두를 달릴 것이다. 민영 경제가 지속적으로 커지는 것은 장쑤성의 공동부유에 실력과 저력을 보태줄 것이고, 공동부유가 전국 선두를 달리는 데 있어서 신뢰있는 부분이 될 것이다.

(8) 부의 윤리관이 공동부유의 실천에서 이끌어가는 의의를 더욱 뚜렷하게 나타내다

부 윤리는 부를 창출하고 교환하며 분배하고 소비하는 것을 지배하는 윤리 가치체계이다. '백성의 부'를 세워가는 새로운 장쑤는 정확한 부 이론에서 벗어날 수 없는 버팀목이다. '백성의 부' 새로운 장쑤 건설은 올바른 부 윤리의 뒷받침에서 벗어날 수 없다. 가장 근본적인 것은 마르크스주의의 부 윤리관을 수립하고 '사람의 척도'와 '物의 척도의 통일을 견지함으로써 인간의 자유가 전면적으로 발전하는 것을 촉진하는 것으로 돌아와 '부'의 본의로 회귀하여 '부'의 내용을 넓히고, '부'에 대한 잘못된 인식을 해명하고 반전시키는 것이다.

첫째, 함께 누리는 재물관을 수립한다. 한편으로 법치의 틀 안에서 인간의 온전한 재산권을 존중하고 보호하고 다른 한편으로 어떠한 부도 본질적으로 사회의 것이고, 특히 안전과 사교, 존중, 자아 실현 등 인간의 높은 수요에 대한 부는 더욱 그러하다. 이와 상응하여 함께 누리는 발전을 견지하는 나라에서 많은 사람들에게 양질의 공공 서비스를 제공하는 것은 포기할 수 없는 정부의 기본 권리이다.

둘째, 근검 절약하는 재물관을 수립한다. 부를 얻는 것은 '부'를 실현하는 전제이다. 하지만 부를 사용하는 것은 '부'의 질과 경지가 드러나는 것이다. 부를 물 쓰듯 소비하는 것은 부의 합리적인 사용을 실현할 수도 없고, 부 본래가 갖고 있는 사회적 가치를 크게 에누리하게 되며 심지어는 정신적인 부 결핍의 경지에 빠지게 한다. 근검 절약의 소비관을 수립한다는 것은 최소의 소비로 인간의 합리적인 수요를 만족시키는 것이다. 이는 본질적으로 '인간 본질적 역량의 대상화'라는 미의 법칙을 따르는 것으로, 미와 선의 통일인 것이다.

셋째, 생태 재물관을 수립한다. 시진핑은 "생태 문명 건설은 국민 복지에 관계되고, 민족의 미래와도 관련된다"고 하였다. 양호한 생태는 가장 큰 공공 생산품이다. 그 자체는 귀중한 부이기도 하다. 생태적 재물관을 수립하는 것은 부의 더 훌륭한 사용을 촉진할 수 있고, 인간들이 갖고 있는 부의 총량을 늘릴 수도 있다. '백성의 부'와 '생태미'의 긍정적 시너지 속에서 '백성의 부' 동력을 더 강하게 할 수 있고, 그 내용은 보다 명실상부해질 수 있다.

08

창업과 혁신이 공동부유 효과를 발휘하다

2014년 12월 중앙경제 사업 회의에서 시진핑은 시장이 살아야 하고, 혁신에 내실이 있어야 하며, 정책은 너그럽게 하여 대중 창업과 시장 주체 혁신에 유리한 정책적 제도 환경을 만들어야 한다고 강조하였다. 같은 해 9월, 하계 다보스 포럼에서 리커창은 960만 제곱킬로미터의 대지 위에 '대중 창업' '뿌리 창업의 새로운 물결을 일으키고 만인 혁신의 새로운 태세를 형성해야 한다'고 언급하였다. 대중 창업과 만인 혁신을 추진하는 것은 수많은 대중의 지혜와 창조력을 불러일으키는 중대한 개혁 조치로서, 강성한 국가와 부유한 국민을 실현하는 중요한 방법이다. 대중 창업과 만인 혁신은 개혁 개방 40여 년 간 장쑤 경제 사회 발전의 동력원이었고 국민들의 소득을 늘려 부자가 되게 하는 길이었다. 중국의 두 번째 경제 대성大省으로서 장쑤성은 끊임없이 창업과 혁신의 생태 환경을 최적화하였고, 새로운 경제 발전을 가속화하였으며, 발전의 새로운 기능을 양성하였고, 창업과 혁신의 새로운 엔진을 구축하는 데 있어서 전략적 버팀목 역할을 충분히 발휘하였다. 아울러 새로운 시대 장쑤 경제 사회의 고품질 발전을 추진하는 데 노력하였고, 대중 창업과 만인 혁신의 새로운 사업과 국면을 끊임없이 개척해 나갔으며 창업과 혁신을 통해 공동부유 효과를 발휘하였다.

1_ 창업 및 혁신과 공동부유의 유기적인 융합

2017년 10월, 국제 및 국내 정세와 중국 발전 조건을 종합분석하는 기초 위에서 시진핑은 2020년부터 21세기 중반까지 중국 현대화 건설의 두 단계 조치를 제기하였다. 그 가운데 공동부유에 관한 목표는 두 단계 방안을 설정하였다. 2035년까지 "전체 국민이 함께 잘 사는 건실한 발걸음을 내딛는다"는 것으로, 국민 생활 수준을 보다 넉넉하게 하고, 사회 구성 면에서 중산층 비율을 눈에 띄게 향상시키며, 도시와 농촌 관계에서 발전 격차와 주민 생활 수준 격차를 뚜렷하게 줄이고 또 기본 공공 서비스 균등화를 기본적으로 실현한다는 것이다. 2050년의 목표는 "전체 국민의 공동부유가 기본적으로 실현되는 것"이다.

목표는 이미 그려졌다. 청사진도 이미 완성되었다. 관건은 행동이다. 그렇다면 어떻게 공동부유의 목표에 초점을 맞춰 보다 속도를 높이고 보다 우수한 질로 예정대로 목표를 실현할 수 있을 것인가? 그 답은 명확하다. "위대한 공적을 이룩한 것은 위대한 포부가 있기 때문이고, 위대한 공적을 완성하는 것은 부지런히 일하는 데 있다." 시진핑은 다음과 같이 분명하게 지적하였다. 인간 세상의 모든 행복은 힘든 노동에 의지하여 창조되어야 한다. 국민 대중은 역사의 창조자이다. 전면적으로 움직이게 하고 인간의 적극성을 충분히 발휘하게 해야 아름다운 미래를 열어갈 수 있다. 대중 창업과 만인 혁신은 국민들에게 무대와 공간을 제공할 것이다. 그들이 온몸을 펼쳐서 개인의 행복을 창조하고 개인의 가치를 성취하는 동시에 공동부유 창조를 위해 더 많고 더 좋은 물질적 기초를 창조해 내야 한다.

(1) 공동부유의 새로운 노선 - 공동부유 효과를 내는 창업과 혁신

공동부유 실현은 사회주의의 본질적 요구이다. 중국 경제 사회 발전이 고도 성장에서 고품질 발전이라는 새로운 단계에 접어듦에 따라 공동부유를 실현하는 노선도 새로운 변화가 생겨났다. 현재 당 중앙과 국무원이 제기한 대중 창업과 만인 혁신을 주요 내용으로 하는 창업과 혁신은 이 목표를 실현하는 새로운 노선이 되었다. 중국 거시경제 연구원 왕창린王昌林이 이해한 바에 따르면, 창업과 혁신은 주술 구조의 단어 조합으로 표현된 것이다. 주어는 '대중'과 '만인'이다. '대중'은 많은 사람들이 창업하는 것으로 민간성, 풀뿌리성을 강조한 것이다. '만인'은 수많은 공중이 혁신에 참여하는 것을 가리키는 것으로, 혁신의 광범성, 대중성을 강조한 것이다. 두 술어는 '창업'과 '혁신'이다. '창업'은 주로 새로운 기업을 만들고 새로운 산업을 창조해내는 것을 말한다. '혁신'은 주로 새로운 기술, 새로운 제품, 새로운 업종과 모델을 만들어내는 것으로, 기술 혁신과 비즈니스 모델 혁신을 포함한다.[1]

2019년 3월 10일, 시진핑은 13기 전국 인민 대표대회 2차 회의 푸지엔 대표단 심의에 참가했을 때 혁신 창업 창조에 유리한 양호한 발전 환경을 만들어야 한다고 강조하였다. 개혁·개방을 위해서는 동력을 필요로 하고, 전 사회의 혁신과 창업 창조 에너지를 최대한 방출해야 하며, 세계 대격변 국면에서 중국의 영향력과 경쟁력을 부단히 증강시켜야 한다. 대체적으로 말하면, 그 주요한 메커니즘은 다음과 같은 것에 있다.

대중 창업이라는 차원에서 보면, 한편으로, 인간은 생산력 가운데 가장 중요한 요소다. 인간의 적극성과 주동성, 능동성을 움직일 수만 있다면 그것이 경제 사회 발전의 새로운 동력이 되도록 할 수 있다. 다른 한편으로 사회주의 초급 단계라는 나라 사정에서 인간들이 반드시 더 많은 고용 기회를 만들어내야 한다고 호소하는 것이다. 통계에 따르면, 중국의 실업률이 기본적으로 연도 목표치 이내로 통제되고 있기는 하지만 절대 숫자로 봤을 때, 매년 여전히 1,000여만 명의 고용 수요가 늘어나고 있다. 동시에 '3기 누적'과 전환형 업그레이드의 영향을 받아 국내 경제 성장 속도는 느슨해지고 있으며, 일자리는 총량이나 구조 면에서 이중 구멍이 드러나고 있다. 총량 면에서 볼 때 전체적인 고용 긴장의 상황에서 여전히 부분적인 업종과 직업에서 공급이 수요에 대응하는 못하는 문제가 나타나고 있다. 이 때문에 대중 창업의 형식을 통해 국민들의 적극성과 주동성을 발휘하

---

[1] 王昌林,〈'雙創'究竟應該怎麼看—對"雙創"幾個基本問題的理論思考〉, https://www.sohu.com/a/206764806_692693

게 하고, 창업으로 취업을 해결한다는 생각이 매우 중요해지고 있다. 객관적인 결과로 볼 때, 근 20년간 도시의 개체호, 사영 경제 주체는 장쑤성이 사회 취업을 빨아들이는 주요한 통로가 되고 있다. 아래 표에서 볼 수 있듯이 도시 사영 기업이 취업자를 받아들인 수는 1995년의 65만 8,900명에서 2017년의 1,828만 1,100명으로 늘어나 근 30배 성장하였다. 도시 개별 취업자 수도 20여 년간 근 10배 증가하였다.

1995-2017년 장쑤성 도시 개별, 사영경제 주체가 취업자 수를 받아들인 상황 (단위 만명)

	1995	2000	2005	2010	2015	2017
도시 사영 기업 취업자 수	65.89	96.57	397.2	958.85	1459.36	1828.11
도시 개별 취업자 수	65.89	96.57	397.2	958.85	1459.36	1828.11
도시 지역 취업자 수	65.89	96.57	397.2	958.85	1459.36	1828.11

자료 출처 : 관련 연도 〈강소성 통계연감〉

만인 혁신이라는 차원에서 봤을 때, 고등교육의 보급과 함께 혁신은 원래 소수 사람들과 전문 기관에서 행하는 활동이 점차 일반 사람들의 활동으로 변해간 것이다. 만약 산업화 시대 시장 경제의 여건에서 창업과 혁신에 필요한 자금, 높은 기술이 일반 대중들이 쉽게 접근할 수 없다고 한다면, 오늘날 인터넷의 광범위한 이용과 창업의 낮은 문 등의 기회 평등은 보다 유리한 기초가 되었고, '인터넷 +' 창업과 혁신은 도처에 존재하며 일반 대중들도 거기에 참여할 수 있으며, 성공할 수 있는 기회를 찾아낼 수 있게 되었다. 대중 창업과 만인 혁신은 일반 사람들이 물질적인 부를 창조하는 과정에서 동시에 정신적인 추구를 실현하도록 하여 소비로 만족하는 것이 아니라 혁신적인 사업으로 인해 국민들로 하여금 성취감을 얻게 하였다. 통계에 따르면, 2018년에 장쑤성의 성과 사회 전체 연구 개발비는 성 총생산액 비중 2.64%를 차지하였고, 신기술 산업 생산액은 일정 규모 이상 공업의 생산액에서 차지하는 비중이 43%를 넘어섰고, 과학 기술 발전 공헌률은 63%에 달했다. 성 전체에서 새로 인정받은 신기술 기업은 8,000곳이 넘어 총 숫자는 18,000곳이 넘었다. 현재 장쑤성의 국가급 기업 연구 개발 기관은 145곳에 달하여 전국 선두를 유지하고 있다. 이 밖에 장쑤성은 중국과학원, 칭화대학, 베이징대학 등과 전략적 협력 관계를 맺었고, 중국과학원과 협력 프로젝트는 판매 수입이 1,300억 위안으로 늘어났다. 2018년도 국가 과학 기술 장려 대회에서 장쑤성은 모두 50개의 범용 프로젝트가 2018년도 국가과학 기술상을 받았으며, 수상 항목 수가 전국 성 가운데 1위를 차지하였다. 중국 인민해방군 육군공정대학陸軍工程大學 첸치후錢七虎 원사院士가 2018년 국가 최고과학 기술상을 받은 것은 지난해 난징 이공대학 왕쩌산王澤山 원사에 이어 2년 연속 장쑤 과학자가 국가 최고과학 기술상을 받은 것이다.

요컨대, 국내 비즈니스 환경의 끊임없는 개선과 최적화에 힘입어 혁신 창업은 이미 부분에서 전체로, 현상에서 메커니즘의 초월로 향하면서 경제 성장을 추진하는 중요한 동력이자, 전환형 업그레이드를 촉진하는 중요한 힘이자, 고용을 안정시키고 확대해가는 중요한 버팀목이 되었다. 최근에 혁신 창업 기업과 비즈니스 모델이 계속해서 쏟아져 나와 시장의 활력과 발전 잠재력을 크게 불러일으키고 있고, 사람들의 생산 방식을 크게 바꾸고 영향을 미치고 있으며, 많은 취업 기회를 만들어내고 있고, 고품질 발전과 신구 에너지 전환을 촉진하는 중요한 역량을 모으고 있다. 혁신과 창업은 객관적으로 평범한 사람들을 위해 새로운 통로를 열어놓았다. 개방적이면서도 정해진 규칙이 있는 사회와 시장에서 당신이 어디 출신이든, 배경이 어떠하든 모든 사람은 자신의 노력을 통해 자신의 인생을 발전시켜 나갈 수 있고, 행복한 생활을 영위할 수 있으며 소득이 없던 사람이 소득이 있게 되고, 소득이 낮았던 사람이 중산층으로 변할 수 있다. 소득 분배구조가 개선되고, 그에 따라 개혁 개방의 행복감을 누릴 수 있고, 대중들의 성취감을 늘려나갈 수 있게 된다.

(2) 혁신과 창업의 장쑤 역사 - 체제 돌파에서 무대의 주인공으로

혁신, 창업, 창조는 경제 발전과 사회 발전의 마르지 않는 에너지이다. 개혁 개방 이후 대중 창업과 만인 혁신은 줄곧 장쑤의 주된 멜로디였고, 가장 강한 소리였다. 2018년 10월 24일,

전국 상공인 연합회에서 <개혁 개방 40년 100명의 뛰어난 민영 기업가 명단>을 발표하였는데, 그 가운데 본적이 장쑤와 저장인 기업가가 가장 많아서, 각기 9명이 이름을 올렸다. 사실상 '11차 경제개발 5개년 계획' 기간 동안 장쑤성에서는 '창업, 혁신, 우수함 창조' 및 '앞을 다투고 리드하며 솔선하는' 새로운 시기 정신과 함께 '엘리트 창업'으로부터 현재의 '대중 창업, 풀뿌리 창업'으로 들어설 것을 제기하였다. 혁신 창업 분야에서 장쑤가 전국에서 '솔선'할 수 있었던 것은 양호한 '유전자'가 있었기 때문이라고 할 수 있다. 본질적으로 농민의 혁신 창업인 '쑨난 모델'인데, 초보적으로 사회 경제 발전의 '농업에서 공업으로의 전환'을 실현하였다. 1992년 덩샤오핑의 남순강화와 당정 기관의 10만 지도 간부의 노력으로 이루어진 92파의 기업가들, 이들은 '체제 내에서 체제 밖으로' 달려나간 '불안하면서도 사상을 갖춘 사람들'이었다. 21세기에 들어와서의 창업은 '인재 창업'이었다. 해외에서 돌아온 고급 인재, 대학 연구소에서 일하던 사람들이 주가 되었다. 공산당 18차 전당대회 특히 19차 전당대회 이후 혁신과 창업은 신세대 기업가의 새로운 목소리가 되었다. 40년 발전 역사를 되돌아보면, 장쑤 민영 경제는 무에서 유로, 작은 것에서 큰 것으로, 제한에서 허가로, 다시 격려와 지원으로 향하여, 지금은 장쑤 경제 발전의 중요한 버팀목이 되었다. 대체로 장쑤성 민영 경제 발전은 초보적 탐색, 급속 발전, 초월 발전과 전환형 발전 등의 네 단계로 나눌 수 있다.

초보적인 탐색 단계(1978~1992년)

장쑤성의 민영 경제는 제1차 사상 해방 과정에서의 성 전체 농촌 경제 개혁과 도시 기업의 발전이라는 '뜻밖의 수확'이었다. 장기적인 계획 경제 메커니즘이 야기한 생활 필수품의 심각한 부족 및 도시와 농촌의 고용 압력이 날로 심각해지는 등의 문제를 해결하기 위해서 장쑤성에서는 솔선하여 '꼬리' 사상을 돌파하여 사원의 부업과 시장 거래 등의 개인 경제를 격려하고, 동시에 인민 공사 공업, 즉 향진 기업을 발전시키는 데 노력을 기울였다. 1978년 말에 성 전체의 개별 상공 가구는 23,000호였고, 종업원 수는 30,247명이었다. 1981년 말이 되어 성 전체 개별 상공 가구 수는 92,500 가구에 종업원 수는 99,000

명에 달하여 1978년과 비교해서 각각 연평균 59.1%와 48.9%의 성장을 보였다. 같은 해에 장쑤 민영 기업 등록 자금은 1억 2천만 위안으로, 1억 위안 관문을 돌파하였다. 3년이라는 짧은 기간 동안 장쑤 민영 경제는 이론과 실천의 초보적인 탐색 가운데 훌륭한 발전을 이루었다. 동시에 민영 경제 발전의 튼튼한 기초를 놓았다. 1982년에서 1987년까지 중앙에서는 5년 연속 1호문건을 발표하였고, 1982년 헌법은 '법률이 규정한 범위 내에서 도시와 농촌의 노동자들의 개별 경제는 사회주의 공유제 경제의 보충'이라는 견해를 제기하였다. 이는 장쑤성 위원회와 성省 정부가 민영 경제 발전 경험을 총결하고, '껑쥐 모델'과 '쑤난 모델'을 적극적으로 보급하는 움직임 속에서 장쑤 민영 경제는 다시 새로운 단계에 올라섰고, 1987년 말이 되어 장쑤성 개별 상공 가구 수는 86만 6,800가구에 종업원 수 120만 3,600명, 등록 자금은 11억 3,800만 위안에 달했다. 1992년 초에 덩샤오핑의 남순강화에서 '발전이야말로 굳은 이치'라고 강조하였다. 장쑤성의 각급 당 위원회와 정부에서는 '세 가지 유리함'을 기준으로 하여 한걸음 더 나아가 사상 해방, 관념 전환, 너그러운 정책을 제기하였다. 역사적인 기회를 붙잡아 민영 경제를 더 빨리 발전시키기 위해서 같은 해 10월에 장쑤성에서는 민영 경제 발전에 관한 의견인 〈장쑤성 개별 사영 경제가 건강하게 발전하는 것을 격려하고 지원하는 것에 관한 의견〉을 발표하였다. 민영 경제의 발전과 함께 1992년 말에 장쑤 국민 경제 각 항목의 지표가 전국 각 성과 시 가운데에서 앞자리에 놓이게 되었다.

급속 발전 단계 (1992년~2002년)

장쑤 민영 경제가 급속한 발전을 이룬 것은 중앙과 지방의 진일보한 사상 해방 때문이었다. 당의 14차 당대회에서 명확하게 지적하기를, 중국 경제 체제 개혁의 목표는 사회주의 시장 경제를 세우고 보완하는 것이라고 하였다. 이후 중국은 사회주의 시장 경제 건립 목표를 확실히 세웠고, 개별 사영 경제가 중국 특색의 사회주의 경제의 구성 요소라는 관념이 점차 사회적인 공통 인식이 되었다. 2000년 12월, 장쑤성은 성 전체 사영 개별 경제 사업 회의를 개최하였다. 성 위원회와 성 정부에서는 민영 경제를 발전시키는 것이 장쑤성이 새로이 뛰어넘어 다시 창조적이고 눈부신 현실을 실현하는 성장점이라는 것을 높이 인정하며 민영 경제를 발전시키는 데 있어서 다시 한번 사상 대해방을 요구하고 민영 경제를 발전시킬 수 있도록 '안심하고 허심탄회하게, 대담하게 열고, 대담하게 늦추고, 대담하게 활동하도록' 할 것을 요구하였다. 이후 장쑤성의 민영 경제는 급속도로 발전하는 길을 걸었다. 중앙과 지방에서 계속 이어지는 우호적인 정책이 쏟아지는 가운데 장쑤성 내륙에서는 기관 간부의 벤처 창업, 국유 기업 직원들이 사직 이후 창업, 과학 기술계 지식인들의 창업, 농민의 자주 창업 등의 현상이 속속 벌어졌고, 민영 경제 창업 분위기는 짙어졌다. 이와 동시에 향진 기업, 국유 기업, 집단 기업이 대규모로 민영 기업으로 바뀌었고, 장쑤 민영 경제의 발전에 강하고 큰 동력을 불어넣었다. 그 밖에 국외 기업이 끊임없이 중국으로 들어왔고, 장쑤성 민영 기업의 발전을 어느 정도 촉진하였다. 2002년 말까지 성 전체 개별 상공 가구는 157만 3,300호, 종업원 수 286만 4,900명, 등록 자본 270억 1,700만 위안으로, 각각 1992년의 1.79배, 2.18배, 105배였다. 개별 상공 가구의 기초 위에서 발전한 사영 기업은 28만 6,200호에 종업원수 363만 6,900명, 등록 자본 2,170억 7,600만 위안이었다. 2002년 말 성 전체 민영 경제는 증가액 3,001억 7,800만 위안을 달성하였고, 민영 경제 증가액이 GDP에서 차지하는 비중은 28.3%에 달했다. 장쑤의 민영 경제는 급속 성장을 이룬 것이다.

초월 발전 단계(2002년~2012년)

이 기간에 중국의 WTO 가입과 인터넷 창업 물결은 장쑤성의 민영 경제가 초월식 발전을 하는 데 귀중한 역사적 기회를 제공해 주었다. 공산당 16차 당대회에서 "조금도 흔들림 없이 비공유제 경제 발전을 격려하고 지지하며 인도해 나가야 한다"고 언급한 이후 공산당 17차 대회에서 한 걸음 더 나아가 "물권을 평등하게 보호하고, 각종 소유제 경제의 평등 경쟁을 형성하며, 서로 새로운 구조를 촉진한다"고 언급하였다. 이후 '비공유제 36조', 〈기업 소득세법〉, 〈물권법物權法〉 등의 정책 법규가 잇달아 발표되어 비공유제 경제 발전을 촉진하는 정책 체계와 법률 체계가 갈수록 완비되어 갔다. 장쑤의 경제구조는 날이 갈수록 개방되었고, 경제 구조는 최적화 상태로 조정되었으며, 국유, 집단, 민영, 홍콩과 마카오, 타이완 및 국유와 외국 상인과 집단이 외국 상인과 합작하는 혼합 경제 등의 경제 주체들이 쏟아져 나왔다. 산업 구조의 최적화와 소유제 구조의 다원화는 장쑤성의 민영 경제가 비약적인 발전을 이루게 하였다. 2012년에 성 전체의 민영 경제는 안정된 성장 모습을 유지하였고, 경제 총량은 지속적으로 늘어났으며, 견인 작용은 계속해서 강화되었다. 민영 경제 달성 증가액은 2조 8,959억 6천만 위안으로, 10.5% 성장하였고, 성장 속도는 GDP 성장 속도에 비해 0.4%p 높았으며, 민영 경제가 GDP에서 차지하는 비중은 53.6%에 달했다. 2002년과 비교하여 민영 경제 증가액은 2조 5957억 8천만 위안으로 늘어나 2002년에 비해 9.6배를 보였다. 민영 기업의 고용 능력도 향상되었다. 2012년말까지 장쑤성 민영 경제는 고용 인원이 2,233만 명으로, 전년말 대비 5.1% 성장하였다. 그 가운데 사영 기업은 종업원 수가 1,662만 명으로, 4.4% 성장하였다. 2002년과 비교하여 민영 경제 고용 인원은 1,582만 8천 명 증가하였고, 2002년의 3.4배였다. 민영 경제는 사회 노동력을 흡수하는 중요한 채널이 되었다. 민영 기업은 점차 국제 시장으로 향해 갔다. 2012년에 장쑤성의 민영 기업은 수출입 총액 1,425억 2천만 달러를 달성했다. 전년도에 비해 33.5% 성장한 것으로, 성 전체보다 31.9%p 높고, 국유 기업과 외자 기업의 성장 속도보다 33.7%와 40.6%p 높은 것이다. 민영 기업 수출입 총액은 성 전체 총액의 26.0%를 차지하여 성 전체의 대외 무역시장을 안정시키는 데 중요한 공헌을 하였다.

장쑤 민영 경제가 전환형 발전을 이룬 단계(2012년 이후)

공산당 18차 대회에서 "각종 소유제 경제가 법에 따라 생산 요소를 평등하게 사용하고, 시장 경쟁에 공평하게 참여하며, 동등하게 법률의 보호를 받을 수 있도록 보장해야 한다"고 언급되었다. 공산당 18기 3중전회에서는 "권리 평등·기회 평등·규칙 평등을 견지하고, 비공유제 경제의 각종 형식에 대한 불합리한 규정을 폐지하며, 각종 잠재적 장벽을 허물고, 비공유제 기업이 특허 경영 영역에 진입하는 구체적인 방법을 제정한다"고 제기하였고, "사회 투자 39조를 장려"하여 "민간 투자 26조를 촉진"하는 등의 정책이 발표됨에서 따라 민영 경제 발전에 보다 공평하고 개방적이며 너그러운 환경이 만들어졌다. 장쑤 민영 경제는 점차 초기 분산 조방형 경영에서 규모화, 집약식 발전, 규모와 실력, 영리 능력, 혁신 능력은 끊임없이 상승하는 방향으로 나아갔다. 2017년 말까지 성 전체의 상공 분야에 등록된 사영 기업과 개별 상공 가구의 누계 등기 가구 수는 769만 호이고, 사영 기업의 평균 등록 자본 총액은 13조 3,919억 2천만 위안에 달했다. 사영 기업 평균 등록 자본은 다시 한 번 신기록을 갈아치웠고, 498만 위안까지 향상되었다. 등록 자본이 1억 위안이 넘는 사영 기업은 15,165호에 달했다. 2017년에 성 전체 민영 경제 납부 세금은 7,617억 2천만 위안으로, 전년 동기 대비 6.6% 증가하였고, 성 전체 세수 증가폭보다 2.9%p 높았다. 성 전체 세무 분야의 직접세 총액의 62.0%를 차지하여 전년 동기 대비 3.6%p 높아졌다. 그 가운데 국세 납부는 4811억 6천만 위안, 토지세 2,805억 6천만 위안이다. 주요 업종별로 보면, 제조업의 국세 납부는 민영 경제 국세 납부 총액의 44.2%, 납세액은 전년 동기 대비 37.7% 성장하였고, 전년도에 비해 28.3%p 상승하였다. 그 가운데 부가가치세 납부는 전년 동기 대비 27.2% 늘어났다. 민영 경제구조가 점차로 최적화되었다. 2017년에 성 전체에 새로 등록된 사영 기업 가운데 1차 산업은 8,096개로 1.7%를 차지하였고, 2차 산업은 11만 4,600개로 23.9%를 차지하였는데, 3차 산업은 41만 6,100개로 74.4%를 차지하였다. 제3차 산업은 새롭게 늘어난 사영 기업이 주요한 지위를 차지하고 있고, 성 전체에서 개로 등록된 사영 기업의 산업 구조는 계속 '321' 구도를 유지하고 있으며, 산업 구조는 여전히 끊임없이 개선되고 있다. 성 전체 민영 기업의 실력이 눈에 띄게 증강되었다. 2017년 중국 500대 민영 기업 가운데 장쑤의 82개 기업이 포함되었고, 포함된 기업 총숫자는 전국 2등이었다. 그 가운데 쑤닝蘇寧 그룹, 헝리恒力 그룹은 10위 안에 포함되었다. 포함된 기업 가운데 총매출액이 천억 위안이 넘는 기업이 6곳이고, 500억 위안을 넘는 곳은 17곳이다.

(3) 혁신과 창업의 장쑤 행동 – 체제 메커니즘의 변혁으로 양호한 환경을 만들다

혁신과 창업은 경제 발전과 사회 발전의 마르지 않는 에너지이다. 심층적으로 보자면, 혁신과 창업은 기존 체제 메커니즘과 문화적 분위기에 대한 일련의 변혁이자 리모델링이다. 혁신과 창업을 추진하는 과정에서 제도의 울타리를 부수는 것에서 벗어날 수 없고, 전면적인 심화 개혁에서 벗어날 수 없다. 개혁 개방 40년 동안 장쑤 경제 사회 발전이 이룬 모든 진보와 성장은 사회 전체의 혁신 창업 에너지에서 가장 크게 분출되지 않은 것이 없고, 개혁의 방법을 통해 시장 주체의 활력을 불러일으켜, 시장의 자원 배치에 있어서 결정적 역할을 하였다. 장쑤성은 성의 실제 사정과 결합하여 혁신 창업의 중점 분야를 둘러싸고 연이어 영양가가 풍부하고 작동성이 강한 일련의 정책적 조치들을 발표하였다. 과학 기술 혁신 '40조'에서 지식 혁신 '18조'에 이르기까지, 주민 소득 증대 '33조'로부터 선진 제조업 '26조'에 이르기까지 점차 비교적 완비된 혁신 창업 정책 체계를 형성하였다. 정부 서비스 최적화를 통해, '방관복放管服', 상사 제도 개혁, 투자 체제 개혁을 힘차게 추진하였다. 동시에 '비대면 심사 비준' 사무 처리 모델을 혁신하여 '기업은 3영업일 내 등록 개업, 5영업일 내 부동산 권리증 취득, 50영업일 내 공업 건설 사업 시공허가증 취득'이라는 '3550' 목표를 달성했다. 대체적으로 혁신 창업 분야의 체제 메커니즘 혁신을 둘러싸고 장쑤성은 주로 다음과 같은 분야에 집중하였다.

첫째, 각종 혁신적인 창업 정책을 대대적으로 실행하고, 나아가 장쑤성의 '과학 기술 혁신 40조' '인재 26조'를 실천하며, 임무 분업표를 대조하고, 목표와 진도 요구를 세분화하며, 업무의 직책을 강화하고, 인재 발전 환경을 끊임없이 개선하며, 인재 창출을 촉진한다. 동시에, 혁신 주체의 수요에 대한 정부의 과학 기술 관리 기능 전환을 가속화하고, 조직 우위를 잘 발휘하며, 정책 지원, 요소 투입, 인센티브 보장, 서비스 감독 등의 장기적 메커니즘을 완벽히 하여 사람들의 창조적 활동을 충분히 해방시킨다.

둘째, 고차원의 과학 기술 인재들을 대대적으로 길러낸다. '장쑤성의 걸출한 청년 기금'과 성의 '혁신 창업 계획' 등 각종 인재 계획을 계속 실시하고, 청년 과학 기술자가 기초적이고 창의적인 연구를 전개하도록 대대적으로 지원하며, 중요한 분야에 대해서는 힘을 쏟고 정예 역량을 모아 가능한 빨리 돌파하게 하고, 장쑤성 과학 기술 수준을 뒤쫓는 단계에서 함께 달리는 단계로, 또 앞서 달리는 단계로 전략적으로 변할 수 있도록 한다. 중요한 활동 플랫폼을 충분히 이용하고 장쑤에 본적을 둔 국내외 고차원 인재들에 초점을 맞춰 주동적으로 연락망을 강화하고, 그들이 고향 발전을 위해 정책을 건의하고 지혜와 힘을 바칠 수 있도록 한다.

셋째, 과학 기술 체제 메커니즘의 개혁을 대대적으로 추진한다. 나아가 성 산업 기술 연구원의 개혁 '테스트 필드'의 역할을 더욱 발휘하고 프로젝트 매니저, 과학 연구 계약, 지분 인센티브 등의 시장화 조치를 심화 실시하며, 수익전환, 주식옵션 등의 방식을 통해 많은 과학자들의 적극성을 충분히 동원하고, 혁신적인 링크와 산업사슬의 정확한 만남을 촉진하며, 더 많은 복제 가능하고 널리 보급 가능한 사례 경험을 형성하도록 장려한다. 성의 기술재산권 거래 시장 건설을 대대적으로 추진하고, 중점적으로 '하나의 플랫폼, 하나의 중심, 하나의 체계'를 건설하며, 전략 협력 파트너를 더욱 확장하고, 기술 매니저, 기술 브로커 등 기술 서비스 팀을 확대하며, 기술, 성과, 인재 등 각종 수요를 광범위하게 모집하고, 기술 혁신, 제품 제조, 시장 모델, 산업 발전이 '한 마리 용'으로 전환될 수 있도록 노력한다. 과학 기술 '방관복放管服' 개혁[2]을 신속히 추진하여 과학 연구 관리 효율과 서비스 수준을 제고하는데 힘쓰고, 각종 인재의 창조적 활력을 방출하며, 과학 기술 성과를 고품질 발전에 충분히 응용하고, 높은 수준의 혁신적인 성 건설을 위해 강력한 인재 보증을 제공한다.

넷째, 대중 창조적인 지역 사회 건설을 전력으로 추진한다. 최적화 구역의 혁신 창업 생태에 착안하여 대중 창조적인 지역 사회 건설 프로젝트 사업을 시작한다. 여건을 갖춘 현(시·구)과 성급 이상 고급 신기술산업 개발구를 적극 지원하고, 지역 자원을 결합하여 고성장

---

2 역자주: 행정을 간소화하고 권력을 내려놓으며, 관리감독을 간소화하고 서비스를 최적화한다는 의미로, 2015년에 리커창(李克强)이 제기하였다.

성 창업 기업과 지역 전략 신흥 산업 육성을 핵심으로 하여, 혁신 창업 요소를 고효율적으로 조합하고, 전문적인 대중 창업 공간, 과학 기술 기업 인큐베이터, 과학 기술 서버 등의 플랫폼을 모으고, 창업 기능, 산업 기능, 문화 기능과 지역 사회 기능 등이 유기적으로 융합되는 대중 창업 지역 사회를 건설하며, 업종의 선도 기업, 창업 투자 기구, 관련 사회 조적 등 사회 역량의 주도적인 역할을 발휘하여 창업 손님 카페 등 대중 창업 공간을 만들고, 혁신과 창업의 결합, 온라인과 오프라인의 결합, 인큐베이팅과 투자의 결합을 실현하여 혁신 창업자에게 양호한 작업 공간과 인터넷 공간, 사교 공간 및 자원을 함께 누릴 수 있는 공간을 제공한다. 그를 통해 활력과 경쟁력이 넘치는 혁신 창업 생태 시스템을 만들고 그것이 장쑤성 과학 기술 혁신 창업의 새로운 고지이자 지역경제 발전의 새로운 엔진이 되도록 한다.

다섯째, 과학 기술과 금융의 결합을 지속적으로 추진한다. 과학 기술형 중소기업의 융자 병목을 목표로 두고 '최초 투자, 최초 대출, 최초 보증'을 중점으로 하는 창업 투융자 서비스 체계를 한층 더 완비한다. 성의 과학 기술 성과를 수정하여 벤처 보상 자금과 엔젤 투자로 바꾸어 자금 관리 방법으로 유도하고, '장쑤성 과학 연구 대출' 합작 지역과 합작 은행의 실적 평가지표 체계를 완비하며, 나아가 엔젤 투자 기구, 창업 투자 기구, 은행 등 각종 사회 자본 투자 자본이 혁신 창업에 투자하도록 유도한다. 크라우드펀딩, 과학 기술 기업의 인큐베이터를 추진하여 엔젤투자(종자) 펀드(자금)를 만들고, '인큐베이팅 + 창투' 창업 인큐베이팅 모델을 발전시키며, 창업용 기업 투자 융자 기능을 확대한다. 과학 기술 금융 전문 경영 기구를 빠르게 발전시키고 과학 기술 보험 시범 사업을 안정적으로 추진하며 각종 금융 기관과 사회 자본이 협동하여 과학 기술형 중소 마이크로 기업의 양호한 금융 환경을 형성하도록 노력한다. 2017년 말에 성 전체의 창업 투자관리 자금 규모는 2200억 위안에 달한다.

여섯째, 혁신 창업 서비스 능력을 대대적으로 향상시키는 것이다. 과학 기술형 창업 기업 인큐베이팅 계획을 심도 있게 실시하고 과학 기술 기업의 인큐베이터 건설 수준을 빠르게 향상시킨다. 묘포 - 인큐베이터 - 가속기로 이어지는 과학 기술 창업 인큐베이팅 연쇄 프로젝트를 깊이있게 추진하고, 자연스럽게 이어지는 혁신 창업 서비스 체계를 세운다. 성의 기술 재산권 거래 시장을 하루 빨리 건설하여 기술 이전 서비스 체계를 갖춘다. 혁신 창업 서비스 기구, 인터넷 + 창업 서비스 플랫폼 건설을 강화하고, 성급 창업형 거리(향진), 지역 사회(촌)와 단지 건설을 추진하고, 창업 훈련 전문가들을 기초로 도시와 농촌을 아우르고, 창업자에게 가까이 있는 창업 서비스 팀을 만들어 창업하는 사람에게 보다 편리하고, 빠르며 미칠 수 있는 창업 서비스를 제공한다. 도시와 농촌 노동자들이 창업하는 것을 1년 내내 12만 명 이상 지원하면 60만 명의 고용효과가 일어난다. 나아가 '40조 정책' '소득 증대 33조 정책' '주민 창업 행동 계획' 등 혁신 창업 정책을 구체화한다. 혁신 창업 문화를 적극적으로 이끌어 나가고 기업가 정신과 메이커 문화를 육성하며, '창업 장쑤' 브랜드를 만들어낸다.

일곱째, 양호한 혁신 창업 환경을 만든다. '당장 실천하고 정말 착실하게 하라'는 요구에 따라 직능을 바꾸고 서비스를 개선하며 정책을 구체화하고, 대중 창업과 만인 혁신에 유리한 분위기를 만들어나간다. 크리에이티브 공간 등 신형 인큐베이팅 기구의 집중 업무 등의 특성에 맞추어 주거 등록 요건을 완화하고, 한 주소에 여러 사업자 등록증, 한 장의 '사업자 등록증에 여러 주소'의 등록을 추진하여 등록 편의를 제공한다. 대학, 과학 연구소, 국유 기업과 사업체 과학 기술자의 창업 방법을 완전하게 하고, 과학 기술자의 창업 통로를 더욱 원활하게 하여 창업 원가를 낮춘다. 성의 창업가에게 보너스 장려 계획을 실행하고, 과학 기술 창업 보조, 혁신권 등의 방식을 채택하여, 국내외 창업가들이 장쑤성에 모여 창업을 할 수 있도록 유도한다. 각지에서 정부의 서비스 구매 등의 방식을 통해 '크리에이티브 공간' 등의 창업 플랫폼에 대해 적절한 보조금을 줄 것을 권장한다. 최적화 관련 자금(기금)의 사용 방향과 사용 방식을 조정하여 힘을 배가시키고, 창업 인재와 기업을 우선적으로 지원한다. 창업의 위험을 낮춘다. 과학 기술형 중소기업의 성장과 인재 창업 법칙과 특징에 부합하는 신형 과학 기술 금융 생산품, 조직 기구와 서비스 모델을 적극적으로 탐색하여 보다 편리하고 융통성 있는 금융 지원을 제공한다. 총괄 협조를 강화하고 세금 우대, 인재 이동, 특허 보호 등 분야에서 부문별 합작을 강화하고, 각 항목의 혁신 창업 정책 조치가 현실화되고 효과를 볼 수 있도록 해준다.

> **칼럼 1** 장쑤성 산업 기술 연구원의 체제 메커니즘 혁신

장쑤성 산업 기술 연구원은 과학 기술 혁신을 제약하는 사상 장애와 제도의 울타리를 허물고, 산업 사슬을 둘러싼 혁신의 고리를 철저히 정비하며, 인재 사슬, 자금 사슬과 가치 사슬을 보완하고, 관리 메커니즘의 혁신과 기술 혁신의 심도 있는 융합을 추진하여 기술 혁신 클러스터식 혁파를 촉발시켰다. 장쑤 산업 기술 연구원의 조직 기구, 이사회와 연구원, 연구소를 포함하여 세 단계로 되어 있다. 가장 높은 단계인 성 산업 기술 연구원은 성 정부가 설립한 성 소속 사업단위로서, 행정 급수가 없이 시장화되어 운영된다. 몇몇 독립 법인의 전공 연구소들로 이루어지고 이사회 지도하에 원장 책임제가 실행된다. 성정부에서는 연구원 건립 사업 지도팀을 세워 상근 부성장이 팀장을 맡는다. 성의 관련 분야의 주요 책임자가 구성원이 되고, 연구 조직의 최상층 설계와 자원 총괄의 조화를 이루며, 장쑤성 산업 기술 연구원의 관리 잠정 시행 방법을 내놓았고, 그것을 과학 기술 체제 개혁의 '테스트 필드'로 확정하였다.

― 선허沈和, 〈관리 메커니즘의 역사적 변혁이 기술 혁신 클러스터식 돌파를 촉발하다 ― 장쑤성 산업 기술 연구원의 적극적인 탐색과 계시〉, 《중국발전 관찰》, 2018년 제14기.

2_ 국민을 부자로 ― 공동부유의 원천인 대중 창업

2014년 8월 18일, 시진핑은 중앙 재경 지도팀 제7차 회의에서 다음과 같이 언급하였다. "혁신 구동 발전 전략을 **빠르게** 실시하는 과정에서 혁신과 고용의 관계를 잘 처리해야 한다. 중국 발전은 두 가지 모순에 직면해 있다. 한편으로는 빠르게 혁신하여 새로운 성장 동력을 만들어야 하고, 다른 한편으로는 빠르게 혁신하는 것은 필연적으로 기술이 뒤떨어진 기업의 정체를 일으키고, 상당한 숫자의 실업을 야기하게 되는 것이다. 과학 기술 발전과 혁신은 수많은 새로운 업종을 만들어낸다. 하지만 노동력은 적응하기 어려워 엄청난 구조적 실업을 만들어낸다. 우리는 반드시 중국의 인구가 많다는 나라 사정에서 출발하여야 한다. 우리는 또 사회주의 초급 단계에 처해 있다. 여전히 개발도상국이고, 또 빈곤 인구가 있

다. 과학 혁신과 안정된 고용의 균형점을 잘 찾아야 한다. 빠른 혁신에서 흔들리지 않아야 하고, 효과적인 사회 정책, 특히 교육과 사회 보장 정책을 실시하여 노동 인구의 취업 능력 강화와 기본 생활 보장이라는 문제를 해결하여 사회의 전체적 국면의 안정을 확보해야 한다." 이 말은 대중 창업의 의미를 심도 있게 언급하고 있다. 대중 창업은 인간의 잠재력을 보여주는 것 뿐만 아니라 중대한 경제 사회적 의미가 있다. 창업으로 고용을 이끌어내는 형식을 통해 혁신 구동 전략은 시간과 공간을 얻게 된다.

(1) 장쑤성이 대중 창업을 추진한 시대적 동인動因

통상적으로 1인당 GDP가 높을수록 경제 발전 수준은 높아지고 1인당 소득도 높아지게 마련이다. 2018년 베이징의 1인당 GDP 21,188달러는 전국 성과 시에서 최고였다. 그 뒤를 이어 상하이가 20,421달러, 톈진이 18,021달러, 장쑤가 17,455달러, 저장이 14,907달러였다. 동시에 1인당 가처분 소득은 5위까지 보면, 상하이 64,183위안, 베이징 62,361위안, 저장 45,840위안, 톈진 39,506위안, 장쑤 38,096위안이었다. 1인당 평균 GDP 5위까지의 성과 시는 인당 가처분 소득도 5위까지 차지하였다는 것을 알 수 있다. 하지만 주목할만한 것은 1인당 GDP 순서와 가처분 소득 순서가 불일치하다는 것이다. 1인당 가처분 소득 순위에서 상하이가 베이징 자리를 차지하였고, 저장이 톈진과 장쑤를 제치고 1인당 가처분 소득 3위를 차지한 것이다.

장쑤로 말하자면 전체적인 순서는 뛰어나서 모두 전국 5위 안에 들어갔다. 하지만 저장과 비교해 보면 여전히 구조적 문제가 존재한다. 즉 장쑤의 경제 발전은 마치 '주민들은 열심히 일하는데 부자가 되지 못했다'는 느낌이 든다. 또 이른바 'GDP 영양가 부족' 문제가 있는 듯 하다. 이어진 연구에서는 장쑤 주민의 소득 증가폭이 경제 발전 수준과 어울리지 않고, 특히 경영성 및 재산성 소득이 주민 총소득 가운데 차지하는 비중이 30%가 안된다는 것을 밝혀냈다. 장쑤와 저장을 대비하는 시각에서 이 현상은 두 지역의 '직원 경제'와 '사장 경제'의 차이로 귀결되는 듯 하다. '13차 5개년 경제 계획' 기간의 주민 소득 연평균 실질 증가 속도가 7.9%를 밑돌지 않아야 하며, 2020년까지 도시와 농촌 주민 1인당 평균 가처분 소득이 2010년보다 2배 증가해야 한다는 요구에 비하여 임금성 수입을 주체와 기초로 하는 장쑤 주민 소득은 비교적 큰 압력이 존재하고, 더 많은 사람들이 창업 경제에 뛰어들어야 하며, '직원 경제'의 경로 의존을 벗어나 '사장 경제'에 들어가야 더 많은 주민이 경영성, 재산성 소득을 얻을 수 있다.

이 문제에 대한 인식은 장쑤가 대중 창업을 추진하는 정책적 원점을 형성하였다. 즉 주민의 경영성, 재산성 소득을 향상시키는 것이 가장 현실적인 주민 부유의 길이라는 것이다. 또 창업이 단점을 보충하는 가장 우선적인 선택이라는 것이다. 이에 기반하여, 2016년 말의 장쑤성 제13차 당대회에서는 힘과 자원, 정책을 집중하여 '주민 부유에 초점을 맞추는 것'을 목표로 도시와 농촌 주민 소득을 빠르게 향상시켜 주민들이 성취감과 행복감을 느낄 수 있도록 하고 높은 수준의 전면적인 소강사회 건설에 중요한 버팀목이 되는 문제를 제기하였다. 이를 위해 다음과 같은 강령성 목표가 정해졌다.

도시와 농촌의 주민 소득 성장을 경제 성장과 함께 유지하고, 노동 보수 성장과 노동 생산성 향상은 동일하게 유지한다. 2020년 도시와 농촌의 주민 1인당 평균 가처분 소득은 2010년보다 2배 증가시키며, 지역 총생산 중 주민 소득의 비중은 점차 높여 나간다. 소득 분배 구조는 더욱 최적화하여, 도시와 농촌간, 지역간, 서로 다른 그룹 간 소득 격차를 점차 줄여나가고, 중간 소득자의 비중을 늘려나가며, 저소득자의 소득을 뚜렷하게 증가시킨다. 농촌 주민의 소득 증가폭은 도시 주민의 소득 증가폭보다 높아 인당 연소득이 6,000위안 이하의 농촌 저소득 인구가 모두 빈곤에서 벗어나고, 함께 건설하고 함께 누리는 구조가 기본적으로 형성된다. '주민 부유에 초점을 맞추는 것'이라는 목표를 둘러싸고 장쑤에서는 다섯 가지 분야에서 대중 창업 추진을 제기하였다.

첫째, 창업 환경의 최적화

행정 심사 제도 개혁을 심화시키고, 나아가 심사 절차를 간소화하며, 온·오프라인을 결합한 편리하고 빠른 창업 서비스를 제공한다. 상사 제도 개혁을 지속적으로 추진하고,

간편 등기 제도의 적용 범위를 확대하며 '하나의 주소로 여러 장의 사업자 등록증 발행'이나 '하나의 사업자 등록증으로 여러 주소 적용' 등의 주소 등기 개혁을 추진하여 창업에 들어가는 제도적인 원가를 낮춘다. 전과정 전자화 등기관리를 추진하고, 기업명 원격 셀프 점검 신청을 전면 실시한다. 기업 신용정보 공시시스템에 의거하여 정책 집중 공시, 신청 안내 지원, 지원정보 공시를 실현하고 규정에 따라 영세 기업에 대해 기업 등기, 증명서와 자격증, 관리 등의 행정 사업성 비용을 감면한다. 창업과 혁신에 대한 부지 지원의 강도를 높이고, 관련 계획에 부합하는 전제 하에, 시·현의 2급 인민 정부의 비준을 거쳐, 기존 가옥과 토지를 이용한 문화 창출, 과학 기술 연구 개발, 건강 노후, 공업 관광, 크라우드 공간, 생산성 서비스업, '인터넷＋' 등 새로운 업종으로, 계속 원래의 용도와 토지 권리 유형에 따라 토지를 사용하는 과도기 정책을 실행할 수 있다. 과도기는 5년이며, 그 기간이 끝난 후에는 새로운 용도에 따라 용지의 수속을 해야 하는데, 대체 용지의 목록에 부합하면 대체 방식으로 토지를 공급할 수 있다. 창업 플랫폼 건설을 강화하고, '인터넷＋' 작업 공간, 인터넷 공간, 사교 공간과 자원 공간을 일체로 하는 참신한 창업 플랫폼을 빠르게 건설한다. 여건이 되는 지역에서는 인정받은 창업 인큐베이터에 대해 실제로 인큐베이팅이 성공한 기업 수에 따라 창업 인큐베이팅 보조금을 준다. 매년 성급 창업 시범 기지를 선정하여 1회성 보조금을 지급하는데, 2020년까지 성급 창업 시범 기지 200곳을 선정하였다.

둘째, 창업 관련 재정 세무 우대정책 현실화

일회성 창업, 고용 유발, 창업 단지 운영경비, 장소 임대료 등의 보조금 지원책을 보완하여, 첫 창업에 성공한 등기 실업자, 취업 애로자, 대학 졸업자(재학생 포함)에서 제대 군인, 비농산업 창업을 하는 귀향 농민공으로 확대하며, 국가의 통일된 배치에 따라 등기 실업 반 년 이상자, 취업자 제로 가구, 최저 생활 보장을 받는 도시 가정의 실업자, 졸업한 지 오래 지난 졸업생 등 중점 집단 창업 취업 지원 등의 세제 정책을 계속 시행한다. 상공 부문에 처음 등록한 지 3년 이내인 창업자에게는 기업이 말소 후 실직 등록을 하고 개인 자격으로 사회보험료를 6개월 이상 납부(실업보험료 수령기간 제외)하면 전체 세금의 50%, 최대 1만 위안을 넘지 않는 기준에 따라 취업자금에서 일시금을 지급하여 개인이 납부하는 사회보험료에 사용할 수 있다. 전자상거래 창업을 대대적으로 지원하고, 이미 상공업 등록을 하고 <취업 창업증>을 발급받은 인터넷 상호 종사자에 대해서는 각종 취업 창업 지원책을 동등하게 적용한다. 자활 취업 제대 병사가 자영업에 종사하는 경우 3년간 등록이나 자격증 등 행정 사업성 비용을 면제하고, 한도액도 그 해 실제로 납부해야 할 부가가치세, 도시유지 보수 건설세, 교육비 부가 및 지방교육 부가세, 개인 소득세를 차례로 삭감한다.

셋째, 창업에 대한 금융 지원 강화

창업 담보 대출 대상 범위를 개별 상공 가구(인터넷 창업 포함)를 창업하는 대학 재학생, 도시와 농촌 노동자로 확대하여 각지의 개인 대출 최고 한도를 10만 위안에서 30만 위안 이상으로 조정하고, 대출 기한은 최장 2년에서 3년 이상으로 할 것을 권장한다. 공동 경영이나 기업을 설립하는 경우 대출 한도를 적절하게 올릴 수 있도록 한다. 대출의 이자를 붙여 지원하는 창업 항목은 더 이상 영세와 비영세를 구분하지 않는다. 대출 이율은 같은 기간의 기초 이율을 3%p 초과하지 않는다. 도시의 등기 실업자, 취업 애로자(장애인 포함), 전역한 제대 군인, 대학 졸업생(대학생 촌관과 귀국 유학생 포함), 과잉 생산기업 직원과 실업자, 귀향한 창업 농민공, 인터넷 상거래 가구, 등록된 빈곤 인구 등의 그룹에 대해 성 재정의 경우 대출금 10만 위안 이내(10만 위안 포함)의 부분에 대해서는 규정에 근거하여 이자를 할인하고, 시·현 재정의 경우 대출금 10만 위안을 초과하는 부분에 대해서는 규정에 근거하여 이자를 할인한다. 그 밖의 그룹에 대해서는, 시, 현의 자체 지원 방식인 재정에 50%의 이자를 보조해 줄 수 있으며, 창업 대출 보증 기금 규모를 확대한다. 각 구와 현(시)의 보증 기금 총액은 2년 내에 각각 3,000만 위안과 1,000만 위안에 달해, 창업 담보 대출 규모는 기본적으로 보증 기금 잔액의 5배에 이른다. 나아가 창업 담보대출의 문턱을 낮추어 대출 10만 위안 이하, 창업 담보 기금이 담보를 제공한 경우, 그리고 시급 이상 창업의 모델로 선정된 경우, 성급 이상 창업 시범 기지 추천 등을 받은 신용이 양호한 창업자는 종합 평가를 거친 후에 역담보를 취소할 수 있다. 창업 보증 기금과 대출 취급 기관의 위험 분담 메커니즘을 완비하고 취급 은행은 적극적으로 정기 대출을 독촉해야 한다. 창업 보증 기금에 대한 담보대출, 3개월 이상 연체, 대출 한도 10만 위안 이하(10만 위안 포함)는 한 달 이내에 창업 담보 기금과 금융기관이 비율에 따라 분담하여 최고 전액 대신 상환한다. 대출액이 10만 위안이 넘으면 창업 보증 기금이 80%를 넘지 않게 대신 상환한다. 구체적인 방법은 지역에 따라 정한다. 창업 투자 유도 기금의 주식 매입 방식을 모색하고, 사회 자금, 금융 자본과 공동으로 크라우드 펀딩 기금과 크라우드 공익 기금을 조성하여 초창기 과학 기술형 중소기업의 성장을 촉진하고, 신흥 산업 분야의 초중기, 초창기 기업 발전을 지원한다. 지분 크라우드펀딩 시범을 전개하여 다채널의 지분 융자를 추진하다. 대출 보증 보험, 과학 기술 보험, 특허 보험, 스타트업 보험을 발전시켜 중소기업, 과학 기술 기업의 혁신적인 발전을 지원한다. 창업 담보 대출의 보조금과 성급 은행의 전문 대출 리스크 보상 정책의 결합을 모색하고 창업자를 위한 시혜적 금융 지원 정책을 제정한다. 나아가 '영세 마이크로 창업 대출' '과학 기술 대출 자금 풀' 등의 정책적 조치를 최적화하도록 완비하여 지원 대상을 확대하고 대출 투입 규모를 높인다.

넷째, 귀향한 사람들의 창업을 적극 추진

고향으로 돌아온 사람들이 농업과 농촌 자원을 개발하는 것을 장려하고 유도하며, 농촌의 1, 2, 3차 산업의 융합 발전을 촉진한다. 재정 할인, 융자 보증, 저당 물질 보증 범위 확대 등의 종합적인 조치를 채택하여 귀향한 사람들의 창업과 혁신에 있어서의 융자난을 해결하기 위해 노력한다. 은행 등 금융기관이 귀향한 사람들이 창업과 혁신 과정에서 필요로 하는 신용대출 상품과 서비스 모델을 개발하는 것을 장려한다. 토지 이용의 전체적인 계획에 부합한다는 전제 하에 기존 토지 자원을 이용하는 것을 통해 귀향자들의 창업 용지난 문제를 해소시켜 준다. 정부가 세운 플랫폼에 자원을 모으고 자원 서비스를 모아 창업한다는 사고에 따라, 지역 특색을 갖춘 귀향자들의 창업 혁신 단지(기지)를 통합 건설한다.

　　다섯째, 주민 재산성 수입의 다채널 증가

　　주민의 재산이 자본으로 변하는 것을 지원하고, 주민의 주주권 배당 수입을 올리는 데 힘쓰며, 주민의 주식 참여를 유도하여 기업을 설립하거나 출자하여 주식에 참여하거나 공동 투자를 하여 경영 리스크가 적고 기대했던 보답이 좋은 경영 항목을 건설한다. 주택 임대차 시장을 대대적으로 발전시켜 조건을 갖춘 주민이 임대 소득 수준을 높이는 것을 지원하며, 이미 지은 주택이나 새로 지은 주택을 이용하여 임대 사업을 전개하는 것을 지원하며, 상업용 주택 등을 규정에 따라 임대 주택으로 개조하는 것을 허용한다. 금융 상품과 금의 혁신을 강화하고, 보편적 혜택 금융을 대대적으로 장려하며, 금융 소비자의 합법적인 권익 보호 강도를 높이고, 날로 증가하는 주민의 재산 관리 수요를 만족시킨다. 전문 자산 관리 기구를 적극적으로 육성하여 자산 관리, 융자, 대리 등 중개 서비스 조직의 건강하고 질서 있는 발전을 유도한다. 재산권 시장을 혁신적으로 발전시켜 주민의 경영성 재산권이 자유롭게 흐르고 거래되는 것을 지원한다. 채권 시장을 규범적으로 발전시키고, 영세 기업의 사채권을 적극적으로 발전시킨다. 보험 시장을 대대적으로 개척하고, 주민들이 보험을 이용하여 생산 활동에 있어서 위험을 없애도록 유도한다. 사회 자본이 인프라, 시 공공사업, 사회 사업, 금융 서비스 등의 분야로 진입하는 것을 장려하며, 특히 경영과 관이 건설하고 민간에서 경영하며, 민간이 운영하고 관이 돕는 등의 형식을 통해 그에 상응하는 투자 수익을 얻도록 한다. 금융 지식을 보급하여 주민이 고금리의 유혹을 거절하고, 불법 자금 모집이나 불법 증권, 불법 다단계 판매를 멀리 하며 금융 통신 사기에 효과적으로 대비하도록 유도하고, 주민의 투자 위험 방지 능력을 강화한다. 인터넷 금융 리스크에 관한 전문적인 정비를 심도 있게 추진하며 법에 따라 합법적으로 경영하는 인터넷 금융 플랫폼이 크게 강화되는 것을 지원하며 철거 이전, 토지 징수, 주민 재산의 징발 과정에서 법에 따라 주민의 재산 권리를 침해받지 않도록 보호한다.

칼럼2 창저우常州 - 혁신 창업 서비스 플랫폼을 수단으로 중소기업 경영 환경을 다원적으로 최적화하다

2019년 6월 3일, 장쑤성 재정청 판공실의 문서는 창저우시 공공 재정이 혁신 창업을 지원하는 전형적인 경험을 총결하였다.

1) 자금을 집중하여 관련 기업 자금의 '원스톱' 처리를 추진하다

'인터넷+정무 서비스'를 버팀목으로 하여 시의 혁신 창업 서비스 플랫폼은 모든 시 재정 관련 기업의 자금을 일괄적으로 관리에 포함시키고, 통일 신고 플랫폼, 통일 신고 창구, 통일 심사 절차를 실시한다. 온라인 - 정부 각 분야는 창저우시의 혁신 창업 플랫폼에서 발표한 신청 지침을 통일하고 기업은 플랫폼 등록 신청을 통일한다. 오프라인-각 직할시(구)는 심사 후에 재료는 통일적으로 시 정무 중심 혁신 창업 서비스 창구로 보내 수리하고, '비대면 심사'를 실행하여 자금 신청을 투명하게 공개하도록 한다. 2019년 4월말까지 혁신 창업 플랫폼은 27개 재정 기업 관련 자금 항목을 발표하였고, 954개 기업이 온라인에서 신청하였으며, 각 분야의 신청부터 온라인에서 정식으로 발표하기까지 48시간을 넘기지 않았다. 가장 빠르게는 4시간만 소요되어 '수치는 많이 뛰지만 기업은 발품을 적게 파는' 것을 실현하였고, 신청 효율은 높아지고 신청 비용을 낮아졌다.

2) 자본을 집중하여 중소기업의 융자 채널을 확대하다

2019년 4월말까지 플랫폼 온라인 융자 상품은 80개로, 그 가운데 중소기업 신용보증 기금 항목으로 12개, 시장 융자 상품 68개가 있다. 아울러 입주 투융자와 중개 서비스 기구 151개, 기업 등록 회원 54,745곳이 있다. 중소기업 융자 채널을 효과적으로 넓혔고, 중소기업의 융자난을 해소하였다. 2018년 초에 '인재 대출'이 혁신 창업의 플랫폼 온라인에 오르고 업무량은 현저하게 늘었다. 인재 대출 협의 항목으로 대출이 126건, 누계 대출 금액은 2억 5,100만 위안에 달했다.

3) 자원을 모아 전국적인 재산권 거래 플랫폼을 세우다

창저우는 '함께 건설하고 함께 누리며, 함께 사용하고 함께 다스리며, 함께 승리한다'는 '인터넷+' 사고에 따라 전국적인 인터넷 거래 플랫폼 e거래를 만들었다. 현재 장쑤, 네이멍구, 후난湖南, 꽝시廣西, 헤이룽장, 신장新疆 등 50여 개의 성시급省市級 재산권 거래 기구, 응찰 기관과 대형 기업이 e거래에 입주하였다. 업무는 전국의 3분의 2가 넘는 지역을 커버하고 있고, 각종

거래, 구매 항목이 19,642개에 거래 성사 금액은 1,154억 6,900만 위안에 달했다.

(2) 장쑤 대중 창업 추진의 목표 대상

'강성 부민强省富民'에서 '부민 강성富民强省'으로, '부민 우선'에서 '강부미고强富美高(경제는 강하고, 백성은 부유하며, 환경은 아름답고, 사회주의 문명 수준은 높다)'로, 21세기에 들어서서 장쑤는 줄곧 주민 부유를 중요한 위치에 놓았다. 수년간의 노력으로 장쑤성의 주민 부유 사업은 커다란 성과를 거두었다. 하지만 주민들은 여전히 충분할 만큼 부유하지 않다. 이것은 두드러진 단점이다. 이 때문에 성 위원회와 성 정부는 대학생, 농민, 연구원, 도시 실업자, 귀국 유학생, 제대 군인들을 중점으로 하여 창업 정책 전개, 창업 능력 향상, 창업 플랫폼 건설, 창업 서비스 최적화, 창업 분위기 조성을 두드러지게 하여 사회 전체의 창업 활력을 충분히 불러일으키고, 정부의 창업 장려, 사회 지원 창업, 노동자 창업의 새로운 메커니즘을 빠르게 형성하며, 창업의 대중화, 발전형, 전 분야의 변화를 추진하여 '창업 장쑤' 브랜드를 만들고 고용의 새로운 공간을 넓히며 여러 가지 방법으로 도시와 농촌 주민의 소득을 증가시키기 위해 노력을 기울였다. 그 주요 정책 목표는 다음과 같다.

- 대학생

매년 500개의 성급 대학생 우수 창업 프로젝트를 선발하고, 대학생 창업 2만 명 이상 지원하고, 대학생 창업 4만 명을 육성한다.

- 농민

농민의 현지나 인근 지역의 창업을 지원하고, 농촌의 1, 2, 3차 산업 융합 발전을 촉진한다. 농업 농촌의 전자상거래와 농촌 관광, 특색있는 농촌 경제를 대대적으로 발전시키고, 농민 창업 소득증대 공간을 확대한다. 매년 농민 창업 3만 명 이상을 지원한다.

- 연구원

대학, 과학 연구소 등의 사업 단위 전문 기술자들이 과학 기술 성과를 가지고 재직 창업, 직장을 떠난 창업을 장려하고 지원하며, 인사 관리, 임금 인센티브, 과학 기술 성과 전환, 창업 지분 인센티브 등의 정책을 더욱 완벽하게 실천하고, 과학 연구자들의 혁신 창업 활력을 북돋우며, 매년 과학 연구 인력 창업을 1,000명 이상 지원한다.

- 도시 실업자

도시 실업자 창업 지원 메커니즘을 구축하고 창업 의향 조사를 진행하며, 창업 의향이 있는 실업자에 대해 기능 훈련, 정책 자문, 창업 지도 등의 '1 : 1' 서비스를 제공하고, 도시 실업자가 가사서비스, 지역 사회 양로, 상품 소매 등의 서비스업에서 창업을 할 수 있도록 유도하며, 매년 도시 실업자의 5만명 이상의 창업을 지원한다.

- 귀국 유학생

귀국 유학생의 과학 기술 성과 전환 촉진을 돕고, 우선 전자 정보, 생물 의약, 신재료와 에너지 등의 고급 신기술 산업과 금융, 물류, 정보, 비즈니스 등 현대 서비스업 분야의 창업을 지원한다. 매년 귀국 유학생의 혁신 창업 1,000명을 돕고, 성급에서 매년 귀학 유학생의 혁신 창업 프로젝트 100개에 자금 지원을 한다.

- 제대 군인

자주적 직업 선택 전역 간부, 자주 취업 제대 병사들의 자주 창업과 귀향 창업을 지원하며, 세비 감면, 창업 수당, 창업 담보 대출 등의 혜택을 실현하고, 창업 훈련과 지도 서비스를 강화하며, 매년 제대 군인 1,000명의 창업을 지원한다.

(3) 장쑤 대중 창업 추진의 주요 특징

정책은 경제 사회 발전의 레버리지다. 하지만 그 최종적인 효과는 실천으로 되돌아가 점검할 수밖에 없다. 대체로 장쑤 대중 창업의 효과는 다음과 같은 특징이 있다.

첫째, 민영 경제가 고정 자산 투자의 주체가 되었다. 2017년의 수치가 보여주듯이, 예속 관계와 등록 유형에 따라 2017년 장쑤성의 고정 자산 투자액은 5조 3,000억 2,100만 위안이었고, 그 가운데 사인 지분 유형기업 투자액이 3조 3392억 7천만 위안으로 총액의

3분의 2에 달한다. 이와 함께 국유 지분과 그룹 지분 합계는 3분의 1에 미치지 못해서, 각각 1조 1,996억 4백만 위안과 1,179억 8,800만 위안이다.

둘째, 민영 경제가 폭발적인 발전 모습을 보인다. 2016년에서 2017년까지의 수치가 보여주듯이, 투자액이나 공업 투자 모두 빠르게 성장하는 모습을 보인다. 사영 기업, 개별 경영, 개체화, 개인 동업 등의 조직 형태에서 사영 기업은 대중 창업의 가장 주요한 조직형태이다. 2017년에 사영 고정 자산 투자액은 이미 2조 6,935억 위안을 넘어섰다. 그중에서 공업 투자가 절대 부분을 차지하여 1조 7,779억 위안에 달했다. 그것을 제외하고 개별 경영, 개체호, 개인 동업 등의 조직형태도 폭발적으로 발전했다.

2016-2017년 등록 유형에 따른 개별 사영 고정 자산 투자 상황 (억 위안)

유형별	2016년		2017년	
	투자액	공업 투자	투자액	공업 투자
총계(국내외, 홍콩, 마카오, 타이완, 개별 사영 포함)	49370.85	24544.4	53000.21	26180.81
사영 기업	23356.95	15644.85	26935.19	17779.49
개별 경영	60.17	15.46	56.98	12.36
개체호	54.91	15.09	54.16	11.26
개인 동업	5.26	0.36	2.82	1.1

자료 출처 : 해당 연도 『장쑤성 통계연감』

셋째, 셋째는 사영 기업의 발전이 도시와 농촌 지역 간의 불균형을 나타내고 있다는 것이다. 2017년의 수치에서 보이듯이, 사영 기업 업체 수, 고용 인원 수나 투자자 수와 등록 자금 규모는 모두 도시 위주로서, 90% 이상을 차지한다. 지역별로 보면, 사영 기업의 으뜸 도시는 난징과 쑤저우다. 이 두 도시는 다른 도시를 훨씬 뛰어넘는다. 난징의 우위는 사영 기업 업체 수가 55만 1,100개에 달해 쑤저우의 52만 9천 개를 뛰어넘는다는 데 있다. 투자자 수는 105만 9,300명으로 쑤저우의 95만 2백 명을 뛰어넘는다. 쑤저우의 우위는 고용된 사람 숫자가 387만 6,500명에 달하여, 난징의 289만 2,800명을 크게 뛰어넘는다는 데 있다. 등록 자금 면에서는 2조 8,884억 6,100만 위안으로 난징의 2조 1,317억 1,600만 위안을 뛰어넘는다. 비교해 보면, 난징의 사영 기업은 숫자면에서 앞서고, 쑤저우는 질적인 면에서 우수하다. 그 뒤를 바짝 쫓는 주요 도시로는 우시無錫, 쉬저우徐州, 난통南通, 창저우常州, 쑤저우 등이 있다. 롄윈항連云港, 타이저우泰州, 양저우揚州, 쑤치엔宿遷은 그보다 낮은 자리에 위치해 있다.

2017년 장쑤 사영 기업의 지역별 기본 상황

地区	가구수 (만호)	도시	종업원수 (만명)	도시	투자자 수 (만명)	도시	자금액 (억 위안)	도시
난징南京	55.11	53.94	289.28	262.56	105.93	103.54	21317.16	20439.15
우시無錫	24.7	22.09	232.79	187.59	46.35	41.57	13700.8	11753.15
쉬저우徐州	18.81	13.79	124.29	74.59	26.62	19.71	7737.72	6063.27
창저우常州	15.58	15.32	151.76	142.83	26.8	26.36	8091.35	7886.34
쑤저우蘇州	52.9	46.15	387.65	288.9	95.02	82.12	28884.61	25727.6
난통南通	19.39	10.72	192.89	71.32	30.19	16.59	11269.67	7192.08
롄윈강連雲港	8.05	6.66	43.46	31.13	10.58	8.8	3599.3	2882.77
화이안淮安	8.61	6.15	73.3	48.56	12.35	9.07	4757.49	3912.66
옌청鹽城	15.11	10.47	128.13	74.42	21.45	14.9	7413.8	5561.64
양저우揚州	13.12	10.66	121.52	88.01	18.47	15.09	6180.7	5111.43
전장鎮江	8.36	6.22	93.58	61.69	13.7	10.17	5836.48	4642.01
타이저우泰州	9.75	7.15	105.03	72.81	15.04	11.09	5550.57	4286.92
쑤치엔宿遷	9.08	6.44	82.18	55.57	12.34	9.13	4308.32	3494.89
합계	258.57	215.76	2025.86	1459.98	434.84	368.14	128647.97	108953.47

자료 출처 : 관련 연도 『장쑤성 통계연감』

넷째는 개별 상공업이 도시와 농촌 지역 사이에서 온도차가 있다는 사실이다. 개별 상공업 가구는 대중 창업의 또 다른 주요 유형이다. 2017년의 수치에서 보이듯이 '개별 상공업 가구 수', '종업원 수', '자금 액수' 지표에서 도시 지역이 80% 정도를 받아들이고 있다. 지역별로 보면, 쑤저우와 난징, 쉬저우의 개별 상공업 가구 발전이 가장 좋다. 2017

년 쑤저우의 '개별 상공업 가구 수' '종업원 수' '자금 액수' 지표상의 수치는 각각 75만 9,500개, 149만 4천명, 639억 5,500만 위안이고, 난징은 각각 52만 1,700개, 109만 1,600명, 484억 6,600만 위안, 쉬저우는 각각 51만 1,300개, 86만 8,300명, 486억 8,800만 위안이다. 그 뒤를 바짝 뒤쫓는 도시는 주로 난통, 옌청鹽城, 전장鎭江, 타이저우다. 그 가운데 주목할 만한 것은 타이저우로서, 나머지 지표에서 모두 상대적으로 평범하지만 자금 액수 면에서 독보적인 모습을 보여 719억 8,700만 위안에 달하여, 쑤저우를 제치고 성 전체 1위를 차지하였다.

2017년 장쑤 개별 상공업 지역별 기본 상황

	가구수(만호)	도시	종업원수(만명)	도시	자금액(억 위안)	도시
난징南京	52.17	48.14	109.16	101.24	484.66	433.88
우시無錫	35.52	33.46	70.1	66.71	235.44	223.64
쉬저우徐州	51.13	36.06	86.83	63.21	486.88	309.49
창저우常州	32.29	30.9	65.85	62.66	275.96	258.07
쑤저우蘇州	75.95	65.77	149.4	129.33	639.55	552.78
난통南通	55.03	22.88	89.57	39.53	424.14	179.89
롄윈강連雲港	23.28	16.21	35.65	24.48	247.09	166.63
화이안淮安	28.17	20.39	51.51	39.15	321.76	217.09
옌청鹽城	42.41	25.8	58.62	36.66	405.62	249.75
양저우揚州	29.19	23.29	55.13	44.24	278.23	215.4
전장鎭江	23.05	17.21	47.28	34.46	403.61	257.7
타이저우泰州	29.04	21.96	56.38	43.16	719.87	542.21
쑤치엔宿遷	33.21	22.38	57.9	40.99	348.4	209.26
합계	510.44	384.45	933.37	725.83	5271.2	3815.78

자료 출처 : 관련 연도 『장쑤성 통계연감』

3 _ 새로운 것에서의 부 창출 - 공동부유의 질적 원천인 만인 혁신

혁신은 처음부터 끝까지 한 나라와 민족을 발전시키는 중요한 역량으로, 혁신 전략 경쟁은 종합 국력 경쟁에서 차지하는 지위가 날로 중요해지고 있다. 공산당 18차 대회에서 혁신 구동 발전 전략을 명확히 제기하면서 과학 기술 혁신이 사회 생산력과 종합 국력을 끌어올리는 전략적 버팀목으로서, 반드시 국가 발전이라는 전체 판도에서 핵심적인 위치에 놓아야 함을 강조하였다. 18차 당대회 이후 시진핑은 여러 차례에 걸쳐 중요 연설을 행하여, 혁신 구동 발전 전략을 실시하는 데 있어서 가장 근본적인 것은 자주적 혁신 능력을 늘려야 하고, 가장 긴박한 것은 체제 메커니즘의 장애를 없애야 하며, 과학 기술 혁신을 핵심으로 하는 전면적인 혁신을 대대적으로 추진하고, 과학 기술을 제1 생산력으로서 내포하고 있는 거대한 잠재력을 최대한 해방시키고 자극해야 한다고 깊이 있게 지적하였다. 장쑤를 시찰할 당시에 시진핑은 장쑤가 분초를 다투는 절박감으로 혁신 구동 발전을 대대적으로 추진해야 하고, 혁신의 효과를 확실하게 이끌어내야 한다고 명확하게 요구하였다. 장쑤는 인구가 많고 땅은 좁으며, 자원 환경이 압력이 크고, 경제 성장의 전통적인 동력은 점차 감소되고 있다. 새로운 단계로 매진해 가면서 새로운 장쑤를 건설하기 위해서는 반드시 혁신 구동 발전 전략을 대대적으로 실시해야 한다. 과학 기술 혁신 공정을 깊이 있게 추진해야 하고, 혁신형 성 건설에 박차를 가하여 혁신 구동을 경제 사회의 지속적이고 건강한 발전의 주요 엔진이 되게 해야 한다. 이는 경제 발전의 뉴노멀에 적응하고, 경제 발전의 신동력을 증강시키는 데 있어서 필연적인 선택이다. 또 자주적 혁신 능력을 향상시키고 경제 발전 방식을 변화시키는 급선무이기도 하고, 경제의 질적 업그레이드를 촉진시키며 오랜 발전과 경쟁우위를 구축하는 데 있어서의 내재적인 요구이기도 하다. 만약 대중 창업이 공동부유에 힘의 원천을 제공한다고 하면, 만인 혁신은 공동부유에 고갈되지 않는 동력을 제공한다고 할 수 있다. 고품질 발전을 실현하고 국민들이 행복한 생활에 대한 요구를 만족시키기 위해 반드시 걸어야 하는 길인 것이다.

(1) 장쑤성이 만인 혁신을 추진하는 시대적 동인動因

한 국가의 경제 발전은 대체로 요소 구동, 투자 구동, 혁신 구동 등의 단계를 거친다. 일반적으로 요소 구동 단계에서 경제 발전의 주요 구동력은 값싼 노동력, 토지, 광산 등의 자원에서 나온다. 투자 구동 단계에서 경제 발전은 주로 대규모 투자가 일으킨다. 하지만 투입량이 늘어남에 따라 투자 수익은 점차 줄어드는 모습을 보인다. 이 난제를 풀고 지속적인 경제 성장을 실현하는 유일한 방법은 경제 발전을 보다 높은 차원의 혁신 구동 단계로 들어서도록 하는 것이다. 몇몇 혁신형 국가들은 연구 개발이 GDP 3% 이상을 차지한다. 과학 기술 발전의 공헌률은 70% 이상, 대외 기술 의존도는 30% 이하에 달한다. 이 나라들의 공통된 특징은 주로 과학 기술 혁신에 의지하여 경제 성장을 추진하고 강한 경쟁 우위를 이룬다는 것이다.

개혁 개방 이후 장쑤의 경제 발전은 두 차례 중요한 전환을 겪었다. 제1차 전환은 1980년대에 일어났다. 향진 기업 발전을 시작으로 농업 경제에서 공업 경제로의 전환을 이룬 것이다. 이 단계는 주로 요소 구동이었다. 저렴한 원가의 노동력과 토지 자원에 의지하여 경제 발전에 박차를 가한 것이다. 제2차 전환은 1990년대에 일어났다. 주로 외향형 경제, 민영 경제를 크게 발전시켜 공업화, 도시화, 경제 국제화를 가속화하였다. 이 단계는 투자 구동 단계로서 주로 투자 확대, 수출 증가에 의지하여 경제 성장을 이루었다.

18차 당대회 이후는 장쑤성 경제 사회 발전의 제3차 전환으로서, 핵심은 경제 발전이 자원 의존, 투자 구동, 수출 주도에서 혁신 구동을 실현하는 것이었다. 자주적인 혁신 능력과 국제 경쟁력을 높이고, 경제의 지속 발전을 촉진하는 것이다. 통계에 따르면, 2018년 장쑤 경제의 총량은 이미 1조 4천억 달러를 넘어서, 고소득 국가와 지역의 평균 발전 수준에 근접하였다. 규모 총량 면에서 볼 때, 글로벌 경제체 가운데 10위 수준에 들어가고, 명실상부한 경제 대성大省이 되었다. 하지만 질적인 면에서 볼 때, 아직 '크지만 충분히 강하지 않은' '빠르지만 충분히 우위에 있지 않은' 문제가 존재하고 있다. '농업에서 공업으로' '안에서 밖으로'라는 두 가지 중대한 전환형은 '큰 것에서 강한 것으로'라는 제

3차 전환에 이르러 근본적인 표지는 바로 강하고 큰 과학 기술 혁신 능력이 있느냐, 핵심 관건 기술을 장악할 수 있느냐이다. 앞의 두 차례 전환과 비교하여 새로운 전환의 난도는 보다 크다. 과거에는 배가 작고 방향을 바꾸기 좋았는데, 지금은 덩치가 커져서 돌아서기가 그리 수월하지 않을 뿐만 아니라, 더 나아가 직면한 갈등과 어려움이 더욱 두드러지게 되었다.

첫째, 자원과 환경의 제약이 날이 갈수록 심화되고 있다. 전국 각 성과 자치구에서 장쑤의 인구 밀도는 가장 높다. 인당 평균 자원이 가장 적고, 단위 면적당 부담하는 환경 압력이 가장 크다. 경제가 빠르게 성장함에 따라 에너지 자원의 규제는 끊임없이 강화되고 환경 압력은 나날이 증대되며, 높은 투입, 높은 소비, 높은 배출을 고성장으로 바꿔가는 전통적인 발전 방식은 이어나가기 어렵다.

둘째, 경제의 구조적 갈등이 두드러지고 산업의 차원이 매우 낮다. 제조업이 대부분 산업 사슬 가운데 낮은 단계에 처해 있다. 기업이 갖고 있는 스스로의 지식 재산권과 브랜드가 적고 핵심 경쟁력이 강하지 않다.

셋째, 국제 환경 변화가 가져온 도전은 보다 심각하다. 장쑤성은 무역 대성이다. 수출액이 전국의 16.5%를 차지하고, 무역 의존도는 70% 안팎을 차지한다. 국제 시장에서 조금만 바람이 불어도 기업의 생산 경영에 직접 영향을 미치고, 경제의 정상적인 운영이 어려워진다. 역세계화와 보호무역주의가 가열됨에 따라 하이테크 제품 시장이나 노동 집약형 제품 시장이나 모두 갈수록 경쟁이 격화되고, 수출의 대폭 증가에 의존하여 경제 성장을 견인하는 것은 명백한 제약을 받고 있다. 또한, 관련 부문 분석에 따르면 장쑤의 대외 기술 의존도는 60% 정도이며, 많은 핵심 설비, 핵심 기술은 주로 도입에 의존하고 있으며 대외 기술 의존도가 지나치게 높아 경제 경쟁력의 향상에 영향을 미치고 있다.

경제 전환의 업그레이드를 가속화하는 근본적인 방법은 바로 혁신을 경제 사회 발전 전반의 핵심적인 위치에 두어야 하며, 혁신을 발전의 주요 구동력으로 만드는 것이다. 바로 과학 기술 혁신의 고삐를 바짝 쥐고, 첨단 요소를 집결하고, 첨단 산업을 발전시키며, 혁신을 선도하는 경제 시스템과 발전 방식을 형성하는데 주력해야 한다. 전면적인 혁신을 추진해야 하며, 발전 이념, 체제 메커니즘 등 전방위, 다차원, 넓은 영역의 혁신을 추진해야 한다.

(2) 만인 혁신을 추진하는 데 있어서 장쑤가 내놓은 주요 조치들

18차 당대회, 특히 19차 당대회 이후 장쑤는 경제 발전의 새로운 상태에 적극적으로 적응하고, '두 가지 솔선'을 중심에 놓고, '새로운 장쑤 건설'이라는 최신 포지셔닝과 '5개의 새로운 단계로 나아가는' 중점 임무를 잘 이해하며, 혁신적인 성 건설 시범 사업을 시작점으로 하고, 쑤난의 국가의 자주적 혁진 시범 지역 건설을 인도자로 하여 자주적 혁신 능력을 강화하고 과학 기술 체제 개혁이라는 두 측면의 동시적 노력에 힘을 기울여 나가기로 하였다. 기업을 주체로 하고 산업을 방향으로 하며, 인재를 버팀목으로 하고 제도를 보장으로 삼아 나가는 것을 견지해 나가며, 산업 사슬 배치의 혁신 사슬을 중심으로, 혁신 사슬이 자금 사슬을 완비해 나가는 것을 둘러싸고 과학 기술 혁신을 핵심으로 하는 전면적인 혁신을 대대적으로 추진해 나간다. 과학 기술과 관리, 브랜드, 조직, 비즈니스 모델의 혁신을 총괄적으로 추진하여 과학 기술 혁신, 제도 혁신, 개방 혁신의 유기적인 통일과 협력 발전을 실현한다. 과학 기술의 경제와의 만남, 혁신 성과와 산업의 만남, 혁신 프로젝트와 현실 생산력과의 만남, 연구 인력의 혁신적 노동과 그 이익과의 만남을 강화하고, 과학 기술 발전의 경제 발전에 대한 공헌도를 높이고, 대중 창업과 만인 혁신의 정책 환경과 제도 환경을 조성하여 자원 배치 가운데 시장이 결정적 작용을 할 수 있도록 한다. 아울러 정부 역할을 더 잘 발휘할 수 있도록 한다. 계속해서 사회 생산력을 발전시키고 끊임없이 노동 생산성을 향상시킨다. 경제 사회 발전이 요소 구동, 투자 구동에서 혁신 구동으로의 근본적인 전환을 실현하는 데 박차를 가하고, 강한 경제, 부유한 국민, 아름다운 환경, 문명 수준이 높은 사회를 건설해 가는 새로운 장쑤에 힘이 넘치는 버팀목과 보장을 제공해 주도록 한다.

경제와 과학 기술 발전이 비교적 높은 성으로서 장쑤성은 혁신 작업을 줄곧 매우 중시해 왔다. 일찍이 2006년에 전국에서 가장 먼저 혁신형 성 건설 작업을 시작하여, '2015

년에 혁신형 성을 앞장 서서 건설한다'는 분투 목표를 제기하였다. 2011년 5월, 장쑤성은 〈혁신 구동 전략을 실시하여 과학 기술 혁신 신공정을 추진하고 혁신형 성 건설에 박차를 가하는 것에 관한 의견〉을 발표하였다. 이 발표에서 2015년에 전국에서 앞장 서서 혁신형 성 건설을 나타내는 지표를 밝혔다. 즉, 연구 개발비를 성의 총생산량에서 그 비중을 2.5%, 인력 자본 투자를 15% 이상, 100억 위안의 GDP 특허 라이센스 수가 400건, 과학 기술 발전의 경제 성장에 대한 공헌률이 60% 이상 달하게 한다는 내용이다. 2013년, 장쑤성은 과학 기술부의 동의를 거쳐 전국 최초의 혁신형 성 건설 프로젝트 지구가 되었다. 이어서 발표한 〈혁신형 성 건설 추진 계획〉(2013~2015년)에서 "2015년까지 기본적으로 혁신형 성을 건설하고 주요 지표는 혁신형 국가와 지역의 수준까지 도달한다"고 명확히 언급하였다. 그 가운데 중요한 지표는 다음과 같다.

연구 개발비 투입이 지역 총생산액의 2.5% 이상, 노동력 1만명당 연구 개발 인력이 1년에 80명 초과, 만 명당 발명특허 보유량 8건, 과학 기술 발전 공헌률 60% 달성, 전략적 신흥 산업 증가액이 지역 총생산액에서 차지하는 비중이 10%, 하이테크 산업의 생산액이 일정 규모 이상의 공업 총생산액에서 차지하는 비중이 40% 이상, 하이테크 기업이 10,000곳 이상, 주민의 과학적 소양 지표 달성률이 7% 초과, 현대 교육 발전 수준이 85%, 정보화 발전 수준 83%, 평균 기대 수명 77세 달성 등이다.

2016년 장쑤성은 또 〈산업 과학 기술 혁신 센터와 혁신적인 성 건설의 가속화 추진에 관한 몇몇 정책 조치〉를 발표하여 혁신형 성 건설의 정책과 지원 체계를 한층 더 완비하였다. 2016년 11월 개최된 장쑤성 제13차 당대회에서 '혁신에 힘을 집중하자'로 주제를 정했고, 전체 보고문에서 '혁신'이라는 단어가 62차례 등장하였는데, 다음과 같이 명확히 언급하였다. "발전을 이끄는 첫 번째 동력으로 혁신을 전체 국면의 핵심적인 위치에 놓아야 한다. 발전의 기점을 혁신에 놓고 신형 성을 건설하는 데 박차를 가해야 하며, 나아가 구역의 혁신체계를 더 완벽하게 해야 하고, 과학 기술 혁신을 핵심으로 하는 전면적인 혁신을 힘껏 추진해 나가야 한다."

그 해에 제정하여 발표한 〈혁신 구동 발전 전략을 심도있게 실시하는 것에 관한 중국 공산당 장쑤성 위원회와 성 정부의 의견〉에서는 다음과 같이 분명하게 요구하였다. 2020년까지 혁신 구동 발전 요구에 부응하는 체제 메커니즘을 기본적으로 형성하고, 혁신형 성 건설에 중대한 진전을 이루며, 주요 혁신 지표는 혁신형 국가와 지구의 중간 이상의 수준에 도달하도록 힘을 기울인다. 장쑤는 세계에서 영향력이 있는 산업 과학 기술 혁신의 중심이 되고, 혁신은 경제 사회 발전의 주요 구동력이 된다. 2018년 4월 장쑤성 정부 판공청은 〈혁신형 성 건설 사업 실시 방안〉을 발표하여 다음과 같이 요구하였다. 2020년까지 혁신형 성을 높은 수준으로 건설하고, 국내외에 영향력이 있는 혁신형 선도 기업을 만들며, 몇몇 중점 산업은 글로벌 가치 사슬의 상단에 들어가도록 하여 발전 동력의 전환과 혁신 구동 발전을 기본적으로 실현하여 현대화 경제체계와 고품질 발전 건설에 힘있는 버팀목이 되도록 한다. 같은 해 8월에 성 위원회는 과학 기술 장려 대회 및 과학 기술 혁신 사업 회의를 개최하여 일련의 과학 기술 인재 뉴딜 정책을 내놓으며 혁신 창업을 위해 적극적으로 '규제 완화'를 하고, 나아가 과학 기술 혁신의 활력을 더욱 북돋우고 과학 기술 산업의 융합 발전을 추진하며, 질 높은 발전을 촉진하기 위해 앞장서고, '강부미고' 신장쑤는 혁신 구동을 만드는 정책 환경을 건설한다.

　제조업 대성으로서 실물 경제는 줄곧 장쑤성 대중 혁신의 중점이자 초점이 되어 왔다. 중요한 핵심 기술은 후발국가나 지역이 현대화 사업을 해나가는 목숨줄로서, 정치와 경제, 국방의 기둥이 되며, 독립적이고 자주적이며 공정하게 국제 산업 분업, 무역에 참여하는 가장 기본적인 밑바탕이 된다. 스스로 통제 가능한 선진 제조업 체계가 없으면 글로벌 산업 분업에서 핵심 경쟁력을 갖는다든가 글로벌 가치 사슬의 상단을 차지하는 것은 불가능하다. 시진핑은 "중요한 핵심 기술은 요구할 수 없고, 살 수 없으며 얻을 수 없는 것이다. 반드시 자신의 손에 넣어야 한다"고 하였다. 과학과 교육의 중심, 제조업의 대성으로서 장쑤는 핵심 기술을 손에 넣어야 할 책임과 의무와 능력이 있고, 그 무거운 책임을 지고 나라를 위해 싸워야 했다. 성 위원회 13기 4차 전체회의에서 언급한 "중국 제조는 장쑤를 본다. 자주적으로 통제할 수 있는 선진 제조업 체계를 건설하는 것은 우리가 반드시 해내야 하는 일"이었다. 2018년 11월에 〈기업의 부담을 더욱 낮추고 실물 경제의 고품질 발전을 촉진하는 몇몇 정책 조치에 관한 통지〉를 발표하였다. 이는 2016년 이후 장쑤성 정부가 발표한 원가를 낮추고 부담을 줄이는 네 번째 정책 문건이었다. 2년 동안 장쑤성은 70가지 관련 정책을 내놓았다. 그 가운데 기업의 세 부담을 줄이는 것이 25개, 기업의 노동력 원가를 낮추는 것이 8개, 기업의 융자 원가를 낮추는 것이 12개로 실물 경제 기업의 원가 부담 절감은 모두 3300억 위안 이상이었다. 이는 실물 경제의 고품질 발전을 촉진하였다. 2018년 장쑤성의 하이테크 제조업, 장비 제조업 증가액은 각각 11.1%와 8%였다. 이는 일정 규모 이상의 공업보다 6%와 2.9%p 높은 것이다. 국가 제조업 단일 품목 우승은 25개가 새로 늘어났다.

산업이 몸이고, 기술이 기초다. 기초가 튼튼하면 몸은 튼튼한 법이다. 자주적으로 통제가능한 선진 제조업 체계 건설에서 주체는 '선진 제조업'이고, 관건은 '자주적 통제 가능'이다. 자주적 통제 가능은 산업 생산품에서 반영된다. 하지만 근원은 산업 기술에 있다. 선진 제조업 체계의 실질은 산업이 표면이고, 기술은 그 속이다. 특히 중요한 핵심 기술은 선진 제조업의 기초가 된다. 일단 중요한 핵심 기술이 제자리에 없거나 빠져 있으면 전체 산업은 독립성과 자주성을 잃게 되고 사람들에게 통제를 받게 된다. 자주적이고 통제가능한 선진 제조업 체계를 건설하는 것은 중요한 핵심 기술의 자주적인 통제 가능에 그 중점이 있고, 그 원천은 혁신에 있는 것이다. 혁신은 자주적이고 통제 가능한 선진 제조업 체계를 만들어내는 장쑤의 혼이고, 중요한 핵심 기술의 자주적이고 통제 가능한 발원지이자 주요 싸움터로서 뜻을 굽히지 않고 일관해야 한다. 2018년 6월, 장쑤는 전국에서 처음으로 〈선진 제조업 그룹을 빠르게 육성하는 것에 관한 지도 의견〉을 발표하였다. 그 중점은 신형 전력(신에너지) 장비, 공정 기계, 사물 인터넷 등 13개 선진 제조업 그룹을 육성하는 것으로, 2020년까지 영업 소득 8조 위안 정도를 달성한다는 것이다. 아울러 전통 사업의 업그레이드 개조에 박차를 가하고, 기술 개조 프로젝트를 실시하며, 산업 전환 업그레이드를 촉진하고 '장쑤 제조'가 '장쑤 스마트 제조'로의 변화를 실현한다는 것이다.

칼럼3 난징 장닝江寧 개발구 만인 혁신의 여정

전국 경제개발구 비교 평가에서 26개 항목 지표가 전국 평균 수준을 앞섰고, 그 가운데 과학 기술 혁신 10개 항목(총 15개 항목)으로, 개발구 선도 지표의 38%를 차지하여 우위가 뚜렷했다. 개발구의 혁신 구동은 세 시기의 변화를 거쳤다.

- 첫째, 준비기

2003년부터 장닝 개발구는 자주적 지적 재산권 기업의 도입과 육성에 치중하였고, 중앙에서 제기한 과학 발전 요구에 따라 진지하게 임했다. 6년 동안 포트 연구 개발 센터를 유치하였고, 난루이지바오(남서계보), 커위안쯔동화(과원자동화) 등 자주적 지적 재산권을 가진 하이테크 기업 등은 개발구 과학 기술 공헌률이 60% 이상 이르렀다. 이에 따라 2008년이 금융 위기를 견뎌내고 원자바오로부터 '풍경 한 쪽이 유달리 좋다'는 칭찬을 받았다.

- 둘째, 기초를 잡는 시기

2008년부터 장닝 개발구는 쑤저우, 광저우, 선전의 경험을 배워 지역 혁신 체계와 혁신 메커니즘을 분명하게 세우고, 중창 과학 기술 공사를 세웠고, '4대 해결방안'을 제기하여 혁신 발전의 기본 틀을 그려냈다. 처음으로 시 전체에서 '세 가지 100'이라는 인재 정책을 제기하였다. 1~2년 사이에 10대 산학연 합작 플랫폼을 탐색하여 만들어냈다. 몇몇 플랫폼은 후에 단지의 기능 플랫폼이 되었다. 이 단계에서 전후 10년간 장닝 개발구는 정부 주도로 혁신 플랫폼 300여만 제곱미터를 만들어내어, 미래 인터넷 등 산학연 기치를 내건 항모형 프로젝트를 들여왔고, 하이테크 산업 생산액은 천억을 돌파하여 국가 '천인 기지' '만인 기지', '유학 보국 기지' 등 3가지 국호 브랜드를 얻었다. 고차원 창업 인재의 전체 수는 547명에 달했고, 그 수는 인재 자원 전체에서 25%의 비중을 차지하였다. 그 가운데 통신과 인터넷, 에너지 절약과 환경 보호, 신재료 및 스마트 배전망과 스마트 제조 등 신흥 산업 분야에 단지의 95%에 달하는 고차원 인재를 모이게 했고, 단지의 전략 신흥 산업의 발전을 이끌어냈다.

- 셋째, 상승기

2016년부터 단지는 생각을 바꾸어 '정부와 시장' 두 손의 역할을 발휘하여 '첨단화, 시장화, 국제화'를 목표로 정했다. 혁신 발전은 가속 발전 변화기로 접어들었다. 혁신 자원은 글로벌 범위안에서 새롭게 배치되었다. 노벨상 수상사 6명, 필즈 메달 수상자 1명, 원사 24명을 모셔와서 국가 '천인 계획' '만인 계획'의 인재 104명을 육성하여, 난징시에서 1등, 성 전체에서 2등을 차지하였다. 국호 브랜드는 1년에 한 개, 5개에 달했다. 연구 개발 기구들을 성공적으로 유치하여 인터넷 공간의 안전한 국가 실험실을 세웠고, 노벨상 과학과 예술 마을을 시작하였으며 글로벌 미래 인터넷 정상 회의를 개최하여 과학 기술 혁신은 국가급에서 세계급으로 나아가는 중요한 한걸음을 내딛었다.

(3) 장쑤 만인 혁신 추진의 주요 특징

장쑤성 경제 발전을 실현하는 제3차 변신은 만인 혁신과 떨어질 수 없으며, 공산당 19차 당 대회에서 요구한 질 높은 발전으로 나아가는 것 또한 만인 혁신과 불가분의 관계에 있다. 혁신에 힘을 모으고 경제 사회의 전환 업그레이드를 추진하는 길 위에서 장쑤성만의 특징이 만들어졌다. 그 주요한 내용은 다음과 같다.

첫째, 여러 주체가 함께 전진해 가는 만인 혁신의 구조가 기본적으로 만들어졌다. 통상적으로 과학 연구 기구, 대형 기업, 대학과 대학원은 만인 혁신의 주체라고 한다. 통계가 보여주듯이, 2017년까지 장쑤성에 과학 기술 혁신 능력을 갖춘 과학 기술 기구는 23,112개로, 2013년의 19,393개에 비해서 4분의 1 가량 늘어났다. 과학 기술 혁신 능력을 갖춘 일정 규모 이상의 기업은 22,007개로, 2013년의 17,996개에 비해 4분의 1 가량 늘어났다. 그 가운데 과학 기술 혁신 능력을 갖춘 중대형 기업의 수는 상대적으로 안정되어 7,200개 내외를 유지하고 있다. 과학 기술 혁신 능력을 갖춘 대학과 대학원은 2013년의 801곳에서 1,133곳으로 증가하였고, 증가폭은 놀랍게도 40% 정도이다.

둘째, 만인 혁신의 인재 규모는 계속 늘어났고, 구조는 지속적으로 최적화되었다. 통계에 따르면, 2013년부터 장쑤성에서 과학 기술에 종사하는 사람 수는 매년 증가하여 처음의 109만 4,600명에서 2016년의 117만명으로 증가하였다. 더 기쁜 일은, 과학 기술에 종사하는 사람들의 구조도 계속 최적화되어 높은 단계로 향하고 있다는 사실이다. 2013

년 대학 본고 및 그 이상의 학력을 가진 사람 수가 49만 900명이었고, 2016년에 70만 1,600명으로 높아졌다. 이것은 이 기간 새로 늘어난 과학 기술 종사 인원이 기본적으로 대학 본과 및 그 이상의 학력을 가진 사람들이라는 것이다.

셋째, 만인 혁신의 경비 투입이 지속적으로 늘어났다. 과학 연구 경비는 만인 혁신의 중요한 보장이다. 통계에 따르면, 연구와 발전 경비 내부 지출은 2013년의 1,487억 4,500만 위안에서 2017년의 2,260억 6백만 위안으로 빠르게 늘었고, 증가폭은 60%를 넘었다. 이와 함께 연구와 발전 경비 지출이 지역 총생산액에서 차지하는 비중도 처음의 2.45%에서 2017년의 2.63%로 향상되었다.

2013-2017년 장쑤성 과학 기술 활동 기본 상황

지표	2013	2014	2015	2016	2017
과학 기술 기구(개)	19393	21844	23101	25402	24112
일정 규모 이상의 기업	17996	20411	21542	23564	22007
중대형 기업	7231	7538	7432	7816	7204
대학, 대학원	801	854	971	1055	1133
과학 기술 종사 인력(만)	109.46	115	111.99	117	-
대학 본과 이상의 학력	49.09	53061	54.84	70.16	-
연구와 발전 경비 내부 지출 (억 위안)	1487.45	1652.82	1801.23	2026.87	2260.06
연구와 발전 경비 지출의 총생산액에서의 비중	2.45	2.5	2.53	2.62	2.63

주 : 1. 일정 규모 이상 기업의 과학 기술 통계는 2001년부터 실시. 2017년에 과학 기술 종사자 수, 대학 본과 이상의 학력자 수는 취소하기 시작. 2. 연구 개발 지출이 GDP로 잡히기 때문에 2013-2017년의 연구와 발전 경비지출이 지역 총생산액에서 차지하는 비중은 조정 중에 있다. 자료 출처 : 해당 연도 『장쑤성 통계연감』

넷째, 대학 및 대학원과 일정 규모 이상의 기업이 과학 기술 혁신 활동의 주체가 되었다. 연구를 통해, 연구와 발전 과제의 숫자가 2013년의 107,690항목에서 2017년의 150,951항목으로 50% 안팎 증가하였다는 사실이 드러났다. 하지만 구조면에서 보면, 대학 및 대학원과 일정 규모 이상의 기업을 위주로 한다는 뚜렷한 특징을 보이는데, 둘의 합계는 1년간 연구와 발전 과제 총량의 90% 이상을 차지한다. 그 가운데 대학 및 대학원의 연구 발전과제가 조금 더 많다.

2013-2017년 연구와 발전과제 상황(항목)

지표	2013	2014	2015	2016	2017
연구와 발전과제	107690	118467	122629	138251	150951
과학 연구 단위	5430	5657	6490	6817	7257
대학, 대학원	48980	55018	59887	67670	70982
일정규모 이상의 기업	48559	53117	51720	59535	67205
중대형 기업	25966	26778	24782	26847	-

자료 출처 : 해당 연도 『장쑤성 통계연감』

다섯째, 사영 기업, 외자 기업(홍콩, 마카오, 타이완 포함)과 유한회사는 일정 규모 이상 기업의 연구와 발전 경비 내부 지출의 3대 주체다. 기업은 만인 혁신의 직접적인 구동자이자 수혜자이다. 일정 규모 이상 기업의 연구와 발전 경비 내부 지출은 2013년의 1,239억 5,700만 위안에서 2017년의 1,833억 8,800만 위안으로 상승하였고, 대략 50% 정도 늘어났다. 그 중에서 사영 기업이 가장 큰 주체였다. 2013년에 그 지출경비는 420억 2,600만 위안이고, 2017년에 731억 200만 위안으로 증가하였다. 동기 대비 70% 이상 늘어나서 동일한 시기에 전체 연구와 발전 경비 내부 지출보다 높은 성장 폭을 보였다. 유한회사(유한 책임을 지는 회사와 지분 유한회사 포함)가 그 뒤를 바짝 뒤쫓고 있는데, 연구와 발전 경비 내부 지출에서 두 번째로 큰 주체이다. 2017년 지출 총액은 552억 9천만 위안으로, 전체 지출의 30% 정도를 차지한다. 외자 기업(홍콩, 마카오, 타이완 포함)는 연구와 발전 경비 내부지출에서 세 번째로 큰 주체이다. 2017년에 합계 지출은 538억 3,800만 위안에 달하여 대략 전체 지출의 30% 정도를 차지한다. 주목할 만한 것은, 기간 동안에 이들 주체의 절대 지출액은 증가했지만 상대적인 증가 폭은 매우 느려져서, 4년 누계는 30% 정도 늘어나서 전체적인 증가폭 50% 안팎과 사영 기업의 70%가 넘는 증가폭에 비해 훨씬 낮다는 사실이다.

일정 규모 이상의 기업 연구와 발전 경비 내부 지출(억 위안)

		2013	2014	2015	2016	2017
내자 기업	국유 기업	13.81	12.58	16.29	10.24	5.8
	집단기업	4.13	4.99	4.89	3.22	4.02
	지분합작 기업	1.32	0.9	1.53	0.65	0.3
	연합경영기업	0.42	0.31	0.34	0.62	0.18
	유한책임회사	251.4	277.47	310.09	320.03	359.02
	국유 독립자본	34.43	34.32	34.05	33.44	30.84
	지분 유한회사	127.61	141.55	141.54	168.25	193.88
	사영 기업	420.26	489.21	554.14	645.64	731.62
	기타 기업	1.66	1.22	1.45	0.62	0.67
	합계	820.65	928.23	1030.27	1149.26	1295.5
홍콩, 마카오, 타이완 투자 기업		148.24	152.62	169.83	182.92	217.36
외국 투자 기업		270.79	295.69	306.41	325.36	321.02
총계		1239.57	1376.54	1506.51	1657.54	1833.88

자료출처 : 해당 연도 『장쑤성 통계연감』

　여섯째, 전략 신흥 산업은 3대 주력 업종에 집중되어 있다. 2017년까지 장쑤성 전체 8대 전략 신흥 산업 누계가 생산액 6조 7,863억 7,400만 위안을 달성하였다. 2013년의 5조 1,889억 천만 위안에 비해 30% 정도 증가하였다. 하지만 상대적으로 보아, 전략 신흥 산업은 주로 3대 주력 업종에 집중되어 있고, 1조를 넘는 세 산업이기도 하다. 즉 첨단 장비 제조업 1조 9,130억 5,700만 위안, 신재료 제조업 1조 8,587억 5,700만 위안, 전자 및 통신 설비 제조업 1조 4,679억 5,600만 위안, 합계 5조 2천억 위안을 넘어 총생산액의 4분의 3에 이른다. 그 나머지 5대 신흥 산업은 모두 3,000억 위안 정도로, 비교가 되지 않는다.

2013-2017년 하이테크 산업 생산액 업종별 분포(억 위안)

항목	2013	2014	2015	2016	2017
총계	51899.1	57277.28	61373.61	67124.65	67873.74
항공우주	263.65	294.68	316.28	335.07	400.4
컴퓨터와 사무설비	2548.86	2349.71	2375.86	2882.6	2742.34
전자 및 통신 설비 제조업	12288.74	13621.74	13955.09	14693.38	14679.56
생물 의약 제조업	3184.23	3586.55	4170.23	4716.59	4897.07
측정 기구	1190.99.	1291.54	1393.42	3874.04	3955.22
첨단 장비	15561.06	17376.23	18182.56	18649.01	19130.57
신재료	13602.31	15378.6	17289.21	18348.33	18587.57
신에너지	3259.25	3378.23	3690.95	3625.64	3471.02

자료 출처 : 해당 연도 『장쑤성 통계연감』

일곱째, 하이테크 산업의 지역 분포 차이가 비교적 크다. 2017년까지 지역 내 하이테크 산업의 생산액이 높은 순서대로 나열해 보자면 다음과 같다. 쑤저우(1조 5,158억 1,400만 위안), 난통(7,564억 3,300만 위안), 우시(6,716억 3,500만 위안), 창저우(5,902억 위안), 난징(5,606억 9,400만 위안), 타이저우(5,386억 9,500만 위안), 쉬저우(5,305억 9,800만 위안), 양저우(4,219억 1,100만 위안), 전장(3,977억 6,600억 위안), 옌청(3,239억 8,300만 위안), 롄윈강(2,137억 7,900만 위안), 화이안(1,834억 3,500만 위안), 쑤치엔(814억 3,100만 위안)이다. 그 가운데 다음과 같은 내용은 주목할 만 하다.

1) 쑤저우만이 한 지역에서 1조 규모를 넘어섰다.
2) 난통, 우시가 쑤저우에 이어 2위 팀이다.
3) 3위 팀은 5,000~6,000억 사이에 집중되어 있는데, 포함된 도시에는 창저우, 난징, 타이저우, 쉬저우가 있다. 그 가운데 난징이 성 전체에서 5위를 차지했는데, 성도 도시에게 요구되는 것과는 큰 차이가 있다.
4) 쑤베이 도시들이 낮은 순위를 차지했는데, 그 중에 쑤치엔은 천 억에도 미치지 못한다.

2013-2017년 하이테크 산업 생산액이 지역 분포 (억 위안)

	2013	2014	2015	2016	2017
난징	5402.73	5740.94	5918.94	5902.61	5606.94
우시	6346.3	6110.66	6211.38	6548.72	6716.35
쉬저우	4013.63	4047.74	4505.26	5177.46	5305.98
창저우	4471.83	4805.99	4975.62	5453.78	5902
쑤저우	14178.77	13644.87	13962.32	14470.32	15158.14
난퉁	5115.92	5404.03	6048.45	7072.89	7564.33
롄윈강	1426.58	1669.25	1936.9	2178.43	2137.39
화이안	1244.63	1473.86	1687.22	1909	1834.35
옌청	1830.27	2044.97	2455.42	3044.15	3239.83
양저우	3650.8	3880.85	4032.3	4520.07	4219.11
전장	3560.56	3900.8	4557.49	4586.86	3977.66
타이저우	3772.74	3888.13	4528.76	5310.75	5386.95
쑤치엔	572.7	665.19	773.55	949.61	814.31
총계	51899.1	57277.28	61373.61	67124.65	67863.74

자료 출처 : 해당 연도 『장쑤성 통계연감』

09

물질과 정신의 공동부유 추진

공동부유의 이론과 실천 원류를 거슬러 올라가 보면, 동양 사회의 '천하 대동'으로부터 미래 사회에서 인간은 '전면적이고 자유롭게 발전한다'는 마르크스주의의 생각에 이르기까지 공동부유는 원래 물질적인 공동부유와 정신적인 공동부유가 함께 공존하는 것이었다. 정신 측면을 떠난 공동부유, 단순히 물질적인 것만을 추구하는 공동부유는 결국 잘못된 길로 접어들게 되고, 공동부유의 부정적인 측면으로 나아가게 된다. 마찬가지로 물질적인 공동부유의 강력한 버팀목에서 벗어나게 되면 정신적인 공동부유는 공상적인 공중 누가에 머물 수 밖에 없게 된다. 인류가 공동부유의 실천을 추구하는 과정에서 시종일관 물질과 정신에 대한 공동부유를 함께 추구하는 이론적 탐색, 사변적 탐색, 실천적 탐색을 해 왔다. 신중국 수립 이후에 중국은 빈곤에서 벗어나는 것으로부터 물질과 정신의 공동부유라는 힘든 탐색을 시작하였고, 주목할만한 성과를 거두었다. 장쑤는 물질과 정신의 공동부유를 함께 추구하는 데 있어서 중앙 부서의 조치들을 적극적으로 현실화하였고, 자신의 실제 상황과 결합하여 개성있는 발전을 진행하였으며, 효과가 있는 많은 길을 모색함으로써 물질과 정신이 함께 하는 공동부유를 지속적으로 추진해 나가는데 꼭 필요한 장쑤의 실천으로 공헌하였다.

1_ 물질적 공동부유와 정신적 공동부유의 변증법

(1) 물질적 공동부유와 정신적 공동부유는 상대적으로 독립되어 있으면서 서로 영향을 미친다

고도로 발달한 물질 문명과 고도로 발달한 정신 문명은 밀접한 관계가 있는 사회주의 건설의 중요한 목표이다. 공산당 12차 대회에서 다음과 같이 분명하게 언급하였다. "우리는 고도의 물질 문명을 건설하는 동시에 고도의 사회주의 정신 문명을 건설하는 데 노력해야 한다. 이는 사회주의를 건설하는 전략적 문제이다. 사회주의의 역사경험과 현재 중국의 현실 상황은 모두 이런 방침을 견지해 나가는 것이 사회주의의 흥망과 성패에 관계될 것이라는 사실을 우리에게 말해 준다." 한편, 어떠한 정신 문명도 모두 일정한 물질 문명의 기초 위에 세워져야 한다. 다른 한편, 정신 문명은 상대적인 독립성을 갖고 있다. 엥겔스는 다음과 같이 언급하였다. "정치, 법률, 철학, 종교, 문학, 예술 등의 발전은 경제 발전을 기초로 한다. 하지만 그것들은 또 상호 작용하면서 경제 기초에 대해 작용을 일으킨다. 단지 경제상황만이 원인인 것이 아니라 긍정적인 것이며, 그 나머지 모든 것은 부정적인 결과에 불과하다. 이것은 결국 실현될 수밖에 없는 경제적 필연성에 바탕을 둔 상호작용이다."[1] 공동부유의 계보에서 정신적인 공동부유는 물질적인 공동부유에 빌붙어 있는 것이 아니라, 상대적인 독립성, 대체 불가성을 갖고 있으며, 일정한 조건에서 물질적인 공동부유에 반작용을 일으킨다.

〈공산당 선언〉에서의 언급이다. "사상의 역사는 정신이 물질생산의 개조에 따라 개조된다는 것을 증명한 것 이외에 또 무엇을 증명하였는가? 어떤 한 시대의 통치 사상은 시종 일관 통계급의 사상에 불과했다." 이 말은 우리가 추상적으로 물질이나 정신을 말

---

[1] 〈보르지우스에게 보내는 엥겔스의 편지〉, 《마르크스 엥겔스 선집》(제4권), 인민출판사, 1995년판, 732쪽.

할 수 없고, 서로 다른 사회 제도, 특히 통치 계급 사상의 본질을 함께 고찰해야 한다는 것을 말해주고 있다. 봉건주의나 자본주의, 노예주의 사회 제도 하에서 계급 차이는 필연적이고 공동부유는 사회적 기초가 결핍되어 있어서 물질 문명과 정신 문명은 내재적 균열이 존재하고 있다. 또 물질 문명과 정신 문명의 성과는 통치 계급에 의해 고도로 농단되며, 근로 대중은 제한적인 물질적 부를 얻을 수 있고 매우 제한적인 정신적 성과만을 향유할 수 있는 것으로 나타난다. 하층 민중들이 받게 되는 것은 물질적 빈곤일 뿐만 아니라 정신적 빈곤이다. 사회주의 제도에서는 물질적인 공동부유와 정신적인 공동부유가 실천 차원에서 일치를 이루어 함께 진행되는 사회적 실천이다. 세계 공산주의 운동사를 살펴보면, 물질적인 공동부유와 정신적인 공동부유를 어떻게 추진해 왔는가에 있어서 인식으로부터 실천에 이르기까지의 여러 어려움을 겪었는지 심각한 교훈이 많이 있다. 개혁 개방이라는 새로운 역사 속에서 경험 교훈을 총결하고, 점차 물질적인 공동부유와 정신적인 공동부유가 상호 촉진되고 함께 추진해 온 길을 탐색하기 시작하여 중국 특색의 사회주의 공동부유라는 새로운 길을 열었다.

(2) 물질과 정신의 공동부유를 함께 추진하는 것의 본질은 '국민 중심'의 공동부유 추진이다

물질적인 공동부유와 정신적인 공동부유는 본질적으로 모두 인간 수요의 필연적 요구이다. 또한 국민 중심 사상이 발전 차원에서 구체적으로 표현된 것이다. 국민 중심을 견지하는 것은 시진핑 신시대에 중국 특색의 사회주의 사상의 핵심 내용이다. 국민 중심은 중국 공산당이 국민의 주체적 지위를 견지하는 유물 사관이 집약적으로 드러난 것이다. 시진핑은 "국민이 역사를 창조하는 동력이다. 우리 공산당 사람들은 언제라도 이 사적 유물론의 가장 기본적인 이치를 잊지 말아야 한다"고 한 두 차례 강조하였다. 공동부유 차원에서 살펴보면, 국민은 물질적인 공동부유의 주체이기도 하고 정신적인 공동부유의 주체이기도 하다. 과거의 사회 제도에서 국민은 그럴듯한 물질적인 부를 창조하였다. 하지만 분배 단계에서 자신이 노동한 결과를 얻지 못하고, '몸에 비단을 걸친 사람은 양잠하는 사람이 아닌' 상황이 벌어졌다. 게다가 수많은 국민들은 물질생활 수준이 억압된 상황에서 정신적인 부를 만들어내거나 나눔에 종사할 수 있는 조건을 갖추기가 매우 어렵고, 서로 다른 정도의 소외 현상이 나타난다. 물론 국민들이 물질적인 부를 만들어내는 과정에서 어느 정도의 정신적인 성과도 동시에 만들어진다. 하지만 둘 사이에는 시종 간극과 균열이 존재한다. 사회주의 사회에서만 물질적인 공동부유와 정신적인 공동부유의 동일한 주체로서 국민은 현실적인 기초를 갖게 된다. 시진핑은 공산당 19차 대회 보고에서 다음과 같이 언급하였다. "국민을 행복한 생활로 이끄는 것은 우리 당의 시종 변함없는 분투 목표이다. 처음부터 끝까지 국민의 이익을 가장 높은 자리에 올려 놓고, 개혁 발전의 성과를 더 많이, 더 공평하게 전체 국민에게 미치도록 해야 하며, 국민 전체의 공동부유 실현을 향해서 계속해서 매진해 나가야 한다." 국민은 물질과 정신적 부의 창조자이자 물질과 정신적 부를 누리는 존재여야 한다. 함께 건설하고, 함께 누리는 것은 공동부유의 논리나 실제 면에서 완전히 통하는 것이다. 중국 공산당은 초심을 잊지 않고, 중국 국민들을 위해 행복을 도모해야 한다. 이는 새로운 역사 조건에서 국민 중심을 견지하고, 두 손으로 강하게 잡아야 할 것을 요구하는 것이다. 물질적 정신의 공동부유를 함께 추진하고, 물질적 공동부유와 정신적 공동부유의 이중의 힘과 이중의 가치를 방출하며, 모든 국민이 함께 부유함을 실현하기 위해 끊임없이 더욱 견고한 조건을 창조해 나갈 것을 요구하는 것이기도 하다.

2 _ 물질과 정신 공동부유의 일관된 요구

(1) 질은 지역문화는 장쑤 공동부유의 심층적인 동력

장쑤는 중국 고대 문명의 발상지 가운데 하나로서, 전국에서 그 수가 가장 많은 국가 역사 문화의 유명 도시이자, 한족 문화, 금릉 문화, 오 문화, 화이양 문화, 해양 문화 등 여러 가지 문화가 서로 빛을 발하면서 스며들어 함께 장쑤 문화의 풍부한 내용과 깊이 있는 내용을 만들어냈다. 깊이가 있으면서도 독특한 장쑤 지역의 문화 속에는 풍부한 공동부유 유전자가 담겨져 있다. 아울러 신중국, 특히 개혁 개방 신시기에 그 빛을 발하고 있다.

- 집단주의 문화

'쑤난 모델'에서 집단주의 정신은 전방위적으로 드러난다. 쑤난이라는 땅에서 "집단주의 원칙의 의식적으로 집단주의 정신이라는 이 사회주의 정신 문명의 꽃을 낳아 길러냈다. 집단주의 정신은 반대로 쑤난 모델의 발전과 완벽함을 촉진하여 쑤난 도시와 농촌의 물질 문명 건설에 강한 정신적 동력이 되었다."[2] 향진 기업의 초기 발전 과정에서 사회에는 회의적인 목소리가 적지 않았다. 심지어는 향진 기업을 범죄의 온상이라 말하기까지 했다. 쑤난 향진 기업은 개혁 과정에서 크게 발전하였고, 여러 차례 전환 업그레이드의 성공적인 실천은 향진 기업이 경제 발전을 이끌었고, 사람들의 사상 관념을 바꾸어 놓았으며, 위를 향해 분발해 나가는 사람들의 정신적인 모습을 다시금 만들어냈다는 것을 증명하였다. 쑤난 지역은 물질 문명의 거대한 발전을 실현하였고, 또한 정신 문명의 뚜렷한 상승을 실현하였다. 특히 교육 문화 분야에서 경제적 발전은 교육 문화 투자 증가를 위해 여건을 마련해 주었다. 통계에 따르면, 1992년에 쑤저우시 전체에서 도시와 농촌 9년제 의무 교육이 지표 달성이 실현되었다. 이는 전국 성 직할시 가운데 최초의 사례였다.

- 실업實業 문화

장쑤성은 예로부터 실업에 뛰어났는데, 근현대에는 또 많은 실업가들이 배출되었다. '근대 중국의 상인의 아버지'라고 불리는 성쉬엔화이盛宣懷, 청나라 말기 실업의 태두이자 으뜸가는 실업가 장건張騫, 민국의 비단 대왕이자 밀가루 대왕인 우시無錫의 롱씨榮氏 형제, 이들 모두는 실업 엘리트였다. 근대 양쯔강 하류의 유명한 '천 부두'이자 중국 '4대 쌀시장' 가운

---

2 鄔才生,〈"蘇南模式"與集體主義精神〉,《唯實》, 1997년 제5기.

데 하나인 우시는 중국 근대 민족 상공업의 요람이 되었다. 신중국 수립 이후에 장쑤 경제는 기본적으로 전통 농업 위주였고, 공업과 서비스업 발전은 상대적으로 느렸다. 하지만 전통적인 방직 공업, 화학 공업, 기기 제조, 건축 자재 등의 업종은 비교적 발전이 빨랐다. 이런 귀중한 실업 유전자가 있어서 개혁 개방 초기에 가정 농업의 회복과 사영 상공업의 제한이 점차 해제됨에 따라 향진 경제는 폭발적으로 발전하기 시작했다. 이것이 바로 새로운 역사 조건 하에서 전통 경제 가운데 효과적인 요소와 이용이 더해진 결과였다. 실물 경제의 발전 과정에서 장쑤는 점차 온 마음을 집중하고, 정성을 다 하며, 뚜벅뚜벅 걸어가는 장인 정신을 점차 기르기 시작했다. 이는 지역 발전을 이끌어내는 강한 정신적 힘이었다. 개혁 개방 이후 장쑤는 실물 경제를 움켜 쥐고 실업을 대대적으로 발전시켜 실물 경제가 장쑤성에서 가장 튼튼한 밑받침이 되도록 하였다. 발달한 실물 경제는 장쑤성 경제가 위험을 막아내고 안정적으로 실행할 수 있는 믿을만한 뒷받침이 되었다. 게다가 장쑤성은 예로부터 문화와 교육을 중시하는 기풍이 있어 국민의 자질이 비교적 높고, 양질의 인적 자본과 실물 경제가 서로 결합되어 있다. 장쑤 사람들은 부지런한 투쟁 속에서 하나의 경제 기적을 창조할 뿐만 아니라, 근면한 손과 지혜로운 두뇌를 통해 자신의 운명을 고쳐가며, 하나 하나의 부지런히 일해 부를 창조하는 이야기도 역시 장쑤의 공동부유가 전국을 앞서 나가는 우위에 있고 저력이 있는 곳이다.

- '3창創 3선先'의 시대 정신

수나라, 당나라 이후 역사 속의 장쑤는 중화문화 찬란한 발전의 경제적 기초를 짊어졌다. 명나라와 청나라를 거쳐 근대에 이르기까지 장쑤는 경제, 문화 분야에서 전국 선두를 달렸고, 찬란한 물질 문명을 창조하였으며, '창創'으로써 '선先'을 구하고, '선'으로써 '창'을 촉진하는 지역의 특색과 우수한 문화 전통을 형성하였다. 개혁 개방 이후 장쑤 사람들은 창업이라는 위대한 실천 속에서 '3창' 정신을 창조해냈다. 이는 신세대 장쑤 사람의 정신적 풍모가 진실하게 드러난 것이다. 장쑤성 위원회의 11기 12차 전체위원회는 새로운 시기에 장쑤 정신이 '3창'에서 '3창 3선'으로 심화되었음을 확정하고, 새로운 정신의 내포된 내용을 더욱 풍부하게 하였다. 창업, 힘든 창업과 자주적인 창업, 주민 전체의 창업을 창도한다. 혁신, 사상 해방과 시대와 더불어 전진하며 혁신 발전을 창도한다. 우수성과 올리기, 더 깊이 연마하여 일류를 만들어내며 탁월함을 추구한다. '두 가지 솔선'을 추진한다. 창업은 기초이고, 혁신은 영혼이며, 우수한 성과를 올리는 것은 추구이다. '3선'은 장쑤 발전에 대한 당 중앙의 전체적인 요구이자 미래를 향해 전력으로 개척해 나가는 정신적인 방향 제시를 두드러지게 한 것이다. 앞을 다투는 것은 개혁 개방 이후 장쑤에서 형성된 뚜렷한 정신적 특징이다. 주동적인 진취성, 위를 향해 분발하는 것, 뒤떨어지지 않으려는 의식과 정신 상태로 구체화된다. 앞에서 이끄는 것은 경제, 사회, 문화 등 각 분야의 작업에서 자리매김이자 이끌고 행하는 과정이기도 하다. 솔선은 장쑤 발전에 대한 중앙 지도자의 목표 요구이고, 과학 발전에 있어서 장쑤의 솔선이자 조화로운 발전의 실천적 추구이기도 하다. 신시기 '장쑤 정신'은 장쑤 사람들의 사유에 있어서 진실한 것을 추구하고 힘쓰는 것과 행동면에서 천하를 앞세우는 우량한 전통을 계승한 것이다. 동시에 한 걸음 더 나아가 '창'을 잘 하고 '선'에 용감한 시대적 요구가 장쑤 정신에 신선한 혈액을 주입한 것이다. '3창 3선' 정신은 전면적 성격을 갖고 있다. 바로 장쑤는 경제 발전에서 전국 선두를 달리려 할 뿐만 아니라 지역의 전면적 발전에서 전국 선두에 서려고 한다. 자연히 공동부유를 실현하는 데 있어서도 전국 선두를 달리는 것으로 구체화된다. '3창 3선' 정신은 전체 국민의 성격을 갖고 있다. 바로 장쑤 주민 전체가 '3창 3선' 정신의 실천자이고 창조자이며, 수혜자이다. 주민 전체의 혁신 창업을 통해 공동부유의 기초를 쌓아올리고, 공동부유의 범위를 넓혀 나가 새로운 장쑤 정신은 새로운 시대 장쑤성이 공동부유를 추진하는 강한 정신적 동력이 되게 하였다.

(2) '두 문명'의 조화로운 발전이 전국 선두를 달리다

쑤저우가 덩샤오핑의 소강 구상에 실천적 지지를 실천할 수 있었던 것은 중요한 원인이 있다. 바로 쑤저우 등의 쑤난 지역이 물질 문명과 정신 문명의 조화로운 발전을 실현했다는 점에 있다. 주민들의 정신 면모가 일신되었고, 활기가 넘친다. 주민들의 정신 문화 생활은 풍부하고 다채로와졌으며, 사회는 안정되고 단결하고 있고, 안정적이고 조화를 이루고 범죄율은 크게 감소하였다. 양호한 발전적 기초가 생겨나 장쑤성 위원회는 1990년대에 장쑤가 '두 문명'의 조화로운 발전이 전국 선두를 달리고 있다고 명확하게 언급하였다. 이것은 이전의 성과에 대한 긍정일 뿐만 아니라 더 높은 요구와 더 큰 기대를 부여한 것이다. 장쑤성은 '두 문명'의 조화로운 발전에 있어서 지속적으로 탐구하여, 시대의 기운을 갖추고 광범위한 사회 영향력을 발생시키는 전형적인 방법을 형성하였다. 사회 전체의 문명 수준이 전면적으로 향상되었고, 전국 '두 문명'의 조화로운 발전을 위해 장쑤성은 공헌하였다.

개혁 개방 이후 장쑤는 사상 해방, 실사구시의 사상 노선을 견지하였고, 대중들의 혁신 정신을 존중하여 각 사업은 새로운 발전 단계에 들어섰으며 활발한 사상, 경제 발전, 정치 안정이라는 국면이 나타났다. 경제 건설을 추진하는 과정에서 장쑤성에서는 시대정신이 풍부한 선진 지역, 단체, 개인이 쏟아져 나왔고, 사회 전체에는 물질 문명과 정신 문명의 조화로운 발전과 생기발랄한 모습이 나타났다. 1984년 10월, 장쑤성 제6차 대표 대회에서 명확히 언급하기를, 공산당 11기 3중전회 이후 사람들의 사상과 도덕 수준이 향상되었고, 과학문화 사업은 날로 번영하여 경제 건설을 요구하는 동시에 사회주의 정신 문명 건설을 매우 중시해야 한다고 하였다. 1986년 9월, 중국 공산당 12기 6중전회에서 〈중공 중앙의 사회주의 정신 문명 건설에 관한 지도 방침 결의〉를 발표하였다. 장쑤성은 중앙의 정책 결정 조치를 적극적으로 구체화하였다. 1986년 10월, 중국 공산당 장쑤성 위원회 7기 4차 전체회의에서 〈중국 공산당 장쑤성 위원회의 〈중국 공산당 중앙의 사회주의 정신 문명 건설에 관한 지도 방침〉 관철 의견〉을 통과시켰다. 같은 달에 중앙의 주요 지도자가 장쑤를 시찰할 당시에 명확하게 언급하였다. "장쑤의 동지들이 계속 노력하여 '세 가지 선두', 즉 경제의 지속적이고 안정적이며 조화로운 발전에 있어서 계속 앞서갈 것과 과학 기술 발전에서나 정신 문명 건설에서 전국 선두를 차지할 것을 바란다." 1996년 10월에 공산당 14기 6중전회에서는 〈사회주의 정신 문명 건설에 박차를 가하는 데 있어서 약간의 중요 문제에 관한 중공 중앙의 결의〉를 발표하였다. 장쑤성 위원회는 "'두 문명'의 조화로운 발전에 있어서 전국에서 선두를 달린다"는 목표를 제기하였다. 장쑤성 '10차 5개년 계획'에서는 명확하게 다음과 같은 내용이 언급되었다. 단단하게 두 손으로 잡는다는 기본 방침을 견지하고, 사회의 전면적인 발전을 촉진하며, 물질 문명 건설과 정신 문명 건설을 통일된 분투 목표로 하고, 기획을 통일하여 함께 실시해 나간다는 내용이었다. 장쑤성 '11차 5개년 계획'의 제기는 사회 공평에 치중하여 주민들이 가장 관심을 갖고 가장 직접적이며 가장 현실적인 이익 문제를 진지하게 잘 해결하는 데 치중하였다. 아울러 사회주의 경제, 정치, 문화, 사회 건설이 함께 작용하고 발전하는 것을 촉진하는 데 치중하였다. 장쑤성 '12차 5개년 계획'은 민생을 보장하고 개선하는 것을 경제 사회 발전의 출발점으로 삼아 인간과 사회의 전면적인 발전을 촉진하여 성 주민들이 보다 부유하고 안정되며 행복한 생활을 할 수 있도록 한다고 언급하였다. 장쑤성 '13차 5개년 계획'에서는 민생 함께 누림 전략을 실시하고, 민생을 보장하고 개선하며, 주민들의 풍족한 물질생활, 풍요로운 정신 생활, 성취감과 행복감을 끊임없이 늘려나가는 정책 등을 언급하였다. 장쑤성은 정신 문명 건설과 물질 문명 건설을 함께 추진해 나가고 민생 공유에 초점을 맞춰 물질적 정신적 공동부유의 협동 발전을 유리하게 촉진시켜 뚜렷한 효과를 거두었으며, 전국적 공동부유에 경험적 모범을 제공했다.

(3) 물질과 정신 공동부유 발걸음의 새로운 시대적 탐색

공산당 18차 당대회 이후 장쑤성은 시진핑의 일련의 중요한 연설 정신, 특히 장쑤 시찰 과정에서 있었던 연설 정신을 깊이 있게 관철하여, 능동적으로 경제 발전의 뉴노멀에 적응하고 이해하며 이끌어냈으며, 고품질 발전을 열심히 추동해 냈고, '강한 경제, 부유한 주민, 사회 문명 수준이 높은' 새로운 장쑤 건설을 위한 꾸준한 분투는 물질과 정신이 함께 부유해지는 새로운 조치와 새로운 효과를 창출하였다.

- 높은 수준의 전면적 소강은 물질 정신 공동부유의 새로운 표준을 부여하였다

장쑤성은 전국 최초로 소강사회에 진입했고, 또한 먼저 전면적인 소강사회 건설 단계에 들

어섰다. 새로운 시대에 들어와서 장쑤성은 높은 수준의 전면적인 소강사회 건설이라는 새로운 단계로 매진하고 있다. 소강 기준으로 말하자면, 높은 수준의 소강사회의 내용은 매우 광범위하다. 민주적 법치 건설 등이 비교적 큰 전면적으로 함께 발전하는 성격과 과거 장쑤의 소강 지표의 특색이 비교적 강하여 '네 가지 전면'적인 배치가 전국에서 전개됨에 따라 체제 개혁, 민주 법치, 사회 관리 등의 지표는 장쑤의 전면 소강 건설에 있어서 중요하면서도 강화되어야 할 내용이었다. 이것은 또한 장쑤의 전면적 소강사회 건설 내용을 보다 풍부하게 하고, 일반적인 성격을 갖는다는 것을 의미하기도 했다. 고품질과 높은 수준은 높은 수준의 물질적 부유 위에서 드러나는 것이다. 또한 하나도 뒤떨어질 수 없는 고품질 균형 발전에서 구현되며, 높은 자질의 정신적 풍요함에서 나타난다. 그것은 장쑤의 전면 소강이 지역 비교에서 전국에서 앞서가는 높은 수준의 소강사회라는 것을 의미한다. 경제 사회 구조에서 경제 지표는 높은 표준에서 실현되어야 하고 사회와 문화, 생태 문명, 민주법치 분야의 지표도 높은 표준에서 실현되어야 한다. 공간 구조 면에서는 성급 차원에서 앞장 서서 전면적 소강사회 건설에 임하고, 또 현급 차원에서도 마찬가지이다. 특히 중점 빈곤 지원 지역이 예정대로 전면적인 소강사회 건설을 하도록 한다. 이것은 높은 수준의 고품질 전면적 소강 표준에서 장쑤의 공동부유는 물질과 정신의 공동부유를 함께 구현하고, 또 보다 큰 차원에서의 공동부유에서 구현되며, 아울러 지역간, 집단 간에 공동부유로 향해 함께 간다는 것을 의미한다. 장쑤의 높은 수준의 전면적 소강사회 건설에 있어서 중요한 치중점은 국민 중심의 가치 지향을 견지한다는 것이다. 전면적인 소강과 인간의 전면적인 발전을 긴밀하게 결합시키는 것이다. 전면적인 소강사회 건설은 총체적인 사회 발전 상태와 인간의 자유로운 전면적인 발전 정도의 표지로서, 중아이 제기한 전면적인 소강사회 건설은 주민의 주체적 지위를 견지하고, 소강사회의 총제적 내용과 중요한 표준을 구체적으로 실현하는 것이다. 장쑤가 전면적인 소강사회 건설에 앞장 서려면 새로운 세대 장쑤인의 전면적인 발전 위에서 실질적 진전을 얻을 수 있도록 추진되어야 한다.

첫째, 주민이 소강을 함께 건설해 가는 발전 능력을 향상시키고 사상 도덕의 소양, 과학 문화 소양, 건강 소양을 중점적으로 향상시키며, 고용 창업 능력, 사회 참여 능력, 평생 학습 능력을 늘려 소강사회의 건설 주체가 되도록 하는 것이다.

둘째, 둘째는 주민 공유 소강의 획득 능력을 향상시키고, 공공서비스의 공급 강화, 소득격차 해소, 사회 보장망 구축 등의 경로를 통해 발전 성과를 주민들이 공유할 수 있도록 하는 것이다.

셋째, 민생을 위한 개혁 추진, 개혁이 소강의 견고한 전 과정을 관통하고 개혁 돌파점과 중점을 확립하는 가장 좋은 방법은 바로 대중이 가장 바라는 영역부터 바꾸는 것이다. 경제 사회 발전의 가장 두드러진 문제를 제약하는 것에서 시작하여 "백성이 무엇에 관심이 있고, 무엇을 바라는지, 개혁은 무엇을 잡고 추진해야 하는지"에 이르기까지 전 사회가 개혁이 가져온 실제적인 성과를 느끼도록 하고, 개혁과 에너지를 최대한 결집시켜 전면적인 소강 작전에 강력한 뒷받침이 되도록 하는 것이다.

- 두 손으로 단단히 잡는 것을 '강부미고強富美高'의 새로운 장쑤성 건설 전 과정에 관철시킨다

장쑤성은 두 손으로 단단히 잡는 것을 견지하고, 경제 건설 중심을 견지하며, 사회주의 핵심 가치관 인도를 견지하여 문화 건설 공정을 실시하였고, 선진 사상문화를 대대적으로 발전시켰으며, 우수한 전통 문화를 전승하고 혁신하였고, 건전한 인터넷 문화를 길러내어 물질 문명과 정신 문명의 조화로운 발전을 촉진하였다. 2015년 말에 장쑤성 문명 위원회는 <도덕 풍속 건설 고지 구축 행동 방안(2016-2020)>을 발표하여, 사회주의 핵심 가치관의 인도를 견지해야 하고, 도덕 풍속 고지 건설 '7대 행동'을 실시하며, 장쑤를 따뜻한 인문의 땅, 뚜렷하게 드러나는 문명의 땅, 느낌이 있는 정신적 정원으로 건설하기 위해 노력할 것을 강조하였다. 장쑤는 2020년까지 8개 분야에서 뚜렷한 발전을 보여주는 데 중점을 두었다. 즉 과학적 이론 무장에 보다 노력하고, 이데올로기 분야에서 마르크스주의의 지도적 지위를 계속 공고히 하며, 중국 특색의 사회주의와 중국몽을 사람들 마음속에 깊이 박히게 하고, 간부와 대중의 걸어가는 길에 대한 자신감, 이론적인 자신감, 제도적인 자신감을 보다 굳건하게 한다. 핵심 가치가 보다 효과적으로 인도할 수 있도록 하고, 사회주의 핵심 가치관이 널리 알려지고 실천되며, 사회 신용 체계가 보다 완비되고 주민의 문명 소양이 뚜렷하게 향

상되며 전국의 문명 도시 건설이 성 전체 도시 총숫자의 절반을 넘어설 수 있도록 한다. 문화전승의 혁신을 보다 깨달아 우수한 전통 문화의 창조적 전환을 추진하고, 혁신적 발전을 추진하며 역사 문화 자원의 체계적으로 정리되어 연구될 수 있도록 하며, 문화유산이 효과적으로 보호되고 이용될 수 있도록 한다. 장쑤의 인기 있는 문화 브랜드의 영향력을 계속 확대해 나간다. '3창 3선'이라는 새로운 시기 장쑤 정신을 널리 알린다. 문예창작은 보다 왕성하게 하고, 각 장르의 문예 창작을 보다 활발하게 한다. 문예 작품 평가 기준과 평가 체계는 계속 손질하고 문예 명품과 역작을 내놓는다. 특색있는 문예 브랜드를 만들어 내고, 공공 문예 감상 능력을 뚜렷하게 향상시킨다. 공공 문화 서비스를 보다 완전하게 하여 현대 공공 문화 서비스 체계를 건설하여 주민들의 참여도와 만족도를 뚜렷하게 향상시킨다. 문화 산업의 실력을 보다 강화하고, 현대 문화 시장 체계를 끊임없이 완벽하게 하며, 문화 산업 구조를 보다 최적화하고, 시장 경쟁력을 뚜렷하게 강화하여 구민 경제에서 기둥 역할을 공고하게 한다. 문화 대외 개방을 보다 능동적으로 하고, 문화 내보내기 발걸음을 가속화하며 국제 전파 능력 건설을 힘차게 추진하고, 문화 대외 개방의 넓이와 깊이를 계속 늘려나가 장쑤의 국제 이미지와 명망을 뚜렷하게 향상시킨다. 문화 인재의 장점을 보다 뚜렷하게 하고, 문화 인재의 양성, 활용, 격려 메커니즘을 끊임없이 완벽하게 하고, 각종 인재의 역할을 충분히 발휘하게 하여 문화 첨단 인재, 지도적 인물을 만들어 덕과 재주가 겸비된 인물, 혁신에 능하며 구조가 합리적인, 웅대한 규모의 문화 대군을 만들어낸다.

칼럼1 도덕 풍속의 고지 건설 행동

도덕 풍속의 고지 건설 추진을 둘러싸고 장쑤성 문명 위원회는 〈행동방안〉을 발표하였다. 주민의 도덕 육성, 사회의 성실한 건설, 지원 서비스 보급, 미성년자 사상 도덕 건설 제고, 문명 건설 향상, 인터넷 문명 건설, 정책 법규 보장 등의 '7대 행동'을 조직하고 실시하였다. '도덕 풍속 건설 고지' 구축은 문화 건설의 중요한 내용을 잘 붙잡고, 사회주의 핵심 가치관 육성과 실천을 '두 가지 솔선'이라는 분투 목표의 중요한 내용 실현 속으로 집어 넣어 널리 선전 교육을 하고, 실천을 광범위하게 탐색하여 사람들이 도덕을 중시하고, 존중하며 준수하는 생활을 의식적으로 추구하도록 하며 사회 전체에서 덕을 숭상하고 선으로 향하는 짙은 분위기가 형성되도록 하여 사회주의 핵심 가치관이 '강부미고強富美高'의 새로운 장쑤 건설에 있어서 정신적 동력이 되도록 한다.

- 인간의 문명적 소양 향상으로 물질과 정신의 동반적 공동부유를 촉진하다

장쑤성은 핵심 가치관을 발양하는 것을 정신 문명 건설의 영혼이 담긴 공정으로 붙잡을 것을 견지하고 있으며, 가장 공감대를 형성할 수 있는 '사랑, 공경, 정성, 선함'으로부터 시작하여 일상화, 구체화, 생활화를 통해 핵심 가치관을 전파하고 있으며, 끊임없이 교육 실천의 폭과 깊이를 넓히고 있다.[3]

첫째, 사회주의 핵심 가치관을 깊이 있게 설명하고 선전한다. 각종 매체, 공공장소, 선전 문화 진지와 집단을 전면적으로 커버하여 공익 광고 선전을 혁신적으로 전개하고, 인터넷 플랫폼을 개척하고, 각종 문예 작품과 대중성 문예활동 플랫폼을 잘 활용한다. 장쑤성은 핵심 가치관 12개 키워드를 과제별로 나누어 연구를 진행하고, 시리즈 총서를 냈다. 예를 들어 〈다듬지 않은 옥돌이 구슬이 되는 비밀-아이들 마음속의 사회주의 핵심 가치관〉은 이야기 형식으로 핵심 가치관을 전파하는데, 38만책이 인쇄되어 성 전체 4,000개 초등학교로 들어갔다. '초월·대화' 형식으로 창작된 중고등학생 핵심 가치관 독본도 이미 출판되어 성 전체 모든 중고등학교에 배포되었다.

둘째, 민족 정신, 시대 정신, '3창 3건' 신시기 장쑤 정신을 대대적으로 드높이고, 과학정신을 광범위하게 창도하며, 공민의 국가 의식, 법치 의식, 사회 책임 의식을 증강시키고 사회 전체의 정신적 추구를 향상한다.

셋째, 도덕적 모범, 시대의 모범, '가장 아름다운 인물' '우수한 건설인', 주변의 좋은 사람을 뽑아서 세우고, 지도 간부와 지식인, 기업가, 공인 등이 시범 역할을 하도록 추동한다. 장쑤성에서는 지속적으로 뽑아서 세우고 각종 도덕 건설의 선진적인 전형을 선전

3　江蘇省文明辦, 〈黨的十八以來江蘇省精神文明建設工作綜述〉, 江蘇文明網, 2017년 4월 18일.

하여 2년마다 장쑤성 도덕 모범을 선발하여 표창하고, 매 분기마다 '장쑤의 시대적 모범'을 배출하고 있으며, 매월 '장쑤의 좋은 사람'을 발표하고 있고, 매주 마다 '장쑤의 가장 아름다운 인물'을 배출하고 있다. 매월 장쑤성 도덕 모범과 주변의 좋은 사람의 현장 교류 활동을 개최하고 있다.

넷째, 미성년자들의 사상 도덕 건설을 착실하게 추진하고, '팔례사의八禮四儀'[4] 양성과 심리 건강 교육을 심화, 확대하고 있다.

다섯째, 자원 발굴과 문화 자양에 치중한다. 지역 특색 문화를 심도 있게 발굴하고 밝혀낸다. '우리들의 명절', 경전 독송 등의 활동을 광범위하게 전개한다. 우수한 전통 문화로 사람들의 정신적 기질을 함양한다. 풍부한 홍색 문화 자원을 활용하여 성 전체 1,710여 곳의 당사 유적과 140여 곳의 당사 기념식장의 교육 역할을 충분히 발휘하여 대중적인 주제 교육 활동을 상시적으로 전개한다.

여섯째, 자원 봉사의 상시적인 장기적 효과 메커니즘을 완비하고, '문명 장쑤' 자원 봉사의 활동을 심도 있게 전개하다.

일곱째, 문명 도시, 문명 농촌, 문명 업종, 문명 단위, 문명 가정, '장쑤에서 가장 아름다운 마을'을 만든다. '사랑, 공경, 정성, 선함'을 주제로 하여 사회 공중 도덕, 직업 윤리, 가정 윤리, 개인 품덕 교육을 강화하고, 도덕 교실의 혁신적 발전을 추진하며 네티켓 공정 건설을 실시하며, 인터넷 공익 활동을 전개한다. 인간의 정신적 경지와 문화적 소양 향상을 통해 격에 맞는 사회주의 건설인과 후계자를 길러내고, 신세대 장쑤인이 물질적인 공동부유와 정신적인 공동부유의 건설자이자 함께 누리는 사람이 되도록 한다.

칼럼 2 '팔례사의八禮四儀'

팔례八禮

---

[4] 역자주 : 팔례(八禮)는 의표의 예절, 의식의 예절, 말의 예절, 다른 사람에 대한 예절, 걸을 때의 예절, 볼 때의 예절, 유람할 때의 예절, 음식을 먹을 때의 예절 등을 말한다. 사의(四儀)은 7세 때 입학의식, 10살 때 성장 의식, 14살 때 청춘 의식, 18살 때 성인 의식을 말한다.

의표儀表의 예절로서, 표정을 정결하게 하고, 옷을 바르게 입으며, 머리를 자연스럽게 하고, 태도를 올바로 하는 것이다. 의식의 예절은 정해진 대로 예를 행하고, 존경하고 두려워하는 마음을 가지며, 엄숙하고 정중하게 풍속을 존중하는 것이다. 말의 예절은 교양 있는 용어, 부드러운 마음 씀씀이, 인내심 있게 경청하기, 성실하고 착하게 친구를 대하기 등이다. 다른 사람에 대한 예절은 웃어른을 공경하고, 우애 있게 지내며, 너그럽게 예절로써 대하며 성실함으로 다른 사람에게 대하는 것이다. 길을 갈 때의 예는 교통 법규를 준수하고 세 번 양보하며, 노약자들을 도와주고, 능동적으로 자리를 양보하는 것이다. 볼 때의 예절은 질서를 준수하고, 환경을 애호하며, 감상에 집중하고 예절있게 갈채를 보내는 것이다. 유람의 예는 경치를 잘 대하고, 문물을 보호하며 풍속을 존중하고 공중 도덕을 잘 지키는 것이다. 음식을 먹을 때의 예는 위생에 신경을 쓰고, 먹을 것을 아끼며, 검소하고 품위 넘치게 식사한다.

시의四儀

만 7살때의 입학 의식으로, 막 입학한 초등학생이 공부에 즐거움을 느끼도록 하고, 학교 생활에 접하도록 하며, 예의 규범을 느끼도록 한다. 만 10살 때에 성장 의식으로, 초등학교 3학년에서 4학년 까지의 학생들에게 은혜를 느낄 줄 알고 나눠주는 것을 이해하며 부모의 은혜와 선생님의 은혜, 친구의 은혜를 이해하게 한다. 만 14살 때에 청춘 의식으로, 중고등학생이 교류와 소통, 기분을 억제하는 것, 타인을 포용하는 것, 청춘의 첫걸음을 향해 매진하도록 해준다. 만 18 살 때에 성인 의식으로, 해당 연령의 학생이 성인의 책임을 이해하고, 공민으로서의 법을 준수하며, 사회적 책임을 지고 끊임없이 자신을 완성해가며, 뜻을 세워 나라에 보답하는 것을 이해하도록 한다.

- **새로운 시대 문명 중심 건설을 다시금 추진하다**

2018년 7월, 중국 공산당 중앙 판공청에서 <새로운 시대 문명실천 센터 건설 시범 사업에 관한 지도의견>을 발표하여 전국 12개 성의 50개 현을 프로젝트 포인트로 할 것을 명확히 하였다. 그 가운데 장쑤성 옌청鹽城의 푸닝현阜寧縣, 쉬저우徐州의 자왕구賈汪區, 우시無錫의 이싱시宜興市, 창저우常州의 리양시溧陽市, 난통男通의 하이안시海安市, 전장鎭江의 단양시丹陽

市, 화이안淮安의 쉬이현盱眙縣 등 7개 현(시)이 뽑혔다. 그 현들은 과학 이론의 학습 실천, 당의 정책 선전, 주류 가치의 육성과 실천 등의 방법을 통해 군중 선전, 군중 교육, 군중에 관심을 가짐, 군중에게 서비스하는 '마지막 1킬로미터'를 소통시켜 나갈 예정이었다. 새로운 시대 문명 실천 센터는 대중의 정신적 공동부유의 전략적 수단이기도 하고, 물질적인 공동부유를 촉진하는 중요한 수단으로서, 새로운 시대 물질과 정신의 공동부유를 추진하는 효과적인 플랫폼이다. 2018년 12월 장쑤성은 새로운 시대 문명 실천 센터 건설 시범 사업 제1차 연석 회의를 개최하여, 연석 회의에 참석한 단위가 새로운 시대 문명 실천 센터를 건설하는 것이 시진핑 시대 중국 특색의 사회주의 사상을 사람들 마음속에 깊이 들어가게 하고, 뿌리를 내리게 하는 중요한 조치임을 충분히 인식할 것을 요구하였다. 아울러 농촌 진흥 전략을 실시하는데 도움이 되는 절박한 요구이며, 기초 사상의 정치 사업을 더욱 강화하고 개선하는 필연적인 요구라는 사실을 인식하도록 요구하였다. 과학 이론의 학습과 실천, 방침과 정책의 홍보와 선전, 주류 가치의 육성과 실천 등을 하나로 하여 조화롭게 실천하도록 하였다. 플랫폼 소통, 사용의 총괄 관리, 조화로운 운영을 통해 성급 자원 봉사 팀을 만들고, 정기적으로 기층 조직으로 가서 자원 봉사활동을 펼치고, 자원 봉사의 힘을 농촌 기층 조직에 쏟아붓도록 한다. 각 부문은 조직을 치밀하게 조직하여 각 항의 활동을 실시하고, 대중들의 광범위한 참여를 이끌어낸다. 연석 회의 각 구성 단위는 주민들이 생각하고 바라는 구체적인 일로부터 시작하여 새로운 시대 문명 실천 사업을 민생 공정, 민심 공정으로 해내야 한다.

3_ 물질과 정신 공동부유의 장쑤성 표본

(1) 도시 표본

- 장자항張家港 정신 - 시대 정신과 항구도시에서 일어난 질적 변화

1992년 1월, 장자강시 위원회 서기 친전화秦振華가 '단결 분투, 책임감을 갖고 전진, 스스로 압력을 더하고, 용감하게 앞으로 나아가자'라는 장자강 정신을 처음 제안하였다. 1992년 2월 28일, 시 전체 사상 홍보 사업 회의는 장자항 정신의 내용에 대해 다음과 같이 설명하였다. '단결분투'는 단결하여 마음을 하나로 모으고, 힘들게 분투해 나가 대업을 열어 나가자는 것이다. '책임감을 갖고 전진하자'는 것은 막중한 임무를 짊어지고 어려움을 맞이하여 나아가며, 무거운 짐을 용감하게 지고 용감하게 전진하자는 것이다. '스스로 압력을 더하자'는 것은 스스로 일어서고 강하게 하며, 스스로 압력을 더 하고 퇴로를 남겨 놓지 말자는 것이다. '용감하게 앞으로 나아가자'는 것은 멀리 생각하고, 영원히 만족하지 않으며, 대담하게 부딪쳐 용감하게 일등을 다툰다는 것이다. 단결 분투는 기초이고, 책임감을 갖고 전진하는 것을 요구하며, 스스로 압력을 더 하는 것은 동력이고, 용감하게 앞을 다투는 것은 목표이다. 1995년 5월 13일, 장쩌민은 장자항시를 시찰할 당시에 장자항의 성과는 실천에서 나온 것이지 소리를 지르는 것에서 나온 것이 아니라고 지적하였다. 아울러 친필로 장자항 정신을 써 주었다. 같은 해 10월 31일, 『광명일보』에 실린 〈장자항 정신을 논함〉에서 다음과 같이 언급하였다. "장자항 정신은 덩샤오핑의 중국 특색의 사회주의 이론과 실천의 결합이 생동감 넘치게 구체화된 것이다." "장자항 정신은 장자강 사람들 것이고, 또한 전 국민의 것이기도 하다." 11월 23일, 『인민일보』에 실린 〈'장자항 정신'을 드높이자〉에서 다음과 같이 언급하였다. "장자항 정신은 허공에서 만들어진 것이 아니다. 그것은 중국 특색의 사회주의를 건설하는 이론과 실천이 결합된 산물로서, 장자항 주민들이 개혁 개방과 현대화 건설을 추진하는 과정에 나온 위대한 창조물"로서, "장자항 정신은 기회를 잡아 발전에 박차를 가하고 대업을 만들어가는 정신이며, 용감하게 경쟁하고, 일류를 만들어내며 영원히 만족하지 않는 정신이고, 맹렬하고 신속하며 착실하게 일하는 정신이며, 공산당 사람들이 국민을 위해 전심전력으로 봉사하는 취지를 실천하고, 국민에 대해 높은 책임을 지고, 자신을 엄하게 다스리며, 자각적으로 봉사하는 정신이다."

시대 발전과 함께 장자항 정신은 새로운 사상 내용이 계속해서 부여되었다. 2005년 5월 12일, 장쩌민이 장자항 정신을 글로 써 준 지 10주년이 되었을 때에 장자항시에서는

'장자항 정신을 널리 알리고, 장자항의 휘황찬란함을 재창조'하는 좌담회를 개최하였다. 회의에서는 다음과 같이 언급하였다. "장자항 정신은 장자항이 만들어낸 혼이고, 힘의 원천이며, 성 전체 주민들의 공동의 정신적인 자산이다."

개혁 개방 이후 양쯔강의 물을 마시고 자란 장자항 사람들은 만리 양쯔강처럼 용감하게 전진하는 패기와 끊임없는 열의는, 당시의 '변두리'를 사람들의 주목을 끄는 전국적인 스타 도시로 발전시켰다. 한편으로 경제 건설은 비약적으로 이루어져 '쑤난의 밑받침'에서 전국 100대 도시 가운데 3위 안으로 발전하였고, 다른 한편으로 '국가 위생 도시' '유엔 주거상'을 연이어 수상하였으며, 전국 문명 도시 '5연패'의 영예를 안았다. 장가항 사람들은 '한 손으로 두 손을 잡고, 두 손으로 두 손을 단단히 잡는다'는 독특한 지혜와 실천으로 '두 문명'의 조화로운 발전이라는 기적을 만들어내어 일약 전국의 모범이 되었다. 현재 200여 항목의 국가급 이상의 명예로운 칭호를 받고 있다. 개혁 개방 40주년이라는 새로운 출발점 위에서 서서 시종일관 '스스로에게 압력을 더 하고 용감하게 선두를 다투는' 모습을 사람들에게 보여주고 있는 장가항 사람들은 다시 한번 이 '정신 횃불'을 높이 들고 있다. '장가항 정신'은 과거에는 장가항 발전을 지탱하는 위대한 정신적 힘이었다. 미래에 장가항 사람들은 한 걸음 더 나아가 이 정신의 위력을 드높여 시진핑 시대 중국 특색의 사회주의 사상의 지도 아래에서 새로운 사상 대해방으로 고품질 발전을 추진하고 '위대한 이론의 성공적 실천'이라는 새로운 장을 써내기 위해 노력할 것이다.[5]

2018년 2월, 장자항시張家港市는 '장자항 정신을 드높이고 시대의 푯대가 되자' 동원 대회와 정신 문명 건설 표창 회의를 개최하였다. 회의에서는 장자항이 보여주어야 하는 문명은 안내의 시범을 보이고, 유일성과 안내성의 문명이라고 지적하였다. '유일성'은 바로 '모범형 문명 도시'라는 목표가 흔들리지 않도록 하는 것이고, '안내성'은 항상 혁신, 솔선 선두 다툼을 게으름 없이 견지하는 것이다. 장자항이 보여주어야 하는 문명은 인간

---

5 顧雷鳴, 高坡, 李仲勳, 〈新起點上再出發〉張家港人創造的寶貴精神財富永不過時─弘揚 "張家港精神" 的時代偉力〉, 《新華日報》, 2018년 8월 2일.

을 근본으로 하고, 영양가와 설득력이 있는 문명이다. 장인의 마음과 세대에 걸쳐 전하려는 마음으로 도시를 건설하고 관리해야 하고, 이 도시를 주민들이 행복한 생활을 추구하는 데 있어서 힘있는 의지처가 되게 하는 것이다. 장자항이 보여주어야 하는 문명은 함께 건설하고 함께 누리며, 구심력과 응집력을 갖춘 문명이다. '주민 전체가 참여하고 함께 건설하며 함께 누리는' 사업 구조를 적극적으로 건설하고, 당원과 간부가 역군이 되고 시민들이 주인공이 되어야만 문명 도시 건설은 보다 기초가 있고, 보다 의지하며 보다 힘이 넘치게 되는 것이다.

- '난통南通 현상'

난통은 '장하이江海의 구슬' '중국 근대의 첫 번째 도시'라 불리는 활력이 넘치는 개방 도시이다. 또 평범한 사람들의 착한 행동이 온 천지에 가득한 조화로운 문명 도시이기도 하다. 난통은 좋은 사람들을 끊임없이 배출하여 평범한 모든 사람들의 선행이 정신 문명 '난통 현상'을 더해주고 있다. 전국적인 문명 도시 난통은 1990년대부터 도덕 건설의 선진 개인과 집단의 모범이 계속해서 쏟아져 나왔다. 아울러 시 전체 주민의 도덕 수준이 지속적으로 높아져서 '정신 문명 건설의 난통 현상'이라는 영예로운 명칭이 붙었다. '누구냐고 묻지 마라'로부터 장하이 자원 봉사자 플랫폼에 이르기까지 난통은 전국 정신 문명의 건설 모범이 되었다. '사랑의 우편배달'로부터 하이안시海安市 닝랑현寧浪縣의 지원 교사 단체에 이르기까지 난통의 좋은 사람들은 갈수록 '모이는 효과'를 보여주고 있다. 장하이江海의 지원자는 34명에서 100만여 명으로, '사랑의 우편배달'은 1통에서 137통까지, 지원 교사는 1진 33명에서 1,000명이 되어 외딴 지역에 두루 퍼지는 지원 교사 대군으로 변했다. 자전거를 수리하는 노인 후한성胡漢生, 불바다에서 사람을 구한 저우장지앙周江疆, 서부 지원 교사로 헌신하는 자오샤오팅趙小亭, 이웃집을 용감하게 구해낸 저우푸루周福如, 인품이 좋은 팔없는 소년 장옌張闇, 불치병을 앓으면서도 사회봉사를 잊지 않았던 퇴직 여공 톈지엔펑田建風 등 난통의 정신 문명 선진 모범은 하나에서 다수로, 집단 효과를 낳았고, 정신 문명 건설에서 평범한 사람들의 착한 행동을 특징으로 하는 난통 현상을 만들었다. 하나하나의 선진적인 모범은 사회에 도덕 푯대를 세웠고, 시민 생활에 따스함과 감동을 가져다 주었다. 동시에 난통 정신 문명 건설의 발걸음을 더욱 빠르게 하여 문명 도시 건설의 길로 나아가게 하였다. 또 이는 '중국 근대의 첫 번째 도시'라는 현상을 더 번성하게 하였고, 숲을 이루게 하였다.[6]

- 창저우常州의 '도덕 교실' - 스타 도시의 소프트 파워

창저우의 도덕 교실은 사회의 공중 도덕, 직업 도덕, 가정 미덕, 개인의 품덕 등 '4덕德' 건설을 중점으로 하여 사람들을 즐겁게 해주고, 옳은 일을 보면 용감하게 행하며, 성실하게 믿음을 지키고, 하는 일을 소중하게 생각하고 봉헌하며, 경로와 친애 등 5가지 행위에 힘쓰도록 하면서, 자신도 모르는 사이에 문명 도덕이 사회 전체의 집단 의식과 공동 행동이 되도록 하는 것이다. 체계화된 사유를 견지하여 통일된 기본 표준과 개별화된 추진을 서로 결합하여 그 내용을 도덕으로 모으고 의식을 중요시하며 각종 도덕 교실이 중점을 명확히 하여 기초 표준과 특색을 견지한다. 농촌에서는 '노인을 공경하는 사상, 낡은 풍속 습관을 고치는 것'을 창도하고, 지역 사회에서는 '서로 우애 있게 돕고, 은혜에 감사하는' 마음을 키우며, 일터에서는 '성실하게 맡은 바 업무에 최선을 다하는' 마음을 키우도록 한다. 전통 문화 전승과 시대의 새로운 기풍 선양을 서로 결합하여 계찰季札[7]이나 '창저우 삼걸三傑'[8] 등 본토의 우수한 문화 요소를 전승하고 이용하여 그것에 담긴 정신적인 자산을 발굴하여 사람들을 교육시킨다. 조직적인 선전과 스스로의 교육을 서로 결합하여 현재 주민 곁에 있는 새로운 사물, 감동적인 이야기를 무대로 옮겨와 '사랑과 공경, 성실함 선함'을 설파하고, 의식의 과정을 이용하여 참여자들이 도덕을 마주 하고 스스로 깨닫고 돌아보도록 한다. 지금

---

6   徐紅波, 彭懷祖, 〈江蘇南通 "好人現象" 透視: 一花引來百花香〉,《中國文明網》, 2017년 5월 5일.
7   역자주: 오나라의 성인(聖人)으로, 오왕 수몽(壽夢)의 네 아들 가운데 막내. 네 형제 중에서 식견이 뛰어나고 인품이 고상하여 오왕이 후계자로 지목하였으나 형들에게 양보하고, 형들을 차례로 보위하면서 오나라의 부강을 이끈 인물. 특히 오나라와 이웃 나라 간의 문화교류와 발전에 크게 이바지한 것으로 알려짐.
8   역자주: 중국 공산당 초기 지도자 취치우바이(瞿秋白), 장타이레이(張太雷), 윈따잉(惲大英) 등 세 사람을 일컫는다.

도덕 교실은 창저우 도시와 농촌에 보급되었다. 기업에서는 성실과 신의를 말하고, 간부는 봉헌을 말하며, 직공들은 최선을 다하는 것을 말하고, 주민들은 우애를 말하는 것이 널리 퍼져 나가 도시 문명의 새로운 차원을 끊임없이 쇄신하고 있다.

창저우의 도덕 교실은 '주변 사람들과 주변에서 일어난 일'과 '소시민'을 '큰 무대'에 서게 하여 조그마한 일로써 커다란 이치를 말하게 하며, 주변의 감동으로 양심을 불러일으키게 하고 도덕의 감화가 되도록 한다. 시市, 현縣, 진鎭, 촌村 등이 4급 체계를 세워, 기관과 기업, 학교, 지역 사회 등 10종류의 플랫폼을 세워 도덕 교실은 계속해서 각급의 각종 도덕 모범을 발견해내고 있다. 빛나는 포인트만 있으면 도덕 교실의 주인공이 될 수 있다. 재물을 주워도 자기 것을 삼지 않는 환경 미화원도 있고, 나라를 위해 온몸을 바치는 당원 간부도 있다. 고속 철도에서 사람 목숨을 구한 의사도 있고, 약속을 지키기 위해 몇천만 위안의 적자를 보는 기업 사장도 있다. 인물은 친근하고 배우기도 좋고, 참여하기에 가깝고도 편리하다. 모든 사람들은 자신의 우상을 찾을 수 있다. 솽구이팡雙桂坊의 맛집 거리는 '안심 음식' 도덕 교실 건설을 통해 '도덕으로 입신하고 양심에 따라 경영하며 성실과 믿음으로 영업한다'는 이념을 힘차게 주장하면서 '안심 음식' 브랜드를 알렸다. "솽구이팡을 배워 성실과 믿음으로 먹거리를 만들자"는 전국 현장 모임이 이로 인해 창저우에서 개최되었다. 상상上上 케이블 회장인 딩산화丁山華는 장쑤성 제3기 10대 성실과 신용의 모범으로서, 그가 성실하게 경영한 사적은 도덕 교실의 순회 강연을 통해 광범위하게 퍼져 사회적으로 좋은 반향을 일으켰다.

기업가의 특정 주제 도덕 교실을 조직하여 한 무리의 기업가들이 도덕 교실로 들어왔다. "도덕으로 입신하고, 양심 경영을 하며, 성실과 믿음에 의지하여 경영한다"는 이념은 함께 준수하는 신조가 되었고, 도덕적인 실천은 '모범 현상'에서 '집단 효과'로 커져 나갔다.[9]

9　梅向東,〈道德講堂:讓城市更和諧更美好〉,《羣衆》, 2018년 제13기.

10

공동부유, 사회 보장망을 튼튼히 하다

사회 보장의 본질은 사회 공평을 지키고 사회 안정된 발전을 촉진하는 것이다. 사회 보장 체계가 완벽한지 여부는 이미 사회문명 발전의 중요한 표지 가운데 하나가 되었다. <중화인민공화국 헌법>에서는 다음과 같이 규정하고 있다. "중화인민공화국 공민은 연로하거나 질병에 걸렸거나 노동 능력을 상실한 상황에서 국가와 사회로부터 물질적 도움을 받을 권리를 갖는다." 이는 사회 보장 제도를 완벽하게 세우는 데 있어서 법률적인 근거를 제공해 주었다.

개혁 개방 이후 40여 년간 중국의 전환과 개혁은 300년의 역사를 걸어온 서양에 비견된다. 중국은 사회 보장 체계가 매우 취약한 사회에서 전 국민이 보장을 받는 사회로 변해가고 있다. 단 10여 년 만에 말이다. 그런데 서양에서는 <빈민 구제법>이 발표된 이후로 200여년이 지나서야 이 목표 실현에 근접하고 있다. 공산당 18차 당대회 이후 중국의 사회 보장 체계 건설은 전면적으로 힘을 냈고, 커버 범위는 지속적으로 확대되었으며 대우 수준은 착실하게 향상되었다. 공공 서비스는 날이 갈수록 빨라졌고, 세계에서 가장 많은 집단을 커버하는 사회 안전 보장망을 세웠고, 수많은 국민들을 안전하게 지키고 있다.[2] 시진핑은 민생의 보장과 개선을 매우 중시하였다. 당과 국가 사업의 전체 국면에 입각하여 사회 보장 체계 개혁에 대해 마지노선과 촘촘한 보장망을 내용으로 하는 메커니즘 건설 요구를 제기하였다. 아울러 국민 전체, 도시와 농촌, 뚜렷한 책임 소재, 보장의 적합도, 지속 가능한 여러 차원의 사회 보장 체계를 목표로 하는 임무를 언급하였다. 개혁 개방 40년간 '대민생大民生'이라는 시야에 착안하여 주민들의 바람을 파악하고, 사회 보장 제도는 무에서 유로, 유에서 우월한 것으로, 도시에서 농촌으로, 직공에서 주민 전체로, 차별에서 총괄 관리로, 사회 보장 제도는 갈수록 완비되었고, 사회 보장 체계는 튼튼해졌으며, 그 수준은 크게 향상되었다.

1_사회 보장 - 안정된 초석과 공동부유라는 뒷받침

사회 보장 제도는 사회 구성원의 기본적인 생활 권리를 위해 보장을 제공하는 일종의 제도로서, 현대 국가에서 가장 중요한 사회 경제 제도 가운데 하나이다. 그 역할은 사회 전체 구성원의 기본적인 생존과 생활의 수요를 보장해 주는 것이다. 특히 공민의 연로함, 질병, 장애, 실업, 생육, 사망, 각종 재난, 생활의 어려움이 닥쳤을 때의 특수한 필요를 보장함으로써 사회를 안정시키는 역할을 하는 것이다. 사회 보장 체계는 국가가 입법을 통해 제정한 사회보험, 구조, 보조금 등 일련의 제도의 총칭이다. 사회복지, 사회보험, 사회 구조, 사회 위문과 배치 등의 각종 다른 성격, 역할, 형식의 사회 보장 제도로 구성된다.

(1) 경제 발전에 대한 사회 보장의 버팀목

사회 보장 제도 자체는 사회주의 시장 경제 체제의 중요한 구성 요소이다. 그와 동시에 사

---

1 尹蔚民, 〈全面建成多層次社會保障體系〉, 《雷鋒》, 2017년 제12기.

회 보장은 경제 안정과 발전을 촉진시키는 기능을 발휘하기도 한다.

- **사회 보장 제도는 시장 경제를 움직이는 안전 보호 시스템이다**

사회 보장 제도와 건전한 사회 보장 체계를 세우는 것은 사회주의 시장 경제 체제의 수요를 세우는 것이다. 시장 경제는 시장 메커니즘의 작용을 통해 사회자원을 배치하는 경제 조직 형식이다. 시장 경제의 안전한 운영 시스템이자 보호 시스템으로서 사회 보장 제도는 사회주의 시장 경제 체제의 중요한 구성 요소이다. 이러한 체제에서 노동력 자원의 배치는 반드시 시장을 통해 진행되어야 한다. 기업이 시장 경제의 주체이기 때문에 시장 경제 조건에서의 기업은 나은 자가 이기고, 그렇지 못한 자는 지게 되어, 불가피하게 일부 기업이 파산하게 되고, 실업자가 늘어나게 되어 일련의 새로운 갈등이 불거지게 된다. 사회 보장은 국가가 국민 소득의 분배와 재분배를 통해 실현된다. 정부는 국민 소득 재분배를 통해 경제이익의 관계를 조절한다. 실업보험, 재취업, 도시 최저 생활 보장 제도를 세운다. 경제학적 측면에서 현대 시장 경제는 정부가 사회 보장을 통해 약자 집단의 기본 생활 보장과 의료적 수요를 지켜주고, 많은 자금을 공공 사업에 사용하여 국민 전체에게 안전감을 주어야 한다. 이렇게 하면 사회의 대중들은 걱정이 없게 된다. 이는 한 측면에서 사회 구성원 사이의 소득 격차를 줄여 나갈 수 있고, 다른 한편으로 소득을 상실한 사람들이 기본적인 생활 보장을 받을 수 있게 하여 인간의 평등을 증진시키고, 사회 공정을 지켜나갈 수 있게 된다. 이렇게 하면 사회 갈등을 줄일 수 있고, 사회적인 불안정도 감소시킬 수 있게 된다.

- **사회 보장 제도는 시장 경제의 부족함을 보충할 수 있다**

사회 보장 제도는 시장 경제의 정상적인 운영에 훌륭한 사회 환경과 보증 여건을 제공해 줄 수 있다. 왜냐하면, 시장 경제는 가치법칙의 요구에 따라 운영되기 때문이다. 가치법칙과 시장 메커니즘 작용의 결과로 한편으로는 경제 효과와 이익의 향상과 생산의 발전이 촉진되고, 다른 한편으로 소득 분배 면에서 비교적 커다란 차이가 초래될 수 있다. 일부분 사람들은 고소득을 올리고, 생활은 부유하며, 일부분 사람들은 소득이 낮아서 가난한 상태로 빠저들게 된다. 동시에 나은 자는 이기고 그렇지 못한 자는 도태되는 경쟁 법칙이 작용하게 되어 부분적으로 기업이 파산하고, 노동자는 직업을 잃으며 일부 사람들은 살아갈 수 없는 어려운 지경으로 빠지게 된다. 이로부터 시장 경제는 자발적으로 효율이 기울어지고, 사회의 공평한 분배를 스스로 실현할 수 없다는 것을 알게 된다. 그리고 소득 분배의 불공정함은 사회 불안정의 숨은 원인이 된다. 시장 경제 조건 속에서 사회 보장 제도를 세우고 완벽하게 하는 것은 소득 재분배와 함께 사회 공평을 함께 살피는 것을 통해 사회 안정과 안전을 지키는 역할을 할 수 있고, 개혁과 발전을 보장해 준다. 동시에 사회 보장 제도는 노동자가 직면할 수 있는 각종 위험을 분산시킬 수 있고, 또한 시장 경제의 부족함에 대한 일종의 보충이 될 수 있다. 이 밖에도 시장 경제 조건에서 주요한 생산 요소로서 노동력은 서로 다른 지역과 서로 다른 소유제 기업의 합리적인 움직임에 필요하다. 만약 사회화된 사회 보장 제도가 노동자들에게 양로, 의료, 실업 등의 보장을 제공해 주지 않는다면 노동력은 움직일 수 없고, 노동력 자원의 합리적인 배치는 실현되기 어려워진다. 사회 보장 체계를 건립하고 완비해 나가는 것은 노동력이 평등하게 시장에 진입하고, 경쟁에 참가하여 노동력 자원이 충분히 개발되고 합리적으로 이용되어 경제가 보다 빠른 발전을 해나가는 데 유리하다.

- 사회 보장 자체는 생산의 경제 효과와 이익을 만들어낼 수 있다

먼저, 사회 보장은 사회의 총수요를 어느 정도 조절해 주고, 경제 파동을 억제해 준다. 경제가 후퇴 조짐을 보일 때에는 실업률이 상승하고 저소득자가 늘어나며, 유효 수요가 부족한 현상이 나타난다. 이때 실업 보험금과 사회 구제는 일정한 사회 구매력을 향상시키는 데 도움을 준다. 이렇게 되면 수요를 진작시키고 경제 회복을 촉진하는 분야에서 일정한 역할을 하게 되는 것이다. 경제가 팽창하고 실업률이 낮아질 때 사회 보장 지출은 거기에 맞춰 줄어든다. 사회의 총 수요가 과도하게 팽창하지 않게 되고, 따라서 경제 과열을 방지하게 된다. 게다가 정부는 사회 보장비(세)율과 대우 지출 표준 수단을 통해 사회의 총수요를 조절할 수 있고, 따라서 경제 파동을 줄일 수 있게 된다. 다음으로, 사회 보장은 노동자가 경

제 소득이나 노동 능력을 상실한 후에 자신과 가족들의 기본 생활을 유지할 수 있도록 해준다. 따라서 노동력 재생산이 막히거나 중단되지 않도록 보장한다. 그 밖에 사회 보장 기금은 자본이 되어 장기적으로 모으고 투자 운영을 하게 되면 자본 시장 보충에 도움을 준다.

(2) 사회 보장은 사회 운영의 안정기이다

사회 보장과 사회 안정은 밀접한 관계가 있다. '사회 보장Social Security'의 본래 의미는 '사회 안전'이다. 서양에서 사회 보장 제도는 '사회 안전망' '사회 안정기'라 불린다. 비록 그것이 중국 사회주의 초급 단계에 존재하는 사실상의 불평등을 근본적으로 해결해 줄 수는 없다. 하지만 그것은 소득격차를 조절하고, 기본 생활을 보장하며, 사회 갈등을 완화하고 사회 불안정을 피함으로써 사회 경제의 지속적이고 안정적인 발전에 도움을 준다. 현재 중국은 경제 체제가 궤도를 전환하고 사회 구조의 형태가 바뀌는 시기에 처해 있다. 사회 보장 체계를 완비하는 것이 사회 안정을 촉진하는 데 있어서 그 의미가 크다. 개방개방 이후 경제 발전과 사회 안정을 촉진하기 위해 중국은 경제 발전 수준과 어울리는 사회 보장 체계 건설에 힘을 쏟고 있다.

• 기본 생활 보장

도시와 농촌 주민의 기본 생활과 기본 의료 수요를 보장하는 것은 사회 안정과 조화의 기초이자 전제이다. 이는 사회 보장의 핵심 기능이기도 하다. 도시와 농촌 주민을 커버하는 사회 보장 체계는 도시와 농촌 주민의 연로, 실업, 질병, 상해, 생육生育의 기본 수요를 보장해 주는 것으로서, 소득이 없거나 적은 사람과 각종 뜻밖의 재해를 입은 사람들의 생활 원천을 보장해주고, 기본적인 수요를 보장해 주며, 나아가 사회 전체의 안정을 실현하는 것이다. 도시와 농촌 주민을 커버하는 사회 보장 체계를 세우는 것은 도시와 농촌 주민의 생존 리스크를 줄여주고, 사회 안정의 수요를 촉진해 준다. 현재 중국의 도시와 농촌 주민들은 각종 다양한 생존 리스크, 예를 들어 실업 리스크, 질병 리스크, 양로 보장 리스크 등에 직면해 있다. 이런 리스크는 농촌에서 보다 두드러지게 나타난다. 그것은 주로 공업화와 도시화가 진행되는 과정에서 토지를 잃은 많은 농민들이 생겨났고, 토지를 잃은 뒤에 소득은 보장받을 수가 없기 때문이다. 또 병은 대수롭지 않게 생각하는 문제도 몇몇 곳에서는 여전히 존재하고, 저소득 인구는 온포 문제를 억지로 해결할 능력이 없기 때문이다. 이런 사람들은 앞에서 서술한 리스크를 막아낼 능력이 매우 취약하여 총체적으로 절대 빈곤 인구 언저리에 처해 있다. 만약 제 때에 해결해 주지 않으면 사회 안정이 줄 것이다. 이와 함께 질병으로 인한 빈곤을 겪는 농민들도 여전히 존재한다. 그렇기 때문에 도시와 농촌을 온전하게 커버하는 사회 보장 체계는 사회 안정을 지키는 데 있어서 절박하게 필요하다.

- 빈부 격차 축소

사회 보장 제도는 국민들이 함께 공동부유를 누리는 데 있어서 필요한 전제이다. 사회 보장은 총체적으로 먼저 부자가 된 사람에게 '금상첨화'를 안겨주는 것이 아니라 보통 노동자가 급할 때 도와주는 것이다. 사회 보장을 통해 사회 자산에 대한 재분배를 실시할 수 있고, 각기 다른 집단 간의 소득 격차를 적당히 줄여서 빈부의 현격한 차이를 없애줄 수 있다. 따라서 조화로운 사회 관계에 이를 수 있고, 사회 안전을 지키는 효과를 달성할 수 있다. 따라서 사회 보장 제도의 완비는 소득 구조 조정, 공동부유 실현에 중요한 의미를 갖는다. 동시에 사회 보장 제도의 완비와 사회 보장 수준 향상은 각종 사회보험 사업의 급속한 발전과 사회복지 수준의 급속한 향상이 어느 정도 국민들의 생활 부담을 줄여주고, 생활 복지 수준을 향상시켜 경제 발전 성과를 함께 누린다는 것을 의미한다. 개혁 개방 초기에 우리가 채택했던 것은 '일부 지역과 집단을 먼저 부유하게 하자'는 불균형 발전 전략이었기 때문에 소득격차가 지역과 집단 사이에서 커지는 추세가 나타났다. 21세기에 접어든 이후 중국의 지니 계수는 하강 추세를 보였지만 여전히 높은 수준에 놓여 있다. 사회 보장 제도의 완비는 국민의 가처분 소득, 특히 저소득 집단의 가처분 소득을 늘릴 수가 있다. 사회 보장 제도의 소득 분배 조절 기능을 통해 소득 격차를 줄일 수가 있으며, 저소득 집단이 발전할 수 있는 권리와 능력을 도와줄 수가 있게 되어 사회주의의 최종 목표인 공공 부유 실현에 있어서 중요한 의미를 갖는다.

사회 보장이 사회 안정을 지키는 것은 또 경제가 완만해지고, 특히 어느 정도의 경제 위기가 나타나는 상황에서 구체적으로 나타난다. 사람들의 소득이 리스크에 대처하는 능력이 급격하게 떨어지게 되는데, 만약 실업이나 질병, 상해 등 의외의 사건에 맞닥뜨렸을 때 그들의 생활은 쉽게 빈곤해지고, 그들 신변에는 상대적인 박탈감과 사회에 대한 원한 심리가 생겨나기 쉽게 된다. 더 나아가 법을 위반하고 범죄의 길로 빠지게 되어 사회 치안에 해가 되거나 사회적 불안정을 만들어내게 된다. 세계적으로 보면, 불경기로 인해 생겨난 사회 갈등이 격화되는 사례는 드물지 않게 보인다. 따라서 우리는 소 잃기 전에 외양간 고치는 식으로 저소득 집단에 대한 사회 보장 제도를 마련해서 그들의 기본 생활 여건과 재발전 능력을 보장해 주고, 그를 통해 경제 환경을 안정되게 지키는 목적을 달성해야 한다.

(3) 사회 보장은 사회 공평을 지키기 위한 것이다

현대 시장 경제는 경제 효율을 필요로 할 뿐만 아니라 사회공평을 필요로 한다. 사회공평을 실현하는 것은 생활 보장을 통한 재분배, 시장 경제의 단점을 해결하는 중요한 수단이다. 일반적으로, 시장 경제에서 불공평을 해결하는 방법은 첫째, 정부가 이전 지출을 통해 저소득자에게 보조금을 제공하는 것과 둘째, '안전망'을 만들어 불행한 일을 당한 사람들이 고통을 면할 수 있도록 해주는 것이다. 사회 보장의 근본 원칙은 사회 공평과 모든 사회 구성원의 효용을 극대화하는 것이라고 말하는 학자도 있다. 저명한 경제학자 A.C. 피구 교수는 《복지 경제학》에서 다음과 같이 언급하였다. "사회 보장 정책은 한 나라의 경제 복지를 확대할 수 있다. 왜냐하면 가난한 사람들이 얻는 효용의 증가가 부자들이 얻는 효용의 손실보다 커서 사회의 총효용이 증가하기 때문이다."

- 권리의 공평 보장

서양에서는 국민이 교육과 건강, 최저 생활 보장을 받을 권리를 '복지 권리' 또는 '사회 권리'라 통칭한다. 이 권리들은 기본 국민권에 대한 확대 발전, 또는 사회 공민권의 일부분이라고 인식된다. UN <인권선언>의 복지와 관련된 조항에서 이 권리에 대해 명확하게 규정하고 있다. 제22조에 "모든 사람은 사회의 일원으로서 사회 보장을 향유할 권리가 있다. 아울러 그의 개인 존엄과 인격의 자유로운 발전에 필요한 경제, 사회, 문화 분야의 각종 권리를 누릴 권한을 갖는다."고 하였다. 사회 보장은 모든 개인의 생존권, 발전권 보장을 가장 우선적으로 놓은 것이다. 국민 전체가 사회 보장을 누린다는 것은 기본 생활에 보장을 받고, 각 공민이 공평한 출발점에서 사회 경쟁에 참여할 수 있다는 것을 의미한다.

- 기회의 공평 보장

기회의 공평은 어떤 사회 구성원이 걸맞는 법적 조건을 갖추기만 하면 사회 보장 범위 내에서 커버될 수 있고, 균등하게 사회 보장의 기회를 얻을 수 있는 것을 의미한다. 태생적으로 지능이 떨어지거나 무책임하거나 나면서부터 게으른 사람은 없다. 대부분 사람들이 열심히 일하고, 본분을 지키며 책임감이 강한 상황에서 그들이 상승할 수 있는 기회를 잃게 해서는 안 된다. 사회 보장 제도는 바로 제도적 설계를 통해 모든 사람이 가능한 한 공평한 경쟁의 출발점을 만드는 것이다. 사회 보장 메커니즘을 통해 사회적 극단 빈곤층(절대 생존 요구선 이하의 집단)을 중점적으로 보호한다. 왜냐하면 만약 사회 보장을 해주지 않으면 저소득 계층과 취약 집단은 이른바 '빈곤의 함정'에 빠지게 되고 악순환이 이어지기 때문이다.

> **칼럼 1** 사회 보장 – 유럽 사회의 안정기
>
> 사회 보장 제도와 사회 경제 발전은 서로 보완이 되고 인과관계를 이룬다. 유럽 사회 보장 제도의 건립은 사회질서를 안정시켰고, 계급 갈등을 완화하였으며, 경제 발전을 촉진하였다. 반대로, 유럽 경제 발전은 사회 보장 제도에 튼튼한 물질적 기초를 제공하여, 그 보장 수준을 한걸음 더 향상시켰다. 사회 보장은 재정 정책을 통해 거시경제에 영향을 미쳤다. 사회 보장

제도는 국가가 경제 운영을 조절하는 중요한 수단이다. 경제학의 시각에서 보자면, 사회 보장 분배는 재정 분배의 범주에 속하고, 전체 국가 재정 분배의 중요한 구성 요소이다. 사회 보장 소득은 경제의 안정을 보장하는 안정기일 뿐만 아니라 경제 성장을 촉진하는 적극적 재정 정책을 구성하는 수단이다. 사회 보장 자금을 모으는 방식은 자본 축적과 자본 시장에 대해 상당히 큰 영향을 미친다. 일반적으로 사회 보장 자금을 모으는 것은 두 가지 기본 모델이 있다. 그 하나는 현금으로 거둬들여 현금으로 지급하는 제도이고, 다른 하나는 완전 누적제이다. 전자는 자본 시장에 대한 영향이 크지 않다. 반면에 후자는 영향이 매우 크다. 사회 보장 기금은 강한 유동성을 갖고 있어서, 매년 거액의 사회 보장 기금이 자본 시장으로 흘러들어가서 가치 보존과 증식이 가능하며, 자본 시장의 발전을 촉진할 수 있다. 사회 보장 기금은 직접적인 자금 공급, 이율 및 금융시장을 통해 직접 경제 활동에 참여하고, 자금의 양호한 환경과 경제 발전을 촉진한다.

— 〈사회 보장 : 유럽 사회의 안정기〉, 『당대세계當代世界』 2005년 제10기

2 _ 제2절 사회 보장 제도 개혁 - 장쑤성의 대담한 모색

사회 보장 제도 개혁을 촉진하고 사회 보장 체계를 완비하는 것은 사회 '공평주의' 목표를 실현하는 중요한 제도적 조치이다. 최근에 장쑤성 사회 보장 체계 건설의 뚜렷한 성과는 전체적으로 전국에서 선두를 달리고 있다. 이는 주로 사회 보장 제도 건설에 있어서 장쑤성이 대담한 탐색을 한 덕분이다.

(1) 의료 보장 제도 - 시범 지구에서 전면 추진으로

장쑤성의 의료 보장 제도는 신중국 수립 이후 점차 건립되어 발전되어 온 것이다. 개혁 개방 이후 장쑤성은 노동자 보험 의료, 공급 의료, 전통 농촌의 합작의료 등의 제도 모델을 연이어 넘어서면서 초보적으로 사회주의 시장 경제의 요구에 부응, 도시 근로자 기본 의료보

험, 신형 농촌 합작의료보험, 도시 주민 기본의료보험을 위주로 하고 도농 의료 구조, 상업 건강보험을 보조로 하는 신형 의료 보장 제도 체계를 기본적으로 세워나갔다.

• 시범 지역 형태로 추진된 의료 보장 제도

1984년 4월 28일, 위생부와 재정부는 함께 <공급 의료관리를 한층 더 강화하는 것에 관한 통지>를 발표하여, 공급 의료제도를 적극적이고 신중하게 개혁할 것을 제기하면서, 전통 공급 의료개혁에 대한 정부 탐색의 새로운 단계를 시작하였다. 1994년, 국가 경제 체제 개혁 위원회, 재정부, 노동부, 위생부가 공동으로 <근로자 의료제도 개혁의 시범지구에 관한 의견>을 제정하여 국무원 비준을 거쳐 장쑤성 전장시鎭江市와 장시성江西省 지우장시九江市를 시범지구로 정했다. 즉 그 유명한 '양장兩江 시범지역'이었다. 장쑤성은 의료 보장 개혁의 발원지였고, 직공 의료보험의 '양장 시범지역'은 전장시에서 시작되었다. 1994년 전장시 시범지역은 1996년에 쑤저우蘇州, 우시無錫, 난통南通, 옌청鹽城 등 네 개의 도시로 확대되었고, 다시 국무원의 <도시 직공 기본 의료보험 제도 건립에 관한 결정>이 내려오면서 1999년 성 전체에서 실시되었다. 장쑤성의 도시 근로자 기본 의료보험 제도건설은 이미 20여년의 역사를 갖고 있는 셈이다. 도시의 직장이 없는 주민 의료보험 문제를 해결하기 위해서 장쑤성은 2004년에 도시 주민 의료보험 제도를 시행하기 시작했다. 2007년 7월, <도시 주민 의료보험 시범지구 전개에 관한 국무원의 지도 의견>이 발표되면서, 장쑤성의 13개 성할시省割市에서는 큰 병 총괄을 위주로 하는 도시 주민 기본 의료보험 제도를 전면적으로 실시하기 시작했다. 도시 근로자 의료보험 제도 커버 범위 밖의 도시 주민(아동과 중고등학생 포함)을 도시 주민 의료보험에 들어오게 하여 모든 집단에 대한 의료보험 제도의 전면적인 커버를 실현하였다. 그 가운데 우시, 타이저우泰州, 옌청은 국가가 지정한 시범 도시가 되었다. 농촌 의료보험 제도 개혁의 탐색 분야에서는, 21세기 초에 농촌에서 큰 병 총괄을 위주로 하는 신형 농촌 합작 의료제도가 추진되었다. 2003년 10월, 장쑤성 정부는 국가의 <신형 농촌 합작 의료제도 건립에 관한 의견>에 근거하여 <신형 농촌 합작 의료제도 건립에 관한 장쑤성의 실시 의견>을 발표하여, 농촌에서 신형 농촌 합작 의료제도를 시행하기 시작했다. 2003년의 시범 지역으로부터 2005년까지 장쑤성의 모든 현(시, 구)에서는 신형 농촌 합작 의료제도가 세워졌다.

• 통일된 도시와 농촌 주민 의료보험 제도가 실시되기 시작하다

2016년에 장쑤성은 국내에서 선도적으로 신형 농촌합작 의료와 도시 주민 의료보험의 두 가지 제도를 통합하고, 통일된 도시와 농촌 주민 기본 의료보험 제도를 건립하였다. 2017년 10월 20일, 장쑤성 인력자원 및 사회 보장청에서는 <통일된 도시 농촌 주민 의료 보장 제도와 관련된 정책에 실시에 관한 장쑤성 인력자원 사회 보장청의 지도 의견>을 발표하여 도시와 농촌 주민의 기본 의료보험 정책 통일을 점진적으로 추진할 것을 요구하면서 통일된 도시 농촌 주민 의료보험 제도를 실시하기 시작했다. <의견>에서는 구區가 설치된 각 시에서 도시와 농촌 주민의 기본 의료보험 자금 마련 표준 통일을 하루빨리 통일하도록 하였고, 두 가지 방법으로 보험료를 납부하는 지역에서 2,3년의 과도기를 거쳐 점차 동일한 자금 조달 표준을 시행할 것을 명확히 하였다. 도시와 농촌 지역 주민들의 의료보험료 납부 표준 평균은 국가의 성의 관련 규정보다 낮지 않았다. 더 나아가 재정 보조를 높이는 동시에 도시와 농촌 주민 개인의 보험료 납부 표준을 적당하게 상향시켰다. 주민 1인당 가처분 소득과 연계되는 도시와 농촌 주민 의료보험 자금 조달 메커니즘 건립을 적극적으로 탐색해 가면서 자금 조달 표준을 확정하였고, 정부와 개인의 분담 비율을 통일하였다. 또한 각종 의료 보조 대상과 여건에 맞는 파일을 작성하여 저소득 가구가 보험에 가입하도록 자금 지원을 하여 최대한 보장하는 것이다. 동시에 구가 설치된 각 시에서는 통합 후에 의료 보장 대우가 낮춰지지 않는 요구에 따라 본래 도시 주민의 기본 의료보험과 본래 신형 농촌합작 의료대우 정책을 잘 연결하여 점차 대우 수준을 통일시켜 나갔다. 도시와 농촌의 주민 기본 의료보험은 자금을 조달하는 표준의 구 설치 시와 동일하게 하여 도시와 농촌의 주민 의료보험 처우 항목과 표준을 통일하여 실시해야 한다. 두 가지 납부 모델을 실행하는 구가 설치된 시에서는 권리와 의무는 대등하다는 원칙에 하여, 서로 다른 납부 수준에 따라 동일 약품과 항목의 각기 다른 개인 지급 비율을 통일적으로 확정하고, 2020년 전까지 동

일한 표준에 이르도록 노력한다. 이 밖에 구가 설치된 각 시에서는 출산 의료 대우를 통일한다. 국가와 성省의 인구와 가족계획 정책의 출산에 부합하는 도시와 농촌 주민들의 의료비를 도시와 농촌 주민 기본 의료보험기금의 지급 범위에 포함한다.

• 쑤저우蘇州의 한 발 앞선 의료 보장 개혁

1996년에 쑤저우시는 국무원에 의해 전국 의료보험 제도 개혁의 확대 시범지역 도시로 확정되었고, 2000년에 직장인 의료보험 제도 개혁을 전면적으로 시작하였다. 2007년에 〈쑤저우시 사회 기본 의료보험 관리 방법〉을 제정하여 발표하였다. 현재 쑤저우시는 기본 의료보험을 기초로 하여 보충 의료보험과 의료 구조가 결합된 여러 차원의 의료보험 체계가 이미 기본적으로 만들어져 있다. 주요한 내용은 다음과 같다.

첫째, 통일된 사회 기본 의료보험 제도를 만들었다. 먼저, 시 전체 직장인 의료보험 제도의 틀을 통일하여 커버 범위, 보장 항목, 대우 표준 등의 다섯 가지 통일을 실현하였다. 다음으로, 도시와 농촌 주민 기본 의료보험 제도를 수립하였다. 시 전체에서 정부의 자금 지원을 주로 하여 도시 농촌 주민 기본 의료보험 제도가 도시 주민 의료보험 및 신형 농촌 합작 의료보험, 토지 징발 인력의 의료보험 등 자질구레한 것들을 대신하였다. 다음으로, 도시와 농촌 일체화의 의료 구조 제도를 실행하였다.

둘째, 도시와 농촌 주민 의료보험과 도시 직장인 의료보험의 관통을 실현하였다. 주민 의료보험 가입자가 직장에 취업을 하게 되면 직장 의료보험으로 이동할 수 있다. 직장과의 고용관계가 끝나게 되면 주민 의료보험으로 이동할 수 있다. 동시에 비교적 과학적인 도시와 농촌 주민 의료보험과 도시 직장인 의료보험의 전환 연결 메커니즘을 세웠다.

셋째, 도시와 농촌이 하나가 되는 의료보험 관리 서비스 체계를 세웠다. 그 안에는 정보 자원을 충분히 이용하여 통일된 정보 플랫폼을 세우고, 통일된 의료보험 진료 목록, 약품 목록, 특수 의료용 재료 목록 등을 포함시킨다. 통일된 관리 서비스 제도를 세우고, 의료보험 관리를 통일한다. 사회 기본 의료보험과 의료 구조의 동시 결산을 실현한다. 의료보험 기금의 연결 통로를 세운다.

쑤저우시는 사회 의료보험 기금 수입의 5%를 위험 준비금으로 계상하여 재정 전담 관리에 넣어 쓰도록 하였다. 사회 의료보험 위험 준비금을 만든 것은 각종 의료보험 제도 기금 간의 통로를 열었고, 어떤 사회 의료보험 기금이 사정이 여의치 않아지면 적절하게 사용할 수 있어서 의료보험 기금의 위험 대비 능력을 크게 늘려놓았다.

> **칼럼2** 쑤저우시가 도농 일체화의 주민 의료보험 제도를 만들다
>
> 쑤저우시는 국무원이 확정한 전국 의료보험 제도 개혁의 확대 시범 지역 도시 가운데 하나로서, 1997년 4월부터 시범 지역이 되었고, 2000년 11월에 정식으로 직장인 의료보험을 실시하였다. 2006년 1월에 전국에서 앞장 서서 〈쑤저우시 아동 큰 병 의료보험 시행 방법〉을 발표하여, 아동들을 사회 보장 체계에 포함시킴으로써 의료보험 제도의 공백이 없게 하였다. 2007년 11월에 전국에서 앞장 서서 지방 조례 형식으로 〈쑤저우시 사회 기본 의료보험 관리 방법〉을 발표하여 제도 차원에서 의료보험이 도시와 농촌 주민을 커버하는 문제를 총괄 해설하였다. 여러 해에 걸친 힘든 탐색을 거쳐 쑤저우시는 직장인 의료보험, 도시와 농촌 주민 의료보험을 중점으로 하고, 사회 의료구조(큰 병 보험)을 밑받침으로 하여 "도시와 농촌, 서로 다른 차원, 상호 연결, 올 커버"하는 의료 보장 체계를 만들었다. 이는 쑤저우시 경제 사회 발전에 중요한 역할을 하였다.
>
> 2016년에 시 전체의 각 구에서는 이미 도시와 농촌 일체화의 주민 의료보험 제도가 만들어졌다. 쑤저우시 호적 인구는 653만 8천 명인데, 2015년 말에 시 전체 사회 기본 의료보험 가입자는 891만 2,200명(직장 의료보험 가입자가 611만 7,200명, 도시와 농촌 주민 의료보험 가입자가 279만 5천 명)으로, 커버율은 99% 이상에 달한다. 기금의 전체 수지는 여유가 있고, 기본적으로 안정되게 운영된다.
>
> — 정부 문호망(門户網) 관리중심 편집, 〈쑤저우시 사회 기본 의료보험 관리 방법〉 해독, 쑤저우시 인민 정부 사이트, 2016년 9월 18일

(2) 양로 보장 제도 – 여러 차원의 양로보험 실시

1980년대 중반에 경제 체제 개혁과 함께 국가는 사회 양로보험 분야에서 일련의 개혁적인

탐색을 진행하였다. 공산당 18차 당대회 이후 인구 노령화가 가속화되는 새로운 상황을 맞이하여 장쑤성에서는 중앙과 성 위원회 및 성 정부의 사회 보장 사업 정책을 철저하게 관철시키기 위해 노력하였다. '넓은 커버, 기본 보장, 여러 차원의, 지속 가능한' 것을 기본 방침으로 견지하면서 조직 영도를 강화하고, 자금 투입을 극대화하며 관리감독을 강화하면서 끊임없이 개혁을 심화시켜 나갔다.

- 양로보험 제도의 지속적인 완비

2011년 7월 시행되기 시작한 〈사회보험법〉은 기본 양로보험의 커버 범위, 제도 모델, 보험료 납부와 대우 방법, 재정 책임 등에 대해 구체적으로 규정해 놓았다. 2012년에 〈국가 기본 공공 서비스 체계 '12차 5개년 계획'〉은 기본 양로보험을 국가의 기본 공공 서비스 가운데 중요한 항목에 넣었다. 2011년에 장쑤성은 도시 주민 사회양로보험 시범 실시 지역이었다. 2012년 현급 행정구에서 신형 농촌 사회 양로보험과 도시 주민 사회 양로보험 사업이 전면적으로 전개되었다. 2014년에 장쑤성은 신형 농촌 사회 양로보험과 도시 주민 양로보험 제도를 통합하고, 성 전체의 통일된 도시 농촌 주민 기본 양로보험 제도를 세웠다. 기업의 직원 기본 양로기금의 성급 조정금 제도를 건립하고, 성급 차원에서 총괄 관리하는 실현 형식(연도)을 적극적으로 모색하였다. 2015년에 국가 기관과 직장 종사자들의 양로보험 제도에 대한 개혁이 진행되었다. 2014년에서 2015년 사이에 관련 분야에서는 기업 연금, 직업 연금, 상업 양로보험 등 보충성 양로보험에 대해 상응하는 정책을 제정하였다. 이 일련의 조치는 장쑤성의 기본 양로보험의 제도적 커버가 실현되었다는 것을 의미한다. 아울러 전체 주민을 커버하는 방향으로 매진하고 있다는 것은 여러 차원의 양로보험 체계 건설이 이루어지기 시작했다는 것을 의미한다. 각급 양호보험 취급 서비스 기관과 팀도 보다 보강되었고, 양로보험의 규범화, 정보화, 전문화 건설도 새로운 진전의 모습을 보였으며, 취급 기관의 관리 서비스 경비도 적절하게 보장되었고, 관리 서비스 수준도 뚜렷하게 향상되어 보험 가입자들은 보다 효율적이고 질 높은 서비스를 받게 되었다. 도시와 농촌 양로보험 제도가 연결되는 방법이 등장함에 따라 보험 가입자들의 기본 양로보험 이동이 보다 편리해졌다. 이는 노동력의 합리적인 흐름과 많은 가입자들의 권익 보호에 중요한 의미를 갖는다.

- 양로 서비스 능력이 끊임없이 향상되었다

장쑤성은 이미 도시와 농촌을 아우르는 노후 서비스 보장 체계를 중점적으로 구축하기 시작했다. 도시와 농촌에서 특별히 어려운 노인이 기관에 입주하게 되면 비용은 정부가 통일적으로 부담하고, 분산 거주하는 도시, 농촌의 평균 1인당 매년 13,464위안, 9,600위안의 표준에 따라 생활 보조금을 지급한다. 노인 공경금 제도를 전면적으로 실시하여, 매년 230여만 명의 만 80세 이상 노인은 정부가 주는 노인 공경금을 받게 된다. 2015년부터 장쑤성은 또 경제적으로 어려운 고령 능력 상실자, 독거노인 등을 위한 양로 서비스 보조금, 간호 보조금, 정부 구매 양로 서비스 등의 제도를 만들었다. 도시와 농촌의 특별히 어려운 노인과 다른 중점 독거 노인들 대상의 관심 서비스 제도를 전면적으로 실시하여 올 커버의 관심 서비스 체계를 만들었다. 노인들에 대한 정신적인 관심과 사랑에 중점을 두고, 각종 관련 활동을 조직적으로 전개하며, 도시와 농촌의 독거 노인들의 정신적 고독 문제를 해결하기 위해 노력하고 있다.

> **칼럼 3** 장쑤성의 의료와 양로의 융합 발전 분야에 있어서 뚜렷한 성과
>
> 의료와 양로의 융합 발전 분야에 있어서 2016년 장쑤성 각지에서는 146억 위안을 투지하여 '지역 사회 주간 돌봄 양로 서비스 체계 목표달성 공정' '의료 양로 융합 추진 공정' '기본 양로 서비스 체계 향상 공정' 등 13개 양로 서비스 관련 중대 항목에 사용하였다. 장쑤성은 도시와 농촌 재가 양로 서비스 센터 2만여 곳을 만들었고, 그 가운데 50% 이상은 사회의 힘으로 운영하였고, 도시 지역의 재가 양로 서비스 센터는 기본적으로 올 커버가 실현되었다. 쑤난蘇南과 쑤중蘇中, 쑤베이蘇北 농촌 지역의 재가 양로 서비스 센터 커버율은 각각 83%, 71%, 62%였다. 노인 거리 주간 돌봄 센터 112개, 노인 지역 사회 급식소 4,097곳, '가상 양로원' 95개소 등을 만들었다. 장쑤성 전체에 각종 양로 기관 2,305곳이 만들어졌고, 그 가운데 민간운영 양로 기관이 1,011곳에 달하여 양로 기관 총갯수의 43.8%에 달했다. 성 전체에 양로 침대 62만 개가 만들어졌는데,

노인 천 명당 양로 침대 수는 36개가 넘었고, 그 중 사회의 힘으로 운영되는 양로 침대 수는 347,000개로, 양로 침대 총 개수의 56%를 차지하였다. 간호형 침대는 158,000개에 달하여 양로 침대 총 개수의 35.1%를 차지하고, 간호 시설은 98곳에 달했다. 양로 기관은 보편적으로 계약이나 의료기관 내에 설치하는 형식을 취하고 있고, 노인들을 위해 필요한 의료 서비스를 제공한다. 쑤저우와 난퉁, 난징 등이 국가급 의료와 양로가 결합된 시범 지역에 포함되었다. '12차 5개년 계획' 이후로 장쑤성의 무료로 양성된 양로 간호원은 45,000여 명에 달하고, 양로 서비스 인력 규모는 계속 늘어나고 있다.

― 〈장쑤성 2016년 노인 인구 정보와 노령 사업발전 상황 보고〉, 2017년 10월 24일 발표

(3) 주택 보장 제도 : 분야별로 문제를 해결하다

개혁 개방 이후 40년간 장쑤성은 앞장서서 모색하였고, 용기 있게 혁신하였으며, 주택 제도 개혁을 추진하여 주택 보장체계를 세웠고, 주택 보장과 서비스 수준을 지속적으로 상승시켜 기본적으로 주민들의 내 집 마련의 꿈을 실현시켰으며, 보다 쾌적한 주거 조건을 만들어내기 위해 매진하고 있다. 장쑤성은 도시 주민의 주택 문제를 해설하기 위해 노력하고 있으며, 신형 지역 사회를 중점적으로 만들어내고, 농민이 살기 적합한 집을 건설하는 데 중점을 기울이고 있다.

- 주택 보장 방법을 계속해서 손질하다

1990년대에 들어와 장쑤성의 주택 건설은 급속하게 발전하여 많은 건설 사업을 벌여나가 주민들의 주택 문제를 효과적으로 해소하였다. 2010년 이후 장쑤성은 주택 건설을 추진함에 있어 환경의 질 문제에 주의를 기울였고, 주민들의 생활에서 요구하는 방향으로 발전의 방향을 바꾸었다. 노후 단지 개조, 보장성 주택 건설에 노력을 기울여 주택 보장 체계를 세우고 완비해 나갔다. 이를 통해 내 집 마련의 목표 실현에 노력을 기울였다. 장쑤성은 〈저렴한 임대료를 통한 주택 보장 방법〉, 〈주택 관리 방법에 경제 적용〉, 〈공공 임대 주택 관

리 방법〉, 〈옛집 개조 계획(2013-2020)〉 등을 연이어 발표하였다. 저소득 가정의 주거 문제를 먼저 해결하는 기초 위에서 주택 보장을 저소득 가정에서 점차 중간층으로 확대하여 상주 인구의 주택 보장 문제를 해결하기 위해 노력하고, 도시 저소득 가정, 빈민 지역 거주민, 새로 취업한 사람과 타지에서 온 사람들을 전부 주택 보장과 개선 범위에 포함시켰다. 동시에 시와 현 정부에 대해 목표 책임 관리를 실시하여, 현재 장쑤성 각지에는 현지의 특성에 맞는 여러 차원의 주택 보장 제도가 세워졌다. 90% 이상의 시와 현에서 주택 보장 진입 표준의 연도별 동태 조정을 실현하였다. 서로 다른 집단의 주택 수요에 따라 장쑤성에서는 분야별로 이 문제를 해결하였다. 예를 들어 저렴한 가격으로 세를 얻는 주택은 저소득 가정에게 적용하고, 공공 임대 주택은 새로 취업했거나 타지에서 온 사람들이 이용하도록 하였으며, 공유 재산권 주택으로는 떠돌이 가정의 주택 수요를 해결하는 식이다. 빈민 지구 개조를 통해 낡은 집을 개선한다. 국가에서 관련 제도를 명확히 한 후에 또 보장 방식의 분류에 따라 적시에 통합하기도 하였다. 보장성 주택의 입주, 심사, 대기, 분배와 퇴거 제도를 만들고, 보장 대상의 주택 곤란 문제를 해결하도록 하였다. 어려운 가정의 주택 문제를 해결하는 과정에서 장쑤성의 여러 도시는 그 지역에 맞는 해결 방법을 모색하였다. 현재 장쑤성은 '기본 제도의 통일, 실현 방식의 다양화'를 기본적으로 실현하였고, 각지에서 융통성 있게 집중 건설, 배분 건설, 구매, 임대 등의 방식으로 여러 채널로 주택들을 모으고 있다.

- **각종 주택 보장 계획을 제정하고 실시하다**

공공 임대 주택 발전 계획과 연도별 계획을 제정하고 실시함으로써 정부의 투입을 극대화하고, 사회 역량의 투자 건설을 지원하고 장려하여 주택 공급을 대폭 늘려나가 2015년에 도시 중하위소득자의 주택 문제 해결을 지원하였고, 기본적으로 도시에 새로 일자리를 얻은 사람, 타지에서 온 사람들의 주택 문제를 해결하였다. 저소득 가정의 생활과 취업 문제 등을 충분히 고려하여 소형 중고주택을 건설하거나 시장에서 매입하는 방식을 채택하여 저렴한 임대 주택의 공급원을 증가시켜 조건에 부합하는 가정 모두가 저렴한 임대 주택을 얻을 수 있게 하였다. 주택의 경제 적용을 적극적으로 추진하고, '임대·분양 동시 시행' '선임대·후분양'의 공유재산권 모델을 추진하여 조건에 부합하는 가구가 가능한 한 빨리 주거 조건을 개선할 수 있도록 하였다. 도시의 낡은 집 개조와 옛 주택 단지를 종합적으로 통합하고 각종 낡은 주택 개조 임무를 전체적으로 완성하여 주거 환경 개선에 노력하였다. 판매 주택 건설을 추진하여 도시의 낡은 집 개조 가구의 주택 수요를 만족시키며, 낡은 집 개조와 저소득 가정의 주택 문제 사업을 연결하여 주택 보장 조건에 부합하는 가정에 우선권을 주며, 우선 보장해 주도록 하였다. 보장성 주택의 입주, 심사, 대기, 분배, 퇴거 제도를 튼튼하게 세워 보장 대상의 주택 문제를 해결해 주었다. 2015년에 주택 보장 제도는 도시 가정 20%를 커버하였고, 성 전체에서 각종 보장성 주택 139만 채가 늘어났으며, 중하위 소득의 주택 문제를 안고 있는 가정이 보장을 받았다. 도시에 새로 일자리를 얻은 사람들과 타지에서 온 사람들이 지원을 받았고, 각종 낡은 주택은 전면적으로 개조되었다.

(4) 각지에서 보장 공급방식을 최적화하다

어려운 가정의 주택 문제를 해결하는 과정에서 장쑤성의 여러 도시에서는 지역에 맞는 해결 방법을 모색하였다. 2007년에 화이안淮安은 전국에서 가장 먼저 '공유 재산권 주택'을 실시하였다. 정부의 경제 적용 주택에 대한 정책 지원을 출자 몫으로 계량화하여 정부의 재산권을 형성하고, 각기 다른 가정의 경제 조건에 따라 주택 곤란 가정과 서로 다른 비율에 따라 공동 주택 소유권을 보유함으로써 경제 적용 부동산권의 명확하지 않은 문제를 해결하려고 모색하였다. 동시에 공유 재산권을 통해 어려운 가정의 지불 능력 부족 문제를 해결하여 어려움을 겪는 사람들이 내 집 마련을 앞당겨 실현할 수 있도록 하였다. 시범 지역으로 지정된 이후 이 시에서는 도합 1,258가구에 공유 재산권 주택이 공급되었다. 타이저우시泰州市의 최적화 제도 실시는 과거에 세만 놓고 판매하지 않았던 공공 임대 주택과 팔기만 하고 세를 임대하지 않았던 경제 활용 주택 중에서 보장 방식을 선택하는 상황에 맞추어 임대와 분양 동시 실시와 태양 보증 메카니즘을 채택하여 경제 활동 주택의 '분양만 하고 임대하지 않는' 단일한 모델을 '재산권 공유' '분양 임대 동시 적용' 등의 다원적인 모델로 변화시켜 주택 문제에 어려움을 겪는 가정의 자금 조달 압력을 완화하였고, 주택 구입 대출에 어려움을 겪는 문제를 해결하였으며, 그들이 보다 빠르게 주택을 보장받을 수 있도록 도움을 주었다.

> **칼럼 4** 장쑤성의 주택 보장 지표 초과 달성
>
> 2017년에 장쑤성은 판자촌 개조 231,000채, 기본 건설 276,000채 공사를 하여, 각각 연도 목표 임무 108.87%, 153.35%를 달성하였다. 도시 주택 보장 가구 임대 보조금 수령 가구 수는 4,164가구가 새로 늘어 연도 목표 임무 231.33% 달성하였고, 2014년 및 그 이전 건설 공사에 정부 투자 임대 주택을 완성하여 분배한 것은 266,330채로 전체의 91.93%를 차지한다. 2017년도 보장성 보금자리 공정 목표 임무는 이미 완성되었다. 2008년부터 '저소득 가정이 거주할 수 있는 저렴한 임대 주택과 경제가 적용되는 주택, 새로 일자리를 얻은 사람들이 살 수 있는 주택'을 목표로 하여 주택 보장 '3년 행동 계획(2008-2010)'을 총괄 추진을 시행하여, 각종 보상성 주택 43만 1천채, 저렴한 임대 주택 보조금을 지급하는 64,000 가구, 판자촌 개조 40만 가구를 건설하여 89만 5천 가구의 도시 가정의 주택 문제를 해결하였다.

3 _ 사회 보장 체계의 건설 - 장쑤성의 솔선 실현

1980년대부터 장쑤성은 노동계약제 직장인 양로보험 및 정규직 사원 퇴직금용 사회 총괄을 주요 모델로 하는 직장인 양로보험 제도 개혁을 앞장 서서 모색하여, 국가 차원에서 직장인 양로보험 제도를 개혁하는 데 귀중한 경험을 제공해 주었다. 1990년대 초에 사회의 통일된 계획과 개인 계좌 결합 요구에 따라 장쑤성은 직장인 기본 양로보험 제도를 점차적으로 통일하고 완비해 나갔다. 2009년에 장쑤성은 신형 농촌 사회양로보험 시범 사업을 전면적으로 전개하였고, 2010년 말에 농촌 적령 주민의 보험 가입과 노인들의 기초 양로금 지원 사업을 기본적으로 실현하였다. 2013년에 장쑤성은 신형 농촌 사회 양로보험과 도시

주민의 양로보험 제도를 통합하고, 성 전체에서 통일되고 공평한 도시 농촌 사회 양로보험 제도를 만들었다. 공산당 18차 당대회 이후 장쑤성의 기본 양로보험 제도는 모든 사람이 누리는 것을 목표로 지속적으로 추진되어 나가고 있다.

(1) 사회 보장 체계 건설을 높은 표준으로 추진해 나가다

수년간의 심화된 개혁을 거치면서 장쑤성의 각종 사회보험 제도가 커버하는 범위는 점차 국유 기업으로부터 각종 소유제 기업으로, 정규직으로부터 융통성 있는 취업자로, 직장인에서 주민으로, 도시에서 농촌으로 확대되었고, 사회 구조와 사회 복지 체계는 점에서 면으로, 단순 조항에서 체계적인 조항으로 변화와 비약이 실현되었다.

- 의료 보장의 발전 선도 지역을 만들다

최근 10여 년 동안 장쑤성은 줄곧 사회 보장 체계 건설을 추진해 왔다. 2005년에 장쑤성은 전국에서 솔선하여 신형 농촌 합작 의료제도와 도시 주민 기본 의료보험 제도를 전면적으로 실시하였다. 2007년에 장쑤성은 '3기본 1구조' 기본 의료 보장 제도 체계를 세웠다. 이 시스템은 도시 직장인의 의료보험, 도시 주민의 의료보험, 신형 농촌 사회 양로보험과 도시와 농촌 의료 구조제도를 핵심으로 하여 도시와 농촌의 각 집단을 커버한다. 장쑤성은 의료 보장 발전 선도 지역을 힘써 만들었다. 큰병 보험, 장기 간호보험, 빈곤 지원을 목표로 하는 의료보험 등의 분야에서 혁신 시범을 끊임없이 진행하고 있다. 2017년 초에 장인시江陰市의 첫 촌급 의료 상조회가 장징진長涇鎭과 핑촌平村에 세워졌다. 이는 전국에서 처음으로 병의 종류에 따라 부조하는 상호 부조 조직이다. 2018년에 성 전체의 1,283개 촌에서 촌급 의료 부조가 시작되었고, 400만 명을 커버하며, 연도 보조금은 4억 위안에 달하고, 41만 명(차)이 보조금을 받고 있다. 2018년 11월 1일에 장쑤성 의료보험국이 설립되었다. 의료보험국은 여러 분야의 도시 직장인과 도시와 농촌 주민 의료보험, 의료 구조, 약품 및 의료 서비스 가격 관리 등의 분산되어 있던 직능을 하나로 통합하여 의료체제 개혁을 통합, 추진하여 주민들이 개혁의 혜택을 실질적으로 볼 수 있도록 하였다. 이와 함께 장쑤성은 신형 사회 구조 체계와 적절 보급형 사회 복지체계를 초보적으로 세웠다.

- 양로보험의 혜택이 도시와 농촌을 전체적으로 커버하도록 하다

2006년에 장쑤성은 이미 전국에서 가장 먼저 도시 기업과 직장인의 양로보험 제도를 보험 범위 안에 넣어 도시와 농촌의 각종 기업과 직장인으로 확대시켰다. 2010년에 장쑤성은 전국에서 앞장 서서 신형 농촌 사회 양로보험 제도와 도시 주민 양로보험 제도의 전면 커버를 실현하였다. 2011년에 장쑤성은 또 앞장 서서 도시와 농촌의 각 집단을 커버하는 기본 양로 보장 제도 체계를 만들었다. 이 체계는 기업과 직장인의 기본 양로보험, 신형 농촌 사회 양로보험, 도시 주님 사회양로보험을 핵심으로 하고, 토지가 징발된 농민의 기본 생활 보장 등의 제도를 보충으로 하였다. 2011년에 장쑤성은 도시 주민 사회 양로보험 시범 지역을 가동하였다. 2012년에 현급 행정 구역에서 신형 농촌 사회 양로보험과 도시 주민 사회 양로보험 사업을 전면적으로 전개하였다. 2014년에 장쑤성은 신형 농촌 사회 양로보험과 도시 주민 사회 양로보험 제도를 통합하여 통일된 도시 농촌 주민 기본 양로보험 제도를 만들었다. 기업의 직원 기본 양로기금의 성급 조정금 제도를 건립하고, 성급 통합의 실현 형식(연도)을 적극적으로 모색하였다.

2015년에는 국가 기관과 사업체 종사자의 연금, 보험 제도를 개혁하였다. 2014년에서 2015년 사이에 관련 부문에서는 기업 연금, 직업 연금, 상업 양호보험 등 보충성 양로보험에 대해 상응하는 정책을 제정하였다. 이러한 일련의 조치는 장쑤성의 기본 양로보험이 제도적 올 커버가 실현되었고, 모든 사람을 커버하는 방향으로 매진해 가고 있다는 것을 말해주며, 아울러 여러 차원의 양호보험 체계 건설 구상이 실시되기 시작했다는 것을 의미한다.

- 올 커버 서비스망을 앞장 서서 건설하다

기층 사회 보장 공공 서비스 플랫폼 건설에 박차를 가하고, 모든 가도街道와 향진, 지역 사

회, 행정촌 모두에 노동 고용 사회 보장 공공 서비스 플랫폼을 세우고, 도시와 농촌을 아우르고 촌으로 직접 전달되는 사회 보장 취급 서비스망을 세워서 '15분 사회 보장 서비스권'이 초보적으로 형성되었다. 사회 보장 카드를 대대적으로 추진하는 데 중점을 두는 '금보金保 공정' 건설은 성과 시, 현(시와 구), 거리(향진) 등의 4급 정보 전용망에서 전체적으로 통하는 동시에 지역 사회(촌) 전용망률이 90%를 넘는다. 기술 혁신, 정보 혁신으로 서비스 모델이 혁신되었다. 쑤저우시는 '전자 사회보험 도시' '회사 은행 플랫폼'을 만들어 사회보험 취급 능력을 효과적으로 향상시키고, 몇몇 지역에서 앞장 서서 사회보험 취급 서비스를 하나의 장소에서 하나의 창구로의 변화를 실현하였다. 중심촌에 은행에서 벗어난 소액 금융 서비스 사이트를 만들어 신형 농촌 사회 양로보험 카드 비엔민바오便民寶 등 셀프 서비스 단말기 등을 인스톨하는 조치를 통해 성 전체에서 37개 현(시와 구)에서 신형 농촌 사회 양로보험의 보험료 납부, 대우 수령, 보험 가입 등록, 정보 문의 등의 '네 가지 촌을 벗어나지 않는' 것이 실현되었다. 현재 전 성의 각 총괄 지역 보험 가입자들은 통합 지역 내의 입원 의료비, 개인 계좌(응급) 진료비를 모두 인터넷 즉시 결제로 실현하였다. 전 성의 의료 연합망 결제 정보 시스템 구축이 완료되었다. 성급 타지의 의료 정보 플랫폼과 이미 13개 성할시 시 지역 내에서 쌍방향 통신을 이루었다.

> **칼럼 5** 창셔우시常熟市가 도시와 농민 사회 보장 체계의 올커버를 실현하다

창셔우시가 '민생에 관심을 갖고, 민생을 중시하며, 민생을 보장하고, 민생을 개선하는' 것을 주제로 하여 사회 보장 체계 수립을 가속화하고 있고, 사회보험 가입 범위를 넓혀나가 갈수록 많아지는 사람들이 늙으면 부양을 받고, 병이 나거나 다치면 치료하고, 일자리를 잃으면 도움을 받아, 도시와 농촌이 일체가 되는 고용과 사회 보장 제도 시스템을 기본적으로 세웠다. 2011년에 창셔우시는 기관과 직장 종사자들의 양로보험, 직장인 양로보험, 주민 양로보험 등의 세 가지 제도를 주요 내용으로 하고, 전체 주민을 커버하는 양호보험 체계를 만들었다. 2013년 11월부터 시 전체의 실업보험료는 3%에서 2%로 인하되었다. 2015년 말에 도시와 농촌 주민 의료보험 제도 통합의 기초 위에서 도시와 농촌 주민 의료보험과 직장인 의료보험 관리 체제가 통합되어 기본

의료보험, 큰병 보충 의료보험, 의료 구조 '3위가 일체'가 되는 사회 의료 보장 체계를 이루었다. 이렇게 하여 창서우시는 서로 다른 집단의 보장 제도는 물샐틈 없이 촘촘해졌고, 전체 주민 보장의 새로운 시대를 열었다.

— 〈창서우가 도시와 농촌 사회 보장 체계를 실현하여 시민의 문명 성과 공유를 올커버하다〉,

중국문명망中國文明網, 2016년 1월 29일

(2) 사회 보장 정책 분야에서의 선구적인 모색

- **지역을 넘어 연결로 전환하다**

지역을 넘어 연결로 전환하는 것은 도시와 농촌 간의 통일과 연결을 포함하고, 또 서로 다른 도시와 성 사이의 연결을 포함한다. 도시와 농촌의 동일한 제도를 전환하여 연결하는 측면에서 2006년에 그 문제를 다룬 문서가 발표되었다. 환산과 차액 보전 방식을 채택하여 농촌의 사회 보장 제도와 기업 근로자의 기초 양로보험 제도 간의 전환 연결을 실현하였다. 2009년에 기본 의료보험을 옮겨 연결하는 방법이 발표되었는데, 추가 납부나 환산하는 방법을 통해 도시 근로자의 의료보험, 도시 주민의 의료보험, 신형 농촌 의료보험 등 3가지 기본 의료보험 간의 전환 연결을 실현하였다. 동시에 여건이 되는 지역에서 도시와 농촌 사회 보장 제도를 합치는 것을 장려하였다. 쑤저우에서는 앞장 서서 도시와 농촌 비농업 근로자의 양로보험 제도를 일원화하였고, 성 전체에서는 도시 주민 의료보험과 농촌 의료보험의 통합이 실현되었다. 지역을 넘어 옮기고 접속하는 부분에서는 기업 근로자의 기본 양로보험, 기본 의료보험이 이동 접속 방법이 평온하게 실시되었다. 보험가입자가 지역을 초월하여 유동적으로 취업할 경우 사회보험 관계가 원활하게 연결될 수 있도록 보장한다. 2012년에 성 전체의 기업 근로자의 기본 양로보험, 기본 의료보험 이동 접속자 수는 각각 34만 8,200명, 18만 4,700명이었다. 한걸음 더 나아가 사회보험의 총괄 관리 차원을 높이기 위해서 장쑤성에서는 기업 근로자의 기본 양로보험이 성급 총괄 관리를 전면적으로 실시하였다. 2016년 1월 1일부터 성 전체의 기업 기본 양로보험료 납부 비율은 전부 20%로 통일하였고, 기본의료, 실업, 산업재해, 출산보험의 시급 총괄 관리가 점차 추진되면서, 기금에 대한 총괄 조정과 리스크 방어 능력이 현저히 향상되었다. 보험 가입자가 '적게 뛰고 자금을 적게 들이게' 하기 위해서 장쑤성에서는 성 안의 다른 지역 진료가 직접 정산이 원활하게 이루어지게 하는 기초 위에서 2017년에 전국의 다른 성, 시의 타지 진료 입원비의 직접 정산을 선도적으로 실현하였다. 난퉁, 쉬저우, 옌청 등 세 지역은 그 해에 시범 도시로서 상하이와 타지 진료에 대한 직접 정산을 실현하였다.

- '공동부유를 촉진하는 도움'을 우선하다

2015년에 장쑤성 인사국은 성의 빈곤 지원 팀과 함께 〈정교한 인적자원의 사회 보장 실시로 빈곤에서 탈출하여 부를 쌓아 소강으로 달려가는 것에 관한 의견〉을 제정하여 발표하였다. 이 문건에서 13차 5개년 계획 시기에 빈곤 구제의 목표와 임무를 명확히 하였다. 2017년에 〈사회보험 빈민 구제 사업을 잘 실시할 것에 관한 의견〉과 〈성 인력자원 사회 보장청의 사회보험 빈민 구제 사업의 구체적 실현에 관한 의견 통지〉를 제정하고 발표하면서, 각지에서 사회보험 빈민 구제 정책들을 구체적으로 추진할 것을 요구하였다. 저소득 인구의 '병으로 인해 가난해지고, 병으로 인해 다시 가난한 상태로 돌아가는' 문제를 염두에 두고, 장쑤성에서는 주민혜택 정책을 연이어 발표하였다. 파일을 만들어 저소득 인구가 보험에 가입하도록 자금 지원을 하였고, 가정의 재산 상태가 현지 최저생계비에 관한 정책 규정에 부합하는 가정 내의 큰병을 앓는 환자에게 의료비를 보조해 주었다. 경제 취약 지역에 대한 기초 양로금 보조를 하는 재정 강화 측면에서 장쑤성 인사국은 재정국과 연합으로 〈장쑤성 도시와 농촌 주민 양로보험 재정 보조금 관리 방법〉을 발표하였다. 성이 성급 중앙 재정 보조금을 총괄 관리하는데, 보조와 중점 도움의 원칙에 따라 각지의 1인당 재력에 근거하여 보조금을 나눠주는 것이다. 쑤중과 쑤베이 등 경제 발전이 취약한 지역의 보조금을 늘리기 위해 2016년에 성 재정청은 〈장쑤성 시와 현의 재정 보장능력 분류 방법〉을 발표하였고, 인사청과 연합으로 〈도시와 농촌 주민 기본 양로보험 성 재정보조금 관리와 관련된 문제에 관한 의견〉을 발표하였다. '총괄적으로 관리하고 중점을 부각시킨다'는 원칙과 쑤베이 등 경제 발전이 취약한 지역에 대한 정책적 지원을 아끼지 않는다는 방침에 근거하여 1-6등급과 성에서 정산 기초 양로금 최저 표준에 따라 각지의 성 재정 표준을 확정하였다. 쑤중과 쑤베이의 대부분 현과 시 보조금 수준은 2등급 이상이었다. 그 가운데 빈하이현濱海縣, 펑현豊縣, 롄수이현漣水縣, 우이닝현睢寧縣 등 12개 중점 빈곤 구제 현(구)은 1등급 지역으로 성급 재정 보조가 70%를 차지하였다. 2017년 말까지 쑤베이의 5개 시와 12개 중점 빈곤구제 현(구)은 파일링된 저소득인구 16-59세의 도시와 농촌 주민 기본 양로보험 가입 비율이 평균 95% 이상 이르렀고, 60세와 그 이상의 농촌 저소득 인구가 양로금을 받는 비율은 100에 달했다.

- 주택에 대한 혁신적 조치가 계속 쏟아져 나오다

난징시는 공공 임대의 화폐화를 강력 추진하여 현재 중하위 소득자의 주택에 어려움을 겪는 가정, 새로 취업한 대학생, 외지에서 온 직장인 등을 올 커버하였다. 공공 임대의 화폐화 정책을 실시한 이후 난징시에서는 12만 6천 가구가 보장을 받았고, 보조금 10억 8천만 위안이 집행되었다. 2007년에 화이안淮安은 전국에서 가장 먼저 '공유 재산권 주택'을 내놓았다. 국무원 발전연구센터는 이 혁신적 조치를 '화이안 모델'이라고 불렀다. 주택 도시농촌 건설부에서는 화이안시를 전국 공유재산권 주택의 6개 시범 도시 가운데 하나로 지정하였다.

타이저우시泰州市에서는 전국에서 가장 먼저 '햇빛 담보' 정책을 시행하였다. 주택 구입 가구를 위해 담보 제공을 하여 대출의 어려움을 해결하였다. 2017년에 타이저우시에 있는 2,188가구가 그 혜택을 보았고, 그 가운데 1,022가구가 '햇빛 담보'를 신청하였다. 2017년 10월, 타이저우시 하이링구海陵區 주민 양궈웨이楊國維는 '햇빛 담보'의 도움으로 80여 제곱미터의 주택을 구매하였다. 그의 말이다. "처음에 9만여 위안을 내고 18만 위안을 대출받았다. 주택은 이미 받았고, 간단하게 인테리어를 하면 입주할 수 있다." 2017년 8월에 창저우시常州市는 그 곳에서 일하는 박사나 '롱청龍城 인재 프로젝트'의 인재를 대상으로 '인재 아파트'를 내놓았다. 임대료는 시장 수준의 60%까지 떨어뜨렸다. 창저우의 룬눠潤諾 생물과학 기술 유한공사 사장 주샤오윈朱孝云은 그 해 10월에 인재 아파트에 입주하였는데, 매월 내는 임대료는 600위안에 불과했다. 이에 대해 그는 칭찬을 아끼지 않았다. 현재 창저우에는 39가구의 '롱칭 인재' 가정이 '인재 아파트'에 입주해 있다.

4 _ 제4절 사회 보장 수준의 향상 - 늘어나는 숨은 재산

사회가 발전함에 따라 사회 보장은 사람들의 생활과 일에서 갈수록 중요한 역할을 하게 된다. 기업 근로자의 '다섯 가지 보장' (기본 양로보험, 기본 의료보험, 실업보험, 출산보험, 산업재해 보험, 주택 공적 적립금)이 되었든 도시와 농촌 주민의 양로보험과 도시 주민의 의료보험, 또는 신형 농촌 합작 의료든 모두 정부 차원에서 조직하여 전개하는 것으로, 개인의 생명과 생활에 대한 가장 기본적인 보장이다. 사회 보장 수준이 향상됨에 따라 실제로 주민들이 양로, 의료, 주택 등에 대한 지출이 감소하고 있고, 주민들의 '숨은 재산'은 더 많아지고 있으며, 주민 소득의 영양가가 높아지고 있다.

(1) 의료 보장 체계의 건설과 수준

장쑤성의 의료 보장 제도는 신중국 수립 이후에 세워지고 발전해 온 것이다. 개혁 개방 이후에 장쑤성은 직장 의료보험, 공급 의료와 전통 농촌 합작 의료의 제도 모델을 넘어서서 사회주의 시장 경제의 요구에 응하여, 도시 근로자 기본 의료보험, 신형 농촌합작 의료, 도시 주민 기본 의료보험을 위주로 하고, 도시와 농촌 의료 구조, 상업 건강 보험을 보조로 하는 신형 의료 보장 제도 시스템을 초보적으로 만들었다. 현재 장쑤성에는 1994년에 전장鎭江을 의료개혁 시범 지구로 지정한 이후 여러 차원의 의료 보장 체계가 초보적으로 만들어졌다. 2016년 말에 성 전체 도시 근로자 기본 의료보험, 도시(농촌) 주민 기본 의료보험, 신형 농촌 합작의료 가입자 수가 각각 2,490만 5,300명, 2002만 5백 명, 3,395만 2,700명으로, 전체 커버율이 98.62%에 달하여 모든 사람이 의료 보장을 받을 수 있게 되었다. 2016년 도시 근로자 기본 의료보험 기금 수입은 869억 3,900만 위안이고, 기금 지출은 735억 2,500만 위안으로, 그 가운데 기본 의료보험 지출은 718억 5,400만 위안이다. 2016년에 장쑤성 도시(농촌) 주민의 기본 의료보험 재정 보조 표준은 1인당 매년 425위안으로 조정되었다. 성 전체 신형 농촌 합작의료는 1인당 588위안(그 가운데 정부 보조는 인당 451위안)으로, 정책 범위 안에서 입원비 보상비율은 75% 이상 안정적으로 유지되고 있다. 개혁 개방 이후 40년간 장쑤성의 의료 보장 제도는 비약적으로 발전해 왔다. 장쑤성만의 특색이 있는 다차원, 넓은 커버율의 전체 주민 의료 보장 체계가 초보적으로 만들어졌다. 2018년 10월까지 성 전체의 기본 의료보험 가입자 수는 7,711만 2,500명에 달하고 있고, 보험 가입률은 97.5% 이상으로 안정되어 있다.

(2) 노년 보장체계와 수준

공산당 18차 당대회 이후 인구 노령화가 가속화되는 새로운 상황 속에서 장쑤성은 양로 보장체계를 세우는 측면에서 뚜렷한 성과를 거두었다. 노년 사회 보장 제도가 보다 성숙해지고 형태를 갖추면서 공평성과 지속가능성은 보다 강화되었다. 2016년 말에 성 전체 기업 근로자의 기본 양로보험 가입자 수는 2,725만 9,400명이고, 기업 근로자의 기본 양로보험 기금 수입은 2,259억 2,700만 위안, 기금 지출은 2,006억 7천만 위안이다. 성 전체 도시와 농촌 주민 기본 양로보험의 기초 양로금을 수령하는 사람 수는 1,045만 7,900명이고, 기초 양로금 최저 표준은 인당 매월 115위안으로 조정되었다. 성 전체 도시와 농촌 주민 기본 양로보험 기금 수입은 288억 9백만 위안이고, 기금 지출은 224억 8,200만 위안이다. 그 밖에 각 집단의 양로금 보장 대우는 지속적으로 늘어나서 노인들이 기본 생활을 하는 데 있어서 긍정적인 역할을 하고 있다. 대우 측면에서 기업 퇴직자 양로금은 10여년 연속 대폭 늘어나고 있다. 2015년 성 전체 주민 1인당 평균 한 달에 2,460위안에 달했다. 2016년 1월 1일부터 도시와 농촌 주민 기초 양로금 최저 표준이 인당 매월 105위안에서 115위안으로 높아졌다. 이와 함께 각급 양로보험 취급 서비스기관과 팀이 한층 강화되어 만들어지면서 양로

보험의 규범화, 정보화, 전문화는 새로운 진전을 보이고 있으며, 취급 기관 관리 서비스 경비는 확실한 보장을 받게 되어 관리 서비스 수준은 뚜렷하게 높아졌고, 보험 가입자들은 보다 양질의 서비스를 받게 되었다.

(3) 사회 구조 체계와 수준

높은 수준의 전면적 소강사회 건설에 있어서 가장 직접적이고, 가장 근본적인 것인 수많은 주민의 부유 정도와 생활의 질을 향상시키는 것이고, 어려운 사람들과 사회적 약자들을 확실하게 돕는 것이다. 이를 통해 성 전체 주민들이 소강이라는 길에서 어느 누구도 낙오되지 않도록 하는 것이다. 2014년 12월, 성 정부에서는 〈장쑤성의 사회 구조 방법〉을 발표하여 '8+1'이라는 분업 책임, 상호 연결, 협조 실시를 확립하였다. 정부 구조와 사회적 역량의 참여가 서로 결합된 사회 구조의 제도적 시스템을 만들어 성 전체의 어려운 사람들의 기본적인 생활 보장을 하도록 하였다. 장쑤성은 토지를 징발당한 농민들의 사회 보장 사업을 적극적으로 추진하였다. '징발당하면 보장하고, 보장할 것은 보장하고, 분류하여 보장하고, 점차 향상시켜 나간다'는 원칙에 따라 신청 심사 절차와 흐름을 규범화하고 토지를 징발당한 농민이 모두 사회 보장에 포함되도록 확실하게 보증한다. 저소득 가구의 '병 때문에 가난해지는' 문제 해결에 목표를 두고 장쑤성에서는 관련 정책을 연이어 내놓았다. 저소득 가구 파일을 만들어 보험에 가입하도록 하고, 가계의 재산 상황이 현지 최저생계비 관련 정책 규정에 부합하는 가정에서 큰 질병을 앓는 환자에게 의료비를 보조해 준다. 사회 구조 수준을 높이는 차원에서 도시와 농촌 주민의 기초 양로금 최저 표준을 점차 높여 나갔다. 2018년 1월 1일부터 성 전체 도시와 농촌 주민 기초 양로금 최저 표준은 인당 매월 125위안에서 135위안으로 높아졌다. 이에 장쑤성에서는 7년 연속 기초 양로금 최저 표준이 높아졌다. 어려운 집단의 부담을 덜어주는 차원에서 장쑤성은 중증 장애인 등에 대한 보험료 대납 정책을 시행하고 있다. 2018년에 성 전체의 도시와 농촌 주민 최저 생활 보장 평균 보장 표준은 각각 월당 685위안과 670위안에 달했다. 농촌의 최저 생활 보장 표준은 월당 450

위안에 달했고, 집중과 분산 평균 표준은 각각 1년에 13,170위안과 11,536위안에 달했다.

(4) 주택 보장 체계와 수준

주택 보장은 일련의 제도적 뒷받침이 필수적으로, 이 사업의 장기적이고 효율적인 운영을 보장해야 한다. 2008년부터 장쑤성에서는 '설계의 체계화, 조치의 제도화, 건설의 규범화, 추진의 장기적 효과'라는 전체적인 구상에 따라 주택 보장 시스템 건설을 지속적으로 추진하고 있다. 11차 5개년 계획 후반부에 최저 생활 가구가 저렴한 임대료를 내는 주택, 저소득 가구가 살 수 있는 주택, 새로 취업한 근로자가 임대료를 낼 수 있는 주택을 기본적으로 실현하는 기초 위에서 주택 보장 능력을 향상시키는 데 힘쓰고 있고, 보장 범위를 점차 늘려가고 있다. 12차 5개년 계획 후반 부분에 장쑤성에서는 도시 중하위 소득자로서 주택 문제에 어려움을 겪는 사람들에 대한 보장, 새로 취업한 사람, 타지에서 온 근로자의 주택 임대에 대한 지원, 판자촌의 개조 사업 등이 기본적으로 실현되었고, 성 전체 도시의 보장성 주택 보급률은 20% 이상에 달했다. 주택 보장 체계가 갖춰진 비율은 88.2%로서, 500만이 넘는 도시 주민의 주거 여건이 획기적으로 개선되었다. 장쑤성에서는 판자촌 리모델링에 27만 4,900가구가 새로 착공되었고, 기본적으로 27만 5,400가구가 건설되었으며, 총계는 약 75만 가구의 도시 판자촌 주민들이 주거 여건을 개선하였고, 1,273억 위안의 투자를 완료하였다.

장쑤성은 1,000억 위안의 성급 판자촌 개조 기금을 만들었고, 이미 투자받은 자금의 사용 효율을 높였으며, 기본적으로 다차원, 다원화된 판자촌 개조 자금 모집과 융자 시스템을 형성하였다. 주민의 다양한 요구를 만족시키기 위해 장쑤성은 각지에서 금전 보상, 정착용 주택인 슈퍼마켓을 세우는 것과 상품용 주택을 집중적으로 구입하는 등 다양한 경로로 정착을 진행하고 있으며, 도시 재개발 정책으로 정착하는 비율이 2010년의 20% 미만에서 2016년의 40%로 상승하였다.

5 _ 사회 보장 건설의 전망 - 공평성과 지속 가능성

공산당 18차 당대회 이후 중국 사회 보장 체계 건설의 방향은 바로 국민 중심으로, 사회 보장 체계 건설의 올 커버, 기본 보장, 다차원, 지속 가능을 견지해 나가는 것은 또한 사회 보장 건설에 공평성을 늘리고, 유동성에 적응하며, 지속가능성을 보장하는 것을 요구하는 것이다. 동시에 도시와 농촌의 올 커버, 보장 항목의 완비, 제도 운영의 안전과 질서, 보장 수준의 점차적인 향상을 보장하는 것이다. 따라서 주민들은 경제 사회 발전의 성과를 더 많이 누리기 위해 제도적인 보장을 확립해야 하는 것이다. 19차 당대회 보고에서 제기된 "전체 주민의 올 커버, 도시와 농촌의 총괄 관리, 권한과 책임을 명확하게 하기, 보장의 적정성, 지속가능한 다차원의 사회 보장 체계의 전면적 건설"이라는 이 새로운 언급은 다음 단계 중국의 사회 보장 제도 개혁에 방향과 임무를 지적하였다. 과거 우리들은 전체 주민 커버, 도시와 농촌 총괄 관리, 지속가능성 등의 사회 보장 목표를 둘러싸고 보다 많이 강조했던 것은 '건설'이었는데, 이번에는 명확하게 '세워 이루어야' 한다고 했다. 이는 새로운 목표이자 요구를 확실히 세운 것이다.

(1) 다차원 사회 보장 체계를 전면적으로 세우는 것을 정확하게 이해하다

- 새로운 시기, 뉴노멀 시대에는 다차원적인 사회 보장 체계가 필요하다

경제 사회의 지속적인 발전에 따라 중국 경제는 뉴노멀 단계에 들어섰다. 사회 보장 제도 건설은 그에 따라 경제 사회 발전의 전체적인 국면에서의 지위와 역할에도 변화가 생겨났다. 장쑤성 사회 보장 체계의 건설이 당면한 뉴노멀의 특징은 보다 분명해졌다. 그 가운데 가장 두드러진 것이 바로 경제의 고도 성장이 느슨해짐으로 인해 정부의 재정상태가 상대적으로 감소되었다는 것이다. 복지 하드웨어는 기존의 보장 수준을 낮추기가 어렵고, 정부에서는 이미 커다란 사회 보장 지출 압력을 받고 있는 실정이다. 그 밖에 현재 노동력 총량은 감소하여 고용 구조에 변동이 일어나고 있다. 전체 인구 구성에서 노동 연령 인구 수는

지속적으로 감소하고 있다. 2011년 성 전체의 15-64세의 노동 가능 인구 총 숫자는 5,989만 6,600명이었는데, 그 후 매년 감소하여 2016년에는 5,896만 3,900명으로 떨어졌다. 도시화의 급속한 추진으로 도시 인구는 급증하였다. 2016년에 장쑤성 도시화율은 67.7%에 이르러 전년도에 비해 1.2%p 높아졌다. 사회는 점차 초고령화 상태로 접어들고 있다. 2016년 말까지 성 전체의 만 60세 이상 노인 인구는 1,719만 2,600명에 달하여 총 호적 인구의 22.1%에 달하고, 전국 평균보다 5.4%p가 높다.

- 다차원 사회 보장 체계 건설은 중요한 사회적 의미를 갖는다

전체적으로 봤을 때, 현재 중국은 이미 도시와 농촌 주민을 커버하는 사회 보장 체계를 기본적으로 갖추었다. 이 체계에서 보장 항목은 갈수록 완비되어 가고 있고, 제도 운영은 전체적으로 안전하고 질서를 유지하고 있다. 국민들의 사회 보장 수준도 점차 향상되어 가고 있다. 현재 중국 사회의 주요 갈등은 이미 날로 늘어나는 국민들의 행복한 생활에 대한 요구와 균형적이지 못하고 충분하지 못한 발전 사이의 갈등이다. 이 기본 갈등은 중국 사회 보장 체계 건설에 새로운 목표를 안겨 주었다. 이 목표는 바로 19차 당대회 보고에서 제기된 '다차원의 사회 보장 체계의 전면적 건설'이다. 다차원의 사회 보장 체계의 전면적 건설은 사회 보장 체계 자체가 계속해서 완비해 나갈 것을 요구하는 것이고, 또 소강사회의 전면적 건설이라는 목표와 일치하는 것이다. 이 목표를 확정한 것은 당 중앙이 과학적인 연구로 나라와 세계의 상황을 판단한 것에 기초를 둔 것으로, 중국 발전의 단계적 특징에 부합하고, 아름다운 생활에 대한 국민의 바람에도 부합된다. 새로운 시기 사회 보장 체계 건설 조치는 계속적인 보장 향상과 민생 수준의 개선에 대해 사회 관리 현대화의 기초를 놓았고, 경제 사회 발전이 보다 높은 품질에 보다 효율성이 높으며, 보다 공평하고 보다 지속가능한 방향으로 전진해 나가도록 추동하는 데 중요한 현실적 의미를 갖는다.

- 다차원의 사회 보장 체계를 전면적으로 건설하는 것을 정확하게 이해하고 인식한다

인력 자원과 사회 보장부 부장 인웨이민尹蔚民이 『인민일보』에 보장 항목, 조직 방식 등으

로부터 다차원의 사회 보장 체계의 전면적인 건설에 대해 권위 있는 해석을 내놓았다. 그는 보장 항목에서 사회보험을 주체로 하고, 사회 구조를 밑받침으로 하여 사회복지, 자선사업, 우대 정착 등의 제도를 적극적으로 완비해 나가는 것이라고 하였다. 조직방식에서 정부를 주체로 하고, 시장 역할을 적극적으로 발휘하여 사회보험과 보충 보험, 상업보험의 연결을 촉진시킨다고 하였다. 이 밖에 기본 양로보험, 직업(기업) 연금과 개인 저축성 양로보험, 상업보험이 서로 연결되는 양로보험 체계를 세워야 하며 기본 의료보험, 큰병 보험, 보충 의료보험, 상업 건강보험 발전을 추진하겠다고 밝혔다. 이렇게 해야 기본을 보장하는 기초 위에 사람들의 다양화되고 여러 차원인 보장 수요를 만족시킬 수 있다는 것이다. 전체 '다차원 사회 보장 체계'에서 '마지노선, 촘촘한 그물을 짜고 메커니즘을 만드는' 것이 기본적인 요구이고, '주민 전체 커버, 도시와 농촌 총괄 관리, 권한과 책임 명시, 보장의 적정성, 지속가능함'이 최종적인 분투 목표임을 우리는 분명하게 알아야 할 것이다.

> **칼럼 6** 장쑤가 세운 다차원 사회 보장 체계
>
> 기본을 지키고, 마지노선을 지키며, 공평 촉진 요구에 따라, 차원이 다른 보장 제도의 합리적 보장을 중시하고, 전체적인 보장 효과를 강화한다. 사회보험 대우 확정 메커니즘을 완비하고, 많이 내고 많이 받는, 또 길게 내고 많이 받는 장려 메커니즘을 강화한다. 기관 사업체와 기업의 퇴직자 기본연금, 도시·농민 기초연금의 합리적 조정 메커니즘을 수립하여 기초 연금보험의 처우·수준이 안정적 증가를 실현한다. 의료보험은 지속적인 자금조달과 청구비율 조정 메커니즘을 완비해 나간다. 실업보험금 표준과 물가 상승 연동 메커니즘을 완비하여 실업보험의 대우 수준을 적절하게 높였다. 과학적이고 규범적인 산재보험 처우의 정상 조정 메커니즘을 수립한다. 기관 사업장의 직업 연금 제도를 전면적으로 실시한다. 보충 의료보험과 상업건강보험의 발전을 장려하고 기본적인 의료보험에 대한 중요한 보충 작용을 발휘하게 한다. 임시 구호 제도를 전면적으로 마련한다. 도시와 농촌의 최저 생활 보장과 기본 양로보험, 실업보험의 연결을 강화하고, 의료 구호와 기본 의료보험, 큰병 보험의 연결을 강화하며, 각 항목의 보장 제도의 시너지 효과를 더 잘 발휘하도록 한다. 사회 역량의 참여와 사회 구조를 지원하고, 자선사업과

사회 구조 기능을 촉진하여 함께 촘촘한 보장의 그물을 짜도록 한다.

— 〈장쑤성 '13차 5개년 계획' 인력자원과 사회 보장 발휘 계획〉, 2016년 12월.

(2) 지속 가능한 사회 보장 건설을 한 걸음 더 나아가 추진하다

현재 장쑤성은 사회 보장 체계 건설 및 혁신적 개혁 방향이 뚜렷한 성과를 거두고 있고, 전체 주민 보험 가입이 기본적으로 실현되었다. 하지만 19차 당대회의 중요한 조치에 따르면, 장쑤성은 여전히 다차원 사회 보장 체계를 전면적으로 건설하는 요구와 분투 목표를 둘러싸고 경제 발전의 뉴노멀, 인구 연령의 구조 변동, 신형 도시화 추진과 고용 구조 변동 등의 분야에 있어서 수요과 제약 조건에 따라 사회 보장 체계 건설을 한 걸음 더 나아가 완비해야 한다.

- **사회 보장 최상위 설계를 가속화하고 각종 보험 제도의 공평성을 높이다**

경제의 뉴노멀 상황에서 사회 보장 제도의 최상위 설계를 보다 중시할 필요가 있다. 사회 보장 개혁에 대한 전체적인 전략적 계획을 강화해야 한다. 경제 성장 속도가 느려짐으로 인해 사회보험 기금의 압력이 커진 상황에서 지역 차이, 도시와 농촌 차이가 비교적 큰 상황에서 사회 보장 총괄 관리 차원의 향상을 특히 강조해야 하고, 공평성에 대한 제도적 해결 문제를 아울러 강조해야 한다. 또한 사회 보장 제도의 총괄관리 연결 문제를 해결해야 한다. 도시와 농촌 주민과 직장인 양로보험 간의 제도적인 연결 문제를 더 연구하고 모색해야 한다. 양로보험 총괄 관리를 조속히 추진해야 한다. 아울러 의료보험의 총괄관리 차원을 한 걸음 더 향상시켜서 의료보험 자금이 커질 수 있는 지역에서 결손분을 조절하도록 해야 한다. 사회 보장 중의 불공정 현상을 해결하는 데는 전 국민을 아우르는 통일된 기본 보장 제도를 연구하고, 어떤 신분과 지역이든 모두 동일한 기본 보장 대우를 받을 수 있도록 해야 하며, 이러한 기본 보장의 실현에는 성급 이상의 사회 보장 통합관리 차원의 플랫폼이 필요하다. 이를 통해 인구의 서로 다른 지역 이동, 지역 경제 능력 등이 사회 보장 수지 균형에 미치는 영향을 완화해 나간다.

- 사회보험 조절 메커니즘을 세우고, 보장 투입의 지속가능성에 주의를 기울인다

현재 사회 보장 각 항목의 제도적 대우 수준을 향상시키는 것은 정부의 재정 투입과 떨어질 수 없다. 정상적인 사회보험 대우 조정 메커니즘이 결핍되어 기업 퇴직자의 연금 대우 수준은 대부분 정부의 재정 지출이 필요할 정도로 지속적으로 높아지고 있다. 양로보험 대우의 정상적인 조절 메커니즘이 결여된 상황에서, 정부의 행정 성격을 띠는 조절 메커니즘은 필연적으로 재정 지출 증가라는 리스크를 유발하고, 사회 보장 기금의 지속가능한 발전에 불리하다. 따라서 공정과 합리를 견지한다는 원칙 하에서 행정 성격의 대우 조절 투입을 낮추고, 기본 양로보험 대우의 정상적인 조절 메커니즘을 세우는 것은 퇴직자의 기본 생활을 보장해 줄 수 있고, 또 경제 발전 성과를 적절하게 나누어 누릴 수 있는 동시에 보장 대우 조절 기금이 재정이 감당 가능하고 통제 가능한 범위 안에 놓이게 한다. 기관 사업체, 기업체, 도시와 농촌 주민의 기본 연금 조정을 총괄적으로 고려해야 하며, 점차적으로 각종 집단을 총괄하는 기본 연금 조정 메커니즘을 세워야 한다. 기관 사업체의 퇴직금과 직장 임금의 증가 연계 메커니즘을 개혁하여 기관 사업체, 기업 및 도시·농민 기본연금의 통일된 조정 방법을 세워 나간다. 아울러, 처우 조정 수준을 주민 생활비 가격지수와 근로자 임금 상승에 연동하여, 특수 계층에 대한 쏠림 정책을 적절하게 낮추거나 없애고, 국가가 동일한 연금 처우 조정 정책을 제정한다.

- 보장의 부족한 부분을 보충하고, 관련 사회 보장 제도를 손질해 나간다

사회 보장의 부족한 부분을 보충하기 위해 가정 서비스, 농촌의 신흥 산업, 인터넷 창업과 취업 등 새로운 업종과 형식의 보장 공백을 중점적으로 없애야 한다. 양로와 의료보험 정책을 실시하는 과정에서의 호적 '무시'를 없애고, 농민공과 기타 비정규직 종사자들이 거주하는 곳에서 보험료를 납부할 수 있도록 하며, 직장 의료보험 가정의 보험 가입 방법을 모색하고, 자녀를 따라 함께 이동한 노인들의 진료와 치료 문제를 해결해야 한다. 사회보

험 기금의 통합 관리 차원을 향상시켜야 하고, 지역의 양로 부담을 균형 있게 해야 한다. 중앙과 성급 두 차원의 기금 구조 방식에 따라 기초연금 전국 통합을 적시에 추진하고, 중앙재정보조금과 각 성에서 상정한 통합 조절금을 운용하여 중앙통합기금을 형성하며, 보험 가입자의 기초연금을 비례에 따라 부담할 것을 건의한다. 의료보험 위험 평준화 메커니즘을 건립하여 서로 다른 제도 간, 서로 다른 총괄 단위 간의 기금 위험 공제를 실현하도록 추진하다. 집단 간의 처우 차이 축소에 주의를 기울여야 한다. 개인 소득에 따라 납부방법을 모색하여 도시와 농촌의 기본 보험 자금 조달 수준을 높이고, 납부 연수에 근거하여 계단식 보조금을 실시한다. 도시 기본 의료보험 진료, 투약 및 임상 서비스 규정 목록을 기초로 신형 농촌 합작의료와 기존의 목록 규정 중 합리적인 부분을 흡수하여 통일된 전 국민 의료보험 목록을 세울 것을 건의한다. 노령화 사회에 갈수록 깊게 들어간다는 사실을 염두에 두고 장기 간호보험 제도를 보다 성숙시키고, 의료와 양로의 통합을 뼈대로 하며, 전체 주민이 보장을 받는 것을 중점으로 하고, 여러 측면에서 함께 부담한다는 것을 핵심으로 하여 전체 기본 의료보험 가입자를 커버하는 장기 간호보험 제도 건립에 박차를 가해야 한다.

- 사회 보장 납부능력을 안정시키고 사회 보장의 기초를 계속 확대하다

새로운 경제 형태 하에서, 중소 마이크로 기업은 사회 보장 납부 능력이 떨어지는 문제에 직면해 있으며, 직원 개인이 실업 혹은 기타 원인으로 인해 납부를 중단하거나 보험을 포기하는 등의 현상은 지속적으로 일어날 수 있다. 이에 따라 사회 보장 납부 능력이라는 이 기초를 안정시키기 위해 사회 보장의 커버 면을 지속적으로 확대해 나갈 필요가 있다. 첫째는 직장 취업자와 도시 자영과 개인의 사회 보장 커버 면을 중점적으로 확대한다. 장쑤 통계연감의 통계 수치로 보자면, 성 전체의 매년 양로보험, 의료보험 가입자 수는 취업자 수보다 낮다. 이는 확대면에 아직 어느 정도의 공간이 존재한다는 것을 말해주는 것이다. 따라서 한 걸음 더 나아가 사회 보장 취업자의 커버 면을 발굴, 확대해 나감으로써 사회 보장 납부 능력의 기초를 공고히 해야 한다. 둘째는 양로보험 제도의 이전 접속을 손질하여 보장 이탈 감소, 보장 끊김 현상이 일러나는 것을 감소시키는 것이다. 농민공은 보장 이탈과

보장 끊김의 주요 집단이다. 제도적으로 사회 보장 관계의 이전과 연결을 한걸음 더 나아가 손질해야 한다. 셋째는 보장 중복 가입과 보장 누락 현상을 해결하여 사회 보장 납부의 질을 안정시켜야 한다. 한 걸음 더 나아가 양로보험, 의료보험 가운데 중복 가입 현상을 엄격히 찾아내고 동시에 보장에서 누락된 사람들을 보장 체계 속에 받아들여야 한다. 남녀 근로자의 정년을 10년 정도 동시에 65세까지 연장하는 점진적인 정년연장 방안을 마련할 것을 건의한다. 최저 납부 연한을 합리적으로 조정하여, 양로보험의 최저 납부 연한은 15년 분에서 20-30년까지 끌어올린다. 처우 확정과 조정 메커니즘을 갖추고, 기본 양로보험의 '많이 내고 많이 받고, 오래 내고 많이 받는' 처우 확정 원칙을 확정한다. 처우 조정 폭은 전년도 직장 근로자의 임금 증가, 소비자 물가 지수 변동, 기금 수지와 재정 부담 능력을 종합적으로 고려하여 합리적인 처우 조정을 예상할 수 있도록 유도하고, 복지 충동과 복지의 통제 상실과 같은 사회적 리스크 발생을 방지한다.

- 사회 보장 기금 사용의 효과와 가치 보호 및 증식을 강화하다

뉴노멀 경제 하에서 꾸준히 오른 의료 소비 수준과 계속 빨라진 인구 노령화 등으로 인해 양로, 의료보험 지출 압력은 크게 늘어났다. 사회 보장 기금의 사용 효율을 어떻게 향상시킬 것인가, 또 어떻게 기금 안전을 지킬 것인가 하는 것이 보다 중요해졌다. 종합 양로, 의료보험의 현재의 기금 지불 상황은 먼저, 자금 사용효율을 높여야 한다는 것이다. 기금의 수지 균형을 종합 관리해야 하고, 단순히 처우 수준을 높이는 것만은 아니라는 것이다. 정말 보장이 필요한 집단, 예를 들어 중병에 걸렸다든가 비용이 많이 들어가는 노인병, 만성질환 등에 대해 관심을 가지고 정책적인 조정을 해야 하는 것이지 보편적으로 처우 수준을 높이는 것은 아니라는 것이다. 다음으로, 전문화된 투자 시스템과 시장화된 운영 메커니즘을 세워 기금의 가치 보호와 증식을 실현해야 한다. 기금의 투자 채널을 확대해야 하고, 각급 정부가 사회 보장에서의 역할을 명확히 하고, 아울러 그에 상응하는 직책과 투자 권한을 명확히 해야 하며, 그에 상응하는 자금 관리 기구를 설립해야 한다. 그를 통해 위탁인의 직책을 행사하고, 투자 정책 결정을 제정해야 한다. 다음으로, 의료보험 기금 구성을 최적화

해야 한다. 개인 계좌로 이체되는 자금을 줄이고, 그에 상응하여 기금의 지급 능력을 높인다. 기금의 수지 균형을 이루기 위해 정책의 지급 범위를 적절하게 완화하고, 상한선을 높이거나 없애서 비싼 진찰비 문제를 완화한다. 마지막으로 기금의 정산 관리를 강화하고, 현재 방만한 사회보험 행정 관리 패러다임을 전환하며, 규범적이고 과학적인 보험 관리 패러다임을 설립하는 것을 연구해야 한다.

- 보충 사회보험과 상업보험을 적극적으로 발전시키다

현재 사회보험과 상업보험의 총괄적인 발전 문제에 대하여 최상층 설계를 진행해야 한다. 이런 설계는 상업보험의 메커니즘, 관리, 기술, 인터넷 등의 장점을 발휘하게 하여 상업보험과 사회보험을 조화롭게 발전하고, 서로 장점을 발휘할 수 있게 해야 한다. 기업 연금, 직업 연금 등 보충 사회보험과 각종 상업보험은 줄곧 중국 사회 보장 체계 가운데 제3의 기둥이라 인식되어 왔다. 기업 연금, 직업 연금, 상업보험 등이 급속도로 발전한 것은 여러 차원의 사회 보장 체계를 세우는 데 필요한 내용이다. 기업 연금, 직업 연금을 납부하는 데 있어서 면세, 징수 연기 등 우대 정책을 고려해 볼 수 있다. 전체적으로 봤을 때, 상업보험과 기본 사회보험을 총괄적으로 운용하는 것은 비교적 합리적으로 종합보험과 사회보험의 업무 영역을 확정할 필요가 있다. 상업보험 기구와 사회보험 업무를 취급하는 분야, 기본 원칙, 운영 방식과 감독 관리 등에 대해 정부가 전문적인 지도 의견을 내놓아야 한다. 전면적으로 다층적인 사회 보장 체계를 건설하는 것은 보장과 민생 수준을 향상시키는 중대한 조치이다. 각급 당위원회와 정부는 이를 더욱 두드러진 위치에 놓고, 조직 지도를 강화하고 재정 투입을 확대해야 하며, 최선을 다하고 재량껏 실행하여 개혁 발전의 성과가 더 많고 공평하게 전 국민에게 혜택이 돌아가도록 해야 한다. 각급 인적자원과 사회 보장 부문은 용감하게 책임을 다해야 한다. 관련 부문과의 협업 협력을 강화해야 한다. 정책 해석과 선전 지도력을 강화하여 사회 전체가 사회 보장 정책을 더 익숙하게 더 잘 이해하고 지지할 수 있도록 해야 하며, 의무를 성실하게 이행하고, 사회 보장 사업의 건강하고 조화로우며 지속 가능한 발전을 함께 촉진할 수 있도록 해야 한다.

11

빈곤에서 벗어나 공동부유의 기초를 탄탄히 쌓다

빈곤은 인류사회가 직면한 공통의 문제이다. 빈곤을 완화하고 해소하는 것은 전 인류의 공통 인식이 되었다. 어떻게 자신에게 적합하고 생산적인 빈곤 퇴치의 길을 찾을 것인가에 대해 많은 개발도상국들이 힘겹게 탐구하고 있다. 개혁 개방 이후, 특히 <국가 87 탈빈곤 계획(1994-2000년)>과 <중국 농촌 탈빈곤 개발 요강(2001-2010년)>의 실시로, 중국은 6억명이 넘는 인구의 탈빈곤을 실현하였다. 인류의 빈곤 감소 사업에 큰 공헌을 한 것이다. 동부 연안의 발달한 성 가운데 하나로서 1990년대 초부터 장쑤성은 계획적이고, 조직적으로 대규모 탈빈곤 개발 행동을 연이어 실시하여 많은 성과를 거두었다. 2011년말까지 장쑤성은 기본적으로 2,500위안 이하의 절대 빈곤 현상을 일소하였다. 2012년에 장쑤성 위원회와 성 정부는 탈빈곤 소강 공정을 실시하였다. 2015년 말에 411만 농촌 조소득 인구가 4,000위안의 탈빈곤 목표를 전체적으로 실현하였다. 장쑤성은 동부 지역에서 선도적으로 절대 빈곤을 기본적으로 없앤 성 가운데 하나가 되었다. 13차 5개년 계획 시기에 장쑤성은 여건이 되는 지방이 도시와 농촌의 빈곤 문제를 적극적으로 해결하는 것을 장려하였고, 지역, 도시와 농촌, 농촌 주민 간의 소득 격차 축소를 위해 노력하였으며, 그를 통해 상대적 빈곤을 해소하였고, 성 전체 주민들이 개혁 발전의 성과를 함께 누리도록 하며 공동부유를 실현하도록 하였다.

1_ 공동부유의 기초 공정을 향하여 매진하다

빈곤 퇴치는 사회주의의 본질적 요구이다. 또한 전체 주민이 개혁 발전의 성과를 함께 누리고 공동부유 실현을 보장하는 중요한 조치이다. "2020년에 우리는 소강사회를 전면적으로 건설할 것이다. 그것은 하나라도 적을 수 없는 것이다. 공동부유의 길 위에 한 사람도 낙오할 수는 없다. 우리는 당 전체와 온 나라의 힘을 들어올려 탈빈곤의 임무를 군건하게 완성하여 우리 약속을 확실히 지킬 것이다. 우리는 국민의 행복한 생활에 대한 동경이 우리들의 분투 목표임을 반드시 기억하고, 국민 중심의 발전 사상을 견지해야 하고, 민생을 보장하고 개선하는 각종 사업을 잘 해 나가 국민의 성취감, 행복감, 안전감을 끊임없이 늘려나가고, 전체 국민의 공동부유를 계속해서 추진해 나가야 한다." 시진핑의 이 연설은 '공동부유' 사상의 전승이자 발전으로서, 빈곤 퇴치가 공동부유를 실현하는 전제 조건이자 중요한 내용임과 동시에 빈곤 퇴치가 공동부유를 실현하는 중요한 기초이자 중요한 조치라는 사실을 분명하게 보여주고 있다.

(1) '탈빈곤 전투'는 공동부유 사상의 전승이자 발전

빈곤을 없애고 민생을 개선하며 전체 국민의 공동부유를 실현하는 것, 이것은 중국 특색의 사회주의의 본질적인 요구이다. 덩샤오핑의 말이다. "사회주의는 소수 사람이 부자가 되고 대부분 사람들이 가난해지는 그런 모습이 아니다. 사회주의의 최대 우월성은 바로 공동부유다. 이는 사회주의의 본질을 구체화하는 것이다." 1992년에 덩샤오핑은 남순강화에서 한 걸음 더 나아가 설명하였다. "먼저 부자가 된 사람이 나중에 부자가 되는 사람을 이끈다." 아울러 최종적으로 공동부유를 실현하는 노선에 대해 그는 다음과 같이 말했다. "여건을 갖춘 일부 지역이 먼저 발전하고, 일부 지역은 좀 늦게 발전하면, 먼저 발전한 지역이 나중에 발전한 지역을 선도하여 최종적으로 공동부유에 도달하게 된다." 덩샤오핑의 언급에 따르면, 성실한 노동과 합법적인 경영으로 먼저 부자가 된 일부 개인과 지역은 선진적인

시범 역할을 보여주고, 아울러 관련 정책 조치를 통해 뒤처진 지역과 가난한 인구를 도와줄 수가 있으며, 최종적으로 공동부유를 실현하는 것이다. 즉 "발달한 지역은 계속 발전해야 하고, 아울러 세금을 많이 낸다든가 기술을 이전한다든가 하는 방식으로 발달하지 못한 지역을 도와주어야 한다"는 것이다. 만약 생산력 해방과 발전을 통해 일부 지역과 개인이 먼저 발전하도록 허락하는 것이 공동부유 실현의 첫 번째 단계라고 한다면, 개혁 개방 40년의 발전에 따라 현재 우리는 현재 우리는 발전을 우선시하면서 동시에 먼저 부자가 된 사람이 나중에 부자가 되는 사람을 이끌고 공동부유를 실현하는 2단계에 있는 것이다. 따라서 어떻게 발전하고 동시에 공동부유를 실현하여 전체 국민들이 보다 많이 보다 공평하게 발전 성과를 함께 누릴 수 있을 것인가 하는 것이 현재 우리가 당면한 긴박한 임무인 것이다. 18차 당대회 이후 시진핑을 중심으로 하는 당 중앙은 탈빈곤을 중요한 위치에 놓았다. 아울러 후난 시찰 후에 처음으로 '탈빈곤 정조준' 사상을 처음 제기하였다. 시진핑의 말이다. "탈빈곤 사업을 잘 해내는 것은 어려운 사람들을 빈곤에서 벗어나 부자가 되는 것을 도와주는 것으로, 그들의 근심과 어려움을 해소하는 것을 도와 발전 성과를 더 많이 더 공평하게 국민들이 누릴 수 있도록 하는 것이 우리 당이 전심전력으로 국민에서 봉사하는 근본 취지가 중요하게 구체화된 것이다." 이로부터 알 수 있는 것은, 탈빈곤 전투를 통해 저소득 인구가 빈곤에서 벗어나 부유하게 되는 것을 돕고, 사회 발전 성과를 더 많이 더 공평하게 각 국민들에게 돌아가도록 하는 것이 마르크스주의 '공동부유' 사상의 발전이자 확장이고, 중국화한 반빈곤 이론으로서, 중국 공산당이 전심전력으로 국민을 위해 봉사하는 근본 취지가 드러난 것이다.

(2) 탈빈곤 전투는 공동부유를 실현하는 데 있어서 반드시 거쳐야 하는 길이다

중화인민공화국 수립 이후 중국 경제와 사회는 커다란 변화를 보였다. 중국 사회는 폐쇄, 빈곤, 낙후에서 개방, 부강, 문명으로의 역사적 거대 변화를 실현하였다. 경제는 지속적인 고도 성장을 실현하였고, 경제 총량은 세계 2위에 올랐다. 종합 국력은 더 늘어났고, 국민

생활은 빈곤에서 온포溫飽로, 다시 전체적인 소강小康으로의 역사적 발전을 이루어 현재는 전면적인 소강사회 단계에 진입하였다. 하지만 우리는 경제 발전의 효율 향상을 추구하는 동시에 지역 차이와 빈부 격차가 많거나 적게 나타나고 있는 현실을 피할 수는 없다. 예를 들어, 일부 사람들은 주관적인 여건과 객관적인 여건의 제한으로 인해 저소득자가 되었고, 그 결과 우리들의 발전 과정에서 불균형과 빈부 격차 등의 문제가 나타났다. 어떤 분야에서는 심지어 양극화 추세가 나타났고, 이는 중국이 사회주의 공동부유를 실현하는 데 있어서 주요 방해물이 되고 있다. 18기 5중전회에서 나온 지적이다. "탈빈곤 전투를 실시하려면 탈빈곤에 초점을 맞춰 빈곤 가정을 분류하고 빈곤 인구에 대해 자산수익 지원제도를 모색하며, 농촌에 남아 있는 아동과 부녀자, 노인에 대한 돌봄 서비스 체계를 세워야 한다." 18차 당대회 보고에서의 지적이다. "사회주의 기본 경제 제도와 분배 제도를 견지해야 하며, 국민 소득 분배 구조를 조정하고, 재분배 조정 강도를 높여야 하며, 소득 분배의 차이가 비교적 큰 문제를 해결하는데 힘써야 하고, 발전 성과가 더 많고, 더 공평하게 모든 국민에게 혜택이 돌아가게 해야 하며, 함께 부유해지는 방향을 향해 안정적으로 전진해야 한다." 19차 당대회에서는 한걸음 더 나아가 현재 중국 사회의 주요 갈등은 이미 날로 늘어나는 국민들의 물질 문화 수요와 뒤떨어진 사회 생산 사이의 갈등에서 비롯된 것으로, 날로 늘어나는 국민들이 행복한 생활에 대한 수요가 불평등하고 불충분한 발전 사이의 갈등으로 바뀌었다고 지적하였다. 따라서 공동부유의 전체적인 목표와 현실적인 빈부 격차는 중국 탈빈곤 전투의 출발점이 되었다. 19차 당대회에서는 "탈빈곤 전투에서 굳건하게 이겨 빈곤한 인구과 지역이 온 나라와 함께 전면적인 소강사회로 들어서도록 해야 한다"고 강조하였다. 탈빈곤 전투를 통해 빈곤한 지역과 저소득 인구에 도움을 주어 빈곤한 지역과 저소득 인구가 개혁 개방의 발전 성과를 누리도록 하고, 발달한 지역의 경제 발전이 가져온 발전을 누리도록 하여, 2020년에 예정대로 전면적인 소강사회 건설이라는 목표를 쟁취하는 데 강력한 보장을 제공해 주자는 것이다. 탈빈곤 전투에서 승리하는 것이 전면적인 소강사회 건설의 '마지막 1킬로미터'이고, 중국이 공동부유를 실현하는 데 있어서 반드시 거쳐야 하는 길이라는 사실을 알 수 있다.

2_장쑤성 탈빈곤 전투의 전략적 조치

개혁 개방 이후 장쑤성의 역대 성 위원회, 성 정부는 탈빈곤 사업을 매우 중시하였다. 1990년대 초에서 현재까지의 근 30년간 장쑤성은 탈빈곤 계획을 연이어 실시하였다. 10차 5개년 계획, 11차 5개년 계획에서의 탈빈곤 개발 계획 요강, 탈빈곤 전투 공정, 빈곤에서 탈피하여 소강으로 달려가는 공정 등이 이어졌다. 2016년부터는 또 빈곤에서 벗어나 부를 이루고, 소강으로 달려가는 공정이 실시되었고, 탈빈곤의 표준도 1,500위안, 2,500위안, 4,000위안에서 6,000위안으로의 변화를 거치면서 뚜렷한 단계적 효과를 거두었다.

(1) 장쑤성 탈빈곤 개발의 주요 역정

1992년부터 현재까지 장쑤성 탈빈곤 개발은 모두 4단계를 거쳐 왔다.

1단계: 어려운 사람들의 온포 문제를 해결하고 기본 생활 여건 개선을 주요 목적으로 하는 탈빈곤 개발이다. 개혁 개방 이후 장쑤성은 일련의 개방적이고 활성화된 방침을 채택하여 전면 도급제, 향진 기업 발전을 통해 가난한 농민들의 온포溫飽 문제를 해결하였고, 점차 부를 쌓는 길로 나아갔다. 이를 통해 많은 현과 향은 어려운 상황에서 벗어났다. 하지만 역사와 자연의 이유로 몇몇 지역, 특히 쑤베이 지역의 발전은 비교적 뒤떨어졌고, 일부 농민들의 생활은 비교적 빈곤하였다. 1992년에 성 위원회와 성 정부는 쑤베이의 빈곤한 현에 '사회교육과 탈빈곤' 사업팀을 파견하여 머물게 하였다. 슈양현沭陽縣과 쑤베이 농민 1인당 평균 소득 400위안 이하의 58개 빈곤한 향진에 대해 대규모 집중 탈빈곤을 실시하였다. 1995년 1월에 성 위원회와 성 정부는 〈장쑤성 탈빈곤 전투 계획〉를 발표하여 탈빈곤 개발을 두 걸음으로 나누는 것으로 확정하였다. 첫 번째 걸음은 1995년에서 1997년까지 성 전체 208만 빈곤 인구의 탈빈곤을 확보하도록 하였다. 두 번째 걸음은 1998년에서 2000년까지 현을 단위로 하여 기본적으로 소강에 도달하도록 한다는 것이었다. 1997년 말까지 10개의 중점 탈빈곤 현의 국내 총생산액은 192억 위안에 달하여 1994

년보다 54% 성장하였고, 연평균 성장 속도는 15.5%였다. 중점 탈빈곤의 68개 빈곤한 향(진) 농민의 1인당 평균 소득은 2,030위안에 달했고, 당시 성에서 정한 탈빈곤 지표를 달성하거나 초과하였다. 2000년 말까지 쑤베이 지역의 현은 기본적으로 소강 목표에 이르렀고, 빈곤 인구의 생산과 생활 여건은 초보적으로 개선되었으며, 전체적으로 온포에서 기본적인 소강으로 향하는 역사적 도약을 실현하였다.

    2단계 : 절대 빈곤 퇴치를 주요 목적으로 하는 탈빈곤 개발이다. 2001년부터 성 위원회와 성 정부는 〈장쑤성 탈빈곤 개발 '10차 5개년 계획' 기획 요강〉을 제정하고 실시하였다. 지역 공동 발전 전략의 실시를 통해 아직 온포溫飽를 해결하지 못한 소수의 빈곤한 마을, 빈곤 가구에 대해 계속해서 탈빈곤 전투를 실시하였다. 이미 먹고사는 것을 해결한 가정에 대해 탈빈곤 성과를 공고히 하고, 소강 실현을 가속화하며, 기본적으로 소강을 실현한 가정에 대해 한 단계 더 높은 기준을 제시하여 풍요로운 소강을 건설하기 위해 노력한다. 산업 육성, 농촌 인력 수출, 인프라 건설, 사회 사업 발전, 인구 자질 향상 등의 방면에서 탈빈곤 전투를 실시한다. 전후 모두 5억 6천만 위안을 들여 농촌의 위험 주택 개조를 실시하였는데, 쑤베이 농촌은 성의 보충 조건에 부합하는 33만 채의 위험 주택을 전부 개조하였다. 행정촌은 기본적으로 마을로 통하는 자갈길을 실현하였고, 500여만 묘의 생산성이 좋지 않은 밭을 개조하여 안정적 다수확 밭으로 바꾸었으며, 1,400여만 명의 농촌 인구가 수돗물을 마시게 되었다. 2005년에서 2007년까지 장쑤성은 1,500위안을 탈빈곤 기준으로 하여 '모든 마을과 가구의 지원 공정'을 실시하였다. 〈11차 5개년 계획 기간 '모든 마을과 가구의 지원 공정'을 조직하고 실시하는 것에 관한 의견〉에서는 요구하기를, '모든 마을과 가구의 지원 공정'의 임무는 각급 각 분야로 세밀하게 나누어, 쑤베이의 시와 현, 쑤난의 이해 관계가 일치하는 현과 성의 각 분야 책임을 명확히 하여 탈빈곤 협력 관계를 형성하였다. 각 촌마다 최소한 한 직장이 도움을 연결하고, 지도 간부 한 명이 도움을 연결하며, 1명의 간부가 촌으로 가서 도움을 주고, 각 빈곤 가정은 최소한 한 명의 당원 간부가 결연을 맺도록 한다. 프로젝트 지원을 플랫폼으로 삼아 대중의 기본적인 생산 생활 조건을 개선하고 경제 수입을 늘리는 것과 직접적으로 관련 있는 인프라와 산업 발전 프로젝트를 지원의 중점으로 삼아 지원 강도를 높인다. 6만 빈곤 노동력의 교육과 이동 임무를 실행하고 빈곤 노동력의 취업 추적 서비스를 강화한다. 빈곤 구제의 선두 기업을 육성하고 지원하며 선두 기업이 빈곤 농가를 위해 대출 상환, 대출 담보 등의 방법을 모색하여 빈곤 농가의 소득을 효과적으로 증대시킨다. 빈곤 지원 소액 대출 규모를 확대하고, 빈곤 농가의 커버 면을 넓힌다. 2007년 말까지 성 전체 농촌의 연간 순소득 1,500위안 이하의 저소득 인구는 2005년의 310만 명에서 201만명으로 감소하였다. 1,011개 경제 취약 마을 농민들의 1인당 순소득은 2,948위안에 달하여 14.2% 성장하였다. 48.2%의 빈곤 가구가 성이 원래 정했던 빈곤 표준을 넘어섰다.

　　2008년에 세계은행이 발표한 1인당 평균 생활비는 하루에 1달러 빈곤 감축 표준에 따라, 성 위원회와 성 정부는 빈곤 지원 표준을 1,500위안에서 2,500위안으로 올렸고, 농촌의 물 바꾸기, 전기, 통달, 편안한 거주, 생산성이 좋지 않은 밭의 개조 등 5대 탈빈곤 공정을 중점으로 하는 '탈빈곤 전투 공정'을 실시하였다. 탈빈곤 개발 사업 부서와 자금 투입과 메커니즘 혁신력을 크게 강화하여 성 전체 농민의 1인당 평균 순소득이 2,500위안이 안 되는 곳 168만 가구, 450만 명에 대해 생산을 돕고, 취업을 늘리며, 사회 보장을 손질하고, 정부와 사회 부조 등의 종합적인 조치를 통해, 그리고 마을 정돈 추진, 프로젝트 리드, 훈련 이전, 소액 대출 등의 다양한 수단을 통해 중점 지원을 실시하고, 빈곤 인구의 전체적인 탈빈곤을 실현하였으며, 농촌 빈곤 인구의 온포 문제는 기본적으로 해결되었다. 2011년 말에 탈빈곤 전투 5년 임무는 4년만에 완수되었고, 쑤베이 468만 농촌 빈곤 인구는 기본적으로 탈빈곤이 실현되었다. 아울러 1,011개의 경제 취약 마을은 기본적으로 '팔유八有'[1]와 마을 집단 소득 5만 위안 이상의 목표를 달성하였다. 이에 장쑤성은 기본적으로 절대 빈곤 현상이 없어졌고, 빈곤 지원개발은 탈빈곤 성과를 공고히 하고, 전면적인 소강 촉진이라는 새로운 단계로 바뀌었다.

---

[1] 역자 주: 빈곤 가구의 탈빈곤 기준으로 삼은 여덟 가지를 말한다. 소득 출처, 주택, 기본 의료보험, 의무 교육, 마을로 통하는 길, 음용수, 전기, 텔레비전 등이다.

3단계 : 지원대상자의 소득이 낮고, 쓸 돈이 없는 것과 기본 공공 서비스의 균등 문제 해결을 주요 목적으로 하는 빈곤 구제 개발이다. 2011년 말에 중앙 빈곤 지원 개발 사업 회의에서 "동부의 여건을 갖춘 지역이 빈곤 지원 개발 수준을 높여야 하고, 상대적 빈곤을 감소하고 공동부유를 실현하는 것을 솔선해서 모색해야 한다"는 사업 요구를 제기하였다. 장쑤성 위원회와 성 정부는 2012년에 빈곤에서 벗어나 소강으로 달려가는 공정을 실시하였다. <장쑤성 농촌 빈곤 지원 개발 '12차 5개년 계획' 기획 요강>과 <쑤베이의 전면 소강 건설을 가속화하는 것에 관한 의견>을 제정 발표하여 '농촌 저소득 인구의 탈빈곤을 돕기'와 '경제 취약 마을 발전 돕기'라는 이중의 임무를 제기하였다. 또한 국가의 <요강>보다 크게 높은 빈곤 지원 목표를 제정하였다. 2015년까지 지원 대상에 들어가는 저소득 인구 1인당 평균 순소득이 4,000원 또는 현지의 (보다 높은) 빈곤 지원 표준을 달성하도록 한다. 저소득 인구 1인당 평균 순소득 성장 폭이 성 전체 평균 수준의 2에서 3%p 높도록 한다. 기본 공공 서비스의 주요 영역 지표는 성 전체 평균 수준에 근접하도록 한다. 성은 경제 취약촌을 전면적으로 대중의 옹호를 받는 '강력한 팀', 과학적이고 합리적인 발전 계획, 생산적이고 효율적인 농업 시설, 특색이 뚜렷한 주도 산업, 지속적이고 안정적인 집단 소득, 선진적으로 적용된 정보 네트워크, 건강하고 향상된 문명촌 기풍, 마을의 모습이 정갈한 주거 환경의 새로운 '8유八有' 목표를 정했다. 동시에 쑤베이의 경제가 취약한 지역, 특히 12개의 중점 현(구)를 성의 빈곤 지원 개발 중점 구역으로 하였다. 쑤치엔宿遷의 서남쪽 지역, 청쯔호成子湖 지역, 쉬저우徐州의 황둔호黃墩湖 즈홍구灊洪區, 롄윈항連云港의 스량허쿠石梁河庫 지역, 화이안淮安의 리우라오좡劉老莊 지역, 화이옌淮鹽의 관개 수로 이북 지역을 중점적으로 지원하고, 한 조각으로 연결하여 개발하는 것을 실행하였다. 빈곤 지원 개발대상으로 포함된 농가에 대해 한 가구에 최소 한 항목 소득 증대 프로젝트 또는 한 가구에 최소 한 명이 비농 산업에 안정된 취업을 실현하였다. 2012년에서 2014년까지 장쑤성은 295만 1,400명의 저소득 인구의 탈빈곤 임무를 완수하였다. 그 가운데 223만 7,600명의 저소득 인구가 개발식 탈빈곤을 실현하였고, 71만 3,800명의 저소득 인구가 구호식 탈빈곤을 실현하였다. 2015년 말까지 성 전체 411만 농촌 저소득 인구가 4,000위안 탈빈곤 목표를 실현하였고, 1,553개 경제 취약촌의 발전 능력이 한 걸음 더 늘어났으며, 중점 지역의 면모는 뚜렷하게 개선되어 예정대로 빈곤에서 벗어나 소강으로 달려가는 공정 목표를 달성함으로써, 장쑤성은 동부 지역에서 절대 빈곤을 앞장서 해소한 성 가운데 하나가 되었다.

  4단계 : 상대적 빈곤의 완화, 소득 격차의 축소, 공동부유 추진을 주요 목적으로 하는 탈빈곤 개발이다. 동부 지역의 '상대적 빈곤 감소에 대한 솔선 모색과 공동부유 실현의 효과적인 길'에 관한 중앙의 요구에 따라 2016년 장쑤성은 '빈곤에서 벗어나 부유해지고, 소강으로 달려가는 프로젝트'를 실시하였는데, 저소득 농가와 경제 취약 지역의 소득 증대의 내부 동력을 증강시키고, 지출형 빈곤의 두드러진 갈등을 해소하며, 빈곤으로 회귀한다는 난제에 대응하고, 사회 보장 기초 제도를 정비하는 것을 중점적으로 하여 도시와 농촌의 빈곤 문제를 총체적으로 해결하도록 계획하였다. '성이 총책임을 지고, 시와 현이 현실화하는' 것과 '두 가지 맞춤'이라는 사업 메커니즘을 손질하고, 상대적 빈곤 메커니즘을 완화하고, 빈곤 지원 체제 메커니즘 혁신을 적극 추진하며, 자산 수익 빈곤 지원을 전면적으로 전개하고, 개발식 빈곤 지원과 보장성 빈곤 지원의 종합적 탈빈곤 효과를 강화한다는 내용이다. 빈곤 지원과 탈빈곤 사업 메카니즘을 세우고, 다섯 방향이 서로 얽히고 설킨 지원 메커니즘, 중점 지역에 대한 지원 메커니즘, 금융 지원 메커니즘, 사회 지원 메커니즘 등을 구축하여 자금과 자산 관리, 마을 상주 지원 등의 사업 제도를 완비하고, 탈빈곤 지원의 효과적인 제도와 장기적 효과가 있는 메커니즘을 세우고, 수혈 치중에서 조혈 치중으로 바꾸는 것이다. 산업의 선도, 취업과 창업, 교육의 도움, 건강한 원조, 금융의 조력, 기반의 뒷받침, 국토의 지원, 기업의 도움 등 8개 항목의 빈곤에서 탈피하여 부를 축적하는 행동을 중점적으로 실시하였다. 1인당 연평균 수입이 6,000위안을 새로운 빈곤 지원의 표준으로 하여 2020년에 파일링된 277만 농촌 저소득 인구의 1인당 연평균 소득은 6,000위안을 넘기도록 분투한다. 동시에 821개 경제 취약촌을 중점적으로 돕고, 2020년까지 분투 노력하여, 촌의 집단 경제 연소득이 18만 위안 이상 이르도록 한다. 2016년에서 2017년 사이에 성 전체 합계 133만 2천의 저소득 인구가 빈곤을 벗어났고, 저소득 인구는 5.8%에서 2.6%로 줄어들었다. 480개의 성이 정한 경제 취약촌의 연소득은 18만 위안을 넘어섰고, 지표 달성률은 58.5%에 달했다.

이상의 논의를 종합해 보면, 1990년대 초의 '빈곤 지원 전투 계획'에서 '13차 5개년 계획' 시기의 '빈곤에서 벗어나 부유함에 이르고 소강으로 달려가는 공정'에 이르기까지 장쑤성의 탈빈곤 전투 정책의 제정과 실시는 모두 국민 소득 증가, 주민 생활 개선을 취지로 하여 경제를 발전시키는 동시에 공정과 효율을 염두에 두었으며, 내부와 외부가 함께 움직여 공동부유 실현을 촉진하였다.

(2) 탈빈곤 전투에 있어서 장쑤성의 전략적 조치

오랜 기간 동안 장쑤성 위원회와 성 정부는 탈빈곤 전투를 잘 치뤄 이기는 것을 전면적인 소강사회 건설의 중대한 임무로 삼고, 가난한 농가의 소득 증대, 자아 발전 능력의 증강을 중심으로 삼아 빈곤 인구 소득의 안정적 증가, 경제 취약촌의 내생적 발전, 빈곤 지원 지원의 지속적 투입, 빈곤 노동력의 소질 향상 등의 빈곤 지원 메커니즘을 세우는 데 노력하였다. 아울러 빈곤 인구 파일링 작업을 중점으로 하고, 산업화 빈곤 지원을 관건으로 하여 개발식 빈곤 지원과 구제식 빈곤 지원을 두 바퀴로 견지하면서 중대한 인프라, 중요한 민생 공정, 중점적인 소득 증대 프로젝트를 중심으로 생산과 취업으로 돕고 자매결연으로 돕고 자금 지원으로 돕고, 기초 생활 보장 급여, 사회 구조 등의 중요한 조치를 하여 경제 취약촌의 탈빈곤에 힘을 보탰다. 또 빈곤 인구의 소득 증대를 촉진하여 빈곤 인구가 경제 발전 성과를 함께 누리고 성 전체가 공동부유를 실현해 가는 데 힘을 보탰다.

• 구체적인 실정에 맞게 집단 경제를 발전시키고, 경제가 취약한 지역의 강촌부민強村富民을 촉진하다

오랫동안 장쑤성 위원회와 성 정부는 농촌의 집단 경제 발전을 촉진하여 경제가 취약한 마을이 부강한 마을의 부자 주민이 되도록 부양하는 중요한 수단으로 삼았다. 촌급 자원의 이점을 결합하여 지역의 형편에 맞는 경쟁력 있는 산업을 발전시켰다. 일정한 산업을 기반

으로 하는 마을에 대해 '다섯 가지 연결고리'의 직장 도움, 촌과 기업의 합작 등의 형식으로 특산 농산물 품종 기지를 건설하고, 특색 있는 산업을 발전시켰으며, '한 마을에 한 상품'이라는 산업적인 이점을 형성하였다. 예를 들어, 쓰훙현泗洪縣 서남쪽 지역에 있는 웨이잉진魏營鎭은 2012년부터 뒤를 받치는 업체의 자금 지원을 받아 100묘 넓이로 종묘 생육, 품종 전시, 관광 채취 등의 기능이 집약된 핵심 지역을 건설하였고, 1만 2천 묘 딸기 산업의 업그레이드를 힘있게 추진하였다. 동시에 680가구 저소득 농가의 소득 증대를 이끌었다. 촌 집단 경제 연소득은 8만여 위안 증가하였다. 경제 자원이 상대적으로 좋은 마을에 대해서는 마을 집단의 '사황', 수면, 경제 재목 등의 자원에 대한 합리적 개발 진행을 지원하고, 자원의 이점을 경제적인 이점으로 바꾸도록 하였다. 토지 정리의 잠재력이 있는 마을에 대해서는 농촌 환경위생 정비, 마을 정비와 물길 준설 등을 결합하여 택지, 공터 정리를 적극적으로 전개하고, 세금 징수, 도급이나 건설 부지 지표의 치환 등을 통해 촌 집단 경제의 토지 수익을 늘리도록 하였다. 촌 집단 지원은 토지가용 마스터플랜과 도시와 농촌 건설계획의 요구에 따라 집단 비농非農 건설용지, 촌급 유용지 및 마을정비, 집단 주거지 건설, 택지정리 후에 남겨진 토지 등을 이용하여 부동산 프로젝트와 보산 부동산 경제를 발전시킨다. 마을 단체에 편의 서비스, 과학 기술 서비스, 의료 서비스, 문화 활동, 공무 등이 일체화된 촌락 종합 서비스 센터를 건설하고, 농촌의 일용품, 농업 생산 자재 등의 연쇄 경영 서비스 전개를 지원한다.

　　예를 들어 렌윈항시連云港市의 44%의 마을 당군黨群 서비스 센터의 면적은 400제곱미터 이상에 달하는데, 마을 서비스 센트 건물 등을 임대하여 시 전체는 매년 촌의 단체 수입을 30여만 위안 늘릴 수 있었다. 자원이 부족한 몇몇 촌에서는 단체로 각종 전문 합작사를 만들도록 독려하고, 농가를 조직하여 합작생산과 연합 경영을 전개하여 농업 생산을 위해 정보와 기술, 판매 등의 서비스를 제공하게 함으로써 단체 배당 소득을 늘렸다. 몇몇 외지고 자원이 부족하며 경영의 어렵고 발전 공간이 협소한 촌에서는 촌의 단체 경제 조직이 현지 울타리를 벗어나 지역 안팎의 기업과 그 밖의 다른 경제 조직과의 경제교류를 지원하고, 발전공간을 개척하고 타지의 발전을 통해 소득증대를 꾀한다. 자연자원,

문화자원, 관광자원이 상대적으로 풍부한 촌에 대해서는 자연생태 환경의 잇점을 집단적으로 발휘하고, '농가의 즐거움', 생태 레저 등의 관광 농업을 발전시키도록 적극적으로 지원하고, 촌의 집단경제 조직이 경영과 서비스 면에서 소득을 늘릴 수 있도록 돕는다.

- 인프라 건설을 추진하고 저소득 인구의 생산 생활조건을 개선한다

경제가 취약한 농촌 지역의 인프라 건설을 대대적으로 추진한다. 이는 국가 빈곤 지원 요강에서 제기된 주요 임무 가운데 하나이기도 하고, 또한 탈빈곤 사업의 주요 사업에 있어서 힘을 쏟는 지점이기도 하다. 2008년-2011년에 실시된 탈빈곤 전투 공정을 통해 경제가 취약한 쑤베이蘇北 지역의 농촌 인프라 건설과 사업사업 발전 수준은 크게 발전하였다. 2012년 실시되기 시작한 새로운 탈빈곤 전투 공정과 '빈곤에서 벗어나 부유해지고 소강으로 달려가는 공정'은 모두 한 걸음 더 나아가 인력, 물자의 투입을 크게 늘렸고, 교통, 전력, 통신, 논밭의 관개시설, 안전한 음용수 등의 인프라 건설을 통합 추진하였다. 이와 함께 성 전체 각지에서 전개된 도농 일체화 건설, 새로운 농촌 건설 프로젝트에 대한 자금 투입도 경제 취약 위주로 이루어졌다. 지금까지 장쑤성의 경제가 취약한 지역, 특히 중점적으로 도움이 쏟아진 지역의 농촌 인프라 건설 수준은 크게 향상되었고, 기본적인 농지의 질과 농지 관개 수리 시설 수준은 비교적 크게 개선되었다. 장쑤성 빈곤 지원단 통계에 따르면, 2014년 쑤베이의 12개 빈곤 지원 중점현은 고표준 농지 면적 47만 5,500묘畝가 새롭게 늘어나, 1인당 평균 관개 면적이 1.29묘에 달하고, 유효 관개 비율은 97.8%에 달한다. 쓰레기 집중 운반 처리를 실행하여 빈곤 농가의 생산과 생활 환경은 크게 개선되었으며, 경제 사회 발전의 버팀목 능력을 효과적으로 늘렸다.

 13차 5개년 계획 시기에 들어와서 장쑤성은 '인프라＋' 라는 빈곤 지원 모델을 적극적으로 모색하여, 빈곤 지원의 길에서 '마지막 1킬로미터'를 뚫기 위해 노력하였다. 먼저, 경제 취약 지역의 교통 인프라 건설을 강화한 것이다. 기획과 인도를 잘 하여, 성의 중점 외딴 지역의 교통 동맥을 잘 통하게 뚫었다. 농촌 공공 도로 건설과 관리를 강화하여 사람들의 생산 활동을 편리하게 하였다. 2016년 서남쪽 외딴 지역에 200만 위안을 투

자하여 농촌 공공도로를 6.232킬로미터 완성하였고, 농가 다리 2곳을 완공하였다. 청즈호 지역에서는 2,100만 위안을 투자하여 농촌 공공도로 15킬로미터를 완성하였고 농가 다리 6개를 개조하였다. 다음으로는, 농지 관개수리 시설 건설을 강화하였다. 농지의 관개수리 시설을 전면적으로 보수하고, 농업 종합개발과 고표준 농지 건설을 추진하여 농지 인프라 수준을 향상시켰으며, 현대 농업 발전을 위해 실질적인 기초를 닦았다. 2016년에 청즈호成子湖 지역에 2억 1,298만 위안을 투자하였는데, 그 중에 농지 수리에 1,2140위안을 투자하였고, 고표준 농지건설에 9,158위안을 투자하였다. 다음으로는, 경제 취약 지역의 '광속 인터넷 마을' 건설을 추진하였다. 몇몇 향진에서 광속 인터넷망 건설 프로젝트를 추진하고, 새로운 광대역 무선과 이동통신망 건설 프로젝트를 실시하였다. 경제 취약 지역에서 4G 인터넷망을 깔고 보급, 이용하는 것에 박차를 가했다. 청즈호 지역에 320만 위안을 투자하여 8개 향진鄕鎭에서 광속 인터넷망을 깔았다. 900만 위안을 투자하여 농촌 가정에 인터넷망이 깔리도록 하였고, 1,910만 위안을 투자하여 4G 인터넷망을 건설하였고, 그 가운데 800만 위안은 4G 기지 건설에 투자하여 농촌의 올커버를 실현하였으며, 1,110만 위안을 투자하여 8개 향진에 4G 기지와 부대 시설을 새롭게 건설하는데 이용하여 이 지역에 무선 통신이 깔리도록 하였다.

- 산업 분야의 빈곤 지원을 실시하고 저소득 인구의 소득 증대에 장기적인 효과를 보이는 메커니즘을 구축한다

'산업은 계획을 따르고, 프로젝트는 산업을 따르고, 자금은 프로젝트를 따른다'는 사고에 따라 주어진 지방 자원, 산업 발전 조건을 결합하여 산업 빈곤 지원 및 소득 증대를 대대적으로 추진하며, 노동 집약적 산업, 환경친화적 산업, 농산물 가공 유통업을 빈곤 지역과 빈곤촌으로 배치하고, 기업이 경제 취약 지역에 투자하도록 지원하며, 경제 취약촌의 발전과 저소득 농가의 소득증대를 이끌도록 장려한다. 기획과 인도를 강화하고, 구역의 산업 발전 계획을 제정할 것을 장려하며, 지역의 자원, 인문적인 내용, 자신의 특색을 갖춘 산업벨트, 향진의 공업 단지, 소기업 창업 단지 건설을 가속화하여 구역 개발에 유리하고, 현 지역의

경제 사회 발전에 유리한 개별화된 산업 시스템을 형성하도록 힘써 발전시킨다. 여건이 되는 공업 단지, 소기업 창업 단지의 표준화 공장 신축 증설을 지원하고, 지역 공업 건설 프로젝트 집약 용지 수준을 높이며, 공업 집중, 산업 집중, 기업 클러스터 및 토지 자원의 집약적 이용을 추진한다. 오염이 없고, 과학 기술의 영양가 있는 노동 집약형 프로젝트와 기업 입적 도입을 적극적으로 돕고, 현지 노동력이 그 지역에서 이동하거나 취업할 수 있도록 하여 임금성 소득을 증가시킨다. 산업이전 도킹, 남북산업 이전망 등의 형식을 통해 산업이전에 대한 정책적 지원을 확대하고 노동 집약적 산업용 공업용 전력에 대한 보조금을 실시하여 남북의 산업이전 프로젝트를 접수하는 경쟁력 향상을 모색한다. 농업 산업화 발전의 장점에 힘을 빌어 농부산품 가공 단지 건설을 지원하고, 표준화된 생산 라인을 도입하여 농산품 가공 공업을 강하게 만든다. 산업 발전과 빈곤 지원을 결합하여 빈곤 지원 중점 지역에서 농업 과학 기술 공정을 힘써 실시하고, 한 마을에 한 명의 농촌 기술자 제도와 정기적으로 전문 인력을 조직하여 농가와 농지에서 현장 강의를 실시하며, 농촌 시장을 이용하여 과학 기술 자문 서비스를 하는 등 저소득 농가에 대해 전문 기능 훈련을 진행하고, 최소한 씨뿌리고 기르는 기술을 익히도록 한다. 동시에 빈곤 지원의 이익과의 연결 메커니즘을 완비하여 산업 빈곤 지원과 자산 수익 빈곤 지원을 긴밀하게 결합하여 지분 합작 등의 효과적인 형식을 적극적으로 모색하고, 여러 모델을 통해 저소득 농가를 산업 발전으로 끌어들여 저소득 농가가 더 많이 산업 소득 증가분을 누릴 수 있도록 촉진한다.

　　독립적으로 산업 발전에 참여할 의향이 있는 농가에 대해서는 '빈곤 지원 프로젝트 + 저소득 농가의 임차 + 경제 주체의 선도' 모델을 취한다. 노동능력이 있는데 독립적으로 산업 발전에 참여할 의향이 없는 농가에 대해서는 '토지 임대료 + 노동 수입 + 빈곤 지원 자금 배당'의 모델을 치한다. 노동 능력이 없는 저소득 농가에 대해서는 '토지 임대료 + 빈곤 지원자금 배당'의 모델을 취한다. 세 산업의 융합을 적극적으로 추진하여 '인터넷망 +'의 현대농업을 잘 잡아 농업 종합 정보 서비스 플랫폼 건설을 전면적으로 추진하고, 농촌의 전자 상거래를 크게 발전시키며, 농촌 전자상거래 사이트의 행정촌 커버율을 향상시키는 데 노력한다. 레저관광 농업 향상 사업을 실시하고, 농업과 관광, 교육, 문화 등 산업의 심도 있는 융합을 추진하며, 이 새로운 업종을 저소득 농가의 일자리 증가에 큰 기여를 할 수 있도록 노력한다. 인재, 프로젝트, 자금, 기술 등의 자원이 빈곤지역으로 쏠리는 것을 착실히 추진하여 경제가 취약한 지역의 산업 발전에 관한 요소 결핍 문제를 효과적으로 완화시켰다. 2017년에 장쑤성 농사위원회가 조직하여 실시한 중앙과 성급 재정 프로젝트는 14억 7천만 위안을 지원하였고, 2016년에 비해 5억 7,600위안이 늘어나 증가폭은 64%에 달했다. 6개 중점 지구, 2곳의 혁명 구역에서 각종 농업 관련 프로젝트 201개가 추진되었고, 재정 자금 3억 1,800만 위안이 투입되었다. 6개 지역이 소재한 현(구)의 농업과 농경 부문에 75만 위안의 빈곤 지원 자금이 늘어났고, 2곳의 혁명 구역에 걸쳐 있는 10개 현(구)에는 25만 위안의 지원 자금이 늘어나 합게 1,225만 위안에 이르렀다. 자금과 정책의 호재는 말단 빈곤 지원 부문의 현지 특색 우위 산업을 발전시키는 적극성을 불러일으켰고, 경제 취약 지역의 우위 산업의 빠른 발전을 촉진시켰으며, 효과적으로 경제 취약 지역의 경제 발전 활력을 불러일으켰다.

- 창업 지원 사업을 적극 추진하여 저소득 인구의 '조혈造血' 기능을 높이다

창업과 취업 훈련을 강화하였다. 13차 5개년 계획 기간 동안 장쑤성의 각지에서는 여러 가지 형식의 '창업 훈련'이 마을로 들어가는 활동을 조직적으로 전개하였다. '창업 훈련 + 전자상거래' 훈련 모델, '한 마을에 한 상품에 한 가게' 인터넷 플랫폼 창업을 보급하여 저소득 인구가 전자 상거래, 가정 수공업 등 분야에서 창업과 취업을 실현하도록 도왔다. 몇몇 지역에서는 또 분류 훈련을 통해 노동 능력이 있는 저소득 인구를 전부 직업 훈련 범위에 넣고, 훈련 참가하여 상응하는 자격증을 받은 저소득 인구에 대해 보상을 해 주었다. 2016년-2017년 사이에 성 전체에서는 저소득 농가의 노동력 기능 훈련에 5만 7,900명이 참가하였고, 저소득 인구의 취업과 창업 능력 향상은 효과적으로 향상되었다. 장려 정책과 지원 정책을 취하여 저소득 농가의 양유업糧油業, 채소원예업, 규모 축산업, 특화수산업, 레저관광농업, 농산물가공유통업, 시설하우스, 과수업, 가축 기르기 등의 효율적인 농업프로그램을 지원한다. 특별히 가난한 저소득 농가에 대해서는 '한 가구에 한 천막'을 실행하여 향진

과 촌 및 지원 단위가 공동으로 대형 천막 시설, 축사 등의 산업 시설 건설에 투자하고 재산권은 촌으로 하며 촌이 낮은 임대료를 내고 사용하도록 제공하였다. 저소득 농가가 가축을 기르고, 경제 작물을 재배하며 묘목을 키우고 각종 농민 전문 합작사와 농민 자금 상조사에 참가하도록 인도하였다.

창업을 통해 부를 쌓도록 크게 도움을 주었다. 한편으로 각지에서 창업 대출 담보 기금 규모를 확대하여 낮은 소득에 노동 능력이 있는 인구가 자주적으로 창업하고 귀향 창업하는 것을 장려함으로써 최고 10만 위안의 창업 담보대출을 제공하고, 몇몇 시에서는 25만 위안의 창업 담보대출을 제공하기도 했다. 창업 플랫폼을 튼튼하게 하여, 신청자가 창업 인큐베이터에 입주하는 농촌의 저소득 가정에 대해 1년 안에 '임대료 제로'를 실행하고, 물과 전기세, 물류관리비, 창업 대출 이자 등을 지원해 주었다.

취업의 도움을 강화하였다. 저소득 농가에 대해 전문적인 조사를 진행하여 저소득 농가를 전체적으로 취업난 인력 도움 범위에 넣어 취업 수요와 자신의 특징에 근거하여 개성화된 도움 방안을 제정하였다. 아울러 취업난을 겪고 있는 사람들의 등록, 인증, 동향 관리, 퇴출의 메커니즘을 세웠다. 취업이 어려운 사람을 취업시킨 기업에 대해 3년 기한의 사회보험 보조금을 지급하고, 조건에 부합하지 않는 취업 희망자와 활발한 구직활동을 하는 사람에게 사회보험 보조금을 지급한다. 통계에 따르면 장쑤성 재정은 2011년-2014년까지 모두 30억 위안이 투입되었다. 중점 구역, 중점 지원 현, 일반 지원 현 내에 파일링 된 저소득 가구의 평균 보조금은 각각 1,500위안, 1,200위안, 1,000위안을 보조하였고, 성 전체 400만 파일링 된 농가의 소득 증대를 도와주었다. 2016년-2017년까지 모두 78,200가구에 이르는 저소득 농가의 노동력에 각종 창업과 취업 서비스를 제공하였고, 창업 보조금 1,070만 위안은 성공적으로 창업한 11,200명을 도와 주었다.

• 금융의 빈곤 지원에 박차를 가하고 저소득 농가의 소득증대를 통한 탈빈곤 발걸음을 가속화하다

장쑤성은 금융을 통한 빈곤 지원 정책을 적극 실행하고 끊임없이 완비해 나갔다. 여러 조치들은 경제 취약 지역과 저소득 농가의 금융 지원에 박차를 가했다. 1998년부터 장쑤성에

서는 빈곤 지원 소액 대출 프로젝트를 실시하게 시작했다. 성 재정에서 출자하여 빈곤 지원 소액 대출과정에서 담보와 금리 일부를 제공하였다. 실시 과정에서 장쑤성은 빈곤 지원 대출제도를 계속해서 손질하였고, 그것을 통해 저소득 농가가 빈곤에서 벗어나 소득을 늘리는 역할을 하도록 했다. 통계에 의하면, 1998년-2013년까지 장쑤성에서 빈곤 지원 소액 대출금은 모두 201억 2천만 위안이고, 대출받은 저소득 농가는 228만 가구였다. 2016년 이후 장쑤성의 빈곤 지원 소액 대출은 63억 6천만 위안에 대출받은 농가는 55만 5천 가구에 이르렀다.

빈곤 지원 대출상품을 계속 혁신하였다. 현재 각 가구의 대출 최고 한도를 5만 위안으로 늘렸고, 대출 기한도 3년으로 늘렸으며, 이자는 전액 재정에서 부담하였다. 경제 취약 지역의 자원, 산업 특징에 입각하고, 현과 촌 및 가구를 정책의 목표로 하여 금융기관이 녹색 생태 산업, 농촌의 전자상거래, 화훼 묘목 등의 특색 있는 농업에 대한 신용 대출을 해주었다. 예를 들어 쑤치엔시는 관련 은행이 '꽃과 나무 대출' '전자 상거래 대출' '금농金農 대출' 등 이색 상품을 내놓았고, 농가 200여 가구를 지원하여 6,000만 위안 이상을 대출하였다.

금융 상품의 끊임없는 혁신으로 13차 5개년 계획 기간 동안에 장쑤성은 〈장쑤성 금융을 통한 빈곤 지원 사업 계획〉을 제정하여 '금융을 통한 빈곤 지원 정보 시스템'을 만들어 성 전체의 빈곤 지원 기초 데이터 베이스(빈곤 가구, 탈빈곤 가구, 빈곤 마을 등의 명단 정보)의 정보 공유와 효과적인 모니터링을 실현하였다. 농촌의 '양권' 모기지 대출 혁신을 적극적으로 모색하여 '단일 농지 경영권 모기지' '농지 경영권 모기지 + 제3자 모기지 분담' '제3자 담보 + 농지경영권 반담보' 등의 여러가지 대출 모델을 연이어 모색하였다. 농업 은행 장쑤성 분점은 '금융 + 신형 농업 경영 주체 + 빈곤 가구' '금융 + 특색 산업 + 빈곤 가정' '금융 + 민생 및 인프라 + 빈곤 가정' 등의 여러 가지 연계성 금융 빈곤 지원 모델을 연이어 혁신적으로 제기하였다. 통화정책 도구를 세워 신용대출 투여 메커니즘을 유도하고, 적극적으로 빈곤 지원 공헌이 크고 저소득 농가의 수익이 많은 농촌 법인 금융 기구가 은행의 빈곤 지원 재대출 자금을 얻도록 하였다.

칼럼 1 빈곤 지원 소액 대출이 저소득 농가의 소득 증대를 돕는다

빈곤 지원 소액 신용대출은 파일링된 저소득 농가를 위한 전문 대출로, 저소득 농가가 정교 통로로 융자를 받는 주요 방식이다. 이 대출은 저소득 농가의 융자난, 비싼 금리를 완화시켜 줌으로써 자체 발전 능력을 향상시키는 데 중요한 의미가 있다. 장쑤성 12차 5개년 계획 빈곤 지원 보고에서 장쑤성이 빈권 지원 소액 대출제도를 계속해서 완비해 나가고 있고, 저소득 인구의 신용대출 지원을 강화하고 있다는 것을 보여준다.

1) 대출 대상과 범위를 명확히 하였다. 대출 범위를 29개 현(시, 구)으로 확대하였다. 주로 쑤베이의 24개 경제 취약 현과 황교, 모산노구 범위 안에 있는 5개 현급 시를 포함하여 모두 8,772개 행정촌을 커버하였다. 대출 대상은 노동 능력이 있고, 법을 준수하며, 신용이 비교적 좋고, 소형 생산경영 프로젝트가 있으며, 가정의 평균 순소득이 4,000위안 이하인 파일링된 저소득 농가이다. 현의 빈곤 지원 팀에서는 파일링된 저소득 농가 명단에 근거하여 〈대출 농가 예비 선정 명단〉을 만들어 현의 농업신용사(농상은행, 농촌합동은행)에 제공하고, 향진의 농업신용사는 예비 선정 농가 가운데 조사하고 대출하며 대출 회수 작업을 한다. 저소득 농가는 보편적으로 빈곤 지원 사업 연계카드를 만들어 자매결연 빈곤 지원을 실시하고, 기관 부문의 당원 간부와 저소득 농가를 동원하여 자매 결연을 통한 지원을 전개한다.

2) 농가의 대출 한도를 높인다. 2008년 이전에 연도별 대출 규모 통제를 실행하여 성의 빈곤 지원 팀, 성 재정청, 성 신용연합사는 대출 지도 계획을 하달하였다. 2008년부터 빈곤 지원 소액 대출에 대해 유연한 정책을 취하여 저소득 농가의 대출 한도도 과거에 '첫 대출은 3,000위안을 넘을 수 없고, 다음 대출은 원칙상 5,000위안을 넘지 않는다'에서 '가구당 대출은 1만 위안을 넘지 않는다'로 조정되었다.

3) 우대 금리 정책을 강화하였다. 저소득 농가가 사용하는 대출은 농업신용사가 같은 시기, 같은 차수의 대출 기준금리에 따라 집행할 것을 명확하게 요구하였다. 이것을 기초로 하여 성 재정은 기한에 따라 대출을 상환하는 농가에 대해 재대출 기준 금리의 50%를 농가에게 보조금으로 지급하였다. 몇몇 시와 현, 예를 들어 쑤치엔시에서는 금융 지원을 통한 빈곤 지원 신용대출 정책의 효과와 평가를 깊이 있게 모색하고 성이 정한 경제 취약촌에 당원을 위주로 하는 금융 청년

컨설턴트를 파견 상주하게 하여 빈곤 지역의 금융 서비스 수준을 향상시킨다.

    4) 재정 보증 투입을 늘렸다. 2008년 이전에 성 빈곤 지원팀은 매년 관련 현(시,구)의 빈곤 지원 임무에 근거하여 관계 기관과 합동으로 대출계획을 논의하고, 성 재정에서는 일정한 보증 자금이 현의 농촌 신용 연합사에 가도록 하며, 보증 자금 전문 계좌를 개설하고, 저축과 대출 전용을 실행하였다. 2008년 하반기부터 성 위원회와 성 정부의 〈탈빈곤 전투 공정을 조직하고 실시하는 것에 관한 의견〉에 근거하여, 빈곤 지원 소액 대출 정책의 지원도를 강화하고, 빈곤 농가를 도와 농업 구조를 조정하며 소득증대 프로젝트를 발전시키고 소액 대출 규모를 풀었다.

창업 보증 대출을 적극적으로 추진하고, 농촌을 위해 서비스하는 은행망을 구축하며, 농상은행을 중심으로 한 농촌 금융 종합서비스 기지 건립을 추진하고, 금융 서비스 커버 면과 침투율을 효과적으로 확대하며, 금융 서비스의 '마지막 1킬로미터'를 확실하게 소통시킨다. 농촌관련 보험의 발전을 추진하고, 목표 가격지수, 소득보험, 날씨 지수 보험의 시범 범위를 강화하며, 각지에서 빈곤 지원대출 리스크 보상기금과 보증 기금 등의 설립을 적극적으로 모색하여 여러 차원의 전방위적인 빈곤 집단과 경제 취약 지구의 다원화된 융자 요구를 만족시킨다.

2017년 11월말까지 성 전체 농업보험은 수입 보험료 29억 9,200만 위안을 달성하였고, 성 전체에서 1,595만 5천 가구의 농가에게 보험금 696억 6,600만 위안을 지급하였으며, 279만 5,600가구의 농가에게 13억 9,900만 위안을 배상하였다. 빈곤 지원 금융정책의 계속적인 완비로 저소득 농가의 자금 부족을 완화해 주었고, 농업과 농촌의 대출난을 해소함으로써 많은 저소득 농가는 빈곤 지원 금융 지원과 자주적 소형 생산경영 발전 프로젝트를 통해 소득 증대와 탈빈곤의 목표를 실현하였다. 인민은행 난징 지점의 통계 수치에 따르면, 2018년 말 1분기까지 장쑤성 빈곤 지원 금융 대출 잔액은 1,563억 2천만 위안으로, 파일링된 저소득 인구 31만 4천 명에게 서비스되었다.

- 빈곤 지원 교육 공정을 실시하고, 저소득 인구의 자기 발전 능력을 향상시키다

슐츠는 빈곤의 근원이 인력자본 부족이 일으키는 '능력 빈곤'에 있다고 여겼다. 즉 빈곤 인구의 건강, 지식, 전문기술 부족, 노동력의 자유로운 이동, 빈곤 지역의 교육 투입에 대한 부족 등이라는 것이다. 따라서 빈곤 문제를 해결하는 근본은 저소득 인구의 인력 자본 투자를 강화하여 빈곤 인구가 자신의 발전 능력을 늘리는 것에 있다. 이를 위해, 장쑤성은 교육 도움 행동을 대대적으로 실시하여 교육 자금 지원 제도를 계속해서 완비해 나갔고, 저소득 빈곤 인구의 인력 자본 수준을 효과적으로 향상시켜 나갔으며, 빈곤의 대물림을 강력하게 차단하였다. 가정 경제가 어려운 학생과 남겨진 아동들, 타지에서 유입된 근로자들을 따라온 자녀를 중점으로 하여 장쑤성의 자금 지원 사업이 전국에서 가장 먼저 취학전 교육으로부터 대학원생 교육에 이르까지, 국공사립 학교 올 커버를 실현하였고, 성과 시, 현, 학교의 4급 학생 자금 지원 관리 시스템을 구축하여 정부가 주도하고 학교가 주체가 되며 사회가 보충 역할을 하는 삼위일체의 자금 지원 구조를 형성하였다. 성 자금 지원 표준에 따라 각 지역의 파일링된 저소득 가정의 경제적으로 어려운 학생들에 대해 자금 지원을 하고, 파일된 모든 저소득 가정 학생들에게 필요한 도움을 주었다. 저소득 가정 학생의 데이터베이스를 만들고 동향 조정을 실행하였다. 취학전 단계, 의무 교육 단계의 파일링 된 저소득 가정 학생에 대한 보조 정책을 전면적으로 현실화하여 2016년 가을학기부터 보통 중고등학교에서 공부하는 파일링된 가정이 어려운 학생들의 잡비를 전면적으로 면제하고, 장쑤성 보통 중고등학교, 대학, 대학원 단계에서 공부하는 파일링된 가정 형편이 어려운 학생들에 대해 학비를 면제하여, 중고등과 직업 교육의 학비 면제 정책을 실현하였다. 빈곤 구제 매뉴얼을 가지고 바로 국가 학자금 대출을 처리할 수 있으며, 완벽한 교육 지원 정책 체계를 수립함으로써 학자금 대출 업무를 착실하게 전개하고, 가정 경제가 어려운 학생들의 취학 자금난을 해결하며, 새로 합격한 대학생이 대학에 순조롭게 진학할 수 있도록 보장하고, 저소득 가정의 교육 원가를 확실히 낮추어 학자금으로 인한 빈곤을 방지할 수 있다. 농촌 교사 지원 계획을 실시하여 농촌 교사들의 안정성과 교학 수준을 향상시킨다. 진지하게 〈장쑤성 농촌 교사 지원 계획 실시 방법(2015-2020)〉을 현실화하여 경제 취약 지역의 농촌

교사들의 생활이나 교학 과정에서 존재하는 어려움을 해결해 주도록 한다.

2016년부터 장쑤성은 농촌 교사 양성 계획을 실시하기 시작하여 2017년 말까지 성 전체 농촌 교사를 지망하는 사범학생 4,050명을 모집하였다. 농촌 교사 양성 사업은 선발된 학생에게 반드시 호적 소재지의 교육 부문과 취업 협의서를 작성할 것과 졸업 후에 학생 호적 소재지 농촌 학교로 돌아가 가르치고 연속 5년 이상 재직할 것을 요구하였다. 농촌 교사의 소양 향상 작업을 계속 실시하고, 농촌의 중추 교사들을 길러내는 과정을 강화하여, 2017년에 학비 면제로 5만 명의 농촌 교사 양성 임무를 달성하였다. '리더 기러기 공정', 농촌 교사 '도움 공정', '새끼 기러기 계획' 등의 프로젝트를 통해 쑤베이 지역의 교사, 교장 훈련에 대해 노력을 쏟아부어 쑤베이 지역 농촌 교사의 교학 관리 수준을 향상시키는데 노력을 기울였고 농촌 교사의 훈련, 교사 자원을 농촌으로 보내는 등의 활동을 벌여 농촌 교사의 교학 실천 능력을 향상시키고, 경제 취약 지역의 정해진 훈련이 내려갈 수 있고, 남을 수 있으며 잘 해낼 수 있는 다재다능한 교사를 길러 냈다.

• **건전한 지원 활동을 실시하여 저소득 인구의 탈빈곤을 돕는다**

건전한 지원 활동을 실시하여 빈곤한 인구의 건강한 인적 자본을 향상시키고, 저소득 인구가 '병 때문에 빈궁해지고 병으로 인해 빈궁해지는 것을 방지한다. 오랜 기간 장쑤성은 건전한 빈곤 지원을 맞춤형 빈곤 지원과 맞춤형 탈빈곤의 중요한 조치로 삼아 왔다. 특히 13차 5개년 계획 이후로 장쑤성의 민정청, 인사청, 가족계획 위원회 등 부서에서 저소득 인구의 의료 구조, 의료보험, 큰병 전담 구조와 치료, 병의 상황 보고 등 분야에 있어서의 구체적인 정책적 조치를 연이어 발표하여, 초보적으로 건전한 빈곤 지원의 정책 시스템을 세웠다. 보험 정책을 조정하여 비용 청구 비율을 높였다. 저소득 인구의 신형 농촌 합작 의료보험 개인 납부분을 전액 보조하고, 저소득 인구의 입원 보상 지불선을 낮췄다. 아울러 입원 보상 비율, 문진 보상 상한선, 입원 보상 상한선을 높였다. 의료 보장의 길을 넓히고 기본 의료보험, 큰병 보험, 의료 구조, 보충 의료보험 등이 서로 연결되는 다중 보장 방어선을 구축하여 저소득 인구의 큰병 보험 보상의 단계별 보상 비율을 높인다. 예를 들어 롄윈항시連

云港市에서 실시하고 있는 '빈곤 지원 큰병 특별 혜택 보험' 정책이 있는데, 정부에서 보험에 가입한 저소득 농가를 위해 전액 계산하고, 일반 빈곤 가구의 비율을 15% 올리며, 기초 빈곤 가구의 잔여 부분의 약제비에 대해서는 100% 보조금을 준다. 쑤치엔시宿遷市에서는 〈쑤치엔시 저소득 농가의 큰병 보충보험 실시 방법(임시 시행)〉을 발표하여, 저소득 농가의 의료비 나머지 부분에 대해서 보상하고, 최고 배상한도를 없애며 첫해의 보상은 하한선을 두지 않고 보상 비율은 85%로 하였다. 몇몇 지역에서는 조건에 부합하는 저소득 인구 전체를 중대 질병 의료구조 범위에 넣었다. 이 조치는 저소득 인구의 의료 부담을 크게 경감시켜 주었다. 최종적으로 저소득 환자 자신이 부담해야 하는 의료비는 10%가 채 되지 않았고, 가장 낮은 경우에는 3% 미만이었다. 게다가 장쑤성 각지에서는 이미 지역 내에서 먼저 진료하고 후에 지불하는 정책이 전면적으로 실행되어 저소득 인구가 병을 가볍게 여기는 문제가 기본적으로 해결되었다. 경제 취약 지역의 기층 의료위생 기관 업그레이드를 강화하였고, 촌에 있는 의료기관 인프라 수준, 관리 수준, 기본 약물 제도 품질, 서비 능력을 힘껏 향상시켰다. 예를 들어 쑤치엔시는 2016년에 2,000여만 위안을 투입하여 125곳의 경제 취약 지역촌의 위생실(지역 사회의 위생서비스 센터 포함)에 대해 증개축과 인프라 정비 등을 진행하였다. 2018년에 장쑤성 재정은 전용 자금 3억 4천만 위안을 마련하여 170곳의 향진 위생원, 60곳의 지역 사회 위생서비스 센터, 63곳의 전문 공공 위생 기관과 400개의 촌 위생실에 지원을 했고, 자금은 주로 경제 취약 지역의 기층 의료 위생 기관 업그레이드에 쓰였다. 1 : 1 도움, 기층 의료 위생 인재 종합 양성, 향진 위생 특색 과목실 건설 등 일련의 조치를 통하여 기층 위생 팀 건설을 강화하였다. 저소득 인구에 대한 건강 서비스 수준을 향상시켰다. 65세 이상 노인, 임산부, 아동, 장애인 심각한 정신 장애자 등의 중점 집단을 대상으로, 저소득 농가를 농촌 의사 계약 서비스 범위 안에 넣었다. 저소득 인구의 질병 상황에 대해 정기적으로 보고하는 제도를 초보적으로 만들고, 저소득 인구를 위해 동향 관리 전자 건강 문서를 만든다. 예를 들어 쑤치엔시는 전자 건강 문서 규범화율은 90.05%에 달한다.

무료 결혼 건강검사 서비스를 시작하였다. 저소득 가정의 의사 서명 서비스를 시행하였다. 쉬저우의 몇몇 지역에 있는 가정 의사는 핸드폰 어플리케이션을 통해 온라인 계약, 이동방문, 환자의 정보제공 동의, 상호 교류, 자기 건강관리 등의 서비스를 하고 있다. 2017년 말까지 성 전체 농촌의 저소득 가정 의사 계약 체결률은 95.13%에 달하여 일반 그룹의 비율보다 훨씬 더 높다.

- 사회 구조 시스템을 완비하고, 빈곤 지원 개발과 빈곤 지원 구조의 유기적 연결을 실현하였다

11차 5개년 계획 이후 장쑤성은 농촌 최저 생활 보호 대상자 보장과 빈곤 지원 개발을 힘껏 추진하여 정책, 대상, 표준, 관리 등의 연결에 있어서 초보적으로 구조의 최저 보장과 빈곤 지원 촉진 발전의 양호한 구조를 형성하였다. 2008년 이후 장쑤성은 농촌 최저 보장 표준과 탈빈곤 목표를 직접 떠맡아 전년도 도시와 농촌 주민 1인당 평균 소득의 일정 비율에 따라 현지 도시와 농촌의 최저 보장 표준을 확정하였고, 농촌의 최저 보장 표준 증가 메커니즘을 확실히 하였고, 최저 보장 표준을 향상하였다. 2013년 농촌의 최저 표준은 매월 270위안 이상이었고, 2015년에는 매월 335위안(4,020위안/년) 이상이었다. 청즈호成子湖 지역의 각 현(시, 구)의 농촌 최저 보장 자금은 실제 지출에 비추어 성과 심사 상황을 결합하여 비율에 따른 보조를 실행하였다. 성 재정 체제가 조정되지 않은 상황에서 보조 비율은 기본적으로 90%에 달했다.

13차 5개년 계획 시기에 들어서면서 장쑤성 위원회와 성 정부에서는 '표준은 더 높이고, 문제는 더 집중하며, 자원의 다시 통합하고, 바닥선은 더 졸라맨다'는 요구를 제기하고, 사회 구조와 빈곤 지원 개발이라는 두 가지 제도적 연결을 추진하였고, 정책 연결의 분야와 범위를 확대하였다. 성 위원회와 성 정부의 새로운 빈곤 지원 공정에 대한 요구에 근거하여 2020년까지 파일링된 103만 3천 가구, 276만 8천 명의 저소득 인구는 연수입 6,000위안의 탈빈곤 목표를 전면적으로 실현하도록 하였다. 그 가운데 완전히 또는 부분적으로 노동 능력을 상실한 빈곤 인구는 민정 부문에서 앞장서서 탈빈곤 보장을 실시하도록 했다. 이에 따라 2016-2020년 기간동안 장쑤성은 농촌 최저 보장 최저 표준을 각각 인당 매월 365위안, 400위안, 465위안, 500위안에 달하게 하고, 2020년까지 농촌 최저 보장과 빈곤 지원 표준을 통합하여 보장이 필요한 것에 보장을 하도록 하였다.

이와 함께 의료 구조 제도를 강화하였다. 12차 5개년 계획 시기에 장쑤성은 정책 규정에 부합하는 도시와 농촌 최저 보장 대상, 농촌의 5보保 대상, 임시 생활구조 대상 가운데 중환자, 민정 부문의 정기적인 생활보조비를 수령하는 60년대 퇴직 근로자, 중점 위로 대상, 시와 현의 노동조합이 선정한 특별곤란 근로자와 구조 조건에 부합하는 퇴직자 등 7부류 대상을 전부 구조 범위에 넣었다. 13차 5개년 계획 시기에 돌발 사건이나 자연재해 등을 만나 생활이 어려워진 농촌 가정에 대해 임시 구조 구빈과 재해 구조 응급 구빈 등의 두가지 구조 방식을 실행하고, 임시구조에서 최저 보장, 의료, 취업, 교육, 주택 등 구조의 '나룻터 메커니즘'을 완비하며 종합적인 구조 효과를 발휘하도록 했다. 도시와 농촌 주민 기본 의료보험 자금조달 표준은 2016년의 545위안/인(재정 보조금 425위안/인)에서 2018년의 720위안/인(재정보조금 510위안)으로 상향되었다. 12차 5개년 계획 기간 동안 성 정부 판공청의 <우리 성 고아 보장사업을 보다 강화하는 것에 관한 의견>의 요구에 근거하여 성의 민정청은 취약구 경제 사회 발전 수준과 전년도 도시 주민 1인당 평균 가처분 소득, 농민 1인단 순소득 증가폭을 참고하여 고아 양육 표준을 끌어올렸다. 중앙 재정 보조를 적극적으로 얻어내는 기초 위에서 성 재정청은 인당 매월 180위안의 표준 급여보조를 감안하여 합계보조는 인당 매월 380위안에 달했다. 2013-2015년까지 성 민정청은 청즈호成子湖 지역의 고아 양육 보조자금 510만 위안을 집행하였다.

(3) 장쑤성 탈빈곤 전투의 실천이 효과를 거두다

30년 가까운 부지런한 노력을 거쳐 장쑤성은 동부 연안 발달지역의 빈곤 감소의 길을 걸어 나갔고, 탈빈곤 전투는 커다란 성과를 거두었다. 빈곤 인구는 전체적으로 탈빈곤을 실현하였고, 절대 빈곤 현상은 기본적으로 해소되었다. 상대적인 빈곤 정도는 계속해서 낮아졌고, 빈곤 지역의 농촌 모습과 생산과 생활 여건은 크게 개선되었으며, 저소득 인구의 자기 발전 능력은 크게 강화되었다. 소득 수준과 생활 수준은 크게 향상되었고, 저소득 인구와 경제 취약 지역의 부족 문제는 점차 약화되었다. 이는 장쑤성이 예정대로 높은 수준의 소강사회 건설을 하는 데, 또 장쑤성 주민들이 공동부유를 달성하는 데 결정적인 초석을 놓았다.

- 빈곤 인구 규모가 대폭 줄어들고 빈곤 감소 효과가 뚜렷하게 나타나다

개혁 개방 이후 빈곤 지원 개발의 지속 추진과 투입력의 지속적인 확대로 장쑤성의 빈곤 인구 규모는 큰 폭으로 감소하였다. 수치로 보면, 2000년 말 장쑤성에는 208만의 빈곤 인구가 탈빈곤을 실현하였고, 2007년 말 장쑤성 농촌의 연 순소득이 1500위안 이하의 저소득인구는 201만명으로 감소하여, 2005년에 비해 109만명 감소하였다. 2001년 말 쑤베이의 468만 농촌 빈곤 인구는 기본적으로 탈빈곤을 실현하였고, 1,011개 경제 취약 지역 촌은 기본적으로 '팔유'에 도달하였다. 12차 5개년 계획 시기에 장쑤성은 농촌의 인당 연평균 순소득 2,500위안 이하의 성 빈곤 집단에 초점을 맞추고, 탈빈곤 전투를 조직적으로 실시하였다. 2015년 말까지 성 전체 411만 농촌 저소득 인구는 전체적으로 4,000위안 탈빈곤 목표를 실현하였다.

13차 5개년 계획 시기에 장쑤성은 인당 연소득 6,000위안을 새로운 빈곤 지원 표준으로 삼아 빈곤에서 벗어나 부를 쌓고 소강으로 달려나가는 공정을 실시하였다. 2016-2017년에 장쑤성의 누계 133만 2천 명에 이르는 저소득 인구는 탈빈곤을 실현하였고, 저소득 인구는 5.8%에서 2.6%로 줄어들었다. 그 가운데 쑤베이의 5개 시는 8.6%에서 4.0%로 줄어들었고, 12개 중점 현(구)는 13.4%에서 6.6%로 줄어들었다. 농촌 빈곤 인구 규모의 계속적인 감소는 장쑤성 주민들이 전면적인 소강으로 들어서는 데, 또 최종적으로 공동부유를 실현하는 데 튼튼한 기초를 높았다.

> **칼럼 2** 롄윈강시連云港市 스량허쿠石梁河庫 지역 탈빈곤 전투의 '맞춤형 시책'
>
> 스량허쿠 지역은 성 전체 6대 중점 도움 지역 가운데 하나로서, 롄윈강시 서북쪽에 위치해 있고, 둥하이현東海縣, 깐위구贛榆區 등 총 6개 향진鄕鎭에 걸쳐 있으며 1,508개 행정촌에 인구는 38만 5천 명에 이른다. 최근 몇 년간 롄윈강시는 스량허쿠 지역에 대해 계획적인 인도, 맞춤형 시책, 인프라 보충, 사회 안전망 확충을 견지하여 전체적인 빈곤 발생률이 큰 폭으로 하락하였고, 빈곤 지역의 탈빈곤 전투 집중에 생생하게 살아있는 사례를 제공해 주었다.

탈빈곤 산업의 버팀목을 튼튼하게 쌓았다. 빈곤의 원인은 천차만별인데, 결국은 주민을 부유하게 하는 산업이 충분히 발전하지 못했기 때문이다. 이 지역의 빈곤 지원 산업은 '세 가지에 치중'하는 것이었다. 첫째, 고효율 시설 농업 발전을 중시하는 것이다. 종합적인 선도와 정확한 가구 빈곤 지원 프로그램 34개를 실시하여 빈곤 지원 산업단지를 3개 조성하였고, 빠장진岉磁鎭의 늦가을 배, 헤이린黑林의 딸기, 스량허의 포도, 황촨黃川의 딸기 등 주민 소득을 향상시키는 특산업 산업이 크게 발전하였다. 둘째, 공업 집중 구역의 건설에 치중하는 것이다. 일정한 공업 기초, 교통이 편리한 스량허, 청터우城頭 등의 향진에 공업 집중 구역을 건설하여 액세서리, 패션, 완구 등의 노동 집약형 산업을 유치하였다. 셋째, 생태 관광산업 발전에 치중하였다. 지역의 풍부한 자원과 자연 자원, 인문 경관 자원에 기반을 두고 계곡과 산, 호수 관광 코스, 스량허 포도와 황촨의 딸기 수확 관광, 타산砣山 댐 낚시 관광 등 농촌 체험 관광 프로젝트를 심도 있게 발굴하고 발전시켜 빈곤 농가가 빈곤에서 벗어나 부를 축적할 수 있도록 하였다.

취업과 창업 공간을 넓혔다. '한 사람이 창업하면 집안 전체가 빈곤에서 벗어난다.' 경제 취약 지역에 취업 정보와 기능을 보내는 것을 중점적으로 하는 10개 항목의 정책을 실시하고, 취업하고 싶어 하는 농촌 저소득 가구에 대한 취업 지원률을 90%에 달하게 하며, 훈련을 받기 원하는 사람은 100% 훈련을 받을 수 있도록 한다. 지역 취업의 빈곤 지원 플랫폼을 혁신하고, '빈곤 지원 작업장' 시범구, '집앞 취업' 공정을 잘 실시하여 사람과 가구에 알맞은 취업 빈곤 지원 조치를 취한다. 매 분기 최소한 한 차례 스량허쿠 이동 초빙회를 조직하고, 각 단위의 정보를 각 사람에게 매년 3차례 이상 보낸다. 정부 구매 단위는 지역의 빈곤 가구에 집중하도록 한다.

— 蘇衛哲, 謝正飛, 曹剛, 〈롄윈강시 스량허쿠 지역 탈빈곤 전투의 '맞춤형 시책'〉,

『신화일보』 2018년 10월 15일

- **경제가 취약한 지역의 발전 속도가 비교적 빠르고, 지역 조정 발전 구도가 처음으로 나타났다**

경제 취약 지역의 발전을 촉진하기 위해 장쑤성의 각급 재정에서 배정한 자금은 경제 취약 마을에 많이 사용되었다. 12차 5개년 계획 시기에 장쑤성은 경제 취약 지역이 모여 있는 340개 취약촌에 대해 성급 재정 빈곤 지원 자금을 각 촌에 1회성으로 60만 위안 집중적으로 지원함으로써 경영성 자산을 형성하게 하였고, 다른 취약촌은 각급 정부에서 자금을 조달하여 해결하도록 했다. 대부분의 시와 현(구)의 양급 재정은 성 재정에서 각 마을마다 60만위안의 발전 프로젝트 자금의 기초 위에서 경제 취약촌에 대해 마을당 100만 위안의 표준 보충 자금을 지원하였다. 재정자금은 해당 지역에 맞는 자원 개발, 자산 운영, 농민 서비스, 타지 발전, 레저관광 등 여러 유형의 집단 경제에 사용되었다.

    13차 5개년 계획 시기에 장쑤성은 821개의 발전이 가장 취약한 촌을 중점 빈곤 지원촌으로 삼아 2020년까지 집단 경제 연소득을 18만 위안 이상에 달하도록 노력하고, 아울러 투입력을 늘리기로 하였다. 경제가 취약한 지역에 대한 정책 지원이 확대됨에 따라 대규모 산업 프로젝트, 인프라, 민생 개선 프로젝트가 쑤베의 경제취약 지역에 투입되었고, 이 지역의 발전 조건을 개선하였으며, 쑤베이 지역의 자기 발전능력을 강화하였다. 2011년 말까지 성 전체의 1,011개 경제 취약촌은 기본적으로 '8유有' 목표에 도달하였다. 2011-2015년까지 장쑤성에서 정한 경제 취약촌 1533개 가운데 '8유' 목표를 달성한 촌은 1,372개에 달했고, 목표 달성률은 89.5%에 달했다. 2016-2017년까지 장쑤성의 480개 경제 취약촌의 집단 연소득은 18만 위안을 넘었고, 달성률은 58.5%에 달했다. 장쑤의 쑤베이 지역에 대한 투자는 계속 강화되었다. 특히 빈곤 지원개발과 관계된 투자는 보다 컸고, 쑤베이 경제 취약 지역의 급속 발전을 선도하여 지역 조정 발전의 중요한 추진력이 되었다.

- **저소득 인구의 소득이 급속하게 늘어났고, 생활 수준은 한층 더 향상되었다**

저소득 인구의 생활 수준을 끌어올리는 것은 빈곤 지원 개발의 근본적인 목표다. 2011년-2014년 사이에 장쑤성의 저소득 농가의 연평균 순소득은 29,202.8위안에서 13,575.8위안으로 늘어났다. 인플레이션 요소를 뺀 후의 연평균 실제 증가 속도는 11.2%였다. 성 전체 농민 순소득 실제 증가 속도보다 1.42%p 높았다. 그 중에서 2010-2013년 사이의 쑤베이 22개 빈곤 지원 중점 현의 농민 1인당 순소득은 7,754위안에서 11,805위안이 되었고, 물가 지수를 감안하면 실제 연평균 성장률은 14.2%였고, 성 전체 평균 수준보다 0.8%p 높았다. 2016년에 쑤베이 지역 빈곤 농가의 1인당 순소득 성장폭은 가장 컸다. 2015년의 4,432위안서 2016년의 6,890위안으로 늘었고, 증가 폭은 55.46%에 달했다. 쑤난과 쑤중 지역의 빈곤 농가 1인당 평균 순소득 증가폭도 각각 38.41%와 34.41%였다. 2017년 쑤베이 5개 시의 저소득 농가의 1인당 가처분 소득은 6,766위안으로, 2016년에 비해 1,263위안 늘어났고, 23.0% 증가하였으며, 쑤베이 농촌 주민의 1인당 가처분 소득보다 13.7%p 높았다. 2016-2017년 사이에 빈곤 농가의 호당 평균 연소득, 호당 순소득, 인당 순소득 증가폭은 각각 17.6%, 22.3%, 32.3%에 달했다. 그 중에 임금성 소득의 증가폭은 28.3%로, 같은 시기 생산 경영 소득과 재산성 소득 증가폭인 9%와 5.2%보다 훨씬 더 높았으며 쑤베이 지역의 증가폭이 가장 높았다. 이와 함께 저소득 인구의 생산 생활 인프라는 점차 완비되어 갔다. 마실 물, 전기, 주택 등 생산 생활의 어려운 문제는 초보적으로 해결되었고, 이로부터 저소득 인구의 생활 여건 개선이 촉진되었다. 그 가운데 저소득 인구의 화장실이 없는 현상이 크게 개선되었다. 2015년에 화장실이 없는 저소득 인구는 39.2%를 차지했는데, 2016년에 이 지표는 37.39%로 떨어져 하락폭은 4.6%에 달했다. 이 밖에 저소득 인구의 주택 여건과 식수 곤란 문제는 크게 개선되었다. 2015년 저소득 인구의 주택과 식수난 문제의 비중은 각각 2.71%와 0.46%였는데, 2016년에는 각각 2.58%와 0.42%로 떨어졌다. 동시에 식수와 전기 사용 문제도 뚜렷하게 떨어져서 2016년에 비해 2.2%와 3.4%로 떨어졌다. 저소득 인구의 생활 수준이 계속 향상되었다는 것은 발전 성과와 개혁 배당금이 수많은 주민들에게 돌아갔다는 것을 말해준다. 이는 2020년 장쑤성의 전면적인 소강사회 건설이라는 사회적 목표가 실현되는 데 있어서 튼튼한 기초를 놓은 것이고, 아울러 장쑤성 주민들의 공동부유를 실현하는 데 중요한 추진력이 되었다.

3 _ 장쑤성 탈빈곤 전투의 역사 경험

30년간의 실천적 모색을 거치면서 장쑤성은 '두 가지 솔선'과 탈빈곤 전투의 공동 전진을 추진하면서, 지역 발전과 빈곤 지원 개발의 상호 촉진, 보편혜택 정책과 특혜정책의 결부, '개발식 빈곤 지원'과 '구제식 빈곤 지원'이라는 이륜 구동을 추진하여 당정이 주도하고 사회가 힘을 합치는 모습을 보여 효과적인 성공 경험을 만들어냈다.

(1) 지역 발전과 빈곤 지원 개발의 상호 결합을 견지하다

여러 해 동안 장쑤성은 '지역 발전이 빈곤 지원 개발을 선도하고, 빈곤 지원 개발이 지역 발전을 촉진한다'는 생각을 끊임없이 강화하였다. 지역 발전과 빈곤 지원 개발을 총괄 기획하면서 상호 촉진과 협력 발전을 꾀하였다. 한편으로 지역의 조화로운 발전 전략을 심도있게 실시하여, 발전 메커니즘을 세우고, 산업과 재정, 과학 기술, 인재 등 '네 가지 전이'를 추진하고, 남북의 함께 개발 단지를 건설하며 한 시의 한 정책 도움과 6개 항의 중요한 공정 등 관건이 되는 조치를 취하여 장쑤 남북 지역의 고른 발전을 촉진하기 위해 노력하였고, 남북의 인프라 여건을 전체적으로 개선하고, 점차 쑤베이와 쑤난의 경제 발전 격차를 줄여나가며 신형 공업화, 도시화 발전을 가속화하고 현 지역의 경제를 크게 발전시키며 농촌 발전과 농민 소득증대의 힘을 늘려나가도록 하였다. 2012년부터 장쑤성은 쑤난의 100개 선진 시범촌과 100개의 경제 취약촌을 자매결연을 맺어 돕도록 하였다. 2013년에 쑤난은 자금 1,042만 위안을 투입하고 프로젝트 97개를 실시하여 쑤베이 취약촌의 노동력을 받아들여 1,688명을 취업하도록 하였다. 이 밖에 빈곤 지원 개발이 농촌과 농가 균형 발전에 중요한 역할을 충분히 발휘하여 경제 취약촌, 빈곤 농가가 전면적인 소강 건설의 발걸음을 내디딜 수 있도록 노력을 기울였다.

(2) 보편 혜택 정책과 특혜 정책의 상호 결부를 견지하다

16차 당대회 이후 장쑤성은 중앙과 성 위원회 및 성 정부는 농촌을 잘 살게 하는 정책을 끊임없이 시행하면서 일련의 많이 내고 적게 받는 활동, 공업이 농업을 먹여 살리는 활동, 도시가 농촌을 돕는 활동 등의 중대한 정책을 제정하였다. 농업세를 면제하고 농업 보조 자금의 규모를 늘리고, 양곡을 생산하는 농민에 대한 직접적인 보조금, 우량한 품종에 대한 보조금 정책을 늘리고, 농기구 매매 보조금 규모를 확대하고, 농기계를 새로운 것으로 바꿔주는 시범 사업을 추진하며, 농자재 종합 보조금의 동태 조정 메커니즘을 끊임없이 완전하게 하며, 점차적으로 농사짓기 보조금의 시범 사업 범위를 확대하였다. 농업 생산경영, 농업 지원보호, 농촌 사회 보장, 도시와 농촌의 조화로운 발전의 제도적 틀을 전체적으로 세우고, 진정한 의미의 9년제 의무 교육을 실행하도록 한다. 농촌 사회 보장 체계를 전면적으로 세우고, 농촌 노동력 창업과 취업 서비스 제도를 세우며, 촌급 운영에 대한 이전 지불 강도를 높이고, 촌급 공공 서비스 센터를 세워 농촌 사업을 지속적으로 일으키고 농민소득이 빠르게 성장할 수 있도록 하였다. 장쑤성 농촌 빈곤 인구의 생존과 온포 문제는 기본적으로 해결되었고, 농촌의 민생 문제는 빠르게 개선되었으며, 그 혜택은 수많은 농가들에게 돌아갔다. 동시에 맞춤형 빈곤 지원이 이루어졌다. 경제 취약촌과 저소득 인구에 초점을 맞춰, 장쑤성에서는 재정 자금 투입을 강화하였다. 결과에 초점을 맞춘 재정 보조 정책, 빈곤 지원 소액 대출정책, 빈곤 노동력의 무료 훈련 정책, 경제 취약촌의 공익성 채무 탕감 정책, 상호부조 자금 시범 정책을 채택하였다. 13차 5개년 계획 기간에는 또 '산업 선도, 취업과 창업, 교육의 도움, 건강한 원조, 금융 지원, 기초 버팀목, 국토의 지원, 기업의 마을에 대한 도움'이라는 8개 항목의 탈빈곤 행동이 장쑤성의 경제 취약촌과 저소득 농가가 직접적으로 혜택을 입도록 하였다. 보편적 혜택 정책과 특혜 정책의 상호 결부와 상호 장단점 보완으로 장쑤 경제 취약촌 발전과 저소득 인구의 소득증대는 효과적으로 촉진되었다.

(3) '개발식 빈곤 지원'과 '구제식 빈곤 지원'의 이륜 구동을 견지하다

맞춤형 빈곤 지원을 중점으로 하여 파일링을 통해 도움의 대상을 확정하고, 전국에서 가장 먼저 빈곤 지원 개발과 농촌의 최저 보장이라는 '두 가지 제도'를 효과적으로 연결하였다. 개발식 빈곤 지원 조건에 부합하는 저소득 인구에 대해서는 본인이 해당 마을 촌민위원회에 도움을 요청하여 향鄕과 촌의 확인을 거친 뒤에 공시한 후에, 지원 대상에 넣었다. 지원 책임자와 '한 가구 한 정책'의 부조 조치를 실행하고, 더욱 상세하게 부조 연계카드 내용을 확인하며, 부조 대상, 방식과 조치의 실시 공시를 돕고, 현·향·촌 3급의 가구당 부조 문서를 만들었다. 노동 능력이 있는 저소득 인구에 대해서는 개발식 빈곤 지원을 견지하고 시장을 지향점으로 삼아, 빈곤 지역의 자원 장점, 산업 기초, 빈곤 가구의 경영 능력, 탈빈곤 수요를 종합적으로 고려하여 고효율 농업, 특색 산업, 창업과 취업을 촉진하는 '이륜구동'을 실행하여 그들의 자기 발전 능력과 혁신 능력을 향상시켜 나갔다.

'조혈능력'이 완전히 상실되거나 부분적을 상실되고 산업적 빈곤 지원과 취업을 통한 탈빈곤을 하지 못하는 저소득 인구에 대해서는 구조식 빈곤 지원 방침을 견지하여 사회보험, 사회 구조, 사회복지 제도를 주체로 하고, 자선 도움, 사회단체의 도움을 보조로 하는 종합 보장체를 세워 그들의 기본 생존과 발전 수요를 보장할 수 있도록 하였다. 현(시, 구)를 단위로 하여 현지의 전년도 농민 1인당 순소득, 목표 순서 요구 등을 종합하여 최저 보장 표준을 확정하고 농촌 최저 보장 표준 증가 메커니즘을 실행하여, 함께 빈곤 지원 표준에서 정한 소득 수준에 도달할 수 있도록 하였다. 개발식 빈곤 지원과 구조식 빈곤 지원의 두 가지 대상은 함께 파일링하고 부서의 책임을 분담하여 총괄적이고 조화롭게 추진함으로써 저소득층의 소득을 높일 수 있는 효과적인 방법을 찾아냈다.

칼럼 3 맞춤형 빈곤 지원을 추진하고, 빈곤 감시 조기 경보체제를 완비하다

(1) 대상을 정확하게 식별

공개적이고 공평하며 공정한 원칙에 입각하여 빈곤선 이하에 있는 빈곤 가구, 최저 생활 보장 가구, 5보(保) 가구 등 저소득 농가는 개인의 신청과 촌과 팀의 민주적 논의를 거친 후에 초보적으로 농가 명단을 확정한 다음, 촌민 소조를 단위로 하여 한 주 동안 공시를 거친 뒤에 이의가 없으면 향(鎭) 정부에 보고하고, 향(鎭) 정부는 힘을 모아 심사를 한 후 촌의 소조를 단위로 하는 장기 공시를 요구한다. 파일링을 통해 저소득 농가와 경제 취약촌에 대해 정확한 식별을 진행하고, 빈곤 상황을 이해하며 빈곤해진 원인을 분석하고 도울 방법을 분명히 한 다음, 도움의 주체를 명확히 하고, 책임자를 분명히 하여 심사 활동을 벌이고 동태적인 관리를 실시하고 탈빈곤 진전 상황을 분석하고 이해하며 빈곤 지원 개발 정책 결정과 심사에 근거를 제공한다. 이미 식별된 빈곤 가구와 경제 취약촌에 대해서는 맞춤형 빈곤 지원이 실시된다. 등록 대상을 확정하고, 가구별로 조사하여 등록하고, 저소득 농가 수치는 전부 장쑤성 데이터 베이스에 수록하고, 가구에 카드가 있고, 촌에 책자가 있으며 성의 시와 현에 데이터 베이스가 있도록 한다.

(2) 빈곤 지원 자금이 직접 가구에 미칠 수 있는 방안을 모색한다

장쑤성에서는 지방의 빈곤 구제 개발 임무를 수행하도록 추진하는 성급 재정의 빈곤 탈출을 촉진하는 소강 장려 자금을 핵심으로 하고, 금융 지원과 빈곤 농가의 능력 건설 등의 전문적인 지원 정책을 보조로 하는 재정 빈곤 지원 정책 체계를 세웠다. 12차 5개년 계획 기간 동안 장쑤성 재정은 일관적으로 빈권 지원 목적의 자금 37억 위안을 배정하였고, 그 가운데 탈빈곤 소강 장려 보조 자금은 26억 6,800만 위안으로, 쑤베이 22개 현(시, 구)의 236만 저소득 인구는 1인당 평균 1,130위안을 받았다. 탈빈곤을 목표로 하는 재정 보조 자금 분배 제도를 실행하였고, '하나를 벗어나면 상 하나를 준다'는 것이 실현된 것이다. 직접적인 지원으로 지원대상 산업을 발전시키거나 지분을 개인에게 돌리거나 취업 보조금이나 임금 등을 제공하는 방식으로 신이시新沂市, 관난현灌南縣에서는 빈곤 지원 재정 자금이 직접적으로 가구로 가는 시범 사업이 전개되었고, 2014년에는 성 전체에서 전체적으로 확대 추진되었다.

(3) 관리감독을 강화하고 실사로 점검한다.

당정이 주도하고 급별로 나누어 책임을 지며, 사회의 도움과 자력 갱생이 결합된 빈곤 지원 개발사업 메커니즘을 세워 시와 현(시, 구)의 당정이 총책임을 지는 빈곤 지원 개발 지도 책임제를 실행하였다. 장쑤성 빈곤 지원사업 영도 소조와 쑤베이의 중점 현, 구 위원회 서기는 빈곤 지원 사업 책임 문서에 서명하였고, 동시에 당정 영도 팀 구성원에게 각기 경제 취약촌과 자매결연을 맺어 시범 선도 역할을 발휘하도록 요구하였다. 몇몇 지역의 지원 대상에 차이가 있고, 빈곤 지원 책임자가 제자리를 찾지 못하는 문제에 대해 성의 빈곤 지원 협약 관련 현의 지도자는 조목조목

통보하였고, 기한을 정하여 고치도록 하였다. 성의 빈곤 지원청은 연초에 성 전체 100만 명의 탈빈곤 임무를 각 시와 현(시, 구)로 나누었다. 매년 말에 성의 관련 부서와 함께 탈빈곤 소강 사업을 심사하도록 하였고, 각 중점 현에 대해 100가구를 샘플 조사하며, 가구별 비밀 방문, 전화 조사 방식을 통해 탈빈곤 인구를 평가하고, 상금 지급과 지방 심사의 근거로 삼았다. 빈곤 지원 개발 자원 확보에 맞춤형 작업을 한 것이다.

13차 5개년 계획 기간에 장쑤성은 한걸음 더 나아가 시와 현이 '햇빛 빈곤 지원' 모니터링 시스템을 만들어 운영하여 빈곤 지원 분야의 관리 감독과 기율집행, 문책 관련 힘을 강화하였고, 초보적으로 빈곤 가구의 대열에서의 이탈, 자금의 유실 방지, 간부의 부패 방지 등의 빈곤 지원 문제를 해결하였고, 진짜 빈곤함을 알고, 진짜 빈곤함을 가리고, 진짜 빈곤함을 돕는 것을 확보하였으며, 자금사용, 대상 식별, 책임 완수, 과정의 관리 감독, 효과의 평가 등의 공개적이고 투명함을 실현하였다.

— 장쑤성 빈곤청, 〈장쑤성 '12차 5개년 계획' 빈곤 지원 보고〉

(4) 외부 지원과 내생 발전의 상호 촉진을 견지하다

장쑤성은 빈곤 지원 실천 과정에서 정부 주도, 사회 도움, 경제 취약 지역의 내생 발전이라는 빈곤 지원 개발의 길을 걸어왔다. 성급 기관과 과학 연구소, 대학, 성 소속 대형 기업, 쑤난의 시와 현과 쑤베이의 경제 취약 현이 함께 도울 수 있도록 널리 동원하고 조직하여 사회 각계 각층의 지원, 빈곤 지원 개발사업 참여를 인도하고 장려함으로써 각 업종의 지원과 도움이 마을과 가정에 이르도록 하여 효과적인 '오위일체五位一體'의 지원 메카니즘이 형성되었다. 장쑤성은 1992년부터 쑤베이 경제 취약 현(시, 구)에 성 위원회 빈곤 지원 사업팀을 파견 상주하게 하고, 성급 기관, 성 부속 기업, 대학, 과학 연구소와 쑤베이蘇北 경제 취약현의 '오위일체' 사업 메카니즘을 설립하였고, 아울러 경제 취약촌에 사업팀원을 파견 상주하게 하였다. 2008년부터 쑤베이 경제 취약촌에 대해 '빈곤 지도원 마을 상주, 과학 기술 특파원 연계, 상공 기업 도움, 부촌과의 자매결연, 주도 산업의 선도'라는 다섯 가지 농촌 빈곤 사업 메카니즘을 추진하였다.

당정 기관의 정책 자원, 국유 기업의 산업 자원, 대학과 연구소의 기술 자원, 쑤난 시와 현의 발전자원이 빈곤 지역으로 흘러드는 것을 인도하여 인재와 정보, 기술과 자금, 물자 등의 요소가 빈곤 지역에 쌓이게 하여 다원 투자, 다원 건설의 구조를 형성하게 하였다. 통계에 따르면, 2008-2014년 사이에 '오위일체' 단위는 쑤베이 경제 취약 지역에 85억 위안에 달하는 경제적 지원을 무상으로 하였다. 2016년에 성 전체의 각급 빈곤 지원 부서와 상공 분야는 함께 386곳의 민영 기업을 조직하여 성에서 정한 309개의 경제 취약촌과 함께 자매결연을 통한 지원 활동을 전개하였고, 지원 프로젝트 763개를 실행하였다. 초보적인 통계에 따르면, 현재 쑤베이 각 시와 현(시, 구)에서는 이미 향진의 빈곤 지원을 돕겠다는 간부 786명이 확인되었고, 저소득 농가를 연계하여 돕겠다는 사람이 33만 7천여 명(당원, 간부, 재정 공급 인원, 능력있는 부자 등)이 확정되었으며, 농촌의 빈곤 지원사업의 힘은 대대적으로 늘어났다. 이와 동시에, 쑤베이 각지는 자력 갱생, 각고분투 정신을 대대적으로 발양하고 각 방면의 도움에 응하면서, 자신의 발전에 입각하여 산업 발전, 인프라 건설과 민생 실사를 대대적으로 추진하여 강력한 내생발전 동력을 형성하였다.

12

선부론先富論에서 공동부유론으로 나아가는 장쑤성의 일반적인 경험

기존의 현대화 이론 연구에서 현대화의 공간 척도는 대부분 국가를 기본 단위로 하였다. 현대화는 한 국가 내에서 '동시에 진행되고, 전체적으로 추진'되는 것으로 인식되었다. 하지만 중국 특색의 사회주의 현대화 실천은 지역 발전의 불균등성으로 인해 각 지역 사회주의 현대화 발전은 필연적으로 전후前後가 있고, 빠르고 느림이 있게 된다. 발달한 지역이 먼저 기본적인 현대화를 실현하여 전국 현대화를 위해 노선을 모색할 수 있고, 보다 높은 수준의 발전을 이끌 수 있으며, 시범 효과가 퍼져나가고 다른 지역을 선도하는 것을 통해 중국 특색의 사회주의 현대화는 완전히 차례대로 추진해 나가는 방식을 채택할 수 있고, 또 그래야만 하는 것이다. 공동부유는 중국을 현대화하는 길에 있어서 핵심적인 요구사항이다. 또한 발전 과정에서 마찬가지로 뚜렷한 지역 불균등성을 드러낸다. 먼저 시험해 본 국가 현대화의 척후병으로서 장쑤성은 공동부유의 길 위에서 적극적인 모색과 실천을 진행하여 다른 지역의 공동부유에 장쑤성의 지혜와 장쑤성의 샘플을 제공하였다. 점진적 발전식의 이 방법은 그 안에서 귀한 경험을 추출해 낼 수 있고, 또 리스크를 부분적인 지역에 가

두어 놓음으로써 전체 국면의 실수를 피할 수 있게 해 준다.[1] 사회주의의 본질적 요구이자 근본 원칙으로서 신중국 수립 이후 70년간 공동부유는 줄곧 장쑤성이 오매불망하던 목표였다. 특히 개혁 개방 이후 장쑤성은 시종일관 인간을 근본으로 하고, 민생을 우선으로 하며 공동부유로 흔들림없이 걸어가는 길을 견지하였고, 공동부유의 생각과 조치들을 끊임없이 풍부하게 하고 촉진해 옴으로써 국민들의 행복감과 만족도를 향상시켰으며 발전 성과를 국민이 함께 누릴 수 있도록 노력해 왔다.

1_ 장쑤성 공동부유의 이론 기초

신중국 수립 이후 70년간, 특히 1978년부터 시작된 개혁 개방 이후로 중국 사회주의 현대화 건설 사업은 놀랄만한 성과를 거둔 동시에 공동부유의 길 위에서 중국 특색의 시대적 특징을 갖는 중국의 길, 중국 모델, 중국 경험을 형성해 왔다. 그 중에서 매우 중요한 한 가지는 정부가 공동부유를 추진하는 과정에서의 역할을 정확하게 인식하고 적절하게 처리했다는 사실이다. 현대화된 개발도상국으로서 중국이 '시공 압축'의 시대배경 하에서 전통적인 농업 경제에서 현대화된 공업 경제 형태로, 전통 사회 구조에서 현대 사회 구조로 넘어가는 등의 일련의 임무를 완성해 나가며 추격전략을 성공적으로 시행하기 위해서는 반드시 강한 동원력, 조직력, 통제력을 갖춘 정부가 요구가 전체적인 범위에서 힘과 자원을 집중하여 생산력의 지역을 초월한 발전을 추진하고 이 정부가 효율적으로 각종 문제와 갈등을 처리하고 조화를 이루게 함으로써 현대화 건설에 안정된 환경을 조성해야 한다. 마치 저명한 학자 헌팅턴이 말한 바와 같다. "만약 발달하지 않은 국가가 경제의 고도 성장과 장기적 효율을 얻으려면 그 국가는 발전에 힘을 모으는 권위주의 정부를 받아들일 수밖에 없다."[2]

---

1   範從來, 楊繼軍, 〈蘇南現代化: 共同富裕的示範與探索〉, 《新華日報》, 2013년 6월 4일.
2   사무엘 헌팅턴 등, 〈現代化: 理論與歷史經驗的再探討〉, 張景明 역, 上海譯文出版社, 1993년판, 343쪽.

경험에 의하면, 대다수 후발국가의 입장에서 볼 때 모순은 국가가 현대화를 가동하고 추진하는 주요 역량에 있으며, 국가의 역할을 약화시키는 것은 많은 조건 하에서 실제로 현대화를 추진하는 동력을 약화시키는 것과 같다. 1992년 중국 공산당 14차 당대회에서는 다음과 같이 분명하게 언급하였다. 중국 경제 체제 개혁의 목표는 사회주의 시장 경제 체제를 세워 시장이 사회주의 국가의 거시적인 조정 하에서 자원 분배에 대하여 기초적인 역할을 하게 하고, 한걸음 더 나아가 생산력을 해방하고 발전시키기에 유리하도록 하는 것이다. 이 말은 사회주의 경제의 시장 방향을 확립하였고, 또 이 체제에서 정부의 전체적인 역할을 확립하였다. 개혁 개방이라는 이 사업 자체로 말하자면, 정부가 위로부터 아래로 주도하면서 각 항목의 점진적 개혁 조치를 설계하고 나아가 경제 사회의 전환과 제도 변화의 위대한 공정을 추진하는 것이다. 중국 현대화 모델의 핵심적 특징은 바로 선진국과 신흥 공업국과 지역의 현대화 경험과 교훈을 빌어오는 기초 위에서 사회주의 목표를 견지하는 정부 주도형 현대화 모델을 형성하는 것이다. 이 모델은 전통적인 사회주의 현대화 모델과도 다르고, 서방 선진국의 현대화 모델과도 다른 것이다. 이것은 중국이 글로벌 배경 하에서 자신의 장점과 글로벌화 추세와 유기적인 결합을 이룬 후에 다른 나라의 현대화 노선과는 차이가 있는 독특한 발전의 길을 걸어나가는 것이다.[3]

1999년 스탠포드 대학 동아시아 연구센터 주임 오이Jean C. Oi 교수가 〈중국 농촌 경제의 비약 : 경제 개혁의 제도적 기초〉에서 지방 정부가 농촌의 공업화 과정에서 어떤 역할을 할 것인가, 어떤 능력을 발휘할 것인가, 정부와 기업 간에 어떤 관계가 나타나는가 하는 것을 탐구할 때 두 가지 개념을 제기하였다. 그것은 바로 '구조적 동인'과 '조합주의'였다. 전자는 제도적 성격의 자극 정책을 말하는 것으로, 필자의 견해로는, 비집단화와 재정개혁이 중국 농촌 공업의 비약을 촉진하는 두 가지 구조적 성격의 동인이라고 여겨진다. 후자는 현과 진, 촌의 3급 정부가 정식 관의 지위를 이용하고 자원에 대한 배정

---

3   王文章,〈我國現代化模式的現狀與轉型〉,《理論探索》, 2010년 제2기.

권력을 이용하여 지방 공업 경제를 길러내어 기업을 행정관리 범위에 넣고, 기업을 위해 경제적 지원도 해주고 통제도 하는 것이다. 이 두 가지 개념을 기초로 하여 그녀는 지방 정부와 현지 상공업이 결합하여 형성된 조합화된 지방정부는 중국 농촌 공업화와 경제 개혁의 제도적 기초로서, 비집단화와 재정 개혁이라는 두 구조적 동인을 받아들인 다음에 조합화된 지방 정부가 성공적으로 향진 기업 발전과 농촌 공업화 발전을 추진하는 것이다. 말한 바와 같이 중국 농촌 경제가 빠르게 비약하는 주요 원인은 현지 정부의 조합화였다. 그녀가 볼 때, 조합화된 지방정부는 지방 경제 발전의 이끄는 견인차로서, 중국 향진鄕鎭 기업 발전과 농촌 공업화 발전을 직접적으로 추진한다.

발전은 인류 문명 진보의 기초이자 각 국가가 번영하는 근본이기도 하다. 덩샤오핑은 기치도 선명하게 다음과 같이 언급하였다. "현재 세계의 정말 큰 문제는 글로벌 성격을 띠는 전략 문제로서, 하나는 평화 문제이고, 다른 하나는 경제 문제 또는 발전 문제이다." '발전'이 컨센서스가 되어야 하지만 '어떻게 발전할 것인가'와 '누구를 위하여 발전할 것인가' 하는 두 문제에 있어서 명확한 인식이 부족하다고 할 수 있다. 특히 일방적으로 발전을 경제 성장 속도로 이해하면서 발전의 다른 연관되는 측면들을 가볍게 보는 것은 과학 발전의 의식이 부족한 것이다. 2007년에 공산당 17차 당대회 보고에서 과학 발전관의 외연과 그것이 내포하는 바를 명확하게 규정한 바가 있다. 핵심은 인간을 근본으로 하고 전면적이고 조화로우며 지속가능한 발전관을 세워야 한다는 사실을 명확히 언급하였다. 즉 '누구를 위하여 발전할 것인가'의 문제에서 인근본을 근본으로 한다는 입장을 견지하고, 국민을 위한 발전, 국민에 의존한 발전, 발전 성과를 국민들이 공유하는 것을 해내는 것이다. '어떻게 발전할 것인가'의 문제에서 전면적이고 조화로우며 지속가능한 발전을 견지해 나간다. 경제 건설 중심을 견지해 나간다는 전제 하에서 전면적으로 경제 건설, 정치 건설, 문화 건설, 사회 건설을 추진해 나가고 현대화 건설의 각 고리, 각 측면의 조화를 촉진해 나가는 것이다. 2012년에 공산당 18차 당대회에서 발전 이념에 대한 새로운 돌파를 다시 한 번 실현하였다. 중국의 현대화 사업을 '사위일체四位一體'에서 '오위일체五位一體'로 상승시켰다. 즉, 경제, 정치, 문화, 사회 건설과 생태문명 건설을 중국 현대화 사업의 총체적인 구조로 삼았다.

지방 정부에 대한 최종 평가는 '국민의 만족 여부'에 중점을 두는 변화 역시 지방 정부의 정책 결정 가운데에 드러난다. 장쑤성을 예로 들어보면, 2012년에 발표한 〈장쑤가 기본적으로 실현한 현대화 지표 체계〉는 '경제 발전, 국민 생활, 사회 발전, 생태 환경' 등 4부류에 30개 항목의 지표로 구성되고, 각각 31점, 24점, 24점, 21점의 가중치가 부여된다. 지표 구성을 보면, 이것은 과학 발전을 강조하는 종합적인 현대화 지표 체계이며, 현대화 건설 성과는 국민이 소유하고 국민들이 공유할 수 있는 새로운 이념을 더욱 강조한다. 또한 '경제 발전' 지표에서도 혁신 드라이브와 인재 지지가 강조되고 있으며, 경제 성장 방식을 주로 과학 기술 진보, 노동자의 자질 향상과 관리 혁신을 실현하는 데 주력하고 있다.

"자원 배치 과정에서 시장이 결정적 역할을 하고 정부의 역할을 더 잘 발휘할 수 있도록 하는 것"이 시진핑이 공산당 19차 당대회 보고에서 했던 중요한 말이다. 이는 공산당이 정부와 시장 관계에 대한 인식의 질적인 비약이며, 시진핑을 중심으로 하는 당 중앙의 마르크스주의 정치 경제학에 대한 중대한 발전이기도 하다. 자원의 배치와 경제 사회 발전 과정에서의 정부와 시장의 역할은 마치 차의 두 바퀴나 새의 양 날개와도 같아서 한쪽만 있어서는 안 된다. '보이지 않는 손'과 '보이는 손'을 모두 잘 사용하여 시장의 역할과 정부의 역할이 유기적으로 통일되고, 상호 보충이 되며, 상호 조화를 이루면서 상호 촉진되도록 노력하여 경제 사회의 지속건강한 발전을 추진해야 한다. 잘 굴러가는 경제체는 정부와 시장이 구조 변화, 기술 발전, 소득 분배, 생활의 질 향상 등의 여러 분야에서 모두 상호 버팀목이 되고 도움을 주며 함께 힘을 내는 것이다.

"자원의 배치에서 시장이 결정적 역할을 하고, 정부가 그 역할을 더 잘 발휘할 수 있도록 하는" 것을 모색하는 선상에서 공동부유를 가치 지향으로 하는 사회주의 현대화를 둘러싸고, 장쑤성은 지역간의 경쟁 속에서 자신만의 특색이 있는 발전 모델을 만들어냈다. 즉 '강한 정부 + 강한 시장'을 핵심으로 하는 '양강' 체제가 바로 그것이다. 여기에서 '강한 시장'은 시장이 모든 것을 지배하고 조절하는 것이 아니다. 또 과도하게 시장화를 추진하는 것도 아니다. 그것은 외부적인 경제 활동에 드러나지 않는 가운데 가격 메카니즘과 수요공급의 법칙을 이용하는 것이 자원 배치의 결정적 메카니즘이 되는 것이다. '강한 정부'는 경제에 지나치게 간섭하고, 그 힘이 너무 세며 간섭하는 수단이 많은 정부가 아니다. 그것은 자신의 공공 조절 능력을 지키고, 자신이 간섭하지 않는 마이크로 기업의 경영과 투자 충동을 군건하게 통제하는 정부다. 또한 정부의 이성적 경계선을 지키고, 시장 경제에서 스스로에게 알맞은 역할을 하는 정부다.[4] 시장이 주도하는 1차 분배가 따르는 원칙은 효익 우선으로서 빈부를 나누고 공동부유에 영향을 미칠 가능성이 있다. 때문에 반드시 2차 분배에서 정부의 조절 작용을 강화하여 공평과 정의를 실현해야 한다. 따라서 정부의 기능을 발휘하는 첫 번째 기본 임무는 바로 낮은 것을 끌어올리고 상한선을 제한하는 분배와 재분배 정책을 실시해야 한다. 낮은 것을 끌어올리는 것은 적당하게 저소득자의 소득 수준을 늘리는 것만은 아니다. 보다 중요한 것은 주민의 사회복지 수준을 완비하고 향상시키는 것이다. 공공 시설에서 주민들이 평균적으로 누리는 복지, 의료와 교육, 기본 주택, 양로 등 분야에서의 지출 감소는 그들의 소득을 늘리는 것과 같고, 평균적으로 그들의 부유 정도를 향상시켜 주는 것이다. 상한선을 제한하는 것은 개인 소득세를 올리는 것을 기초로, 소수의 고소득자들의 세금 탈루 통로를 차단하고, 그에 대해 효과적인 재분배 조절을 진행하는 것이다.

  중국 현대화 사업의 선구자로서 쑤난 모델은 '강한 시장'과 '강한 정부'의 협력 역할을 성공적으로 발휘하였다. 자원 배치에 있어서 시장 중시가 기초적인 역할을 했고, 동시에 정부는 보이는 손으로 공공 서비스 기능을 강력하게 만들어냈다.[5] 정부는 집단 누적을 이용하여 소득 재분배 기능을 떠맡아 향진 기업의 잉여 생산품에 대한 청구권을 통해 소득의 일부분을 공익 사업에 쓰도록 하거나 정해진 기준에 따라 소득의 일부분을 농촌을 돕고 지역 사회 안의 농공업의 조화로운 발전을 촉진하며, 공업과 농업에 종사하는 이들

---

4 劉志彪,〈造就邊界淸晰的 "雙强體制"〉,《經濟參考報》, 2018년 12월 19일.
5 洪銀興,〈蘇南模式新發展: 强政府結合强市場〉,《21 世紀經濟報道》, 2005년 7월 3일.

의 공동부유에 쓰이도록 하였다.[6] 정부는 도시와 농촌 이원 분할의 체제와 정책을 타파함으로써 도시 인프라 건설이 농촌으로 확장되고, 도시 공공 서비스가 농촌으로의 커버를 촉진하며, 도시와 농촌 간의 생산 요소의 이동을 촉진하여, 도시와 농촌의 격차를 감소시키고, 공동부유를 실현하고, 현대화의 성과가 많은 사람들에게 혜택이 돌아가도록 하였다.

2 _ 장쑤성 공동부유의 기본 현상

사회주의 현대화 강국을 목표로 매진해 가는 데 있어서 충분히 드러난 공동부유의 중국적 속성은 현단계에서 개혁 발전의 성과가 더 많이 국민들에게 돌아가야 한다는 것이다. 민생의 보장과 개선을 위해 노력하고, 국민들이 개혁 개방의 성과를 함께 누릴 수 있도록 하는 것이 역대 장쑤성 성 위원회와 성 정부가 중시하면서 크게 노력을 기울인 일이었다. 주민들의 생활도 '온포'에서 전체적인 '소강'으로의 역사적 비약을 실현하였고, 보다 든든한 높은 수준의 전면적 소강사회로 매진해 가게 되었다. 경제 발전과 국민 복지를 위한 노력을 유기적으로 통일하여 국민이 혜택을 보고 보다 높은 수준의 전면적 소강사회를 건설하는 것이 장쑤성이 오랜 기간 변하지 않는 분투 목표였다. 2001년에 중국 공산당 장쑤성 위원회는 당대회에서 정식으로 '강성 부민' 전략을 '부민 강성' 전략으로 조정하였고, '부민富民' 우선의 성격을 부각시켰다. 2003년의 장쑤성 위위회 전체 위원회에서는 또 발전 진도에 근거하여 한결음 더 나아가 '부민 우선' 전략을 제기하면서, 장쑤성의 전체적인 발전에서 주민들을 위해 이익을 도모해야 하고, 부민 우선을 '두 솔선' 가운데 첫 번째 '우선'으로 두어야 함을 강조하였다. 이 목표를 둘러싸고 전면 소강 네 부류, 18개 항목, 25개 지표를 제정

---

6   範從來, 孫覃, 〈新蘇南模式所有制結構的共同富裕效應〉, 《南京大學學報》, 2007년 제2기.

하였고, 아울러 1인당 평균 GDP 3,000달러, 도시 주민 1인당 가처분 소득 2,000달러, 농촌 주민 1인당 평균 순소득 1,000달러라는 핵심 지표를 확정하였다.

18차 당대회 이후 전환 업그레이드, 과학 기술 혁신, 농업 현대화, 문화 건설, 민생 행복, 사회관리 혁신, 생태문명 건설, 당 건설 사업 혁신 등의 분야에서 장쑤성은 또 '8항 공정'의 전면적 실시를 보다 좋고 보다 빠르게 '두 솔선'을 추진하는 주안점으로 삼았다. 아울러 민생 행복 증진을 '8항 공정'을 실시하는 근본적인 출발점이자 결과로 삼아 장쑤성의 발전이 보다 과학적이고, 사회는 보다 조화로우며, 문화는 더욱 번영하고, 생태는 보다 문명적이고, 주민은 더 행복해지도록 노력한다는 것이다.

2017년 장쑤성 제13차 당대회에서는 새로운 시기 장쑤성 발전의 새로운 목표가 제기되었다. 즉, '힘을 모아 혁신하고, 부민에 초점을 맞추며, 높은 수준의 전면적 소강사회 건설'을 전면적 소강을 결정짓는 장쑤성 방안으로 삼았다. '두 가지를 모으고, 하나를 높이는' 것에는 분투 목표와 실현 경로가 담겨 있다. 분투 목표는 바로 '강부미고'에서 요구하는 높은 수준의 전면적 소강사회 건설로 드러나고, 실현 경로는 바로 새로운 발전 이념의 힘을 모아 혁신하고 부민에 초점을 맞추는 것을 관철하는 것이다. 장쑤가 처한 발전 단계의 특징 및 직면한 두드러진 문제에서 출발하여 높은 수준의 전면적인 소강사회를 건설하려면, 반드시 혁신과 부민이라는 두 가지 방면에서 큰 돌파와 큰 효과를 추구해야 한다. 전면적인 소강이라는 단단한 성과를 결정짓고, 전국에서 전면적인 소강사회 건설을 위해 '장쑤 샘플'을 공헌하고, '강부미고'라는 새로운 장쑤 요구를 전면적으로 실현하며, 선도적인 발전 중에 공동부유를 추진하여 '두 가지 솔선' 성과가 역사적 검증을 거치고, 국민들에게 인정을 받게 해야 한다.

공산당 19차 당대회는 중국의 현대화 건설 사업의 새로운 여정을 열었다. '두 가지 솔선'의 척후병 역할을 계속 담당하였고, 시진핑이 2014년 12월에 언급한 '경제는 강하고, 국민은 부유하며, 환경은 아름답고, 사회 문명 수준이 높은 새로운 장쑤' 건설이라는 새로운 요구를 완성하고자 했다. 장쑤성은 스스로에게 압력을 가하고, 능동적으로 움직이며, 적극적이고 진취적으로 노력해야 당과 국가가 장쑤성에게 부여한 사명과 임무를 잘 해낼 수 있을 것이다. 민생 건설이라는 측면에서 보면, 보다 높은 질의 민생 사업을 건설하는 것은 민생 복지 증진을 근본으로 하여 효과적인 조치를 취해야 한다. 장쑤성에서 '보다 좋은 교육, 보다 안정된 일자리, 보다 만족스러운 소득, 보다 믿음직한 사회 보장, 보다 높은 수준의 의료 의생 서비스, 보다 쾌적한 주거 여건, 보다 아름다운 환경'을 실현하여 성 전체 주민들의 생활이 매년 더 좋아지게 해야 한다.

19차 당대회는 역사와 글로벌적 시야에서 중국의 현대화 사업에 대해 새로운 전면적 배치를 하면서 명확하게 제기하였다. "중국 특색의 사회주의가 새로운 시대로 접어들었다." 중국 사회의 주요 모순도 이미 "날로 늘어나는 국민들의 행복한 생활에 대한 요구와 불평등하고 불충분한 발전 사이의 모순으로 바뀌었다는 것이다. 이것은 전체 국면과 관계되는 역사적 변화로서, '두 100년' 전략 가운데 첫 번째 100년 목표가 완성되는 것만을 의미하는 것은 아니다. '전면적인 사회주의 현대화 국가를 세워나가는 새로운 여정'의 두 번째 100년 목표도 시작될 것임을 의미하는 것이다. 지금부터 2020년까지는 '전면적인 소강사회 결정 시기'이자 '두 100년' 분투 목표의 역사적 전환기이다. 두 100년 목표가 맞닿은 시기이자 과도기는 비록 짧은 몇 년이지만 그 의미는 크다. 첫 번째 100년 목표의 효과와 질과 관계될 뿐만 아니라 두 번째 100년 목표의 기조이자 태세와 관계된다. 전면적인 소강사회의 건설 결정 시기를 충분히 이용하려면, 돌을 밟아도 흔적이 있고 쇠를 잡아도 자국이 있는 실무자 정신이 필요할 뿐만 아니라, 제2의 100년 목표에 대해 미리 판을 짜고 기회를 선점하는 전략가의 시야가 필요하다. 장쑤성은 중국 현대화 사업 과정에서 중요한 지위를 차지하고 특별한 역할을 하여 당과 국가 지도자들의 관심을 받아왔다. 덩샤오핑은 "장쑤성의 발전은 전국의 평균 속도보다 빨라야 한다"고 말한 바 있다. 장쩌민은 "전국의 발전에 보다 큰 새로운 공헌을 할 것"을 요구하기도 했다. 후진타오는 "장쑤성이 제기한 전면적인 소강사회 건설의 기초 위에 앞장 서서 현대화의 발전 목표를 실현하는 것은 필요하기도 하고 할 수도 있다"고 언급하였다. 시진핑은 "전국의 발전을 위해 길을 모색하는 것은 장쑤성에 대한 중앙의 일관된 요구"라고 명확하게 제시하였다.

개혁 개방 이후 40년간 역대 당과 국가 지도자들의 관심 속에서 장쑤성 주민들은 무거운 사명을 저버리지 않고, 현대화 사업 과정에서 선도 발전, 혁신 발전, 조화 발전, 부민 발전의 길을 걸어왔다. 중국 현대화 사업이 새로운 시대로 접어들면서 장쑤성 현대화 사업 또한 시대적 특징, 나름대로의 특징이 있는 참신한 역사적 위치 속으로 접어들었다.

첫째, 장쑤성은 이미 세계적으로 중진국 수준에 도달하였다. 2016년에 달러로 환산하여 장쑤성 경제 총량은 대략 1조 1,030억 달러로, 글로벌 경제 주체 가운데 15위로서, 1조 2,326억 달러인 스페인 다음이다. 1인당 평균 GDP는 14,360달러로, 글로벌 경제 주체 가운데 54위로서 14,800달러인 리투아니아 다음이다. 그 중에서 쑤저우蘇州와 우시無錫의 1인당 GDP는 2만 달러이고, 난징은 2만 달러에 근접하고 있어서, 대체로 세계 유명 산유국인 사우디 아라비아의 21,900달러 수준과 대등한 위치에 있다.

둘째, 국내 선진 성의 대열에 위치해 있다. 2016년 장쑤성의 1인당 GDP는 9,539만 위안으로, 전국 평균 수준인 5,397위안을 훨씬 상회하고 있다. 2010년에 장쑤성의 1인당 GDP는 5,284만 위안으로, 전년도 전국 평균 수준에 가깝다는 것을 비교를 통해 알 수 있다. 바꿔 말해, 현대화 지표 가운데 1인당 GDP로 말하자면, 장쑤성 현대화 수준은 대체로 전국에 비해 6년을 앞서고 있다는 것이다.

셋째, 전국에서 가장 먼저 전면적 소강사회 건설을 이루었다는 것이다. 국가에서 정한 표준을 따르든 성에서 정한 표준을 따르든 장쑤성은 이미 전면적 소강사회 건설의 각 지표에서 목표를 달성하였다. 시간적으로 전면적 소강사회 건설을 앞당겼고, 질이나 수준 면에서도 전국 평균 수준보다 높아 전면적 소강사회 건설 결정적 승리를 쟁취하였다.

전국 현대화 건설의 전체적인 진전과 비교해 보면 장쑤성 현대화 건설 사업은 뚜렷한 특징이 있다. 그것은 바로 선도 발전의 시간 차이가 있다는 것이다. 이 시간 차이는 1인당 GDP 차원에서 보면, 대체로 6년 안팎이다. 전면적 소강사회 건설의 종합적 국정 지표로 보아 최소한 3년을 앞당겼다. 시간표가 오히려 노선도를 압박한 것이다. 백성은 오직 나라의 근본이니 근본이 튼튼해야 나라가 편안한 법이다民惟邦本, 本固邦寧. 주민들의 날로 늘어나는 행복한 생활에 대한 새로운 수요를 만족시키는 것을 중심으로 장쑤성 민생 사업 건설은 참신한 역사로 접어들었다.

현대화 사업의 장쑤성적 방위로부터 볼 때, 19차 당대회 보고에서 제기된 '국민 생활을 보다 넉넉하게 해주는' 전면적 소강사회 결정 시기의 목표에 대하여 장쑤성은 이미 기본적으로 튼튼한 기초에 체계가 완비된 민생 사업의 새로운 구조를 만들어냈다. 2011년에 장쑤성은 전국에서 선도적으로 〈민생 행복 공정을 추진하는 것에 관한 의견〉을 발표하여 도시와 농촌 주민의 소득 증대, 평생 교육 체계 수립, 취업 서비스 체계, 사회 보장 체계, 기본 의료위생 체계, 주택과 보장 체계, 양로 서비스 체계 등 '6대 체계'를 언급하면서 민생사업 발전을 전면적으로 배치하였다.

2016년 말에는 또 '혁신에 힘을 모으고, 부민에 초점을 맞추며, 높은 수준의 전면적인 소강사회 건설'이라는 새로운 요구를 제기하여, '강부미고' 새로운 장쑤의 아름다운 청사진을 그려냈으며, 장쑤성 민생사업의 새로운 구조를 완벽하게 손질하였다.

현대화 사업의 전국적 방위로 볼 때 추산에 근거하면, 장쑤성의 현대화 건설은 대체로 전국 평균보다 6년이 앞선다. 이는 또한 장쑤성이 전국 범위 안에서 보다 높은 수준의 민생 사업 건설에 튼튼한 물질적 기초를 놓은 것이다. 전면적인 소강사회 건설의 통계 모니터링 지표 체계(국가 통계국 2013) 가운데 5대 분류, 39개 지표를 대조해 보면, 가장 늦어도 금년에 장쑤성은 각 지표에 도달하게 되고 전면적인 소강사회 건설 결정 시기의 새로운 성취이자 새로운 승리를 거두게 된다. 통계에 의하면, 2017년에 장쑤성주민 1인당 가처분 소득은 35,024위안에 달했고, 2012년의 1.56배이다. 도시와 농촌 상주 주민 1인당 가처분 소득은 각각 8.6%와 8.8% 성장하였고, 도시 등록 실업률은 2.98%, 주민 소비자 가격 상승폭은 1.7%, 도시와 농촌 주민 소득 비율은 2012년의 2.37 : 1에서 2.28 : 1로 떨어졌다. 창업 지원자는 29만 천 명이고, 도시에는 취업자 148만 6천 명이 새로 증가하였다. 기본 공공 서비스 균등화 수준도 계속해서 높아졌고, 교육과 의료, 주택 등의 중점 지출 증가폭은 모두 재정 지출의 증가폭보다 높았다. 도시와 농촌을 커버하는 사회 보장 체계는 기본적으로 완성되었고, 사회보험 가운데 주요 리스크를 보장해 주는 보험 가입률은 97% 이상이었다. 도시와 농촌의 최저 생활 보장 표준 수준도 전국 선두였다. 현 지역의 의무 교육은 기본적으로 올커버를 실현하였고, 높은 수준의 대학 건설은 뚜렷한 성과를 보여 교육 현대화 발걸음은 빨라졌다. 건강한 장쑤 건설이 전면적으로 시작되어 성급 종합 의료개혁 시범 지역이 착실하게 추진되었고, 기본 공공 위생 서비스는 9대 부류에서 14대 부류로 늘어나 도시와 농촌을 커버하는 15분 건강 서비스권을 끊임없이 완비해 나갔다. 보장성 주택 138만 7천 채(가구), 임대 보조금 지급 123,400가구, 판자촌 개조 107만 9천 채, 농촌의 허름한 집 개조 18만 가구 등을 해냈다. 공공 문화 서비스 체계도 끊임없이 완비해 나가 문화 산업 증가액은 5%를 차지하여 0.7%p 상승하였다.

현대화 사업의 글로벌적 방위에서 보자면, 장쑤성은 2012년에 1인당 GDP가 1만 달러에 달했고, 세계은행에서 발표한 중진국 대열에 들어섰다. 2017년에 장쑤성 경제 총량은 8조 5,900억 위안에 달해 연평균 성장률 8.4%를 기록했다. 1인당 지역 총생산액은 10만 7천 위안에 달해 연평균 8.1% 성장률을 기록했다. 일반 공공 예산 수입은 8,172억 위안에 달하고, 연평균 6.9% 성장률을 기록하였다. 전면적인 조화 발전의 현대화 사업 요구로 장쑤성 민생 사업 건설은 경제 건설 수준과 서로 맞추어 스페인, 사우디 아라비아 등의 중진국 국가 수준을 참조 대상으로 하는 새로운 여정을 시작하였다.

3 _ 장쑤성 공동부유의 기본 경험

신중국 수립 이후 70년간, 특히 개혁 개방 이후 장쑤성은 사회주의 현대화 건설 사업에서 빛나는 성과를 거뒀다. 공동부유도 전국 선두에서 달렸고, 시진핑의 당부대로 '경제가 강하고 주민이 부유하며, 환경이 아름답고 사회문명 수준이 높은 새로운 장쑤성 건설'에 총매진하고 있다. 대체로 공동부유의 길에서 장쑤성의 기본 경험은 다음과 같은 것들이 있다.

(1) 지역의 조화로운 발전 추진

개혁 개방 이후 쑤난蘇南 등 여건이 되는 곳이 급속하게 발전하여 성 안의 3대 지역 발전 차이는 갈수록 벌어졌다. 앞선 부가 뒤따라 오는 부를 어떻게 잘 이끌어낼 것인가, 그렇게 해서 점차 공동부유를 실현할 것인가, 이것이 장쑤성의 역대 성 위원회와 성 정부의 관심사였고, 줄곧 해결을 위해 노력을 기울인 문제였다. 쑤난 지역의 경제 발달은 성 전체의 척후병이자 장쑤성 고품질 발전의 선구자였다. 이 때문에 쑤난은 국제 선진 수준을 잘 조준하여 끊임없이 발전의 질, 수준과 단계를 발전시켜 성 전체를 위해 표준을 세우고, 발달이 덜 된 지역이 빠르게 발전할 수 있도록 지원을 하였다. 이밖에 기초가 비교적 취약하고 발전 수준이 높지 않은 쑤베이 일부 지역의 현실적 도전에 맞추어 성 위원회와 성 정부는 쑤베이의 전면적인 소강 건설 전투에 전면적인 배치를 하였고, 구체적인 목표를 확정하였다.

2015년까지 현을 단위로 하여 성이 정한 전면적인 소강 지표에 도달한다. 1인당 평균 지역 총생산액이 동부 연해의 성 평균 수준에 근접하도록 한다. 1인당 평균 연소득 4,000위안 이하의 빈곤 인구가 전부 빈곤에서 벗어날 수 있도록 한다. 전면적인 소강사회 건설은 '평균치'로만 계산할 수 없다. 서로 다른 집단의 차이를 보다 중시해야 하는데, 그 관건은 수많은 주민, 특히 평범한 주민들이 전면적 소강 건설이 가져다 주는 실제 혜택을 절실하게 느낄 수 있도록 해주고, 전면적인 소강 건설 성과가 모든 가정과 각 개인에게 미칠 수 있도록 해야 하는 것이다. 이런 생각과 목표에 따라 성 전체는 지역 조화 발전 전략을 대대적으로 실시하였고, 쑤는 향상, 쑤중 굴기를 추진하는 동시에 쑤베이 발전의 지지 역량을 지속적으로 강화하여 '오위일체'를 통한 공동 부조 실행, 재정과 산업, 과학 기술과 인재 등의 '네 가지 전이'와 남북 공동 건설 개발 단지를 추진하였다. 쑤베이 각 시의 특징에 근거하여 '한 도시, 한 정책'을 채택하고, 쑤베이의 급속한 진흥을 지지하였다. 통계에 따르면 2002년부터 2012년까지 쑤베이로 이전된 500만 위안 이상 프로젝트는 20,934건이었고, 총 1조 2851억 위안이 투자되었다. 성급 재정 누계는 쑤베이로 향한 지불과 각종 자금은 모두 3,380억 위안에 달했다.

(2) 도시와 농촌이라는 이원 구조 혁파

시진핑은 "소강이냐 그렇지 않느냐는 고향을 보면 된다"고 강조하였다. 수년 간의 노력을 거쳐 장쑤성 농촌의 면모와 농민들의 생활 여건은 크게 개선되었다. 하지만 여전히 많은 지역은 낙후된 상태에 놓여 있었다. 설령 상대적으로 부유한 곳이라도 농촌의 기본 공공 서비스는 도시와 비교해서 큰 차이가 있었다. 새로운 상황에서 도시와 농촌의 이원 구조를 혁파하고, 농촌의 소강 건설을 가속화하는 것은 간단하게 옛길을 더 걸어갈 수 있는 것은 아니었다. 반드시 공업이 농업을 촉진하고, 도시가 농촌을 이끌며, 공업과 농업이 서로 도움을 주고 도시와 농촌이 일체가 되는 장기적인 효과 메커니즘을 하루 빨리 세워서 함께 신형 공업화, 농업 현대화, 도시와 농촌 발전의 일체화를 추진해 나가고, 도시와 농촌 경제 사회 발전의 일체화라는 새로운 구조를 형성하기 위해 노력해야 한다.

농업 현대화를 하루 빨리 추진하고 농촌 개혁과 발전을 한걸음 더 나아가 심화하였다. 전면적으로 강한 농촌, 혜택을 보는 농촌, 부자가 되는 농촌 정책 조치를 실행하고 농업 현대화 공정을 신속하게 실시하며, 농민 전문 협력 조직을 발전시키고 농업의 적정 규모 경영을 추진하며, 현대 고효율 농업을 발전시키고, 농업 특화 산업 기지를 건설하여 농업 종합 생산 능력과 산업화 경영 수준을 제고하고, 농민으로 하여금 생산 경영에서 더욱 많은 수익을 얻게 한다. 사회주의 신농촌 건설을 착실하게 추진하여 매년 모든 가구에 혜택이 돌아가는 실제적이고 좋은 일을 일으키고, 농촌 공공 서비스 투입을 더 강화하며, 점차 도시와 농촌이 기초 교육, 공공 의료, 문화사업 등의 분야에서 격차를 줄여나간다. 통계에 따르면, 상주하는 지역에 따라, 2018년 장쑤성 도시 주민 1인당 평균 가처분 소득은 47,200 위안으로 8.2%의 성장률을 보였다. 농촌 주민 1인당 평균 가처분 소득은 20,845 위안으로 8.8%의 성장률을 보였다. 도시와 농촌 주민의 소득 격차는 한층 줄어들었고, 도시와 농촌 주민의 소득 비율은 전년도 2.28 : 1에서 2.26 : 1로 줄어들었다.

신형 도시화와 도농 발전 일체화를 한층 더 빠르게 추진하여 도시와 농촌의 공동 번영을 촉진하였다. 현재 장쑤성은 도농 발전과 빠른 융합의 새로운 단계에 처해 있다. 이 때문에 성 전체에서는 도시와 농촌 계획, 산업 배치, 인프라, 공공 서비스, 취업 및 사회 보장, 사회 관리 등 '여섯 가지 일체화'를 대대적으로 추진하여 도시와 농촌 상호 발전, 공동 번영을 촉진하고 있다. 그 중에서 쑤저우는 도농 발전 일체화 종합 배치 개혁 프로젝트를 전개하여 호적, 농업 경영 메카니즘, 농촌 재산권, 토지 징발사용 등 분야에 있어서의 개혁 혁신을 심도 있게 추진하고 있고, 도시와 농촌 일체의 제도적 틀을 세우는 데 심혈을 기울이고 있다. 도시, 특히 중소 도시에 정착 조건을 완화하고, 신세대 근로자의 교육 훈련을 강화하여 농업에서 시민으로 이전하는 것을 순서대로 추진하고 있다.

(3) 민생 행복 프로젝트 실시

행복한 생활에 대한 주민들의 갈망은 각급 당 위원회와 정부가 노력을 기울이는 사업 방향이다. '두 가지 선도' 발전의 급속 추진에 따라 주민들의 행복한 생활에 대한 충만한 기대는 물질 생활을 개선하는 것뿐만 아니라 정신문화 생활을 풍요롭게 하는 것이고, 소득 수준을 높이는 것뿐만 아니라 생활 환경을 개선하는 것이다. 장쑤성의 종합 경제력은 비교적 강하다. 민생 행복을 늘리면 면에서 보다 많은 할 일이 있고 또 해낼 능력도 있다. 공산당 18차 당대회 이후 장쑤성은 민생 행복 프로젝트를 조직하여 실시하였다. 평생 교육, 취업 서비스, 사회 보장, 기본 의료위생, 주택 보장, 양로 서비스 등 '6대 공공 서비스 체계' 건설을 중점에 두고, 도시와 농촌, 지역의 기본 공공 서비스 균등화를 대대적으로 추진하고 있다.

- 주민 소득의 점차적인 증대

파이를 크게 하고 파이를 잘 나누는 두 가지를 동시에 견지하면서, 한편으로는 경제 총량을 크게 하는 데 노력하고, 적극적으로 취업, 창업, 투자, 사회 보장, 지원 등 '5대 소득증대 통로'를 적극적으로 넓혀나가며, 농민, 기업 근로자, 중저 소득자와 어려운 가정 등 '4대 집단'의 소득 증대를 중점적으로 하여 도시와 농촌 주민의 소득이 보편적으로 빠르게 늘어날 수 있도록 한다. 다른 한편으로 소득 분배 제도 개혁을 적극적으로 추진하고 소득 분배 조절을 강화하여 점차적으로 소득 격차를 줄여나갔다. 취업을 늘리는 데 노력을 기울이고, 적극적인 취업 정책을 실시하여 창업으로 취업을 유도하고, 여러 통로로 취업을 늘려나가 성 전체에서 도시 취업이 8년 연속 100만 명 이상이 새롭게 늘어났고, 도시에 등록된 실업률은 3.3% 이하로 통제되어 기본적으로 모든 가정에서의 취업이 실현되었고, 농촌 노동력의 비농 산업 종사 비율은 68.5%까지 상승하였다.

· 사회 사업의 전면 발전 촉진

사회 보장이 커버하는 부분과 수준이 끊임없이 상승하였다. 기업 퇴직자의 기본 연금은 8년 연속 10% 안팎 상승하였고, 큰 병 의료보험 청구 비율이 농촌에서 75%에 달했고 도시에서는 80%에 달했다. 교육 현대화를 대대적으로 추진하여 각급 교육 발전 수준이 전체적으로 상승하였고, 성 전체에 중고등 단계의 교육이 보급되었다. 도시와 농촌 공공 위생과 의료 서비스 수준이 향상되었다. 성 전체에서 질병 예방 통제 시스템, 돌발 공공 위생사건 의료구조 시스템이 기본적을 건설되었고, 농촌의 3급 위생 서비스망이 기본적으로 만들어졌으며, 도시 지역 사회 위생 서비스 센터가 올커버를 실현하였다. 생태문명 건설이 심도 있게 추진되었다. 일부 대중의 강렬한 환경 문제를 반영하여 '깨끗한 물, 맑은 하늘' 프로젝트를 착실히 전개하였다.

· 탈빈곤 전투를 중요하고도 중요한 문제로 다루었다

2008년부터 장쑤성은 성 전체에서 탈빈곤 전투 프로젝트를 조직하여 실시하였다. 4년의 시간을 들여 성인 1인당 평균 순소득 2,500위안 이하의 468만 빈곤 인구의 탈빈곤 임무를 기본적으로 완성하였고, 성이 정한 1011개 경제 취약촌에서 집단 소득 5만 위안 이상의 목표를 보편적으로 실현하였다. 18차 당대회, 특히 19대 이후로 성 위원회와 성 정부는 13차 5개년 계획 시기의 1인당 평균 소득 6,000위안을 새로운 빈곤 지원 표준으로 명확히 하였다. 성 전체에서 새로운 빈곤 지원 개발에서 소강으로 달려가는 프로젝트를 실시하기 시작했고, 혁신과 조화, 녹색과 개방, 공유의 발전 이념을 견지하면서 저소득 농가의 소득 증대와 부유, 경제 취약 마을에 빠른 발전에 전면적인 소강사회 건설에 앞장 선다는 중대한 사명과 탈빈곤 부유와 소강으로 달려가는 프로젝트를 '새로운 단계로 나아가고 새로운 장쑤를 건설한다'를 중요 내용으로 하여 보다 높은 표준, 보다 확실한 조치, 보다 힘찬 새루운 빈곤 지원 개발사업을 벌어 나갔다. 지속적이고 부지런한 노력을 통해 더 높은 수준의 탈빈곤 전투 임무를 예정대로 완성하고, 공평한 권리, 공평한 기회, 공평한 규칙의 새로운 장쑤성을 만들어 내어 공동부유의 길에서 보다 확고한 발걸음을 내딛게 되었다.

(4) 정부의 주도적 역할 견지

2020년까지 성 전체의 기본 공공 서비스 체계는 보다 완비되어 중진국 수준에 도달할 것이다.

1) 기본 공공 교육서비스가 제공된다. 적령기 아동에게 무료 의무 교육 9년이 제공된다. 가정 경제가 어려운 학생들에게 생활 보조가 이루어지고, 학년과 지역에 따라 상응하는 보조 기준이 제정된다. 농촌 의무 교육 단계의 기숙 학생을 위해 무료 기숙사가 제공된다. 중고등 직업 교육생에게 무료로 중고등 직업 교육이 제공된다. 가정 경제가 어려운 학생과 농사 관련 전공 학생에게 학비 보조금이 제공된다. 가정 경제가 어려운 학생은 보통 중고등 교육의 자금 지원을 받는다. 적령기 아동에게 공익적이고 보편적인 취학 전 교육을 제공하고, 가정 경제가 어려운 아동, 고아, 장애 아동에게 공익적이고 보편적인 취학 전 교육에 자금을 지원한다. 장애 학생에게 중고등 단계의 교육을 무료로 제공한다. 도시와 농촌의 가정 경제가 어려운 학생들이 보통 고등교육의 자금 지원을 받도록 한다.

2) 기본 공공 의료위생 서비스를 제공한다. 장쑤성에서는 전국에서 선도적으로 도시와 농촌 주민의 주민 건강 문서, 건강 교육, 예방 접종, 아동 보건, 임산부 보건, 노인 보건, 고혈압과 2형 당뇨병 등 만성 관리 등 기본 공공 위생서비스를 무료로 제공한다. 0-6세까지의 아동과 그 밖의 다른 중점 집단에게 국가의 면역 계획 백신을 무료로 접종한다. 동시에 에이즈, 결핵, 혈흡충병 등의 중점 지방병과 출생 과정에서의 문제에 대한 예방과

치료를 실시하였다. 농촌 여성의 임신 전과 임신 초기에 엽산을 처음 복용하게 하고, 농촌 임산부의 입원과 분만을 보조하며 적령기 여성들의 유선암, 자궁 경부암 검사를 실시하였다. 또 빈곤 집단의 백내장 수술, 중증 정신질환 치료, 15세 이하 집단의 B형 간염 접종 등 공공 위생 서비스를 실시하였다.

3) 기본 공공 주택 서비스를 제공한다. 도시 저소득 가구의 주택 문제에 어려움을 겪는 가정에 저렴한 임대료 주택이나 임차 보조금을 제공한다. 도시 중하위 소득가구의 주택 마련에 어려움을 겪는 가정, 새로 취업하여 집이 없는 근로자, 도시에 안정된 일자리가 있는 타지 출신의 근로자에게 공공 임대 주택을 제공한다. 여건에 맞는 판자촌 주민을 위해 주택 개조 등 기본 주택 보장 서비스를 제공한다.

4) 기본 공공 문화서비스를 제공한다. 주민 전체에게 공공 박물관, 기념관, 미술관, 문화관, 도서관, 청소년 궁전, 과학 기술관, 기층 공공문화 체육시설을 개방한다. 그 가운데 문물 건축과 유적지 등의 박물관을 제외하고 각급 문화와 문물 부서가 관리하는 공공 문화 장소는 사회에 개방한다. 성 전체의 성급 이상 관리 기구가 있는 개방에 적합한 문물 보호 단위의 개방을 장려한다.

(5) 시장 메카니즘의 기초적 역할을 발휘한다

공공 서비스를 구매하는 방식으로 시자 메커니즘을 발휘하여 주민의 기본 공공 서비스의 수요를 만족시키는 것이다. 장쑤성은 기본 의료 서비스에서 만들어진 성저盛澤 의원 모델은 이미 시장, 사회, 정부가 협력하는 의료 서비스 제공의 새로운 길을 성공적으로 모색해냈다. 의료 보장 지불과 재정 보조 분야의 경영 차액 등의 방식을 통해 사회 자금을 끌어들이고, 재정 부담의 경감, 의료 기관의 시설 개선, 기층 의료인력의 소득 증대, 대중의 의료 시설 이용 편리 등의 여러 모로 좋은 구조를 실현하고, 최종적으로 기층 의료 공공 서비스 수준의 향상 목적에 도달하는 것이다. 또 장쑤성의 지역 사회 거주 양로도 전국에서 선두를 달리고 있다. 장쑤성으로 말하자면, 사회와 시장이 양로 서비스에서 역량을 충분히 발휘하고, 토지 양도가격 우대, 규정비 감면, 대출 할인, 장려금 대체, 구매 서비스 등의 방식을 채택함으로써 사회 자본을 양로 서비스 시설 건설에 끌어들이고 장려한다. 이 밖에 장쑤성은 타지에서 온 근로자가 많은 성이다. '교육권券'이 교육 평등을 해결하는 중요한 방식으로서, 타지에서 온 근로자 자녀의 교육비를 줄일 수 있고, 그들이 자신의 자녀가 적합한 학교를 선택할 능력을 늘려줄 수 있게 된다.

(6) 도시화 수준의 전면적 제고

도시화는 공업화의 결과이기도 하고 필연적인 추세이기도 하며, 공동부유 실현의 내재적 요구이기도 하다.

1) 기본 공공 서비스, 심지어 기본 공공 서비스 면에서 효과를 높여 도시 생활에 대한 호적을 얻은 주민들의 리스크로 인한 불안과 두려움을 줄여 준다. 현재 장쑤성은 인구 시민화의 세 번째 단계에 놓여 있다. 국제적 경험에서 볼 수 있듯이, 1인당 GDP 3,000달러는 기본 서비스 균등화를 추진하는 기초적인 조건이다. 1인당 GDP 7,000달러에서 1만 달러까지는 기본 공공 서비스 균등화를 실현하는 비교적 좋은 시기이다. 현재 장쑤성의 1인당 GDP는 이미 1만 달러를 넘어서 개발도상국 수준에 도달함으로써 호적 도시화 수준에 필요한 공공 서비스 체계 건설 향상에 물질적 기초를 제공해 주고 있다.

2) 호적 도시화와 서로 짝을 이루는 재정 투입 메커니즘을 세워 지방 정부의 투융자, 토지 사용 등의 분야에서 적절한 혁신을 진행하는 것을 허락한다 농업에서 이전하는 인구와 도시의 본래 거주민에게 균등한 공공 서비스를 제공해야 하고 인프라의 대량 건설을 추진할 필요가 있으며, 도시의 종합 수용 능력을 향상시켜야 한다. 인프라는 강한 공익성과 사회성을 가지고 있는 공공 물품의 범주에 속하는 것으로, 이는 인프라 건설 투자가 필연적으로 정부가 주도해야 한다는 사실을 말해준다

3) '규모의 통제' '구조의 조정'을 바꾸는 지도 사상을 포함하여 도시화의 새로운 사유를 확립한다. '규모 통제'는 주요 도시가 현대화를 가속화하는 좋은 기세에 위배된다. 성 전

채 인구가 유입만 되는 것은 정체에 가깝게 되고, '규모의 통제'는 아무런 의미가 없게 된다. '구조의 조정'은 규모를 전제로 할 수 없는 것이다. 규모가 없으면 구조도 있기 어렵다. 인재와 자본의 관계를 올바르게 처리해야 한다. '구조의 조정' 방안 가운데 학력을 중요하게 생각하는 것은 합리적이다. 하지만 지나치게 단조롭다. 고학력 그 뒤에 더 많은 것은 가정된 높은 소양이다. 그리고 가능한 높은 기술이다. 하지만 도시 발전은 기술 인재를 필요로 하는 것 이외에 비즈니스 인재도 필요하다. 도시 발전은 기술을 필요로 할 뿐만 아니라 마찬가지로 자본도 필요로 한다. 포인트를 쌓아 도시에 호적을 얻는 표준을 낮추고, 그 총량 규모를 높인다. 일선 대도시는 강한 흡인력이 있어서 메마르지 않는 인재가 쏟아져 들어올 수 있다. 포인트를 쌓아 도시에 호적을 얻는 것은 그것들로 하여금 가장 우수한 인재를 감별할 수 있게 해준다. 성 안의 도시들은 그들과 함께 논할 수 없다. 포인트를 쌓아 도시에 정착하는 표준을 낮추고 그 포인트 총량 규모를 향상시키는 것은 실제 선택에 부합하게 된다.

(7) 비즈니스 환경을 끊임없이 개선하다

발전은 확고한 이치이고, 공동부유의 경제적 기초이다. 경제의 뉴노멀은 성끼리의 경쟁이라는 옛 규칙을 깊이 있게 다시 쓰고 있다. 즉 지역 경쟁이 '정책 보너스'에서 '제도 보너스'로 전환되고 있는 것이다. '정책 보너스'는 바로 '정책 연못'에서 성끼리의 경쟁을 통해 투자를 받아들이는 자본 유인책이다. 그리고 '제도 보너스'는 바로 '제도의 고지'가 성끼리의 경쟁 과정에서 소프트 파워 건설을 통해 투자 유지 면에서 '봉황과 짝이 이루어지는 것'이 실현된다는 것이다. 대규모의 체계화된 제도적 장점과 제도 혁신을 통해 제도적 소프트 파워에서 장쑤성의 경쟁력 우위를 만들어냈다.

개혁 개방 이후로 장쑤성은 줄곧 민자 친화형 건설을 추구한 성이다. 장쑤성의 경쟁력 우위를 '정책 저수지형'에서 '제도 고지형'으로 변하게 하여 장쑤성 경제에 보다 지속적이고 안정적인 제도적 경쟁력과 제도적 소프트 파워를 세워 나갔다.

1) 각종 시장 주체의 법률적 지위가 일률적으로 평등한 새로운 구조를 만들었다. 공

산당 18기 3중전회에서 제기된 '공유제 경제와 비공유제 경제는 모두 사회주의 시장 경제의 중요한 조성 성분'이든 가장 최근에 새롭게 발표된 '재산권 보호제도 완비, 법에 의한 재산권 보호 의견'이든 민영 경제를 포함한 비공유 경제가 공유제 경제, 외자 경제가 법률적 지위 면에서 평등해야 하고, 또 감독관리자인 정부의 직능 부서와 법률적 지위가 평등하다는 것을 명확하게 지적하였다.

2) 행정 심사비준 제도 개혁을 심화하여 시장과 사회에 권한을 놓아준다. 전국에서 선도적으로 민자 친화형 성을 건설하고, 행정 관리 체제의 개혁이 그것에 강력한 동력을 제공해야 하며, 전면적으로 시장 활력과 사회 창조력을 불러일으키고, 개혁의 부민 혜민 효과를 충분히 발휘하여 국민 대중의 개혁에 대한 성취감을 확실히 높여야 한다.

3) 고효율 서비스형 건설, 안정적 신뢰형 정부. 고효율 서비스형은 바로 정부의 관련 직능 부서가 기업이 아파하는 점과 어려운 점에 대해서 적시에 효과적인 반응을 할 수 있고, 일부러 장애물을 만들거나 정책 결정을 안 하고 질질 끌어서, 시장 주체가 취업과 혁신의 마지막 1킬로미터를 정부 부서에서 꽉 막히지 않도록 하는 것이다. 이른바 연속 신뢰형 정부라는 것은 바로 정부 부서가 말을 했으면 믿음이 있게 하고, 대답을 했으면 반드시 실천하는 적극적인 모습으로, 특히 투자를 유치할 때 항상 나타나는 '승락은 무겁게, 실천은 가볍게' 문제를 철저하게 막고, 지도자가 경질될 때 나타나는 '현직은 전임 장부를 인정하지 않는' 문제를 근절한다.

4) 전면적으로 네거티브 리스트 제도를 실시하여 금지하지 않으면 가능하다는 것을 확실히 보장하면 된다. 네거티브 리스트 이념을 민자 친화형 성에 들여오는 과정에서 그것을 평등하게 국유와 비국유, 내자와 외자 기업에 적용하고, 금지하지 않으면 가능하다는 것을 확실히 보장한다.

5) 최소한의 감독관리와 관대한 감독관리를 서로 결합하는 원칙을 견지한다. 경험이 알려주듯이, 감독관리가 없으면 절대로 안 된다. 하지만 과도한 감독관리는 경제 활력을 질식시킨다. 최소한의 감독관리를 견지하는 것은 시장 주체의 행위가 법률의 마지노선을 건드리거나 사회의 미풍양속에서 어긋났을 때, 효과적인 수단으로 저지해야 한다. 관

대한 감독관리를 견지하는 것은 시장 주체가 법률을 위반하지 않고, 도덕적인 전제 하에 적당한 선에서의 혁신과 시행착오를 허용하는 것이다. 왜냐하면 혁신이든 창업이든 모두 너그러운 환경과 토양을 필요로 하기 때문이다.

6) 보다 유연한 정책 응답 메커니즘을 건설한다. 시장은 언제나 눈깜짝 할 사이에 변한다. 제도의 실천 지침으로서 정책은 시의 적절하게 만들어져야 하고, 제도적 원칙을 견지하는 동시에 단계적 특수상황에 대해 미리 미세하게 조정해야 한다.

13

공동부유로 향해 가는 길에서의 굳건한 지도

중국 공산당의 지도를 견지해 나가는 것은 신중국 수립 이후 중국 공동부유의 위대한 실천에 있어서 근본적인 특징이다. 중국 공산당은 중국 국민의 신중국 수립을 이끌었고, 중국이 공동부유로 매진해 가는 데 매우 중요한 정치적 기초가 되었다. 떨쳐 일어선 중국 국민은 이로부터 자주적으로 공동부유로 나아가는 참신한 역사 발전을 맞이하였다. 경제 회복, 사회주의 개조와 건설, 개혁 개방 등의 역사단계에서 중국 국민은 중국 공산당의 굳건한 지도 아래에서 온갖 우여곡절을 겪으면서 물질 부족의 어려운 상황에서 벗어나 온포를 넘어 소강으로의 매진, 현대화 모색을 전개하였고, 중국 공동부유의 길에 굳세고 집요한 모습을 보였고, 성과도 우수하다. 공동부유의 실천적 모색 속에서 공산당의 지도는 시종일관 사업의 효과가 보이고 성공으로 달려가는 근본적인 보장이었다. 신중국 수립 이후 장쑤성 위원회의 굳센 지도 아래 장쑤성은 생산 재료의 자본주의 사유제에 대한 심도 있는 변혁과 자산계급의 평화적인 유상몰수에 대하여 공유제를 주체로 하는 소유제 구조를 세웠다. 기층의 창조를 존중하고 보호하여 상품 경제 전통이 인민 공사 등의 형식으로 남겨질 수 있도록 했고, 개혁 개방 이후 장쑤성의 공동부유 모색이 전국적인 시범이 되는 데 있어서 중요한 조건이 되었다. 장쑤성의 공동부유 발전 과정에서 공산당의 지도는 전략적 기획, 정책 결정으로부터 조직 실시, 선전 유도에 이르기까지, 성급의 전체 국면 총괄관리, 최상층 설계로부터 기층 당 조직의 주동적 행동, 치밀한 모색에 이르기까지, 온포溫飽를 뛰어넘고 두 가지 선도로부터 '강부미고強富美高'의 새로운 장쑤성 건설에 이르기까지, 공산당의 강인한 지도는 장쑤성 공동부유의 전체 과정을 관통한다.

1_ 장쑤성 공동부유에 대한 공산당의 총괄 기획

(1) 부민 강성富民强省 전략 실시

개혁 개방 이후 장쑤성 위원회는 발전의 대세를 이해하고, 전국에서 선도적으로 장쑤성의 공동부유 실천을 강력하게 이끌어갈 '부민 강성' 전략을 제기하였다. 이 전략은 개혁 초기에 주민들을 부유하게 만드는 체계적 상승 조치로서, 경제의 큰 성으로서 장쑤성의 내용과 차원이 더 상승해 나간다는 강력한 선포였다. 장쑤성은 주민을 부유하게 함으로써 성을 부강하게 하고, 부강한 성으로 부유한 주민을 보장함으로써 부민과 강성의 양호한 상호 작용을 이끌어낸다는 것이다. 2001년 11월, 중국 공산당 장쑤성 제10차 대표대회에서 '부민 강성'에 대해 심도있게 설명하면서 '부민 강성' 내용이 풍부한 동적 개념이며, 공시적 그리고 통시적인 비교를 통해 '부'와 '강'의 개념을 분명하게 밝혔다. 부민과 강성은 변증법적으로 통일되어 있는 것으로, 주민이 부유하지 않으면 강한 성이 되기 어렵고, 성이 강하지 않으면 주민을 부유하게 할 수 없는 것이다. 주민이 부유하고 성이 강해야 강대한 종합 실력과 전체적인 경쟁력을 이뤄낼 수 있다. 부유한 주민은 공산당의 근본 취지가 근본적으로 나타난 것으로, 공산당 정책의 근본적인 출발점이다. 또한 공산당이 사람들의 기초를 넓혀 가는 근본 방법이고, 과학적 정책 결정의 근본 가치표준이기도 하다. 부민은 바로 최대한 빨리 성 전체 주민들이 부유한 생활을 하게 하고, 지역과 주민이 부유하고 도시와 농촌 주민이 함께 부유하게 되는 것이다.

이것은 주로 다음과 같은 내용들이다. 주민의 소득 수준과 생활의 질을 향상시키고 사회 보장체계를 세우고 완벽하게 만드는 것이다. 주민의 정신문화 생활 수준을 향상시키고, 과학과 문명, 건강한 생활 방식을 만들어내는 것이다. 주민이 국가 관리, 사회 사무에 참여하는 민주적 정도를 높이고 주인으로서의 권리를 충분하게 행사하도록 하는 것이다. 주민의 사상 도덕 소양과 과학문화 소양을 향상시키고, 인간의 전면적 발전을 촉진하는 것이다. 강성(강성)은 국제적, 국내적 치열한 경쟁에 참여하는 우리들의 객관적인 요구로, 우리가 선도적으로 현대화의 중요한 기초를 실현하는 것이며, 부민 목표를 실현하는 근본적인 방법이다.

(2) '네 가지 우선'을 견지하다

2003년, 장쑤성 위원회와 성 정부는 성의 상황에 근거하여 '네 가지 우선'을 제기하였다. 즉 부민 우선, 과학교육 우선, 환경 보호 우선, 절약 우선 등이 그것이다. 이는 과학 발전관이 장쑤성에서 구체화된 것으로, 새로운 발전 단계에 장쑤성이 반드시 견지해야 하는 뚜렷한 방향이다. 그 가운데 부민 우선을 '네 가지 우선' 제일 처음 배치한 것은 부민 우선의 중요성을 나타낸 것이다. 장쑤성 위원회는 부민을 우선으로 하는 발전 목표를 강조하고, 주민을 부유하게 하는 가장 중요한 방법으로 창업을 지원하였다. 사회 전체의 창조 활력을 불러일으켜, '주민이 가업을 일으키고, 기업이 실업을 일으키며 간부가 사업을 일으키는' 것을 장려함으로써 장쑤성이 진정으로 창업의 열기가 넘치는 땅이 되게 하고, 주민들의 경영성, 재산성 소득을 늘리는 데 노력하도록 했다. 취업 촉진을 정부 사업의 우선 위치에 굳건하게 놓고, 전방위적으로 취업 공간을 넓혀 나가며, 여러 통로에서 취업 훈련을 강화하고, 가능한 사람은 창업을 하도록 도우며, 약자의 취업을 이끌어내고 도우며, 대부분 사람들이 취업을 통해 임금성, 복지성 소득을 늘리도록 하였다. 농촌 노동력의 이전과 현대 고효율 농업 발전을 가속화하여 부유한 농민을 중심으로 사회주의 신농촌을 건설해 나간다. 산업구조와 취업 구조, 분배구조 조정을 총괄적으로 고려하여 도시와 농촌, 지역과 서로 다른 사회집단의 소득 격차를 합리적으로 조정한다. 높은 기술, 고효율 산업을 대대적으로 발전시키는 기초 위에서 점차 노동자의 소양을 높이고 노동자 보수를 높이는 '쌍고雙高' 취업과 분배 메커니즘을 만들어 나간다. 양로와 실업, 의료와 도농 최저 생활 보장 제도 완비에 박차를 가하고, 올 커버하는 사회 안전망을 구축하여 어려운 사람들의 기본 생활을 확실하게 보장하며, 도시와 농촌의 어려운 주민들의 최저 생활 보장 수준을 끊임없이 높여나가고, 먹고, 입고, 거주하는 '3유'의 하한선을 굳건하게 지켜나가며, 어려운 가정의 진학난, 진료난의 '양난兩難' 문제를 점차 해결해 나간다.

(3) 민생 행복 프로젝트 실시

2011년, 장쑤성 위원회 11기 10차 전체 회의에서 '여섯 가지 치중' 전면 실시, '8개 항목 프로젝트' 전력 실시, '두 가지 선도'의 새로운 배치를 더욱 좋고 빠르게 추진 등을 전면적으로 실시하였다. 그 가운데 민생 행복 프로젝트를 중요한 프로젝트로 하였는데, '민생이 보다 행복한 것'을 '두 가지 선도'의 새로운 내용이자 새로운 표준으로 하였다. 민생 행복 프로젝트를 추진하는 데 있어서 장쑤성이 중점을 둔 것은 '하나의 계획' 실시, '6대 체계'를 세우는 것이었다. '하나의 계획' 실시는 바로 주민 소득을 두 배로 늘리는 것이다. 이는 민생 행복 프로젝트의 기초이자 핵심이다. 주민 소득의 두 배 증가에는 두 가지 함의가 포함되어 있다. 그 하나는 실제 소득의 두 배 증가다. 물가 요소를 빼고 남은 두 배 증가이지, 명목상의 두 배 증가가 아니다. 다른 하나는 구조의 최적화로, 사람들에게 미치는 혜택의 두 배 증가이지, 단순한 평균의 두 배 증가가 아니다. 주민 소득의 두 배 증가 계획 실시를 둘러싸고 장쑤성에서는 농촌 주민, 기업의 직장인, 중저 소득자, 어려운 가정 등의 '4대 집단'의 소득 증대를 목표로 취업과 창업, 투자, 사회 보장, 지원 등의 '5대 소득 증대 통로'를 넓혔고, '세 가지 높음'을 실현하기 위해 노력했다. '세 가지 높음'은 직장인의 최저 임금 표준 증가폭이 지역의 총생산 증가폭보다 높을 것, 저소득자의 소득 증가폭이 성 전체 평균수준보다 높을 것, 농민의 소득 증가폭이 도시보다 높을 것 등으로, 주민 소득이 보편적으로 비교적 빠르게 늘어나도록 하는 것이다. 동시에 소득 분배 제도 개혁을 적극적으로 추진하여 도시와 농촌, 지역과 서로 다른 집단 간의 소득 격차를 점차 줄여나가는 것이다. '6대 체계'를 완비해 나간다는 것은 바로 평생 교육, 취업 서비스, 사회 보장, 기본 의료위생, 양로 서비스, 주택 보장 체계를 완비해 나가는 것으로, 기본 공공 서비스 기능을 강화하는 것이다.

민생행복 프로젝트를 실시하는 과정에서 장쑤성은 민생보장과 민생행복의 관계를 잘 파악하여 개인의 행복과 많은 주민들의 전반적인 행복의 관계, 적극적이고 양심적으로 수행하는 관계, 두 마리 토끼를 모두 잡고 중점을 두드러지게 하는 관계를 과학적으로 실시하여 민생행복 프로젝트가 진정으로 보장 수준이 높고 대중의 행복감이 강한 주민에게 혜택이 되는 프로젝트가 되도록 하였다.

(4) '주민 부유'의 체계적 배치 추진

'강부미고强富美高'의 새로운 장쑤성 건설에 관한 시진핑의 간절한 바람 가운데에서 '주민 부유' 실현은 중요한 구성 요소다. 장쑤성은 '강부미고'의 새로운 장쑤성 건설을 추진하는 과정에서 부민富民에 초점을 맞추고 주민을 중심으로 하는 발전 사상을 견지해 나가면서, 사람들의 성취감과 만족도를 끊임없이 향상시켜 나갔다. 장쑤성 위원회와 성 정부는 13차 5개년 계획을 제정할 때 5대 발전이념과 발전 단계의 새로운 변화, 새로운 요구에 근거하여 발전 전략의 지속성과 안정성을 유지하는 기초 위에서 시의적절하게 발전 전략을 풍부하게 완비해 나가고 전략적 내용을 심화 확장해 나가 민생 공유 전략을 제기하였다. 이 전략은 새로운 시기에 장쑤성이 공동부유를 실천하는 지도성 전략이었고, '주민 부유'를 추진하는 전략적 수단이었다. 민생 공유 전략 실시는 인간 본위, 민생 우선, 공유 발전을 견지하는 것으로 민생 요구를 경제 사회 발전의 근본적인 방향으로 삼아 창업을 통한 부유, 근로를 통한 부유를 장려하고, 기본 공공 서비스 균등화 수준을 높이고, 빈곤 지원과 탈빈곤 전투 임무를 전체적으로 완수하며 민생을 확실하게 보장, 개선하며, 주민들의 물질 생활 풍족, 정신 생활의 풍요로움을 촉진하여 성취감과 행복감을 끊임없이 늘려 나가는 것이다.

장쑤는 부민의 지향점이 동요하지 않고 이탈하지 않으며 느슨해지지 않도록 하면서 '부민 33조' 정책을 내놓아 정부의 유형의 손, 시장의 무형의 손, 대중의 근면한 손이 함께 힘을 발휘하도록 노력하였다. 부민 산업을 가장 큰 버팀목으로 삼고, 산업 업그레이드와 고용 구조 업그레이드를 연동시켜 더욱 많은 '금 밥그릇' '은 밥그릇'을 만들어내고, 지방 특화 산업을 대대적으로 발전시켜 부민의 수익면을 넓혀나간다. 자주 창업을 가장 큰 잠재력으로 삼고, 대학 졸업생, 기업 중견, 대학과 연구소의 연구 인력, 해외 유학파, 귀향 농민공 등의 중점 집단이 시범적으로 선도하는 작용을 발휘하여, 창업하고 싶은 것, 창업하려는 것, 큰 사업을 벌이는 것을 더욱 많은 사람들이 추구하도록 한다. 공공서비스를 최대의 혜택으로 삼고, 기초적인 기본 공공 서비스 기능 배치 표준을 제정하여 75% 이상의 공공재정 지출을 민생 보장에 사용하고, 더욱 많은 양질의 공공재산을 제공하며, 도시와 농촌 주민의 '숨은 재산'을 증가시킨다. 양호한 생태를 가장 공평한 공공재로 삼고, 새로운 환경 정비 특별 사업을 전개하며, 석탄 소비 총량을 감소시키고, 낙후된 화학 공업 생산 능력을 감소시키며, 물 관리와 대기 관리, 흙 관리 전투를 잘 해내 생태 환경의 질이 가능한 한 빨리 근본적으로 호전될 수 있도록 한다. 빈곤 탈출을 최대 민생 프로젝트로 삼고, 질병과 장애와 재난으로 인한 빈곤, 빈곤의 대물림 문제를 중점적으로 해결하고, 장기적인 효과를 지닌 탈빈곤, 안정적 탈빈곤 메커니즘을 형성하게 하고, 2020년까지 1인당 연소득 6,000위안 이하의 농촌 저소득 인구가 모두 탈빈곤을 실현할 수 있도록 보장한다.

(5) 높은 수준의 소강이 공동부유를 추진한다

2017년 11월 22일, 중국 공산당 장쑤성 제13차 대표대회는 '혁신에 힘을 모으고, 부민에 초점을 맞추며, 높은 수준의 전면적인 소강사회 건설'을 주제로 하여 새로운 시기 장쑤성이 공동부유를 추진하고 이끌어가는 데 있어서의 목표와 실시 방법을 제기하였다. 회의에서는 높은 수준의 소강사회 건설에 있어서 가장 직접적이고 근본적인 것은 수많은 주민들의 부유 정도와 생활의 질을 향상시키는 것임을 지적하였다. 높은 수준의 소강은 특정 단계에서 공동부유의 중요한 표현 방식이다. '공동'으로 말하자면, 높은 수준의 소강은 그것을 실현하는 주체가 주민이라는 것이고, '부유'로 말하자면 그 내용은 주민 생활이 보다 높은 부유 정도와 보다 높은 삶의 질로 구체적으로 표현된다. 장쑤성이 높은 수준의 전면적 소강을 실현한다는 것은, 주민 생활을 보다 행복하게 만드는 것으로, 바로 주민들이 더 만족스러운 소득, 더 좋은 교육, 더 안정된 일자리, 더 믿을만한 사회 보장, 더 높은 수준의 의료위생 서비스, 더 쾌적한 주거 여건, 더 아름다운 환경 등이 있어야 하는 것이다. 또한 기본적으로 각 도시에서 난징까지 1.5시간 안에 도착하는 고속 철도, 도시 지역 사회에서 15분 안에 이루어지는 의료, 문화, 헬쓰, 양로 등 서비스, 도시와 농촌 주민이 점차 표준화, 균등화된 기본 공공 서비스를 누리고, 풍부하고 다채로운 정신문화 생활을 누리는 것이다.

(6) 주민의 삶의 질이 공동부유를 향상시킨다

고품질 발전 단계에서 장쑤성의 공동부유는 보다 높은 표준과 보다 좋은 기초를 갖게 되었다. 장쑤성 위원회는 '여섯 가지 고품질'에 관한 전략적 배치 과정에서 주민의 삶의 질을 장쑤성 공동부유에 새로운 내용으로 넣는 것을 추진하였다. 주민 삶의 높은 질은 바로 주민들이 삶이 더 여유롭고, 편리하며, 쾌적하고, 안심하고, 존엄을 갖추게 한다는 것이다. 우리는 네 가지에 노력을 집중할 것이다. 구조적 민생 문제를 해결하는 데 노력한 것이다. 제도 개혁에서 시작하여, 취업, 교육, 의료, 양로, 사회 보장, 도시 관리, 주택 보장 등에 있어서 두드러진 갈등을 해결하여 모든 민생의 '어려운 점'을 사회 발전을 추진해 가는 중점이 되게 할 것이다. 보편적 혜택의 성격을 띠는 민생 프로젝트를 실시하고, 기본 공공 서비스의 표준화에 박차를 가하는 데 노력할 것이다. 이를 통해 주민들의 '숨겨진 재산'을 보편적으로 증대시킬 것이다. 지원 성격을 띠는 민생의 실제적인 일을 잘 처리하는 데 노력할 것이다. 보장 구조 마지노선을 튼튼하게 구축할 것이고, 반드시 이긴다는 믿음으로 탈빈곤 전투에서 승리를 거둘 것이다. 다양한 민생 수요를 만족시키는 데 노력할 것이다. 주민의 주체적인 역할을 발휘하게 하고, 주민들을 인도하여 함께 싸워나가는 과정에서 성취감, 행복감, 안전감을 늘려나갈 수 있도록 할 것이다.

2 _ 장쑤성 공동부유에 대한 당의 조직적인 지도

(1) 소득 증대에 있어서 당의 조직적인 지도

주민의 소득 증대는 공동부유를 실현하는 데 있어서 구체적으로 드러난 중요한 모습이다. 장쑤성 위원회는 주민들의 소득 증대를 추진하는 과정에서 시종일관 조직 지도를 강화하는 데 치중하여 공동부유 실천에 강력한 조직적 보장을 제공하였다. 예를 들어, 2011년 6월, 장쑤성 위원회와 성 정부는 〈주민 소득 두 배 증대 계획에 관한 의견〉을 발표하여 조직 보장에 있어서 각급 당 위원회, 정부가 주민 소득을 두 배로 늘리는 계획 지도 팀을 만들고, 주요 지도자를 팀장으로 하여 적시에 계획을 실시하는 과정에서의 중대한 사항을 연구하고, 계획을 실시하는 데 협조하게 하였다. 2011년 8월, 장쑤성 위원회와 성 정부는 〈민생 행복 프로젝트 추진에 관한 의견〉을 발표하여, 조직 지도를 강화하고, 민생 행복 프로젝트를 추진하는 메커니즘을 세우는 것에 대해 체계적인 배치를 진행하였고, 건전한 당 위원회와 정부의 조직 지도, 관련 부서의 합동 추진, 사회 각계 각층의 참여, 주민이 함께 건설하고 누리는 사업 메커니즘을 세울 것을 제기하였다. 각급 당 위원회와 정부가 시종일관 주민의 이익을 1순위에 놓고, 주민들의 상황을 깊이 있게 이해하고 민의를 충분히 반영하며 주민의 지혜를 널리 집중하고 주민의 힘을 귀하게 여기는 정책 결정 메커니즘을 하루 빨리 형성할 것을 요구하였다. 아울러 각종 개혁적 조치를 내놓음에 있어서 주민의 수용 능력을 충분히 고려할 것도 요구하였다. 부서별로 함께 관리하고 함께 책임지는 협조 메커니즘을 건립하고, 사업을 실시해 나가는 전체적인 협동 추진을 형성하도록 하였다. 2016년 12월, 장쑤성 위원회와 성 정부는 〈부민에 초점을 맞추고 지속적인 도시·농민 소득수준 향상에 관한 약간의 의견〉을 발표하여 주민 소득증대를 강화하는 과정에서의 조직 지도를 명확하게 제기하였다. 성 정부는 주민 소득증대의 협조적 추진 사업 메커니즘을 세우고, 주민 소득증대를 실시하는 중대한 사항을 적시에 연구하였고, 조직 지도와 추진 독촉을 강화하였다. 성의 관련 부서에서는 전체적인 국면 의식을 늘려나가 책임있는 실시를 강화하고 관련 조치를 완비해 나가며, 정책적 공조를 형성하였다. 각지에서는 실제 상황에 근거하여 주민 소득증대를 촉진해 나가는 구체적인 방안을 제정하고 현지 주민의 소득 증대 목표를 확실하게 완수할 수 있도록 했다.

(2) 탈빈곤 전투에 대한 당의 조직 지도

빈곤에서 벗어나는 것은 공동부유를 실현하는 기초이자 전제이다. 온포를 뛰어넘어 소강사회로 접어든 이후 장쑤성 위원회는 주민들의 탈빈곤 문제를 매우 중시하였다. 탈빈곤 전투 행동 과정에서 조직을 강화하고, 저소득 집단이 경제 사회 발전의 성과를 함께 누리도록 하였다. 예를 들어, 2018년 7월에 장쑤성 위원회와 성 정부는 〈탈빈곤 전투 프로젝트의 조직적 실시에 관한 의견〉을 발표하여, 조직적 지도에 대해 체계적인 배치를 진행하였다.

그 하나는 탈빈곤 전투에 있어서 사업 책임제를 만들었다. 현(시, 구)의 당 위원회와 정부는 해당 지역의 탈빈곤 전투에 있어서의 책임 주체였고 당정의 주요 책임 동지가 제일 책임자가 되었다. 탈빈곤 전투 임무가 있는 현(시, 구)은 탈빈곤 전투 프로젝트 실시를 소강사회 건설의 확고한 임무로 하였고, 조직 지도를 강화하고 각 항목의 정책적 조치를 전면적으로 실시하여 예정대로 탈빈곤 목표를 달성하도록 하였다. 빈곤 지원 사업기구 건설을 강화하고, 사업체계를 완비해 나가며, 종합 협조, 조직 실시, 검사 독촉의 역할을 충분히 발휘할 수 있도록 하였다. 경제가 빈약한 마을의 촌급 조직원 건설을 확실히 강화하고, 촌락 간부 양성 교육을 대대적으로 전개하며, 촌락 간부들의 '선도적으로 부자가 되고 이끌어서 부자가 되는' 능력을 끊임없이 향상시키고, 농촌 기층 조직의 응집력, 호소력, 전투력을 증강시킨다.

다른 하나는 중점 지역의 지원 강도를 높이는 것이다. 탈빈곤 전투의 중점 현(구)의 성 위원회는 빈곤 지원 사업팀을 파견 주재하게 한다. 팀장은 청장이나 국장급 책임동지가 맡고 나아가 지원 강도를 높인다. 사업팀은 현지 당 위원회, 정부의 통일된 지도 하에서 사업을 전개한다. 소통과 협조를 강화하고, 탈빈곤 전투 임무를 함께 완수한다. 본래 파견되어 주재하고 있는 성 위원회 빈권 지원 사업팀, 이번에 중점 빈곤 지원에 들어가지 못한 8개 현(시, 구)의 지원 관계는 변하지 않는다. 성의 각 항목의 지원책도 변하지 않으며, 쑤베이蘇北 각 시와 현에서는 공동으로 빈곤 지원 사업팀을 만들어 탈빈곤 전투 프로젝트를 실시한다.

또 다른 하나는 각 분야의 지원 책임을 확실하게 하는 것이다. 탈빈곤 전투 지원 임무를 각급, 각 부서, 각 방면으로 나누어 사회 전체의 역량을 조직적으로 동원하여 탈빈곤 지원에 나서게 하고, 강대한 협력을 이끌어낸다. '오위일체五位一體' 지원을 지속적으로 실행하고, 각 분야의 사업 책임을 명확히 하여 지원의 힘을 극대화한다. 쑤난 지역에서는 남북에 알맞은 지원과 합작 관계가 농촌으로 뻗어나가게 하여 발달한 도시·농촌과 쑤베이 지역의 경제가 취약한 마을이 자매결연을 맺어 도움을 줄 수 있도록 조직한다. 대학과 연구소는 과학 기술 지원 조치를 강화하고, 각종 과학 기술 인력과 경제 취약촌을 연결하여 특화 산업 발전을 지도하고 도울 수 있도록 한다. 당원 간부와 가난한 농가가 자매결연을 맺도록 조직하여 소득 증대를 꾀하도록 한다.

(3) 기업가 대오 건설에 대한 당의 지도

기업가의 역할을 발휘하고, 주민들에게 숨겨져 있는 기업가 정신을 불러일으키는 것은 장쑤성 공동부유의 중요한 동력의 원천이다. 장쑤성은 기업가 대오 건설을 매우 중시하였다. 2018년 5월에 장쑤성 위원회 판공청은 <기업가의 건강한 성장 환경 조성과 기업가 정신을 드높일 수 있고 기업가의 역할을 더 잘 발휘할 수 있게 하는 것에 관한 실시 의견>을 발표하여 기업가 대오 건설을 강화하는 것에 대한 당의 지도에 관해 체계적인 배치를 실시하였다.

그 하나는 국유 기업에 대한 강의 지도를 견지하고, 국유 기업의 당 건설을 전면적으로 강화하며, 국유 기업의 당 조직 지도 역할을 발휘하도록 하였다. 당 건설 사업의 진척 규정을 전면적으로 실현하고 국유 기업의 당 건설 '기초를 튼튼히 하고, 품질을 향상하는' 프로젝트를 심도 있게 실시하였다. '둘을 배우고 하나를 행하는' 학습교육의 상시적 제도화를 추진하며 '초심을 잊지 않고 사명을 기억하자'는 주제교육을 전개하고, 당의 건설과 국영 기업 개혁 발전의 동시적 기획, 당의 조직 및 사업기구의 동시 설치, 당조직 책임 및 당직자의 동시 배치, 당 건설업무의 동시 전개 '네 가지 동시'를 견지하며, 체제 도킹, 메커니즘 도킹, 제도 도킹과 업무 도킹 등의 '네 가지 도킹'을 실현한다.

다른 하나는 교육이 민영 기업가가 당의 지도자를 옹호하도록 이끌고 기업의 당 건설 사업을 지원하도록 한다. 건전한 비공유제 기업의 당 건설 사업 메커니즘을 세우고, 당 건설 사업의 여러 방식을 적극적으로 모색하며, 비공유제 기업의 당 조직과 사업 커버면을 확대해 나가는 데 노력을 기울인다. 상공회의소 조직을 확대하고, 상공회의소 네트워크를 완비해 가는 과정에서 상공회의소 당 건설 업무를 더욱 강화하고 개선하며, 총상공회의소 당 위원회 건설을 추진하며, 당 건설과 통일전선 사업이라는 '두 덮개'를 모두 처리하도록 추진한다. 기업가 가운데 우수한 사람, 특히 젊은 신세대 기업가를 당의 대오에 받아들여 상공회의소에서의 힘을 계속해서 늘려나가도록 한다.

또 다른 하나는, 당원사업가들에 대한 일상적인 교육관리의 기초적인 업무를 강화하고, 당성 교육, 취지 교육, 경고 교육을 강화하며, 당원 사업가에게 정치 의식, 대국 의식, 핵심의식, 견제의식을 확고히 수립하고, 정치 기율과 정치 법칙을 엄히게 밝히며 이상과 신념을 확고히 갖고, 당의 기본노선과 각종 방침정책을 결연히 집행하며, 당을 사랑하고, 당을 걱정하며, 당을 발전시키고 당을 보호하는 것을 경영관리 각 항목의 업무에 정착시키고, 솔선수범하여, 실제 행동으로 당원의 선봉 역할을 충분히 드러내도록 한다.

3 _ 당 건설이 공동부유의 혁신 실천을 추진한다

각각의 발전 단계에서 장쑤성의 각급 당 위원회는 사업방법의 혁신을 적극적으로 추진하였고, 일련의 대표성, 선도성이 풍부한 사업 방법을 뽑아냈는데, 공동부유를 실천해가는 과정에서 효과적인 역할을 했다.

(1) 기층 당 건설의 전체 시작점 – '다섯 가지 초점에 다섯 가지 실행'

2019년 4월, 장쑤성은 기층 당 건설 '다섯 가지 초점, 다섯 가지 실행' 3년 행동 계획 배치회 및 중점 임무 추진회를 개최하여 30개 중점 항목을 한꺼번에 내놓았다. 기층 당 건설의 어려운 점, 취약한 점을 해결하고, 3년의 '기층을 크게 잡는 것'을 통해 말 그대로 기층 당조직의 조직력을 향상시키는 것에 화력을 집중하였다. 3년 행동 계획의 총강령은 '다섯 가지 초점에 다섯 가지 실행'으로, 기본 조직, 기본 대오, 기본 활동, 기본 제도, 기본 보장에 초점을 맞추는 것이고, '다섯 가지 기본'을 함께 잡아 당의 전면적인 지도, 당의 굳건한 힘, 당의 호소 요구, 당의 기율과 규율, 당의 관심 서비스가 기층에서 실시되도록 하는 것이다. '다섯 가지 초점에 다섯 가지 실행'은 장쑤성이 기층 당 건설을 강화하는 것에 관한 중앙의 요구가 현실화된 것이고, 체계적으로 기획되고 총체적으로 설계된 것으로, 장쑤성이 미래의 어느 기간에 기층 당 건설을 강화하는 전체적인 시작점이기도 하다. "이 사업을 확실하게 잡기 위해서 장쑤성은 '다섯 가지 초점에 다섯 가지 실행'을 30가지 중점 항목으로 세분화하여 미시적인 측면에서 문제에 더욱 초점을 맞추고, 목표를 향해 시책을 실시하여, 기층 당 건설 업무를 전면적으로 강화하였다."

(2) 당 건설의 부민富民 방법과 실천 모색

- 기층 당 건설의 '9대 사업법'

2011년, 장쑤성은 당 건설 사업의 혁신 프로젝트를 심도있게 실시하였다. 방법의 혁신으로 기층 당 건설의 혁신 실천을 추진하였고, 성 위원회 조직부에서는 전국에서 처음으로 9개 분야의 기층 당 건설 사업법을 집중적이고 체계적으로 보급하였다. 주요한 것으로, 창더

성常德盛의 '농촌 정세 사업법', 타오윈난陶云南의 '인재 육성 사업법', 천후이펀陳惠芬의 '융화 사업법', 차오룽샹曹龍祥의 '동심同心 사업법', 후친옌胡琴淵의 '거리 제로 사업법' 등이 있는데, 농촌과 국유 기업, 외자 기업, 민영 기업, 지역 사회, 기관, 학교, 사회 조직, 정법 창구 단위 등 서로 다른 분야에서의 당 건설 사업의 어려운 문제를 염두에 두고 기층 우수 당무 작업자의 혁신 실천을 결합하여 보급 가치가 있는 법칙성 경험을 총결 정리하였고, 흐름 설명도를 설계하여 발걸음 추진과 효과적인 방법을 명확히 함으로써 각 분야에서의 기층 당 조직이 사업을 전개하고 역할을 발휘하는 데 배우고 쓰고 이용하기 좋은 사업 모델을 제공하였다. 기층 당 조직 출신의 당무 사업자의 혁신적 실천은 장쑤성이 기층 혁신 발전에 대중이 보고 듣기 좋아하고 인정미 넘치는 효과적인 방법을 추진하는 데 있어서 효과적이었다. 그 가운데 수많은 방법이 기층의 공동부유 실천 과정에서 탁월한 효과가 있는 역할을 발휘하였다. 예를 들어, 창서우시常熟市 즈탕진支塘鎭 장항촌蔣巷村의 당 위원회 서기 창더성이 '농촌 정세 사업법'이라 이름 붙인 방법은 농촌에서의 실제 사업에서 착안하여 농민들의 부 축적 수요에 순응하면서 아울러 농촌의 향토 풍속을 고려하여 농촌의 기층 당 조직의 핵심적인 역할을 충분히 발휘하고, 강촌부민強村富民을 첫 번째 힘쓸 일임을 견지해 나가며 공동부유를 추구해 나갈 목표로 하고 선도 경쟁을 정신적인 동력으로 하도록 하였다. 핵심적인 요지는 마을의 선량한 정에 밀착하여 발전을 꾀하고 친숙한 정을 가득 담아 주민을 잘 대하며, 주민들의 정에 순응하여 민심을 잘 수렴한다는 것이다.

'농촌 사업법'의 주요 방법은 다음과 같다. 첫째, 마을의 정에 밀착하여 모든 것을 함께 고려해 가면서 건강한 마을로 발전시켜 나가자는 것이다. 실상 농촌 환경에서 출발하여 농촌의 기층 당 조직의 새로운 농촌 건설 3대 임무 조직, 즉 총괄 관리 발전, 집약 발전, 지속 발전 등을 명확히 하는 것이다. 둘째, 친숙한 정을 가득 담아 각각의 사람에 맞게 공동부유가 민생에 혜택을 주도록 하는 것이다. 주로 주민을 위해 두 가지 실제적인 일을 해냈다. 부유의 길로 향할 수 있는 직장 제공, 생활 보장 제공이 그것이다. 셋째, 주민들의 정에 순응하여 문화가 민풍을 잡고 조화를 촉진하도록 인도한다. 훌륭한 농촌 풍속 문명을 잘 포착하여 세 가지 중점, 문화 육성, 민주 초점, 시범 감화 등을 건설한다. '농촌 정세 사업법'의 관건은 다음에 달려 있다. 농촌의 당원과 간부가 자신의 부유만 돌아볼 수 없고, 모두를 이끌어 부유하게 해야 한다는 것이다. 부를 쌓은 농민은 불룩한 주머니만 돌아볼 수 없고, 머리를 꽉 채워야 한다. 선진 문화를 이용하여 사람을 발전시키고, 현대 문명으로 사람을 향상시키며, 현대 신형 농민을 대대적으로 육성하여 농촌의 지속적인 발전과 조화로운 발전을 추진해야 한다.

- '백촌반월百村半月' 사례조사 연구

2018년 이후 장쑤성은 기층 당 건설 사업 과정에서 형식주의, 관료주의 문제에 초점을 맞추고, 성 전체에서 '백촌반월' 사례조사 방법을 심도 있게 전개하였다. 당 건설 사업에 253명의 일꾼을 118개 행정촌에 들어가도록 조직하여 사례 조사를 하였다. '필드 작업' 중에 취약한 항목, 부족한 항목을 조사하고, 기풍을 바꾸고, 실현을 촉구하였다. 이를 통해 각 분야의 기층 건설이 함께 전진해 나갈 수 있도록 이끌고 독려하였고, 질을 높이고 효과를 끌어올렸다.[1]

    사례조사 연구를 통해 기층의 진실 문제가 밝혀져 사실대로 난제를 해결할 수 있었다. 예를 들어, 공산당 19차 당대회에서 농촌 진흥전략 조치는 각 단계와 부서에서 마찰이 빚어지면서 많은 모임이 열렸고, 적지 않은 보고들이 나왔지만 어떤 일들은 '계단소리만 들리고, 내려오는 사람은 보이지 않았다.' 몇몇 기관에서는 '각자가 자신만의 곡조에 맞춰 노래를 부르기도' 하였고, 심지어 정책적인 싸움을 벌이기도 했다. 조직 부문으로서 조직 진흥과 인재 진흥의 정치적 책임을 자각하고, 관련 부문과 소통을 적극적으로 강화하며, 적극적으로 자원을 통합하고, 정책 패키지, 인재 패키지, 자금 포장을 추진하며, 촌급 조직의 기본 운영 보장 경비를 높여야 한다. 각 빈곤촌에 두 개의 '농촌 진흥 특별초빙 직책'을 증설하고, 현지 중고등학교 졸업 가운데 '마을 간부'를 양성하여, 집단 경제의 빈

---

[1] 中共江蘇省委組織部, 〈"百村半月" 蹲點調研力戒形式主義官僚主義〉, 《黨建研究》 2019년 5기.

껍질 마을을 기본적으로 없앤다. 나아가 강촌부민强村富民의 기초를 튼튼하게 만들고, 더 많은 사람들이 희망을 보고 달려나가도록 한다.

기층 당 건설 '다섯 가지 초점에 다섯 가지 실천' 3년 행동 계획을 실시하는 과정에서 장쑤성 위원회 조직부는 각급 조직 분야가 앞장서서 형식주의, 계몽주의를 극복하고, 더 많은 노력을 실제적인 행동과 효과에 쏟아부어야 한다고 강조하였다. '백촌반월' 사례조사 연구를 이용하여, 훌륭한 기풍을 기층 조직에 가져와야 한다는 것이다. 노력을 기울여 기층 당 건설의 심사 과다, 과도한 흔적 남기기, 많은 회의, 많은 문서, 많은 자료 등의 불러진 문제들을 해결해야 하고, 좋은 조치가 기층 조직에 떨어질 수 있도록 한다. 기층 조직을 위해 더 많이 생각하고, 좋은 일은 더 많이 기층 간부들에게 양보하며, 더 많은 좋은 사람들이 기층 간부를 맡도록 하며, 더 좋은 입소문을 기층에 전해지도록 하여, 최대한으로 개혁의 안정적 발전을 지켜나가는 선순환 에너지를 모아야 한다.

- 도시 기층 당 건설 혁신의 '쑤저우蘇州 모델'

개혁 개방 이후 쑤저우의 도시화는 급속하게 추진되었다. 현재 상주 인구는 1,065만에 달하고, 도시화율은 76%를 넘는다. 시 전체에 4만여 개의 당 조직, 55만여 명의 당원이 있으며, 약 80%는 도시에 집중되어 있다. 공산당 18차 당대회 이후 쑤저우시 위원회는 시진핑 새로운 시대 중국 특색의 사회주의 사상의 위대한 기치를 높이 들고 중앙의 '상하이 회의'와 장쑤성 위원회의 '쑤저우 회의'의 요구를 성실하게 실천하면서, 도시 분야의 당의 지도를 끊임없이 강화하였고, 도시 기층 당 건설 사업의 '가감승제加減乘除' 사업 아이디어를 뚜렷하게 확립하였다. 이를 통해 도시 혁신 발전을 추진하는 과정에서 당 건설 사업의 평형석이자 추진기 역할을 효과적으로 발휘하였다. 도시 기층 당 건설 혁신 과정에서 쑤저우는 주민들에게 봉사하는 것을 기층 당 건설을 강화하는 핵심 목표라고 강조하였다. 쑤저우의 도시 기층 당 건설 사업은 시종 주민 중심의 발전 사상을 관철하였고, 주민의 수요가 여러 분야에서 다양하게 드러나는 특징을 심각하게 인식하며, 시진핑이 제기한 '여덟가지 더更'를 방향으로 하여, 주민들이 가장 관심을 가지고 있는 문제로부터 시작하여 주민의 성취감과 만족도를 확실하게 높이고, 주민을 위한 주민의 도시를 만들어 나가야 한다는 사실을 심각하게 인식하였다. 기층 당 건설 사업 방법의 혁신에서 쑤저우는 비공유 경제 발달에 역점을 두고 각종 단지, 상권과 시장, 비즈니시 빌딩, 인터넷 매체 등 신흥 분야가 매우 활발하다는 특징을 염두에 두어 쑤저우는 지역화 당 건설로 아우르는 내용을 철저히 하고, 당 건설 사업의 '빈 틈'을 효과적으로 줄여나가도록 했다. 한편으로 한편, 산업사슬, 창업원, 개발구 등 '양신' 조직 집결구역을 단원으로 하여 지역 당 건설 작업소 339개를 건설하고, 시 전체의 18개 국가급 특화 상가, 82개 이상의 시장, 800여 개의 중점 상업 빌딩, 32개 국가급 크라우드에 대해 당 조직의 올커버를 실현하였다. 한편, 핵심 역량을 갖추고 가도街道, 개발구를 주체로 하여 600명에 가까운 전임 당직자를 통일적으로 모집하며, 모두 직업 자격 등록 관리 체계를 수립하고, 지역 당 건설 사업소에 침투하여 당 건설 업무를 전문적으로 수행하며, 당 조직 '부화'와 당 건설 서비스 기능을 비교적 잘 발휘하도록 하였다. 당 건설은 비공유 경제의 건강한 발전을 촉진하며, 또한 신세대 쑤저우 공동부유의 전형적인 통로가 되었다.[2]

- '홍떠우紅豆 당 건설' 브랜드

홍떠우 그룹 당 위원회는 1997년에 만들어졌다. 그룹 당 위원회 산하에 당 지부 110여 개가 설립되었고, 당원은 1,300명에 달하는데, 당 조직 건설은 그룹 본부에서 판매 일선에 이르기까지 전체를 커버하였다. 2018년 12월 홍떠우 그룹 당 위원회는 성과 중점적으로 연계된 30개 민영 기업 가운데 하나가 되었다. 홍떠우 그룹은 주주권 개방 사업, 소득 증대 사업, 인센티브 분배 제도 개혁을 대대적으로 실시하였고, 스타급 직원 선정, 경쟁 승진, 민주 소통제도를 만들어 탁월한 성과관리와 사회적 책임관리를 추진하였으며, 지속적인 격려, 인도와 감화를 통해 직원들이 기업의 주인공이라는 자부심과 책임감을 느끼도록 하면서 활

---

2 中共蘇州市委組織部, 〈江蘇蘇州市 : 打造黨建核心引擎, 引領城市創新發展〉, 人民網, 2018년 7월 18일.

발한 혁신 창업 활력을 불러일으켰다. 홍떠우 그룹은 이 그룹이 빠르고 안정적으로 성장해 나갈 수 있는 관건은 기업의 당 건설 사업에 치중하여 당 조직이 기업에서 정치적 인도 역할과 직원들 가운데 정치적 핵심작용을 발휘하여 당 조직의 정치적 장점을 기업 발전의 장점으로 바꾸어 당 건설 사업에서 얻은 성과를 기업의 생산력으로 바꾸고 당과 기업의 고도의 융합을 통해 강한 당 건설로 강한 발전을 촉진한다고 여겼다. '홍떠우 당 건설'은 홍떠우의 '산업 보국, 공동부유'라는 기업의 근본 취지가 당 건설 분야에서 구체화된 것이다.

'홍떠우 당 건설'은 분명한 특징이 있다. 당 건설 사업에 있어서 홍떠우 그룹은 '한 가지 핵심, 세 가지 장점'으로 요약된다. 당 조직의 정치적 핵심 역할을 발휘하여 당 건설의 장점을 기업 발전의 장점, 인재의 장점, 조화의 장점으로 바꾼 것이다. '하나의 융합, 둘의 양성, 셋의 인도'라는 홍떠우 당 건설 사업법을 만들어, 당과 기업의 융합을 견지하고, 당원 인재의 쌍방향 양성을 견지하며, 선진 기업문화를 선도하고, 조화로운 기업 구축을 선도하고 사회적 책임을 이행하도록 이끌어 나간다.

- **시지탕촌西棘蕩村 - 당 건설이 창업 부민의 길로 이끌다[3]**

롄윈항시 깐위구贛楡區 시지탕촌은 장쑤성과 산둥성의 경계에 위치해 있다. 그 이름과 관련된 의미를 생각해 보면, 가시가 무성하고 강물이 종횡으로 흐르는 곳이다. 20년 전에 '온 눈에 진흙탕길, 도처에 흙벽돌집, 가난하기 이를 데 없는' 이 곳은 유명한 빈곤 마을, 어지러운 마을, 홀아비 마을이었다. 지금 다시 시지탕을 보면, 도로는 넓어졌고, 녹음이 우거졌으며, 별장들이 도처에 세워졌고, 농민들의 1인당 평균 순소득은 22,000위안이 넘는다. 시지탕의 발전은 사람들을 놀라게 하였다. 그 성과는 관심을 받기에 충분했고, 명예도 갈수록 높아졌다. 이미 산둥과 장쑤 경계는 손색이 없는 강한 공업 경제 마을, 장쑤성의 문명 마을, 민주 관리 시범 마을, 민주 법치 시범 마을이 되어 창업 부민富民, 공유 발전의 '시지탕의

---

3   段東,〈西棘蕩村:黨建引領創業富民之路〉,《唯實》, 2019년 제1기.

길'을 걸어나가면서 '양취일고兩聚一高'라는 새로운 실천의 '쑤베이蘇北 모델'을 만들어냈다. 2007년, 시지탕촌에 촌급 당 위원회가 세워졌다. 산업 발전의 수요에 근거하여 공업, 농업, 개별, 노인 등 네 개 당 지부가 각각 세워졌고, 지부를 산업 사슬에 세워서 당 위원회 주민들을 부유하게 이끌도록 하는 힘을 강화하였다. 한층 더 제도를 완비하고 촌 간부와 당원의 관리를 강화하며, 촌의 '양 위원회' 간부 사업제도, 정례회의 제도를 제정하고, '삼회일과三會一課'를 규범화하였다. 당 조직의 각 활동은 정상적으로 전개되었고, 촌당 조직의 응집력과 전투력은 현저하게 상승하였다. 당원 간부의 모범적 역할을 충분히 발휘하게 하기 위해 촌당 위원회는 촌의 당원과 간부에 대한 목표 책임 고과를 실행하였다. 촌의 간부 입장에서는 창업 부민의 목표 완성 상황을 해당 연도 고과 내용에 포함시켜, 연말에 성과에 따라 상벌을 내림으로써 책임제를 이용한 책임자 관리를 하였다. 당원의 입장에서는, 당원의 창업을 격려하고 도우며, 1＋1의 지원 활동을 전개하고, 부유해진 당원이 1가구 이상의 어려운 주민을 돕도록 하여, 자금과 기술, 정보, 프로젝트 네 분야에서 시작하여 한 주민이라도 탈락하지 않게 하고, 그들이 공동부유의 길로 나아가도록 돕고, 수많은 당원들이 실제 행동을 통해 충성스럽게 담당하는 정치의 모습을 설명하게 한다.

• 자오야푸趙亞夫 - 논문을 대지 위에 쓰다[4]

자오야푸는 1941년 4월생으로, 장쑤성 전장시鎭江市 인민 대표대회 상임위원회 전 부주임, 전장鎭江 농업과학 연구소 전 소장으로, 국무원 특별 수당을 받고 있다. 시대의 모범, 전국 우수 공산당원, 전국 도덕 모범, 전국 선진 사업인, 전국 우수 과학 기술 특파원이다. 그는 농업을 발전시키고 농업이 혜택을 받는 것을 필생의 목표로 삼고, 농민에게 보여주고, 농민을 데리고 일하며, 농민의 판매를 도왔으며, 수많은 농민들이 빈곤에서 벗어나 부유해지는 것을 성공적으로 도와주었다. 자오야푸의 지도로 따이좡촌戴莊村 농민들의 연간 1인당 순

---

4 趙亞夫, 〈讓農民致富有奔頭〉, 中國文明網, 2018년 11월 21일.

소득은 과거의 2,000여 위안에서 2017년의 25,000위안으로 늘어났고, 집단 경제력도 대대적으로 강화되었다.

합작사의 도움으로 빈곤 가구는 부유해졌다. 더 기쁜 일은, 경제 발전에 따라 노동력과 토지 회전이 빨라져서 마을 전체 농가는 과거의 600여 가구에서 금년에 200가구 이하로 줄어들었다는 사실이다. 신기술의 보급과정에서 50여 가구의 농민 적정 규모(호당 50-100묘)에 마을 전체 농지의 70%를 심었다. 연소득은 일반적으로 10만 위안 안팎에 이르렀다. 2-3년 내에 이런 농가들은 80여 호로 늘어나 현지 도시의 일반 주민 수준보다 높아 소규모 농가가 직업농민으로의 변신을 실현하였다. 자오야푸는, 2014년에 시진핑이 우리 농업원에 왔었을 때 이렇게 당부했다고 말했다. "농업이 앞을 향해 달려나가는 산업이 되게 해야 한다. 농민의 소득 증대 촉진을 보다 중시하고, 많은 농민들이 행복한 생활을 할 수 있도록 해야 한다. 한 사람도 뒤떨어져서는 안 되고 한 가구도 탈락해서는 안 된다." 농업 전문가의 성과는 바로 드넓은 토지 위에서 과학 연구 혁신을 실천 성과로 바꾸었다는 것을 보여준 것이다. 자오야푸는 시진핑의 당부대로 행해 나가면 따이쫭촌의 내일은 분명히 오늘보다 나을 것이라고 굳게 믿는다.

14

장쑤성 공동부유의
새로운 장을 쓰다

공산당 19차 당대회 보고에서 민생 복지 증진이 발전의 근본 목적이고, 인간의 전면적 발전, 전체 국민의 공동부유가 당의 분투 목표임을 지적하였다. 중국은 21세기 중엽에 사회주의 현대화 강국 건설의 '두 15년'이라는 전략적 배치를 건설하는 과정에서 첫 번째 '15년'에는 전체 국민의 공동부유를 향한 견실한 발걸음을 내딛고, 두 번째 '15년'에는 전체 국민 공동부유를 기본적으로 실현해 나감으로써 중국이 현대화 건설 과정에서 공동부유를 추진해나가는 전략적 노선도를 그려냈다. 장쑤성이 나리 전체를 위해 발전의 길을 모색해 가는데 있어서 필연적으로 새로운 시대에 공동부유를 추진하는 위대한 실천 가운데 분발해야 하고, 모범이 되어야 한다. 신중국 수립 70여 년에 걸친 분투를 통해 장쑤성은 고도 성장에서 고품질 발전의 새로운 길로 바뀌어 가면서 발전의 질은 더 우월해졌고, 보다 균형이 잡혔으며, 포용성과 지속가능성을 더 갖추게 되었다. '강부미고强富美高'의 새로운 장쑤성은 끊임없이 새로운 성과와 기상을 드러내고 있다. 새로운 시대에 접어들어 공동부유에 대한 주민들의 강렬한 기대, 공동부유에 대한 고품질 발전의 강력한 버팀목 역할로, 장쑤성 전체 주민의 당의 강력한 지도 아래, 끊임없이 장쑤성 공동부유의 새로운 장을 쓰고 있고, 나라 전체의 공동부유를 위해 새로운 국면을 열어가고, 장쑤성의 힘과 맡아야 할 역할을 통해 지속적으로 공헌해 가고 있다.

1_ 장쑤성 공동부유의 새로운 내용을 확대해 나가다

(1) 공동부유 시대의 변화를 이해하다

공동부유는 예로부터 일맥상통하는 인류사회의 오랜 꿈이다. 또한 서로 다른 시공간에서 인류사회의 구체적 실천이고, 서로 다른 나라와 시대에 풍부하고 다채로운 역사적 내용을 드러내고 있다. 사회 생산력이 전체적으로 뒤떨어진 전통 사회에서 공동부유는 현실적인 물질적 기초를 갖지 못했다. 그 주요 가치는 인간들에게 이상을 위해 분투하는 가치 인도로 드러났고, 뜻있는 인사가 시대의 한계를 깨치고 나가는 이상을 밝히는 등으로 구체화되었다. 자본주의의 대량 생산이 전세계로 확장되어 나간 근현대 사회에서 인류 사회는 전통 사회가 상상할 수 없었던 물질적 부를 만들어냈고, 사회 생산력은 전대미문의 해방을 얻었다. 한편으로 서방 선진국은 국제 분업체계에서 유리한 위치를 차지하였고, 공동부유를 실현할 수 있는 현실적 기초를 어느 정도 갖추었다. 공동부유는 이로부터 대규모 실천의 사회적 조건을 구비하게 되었다. 다른 한편으로 사회 생산관계 등의 제도적 한계로 인해 사회 전체 문명 수준의 상승과 소수 사회 계층이 농단하는 사회 자산의 분배 주도권은 '사회적 패륜'에 처할 수 밖에 없었고 또 진정으로 공동부유는 실현될 수 없었다. 최근에 미국의 '월가를 점령하라' 운동, 유럽의 고복지 제도가 곤경에 빠졌다든가, 난민 위기 등은 서방 선진국이 효과적으로 공정과 효율을 기할 수 없다는 것을 보여주고 있는 것이다. 사회 불공정의 심화 속에서 사회 양극화, 사회 분열이 초래되고, 사회의 구조적 개혁의 어려움이 심화되면서 공동부유의 길은 갈수록 요원해지고 있다. 세계 공산주의 운동의 발전, 사회주의 국가의 탄생 등은 공동부유 실현에 필요한 제도적 조건과 실천적 기초를 제공해 주었다. 하지만 실제 역사에서 보자면, 공동부유 실현은 여전히 첩첩산중으로 그 길은 꽉 막혀 있다. 공동부유는 인류 역사상 위대한 꿈으로서, 이 꿈을 실현하기 위해서는 인류사회가 매우 힘든 노력을 기울여야 한다.

　　신중국 수립 이후 옛날의 공동부유. 천하 대동 이상은 옛 중화 대지에서 새로운 실천 조건을 구비하게 되었다. 하지만 중국 국민들은 아직 온포의 역사 단계를 실현하지 못하는 상태에서 공동부유의 시대적 함의는 주로 소유제, 소득 분배제 등 분야의 제도적 조건 창조로 표현되었다. 동시에 사회 생산력 발전에 힘을 기울여 국민들이 온포의 생활을 할 수 있는 정도로 표현되었다. 개혁 개방 이후 중국이 온포, 전체적인 소강을 넘어 전면적인 소강사회 건설로 변해감에 따라 공동부유의 함의는 점차 물질적인 부 중시에서 넓은 의미의 사회적 부에 치중하게 되었다. 또 효율 우선에서 공정과 효율을 함께 중시하고, 공평 정의 추구가 사회의 기본적 가치 방향이 되는 쪽으로 바뀌면서 공동부유는 날이 갈수록 성숙 상태에서 마땅히 갖춰야 하는 본래 모습으로 나타났다. 19차당대회 보고에서 중국 사회의 주요 모순이 이미 국민의 날로 늘어나는 행복한 생활에 대한 수요와 불균형하고 불충분한 발전 사이의 모순임을 지적하였다. 사회 주요 모순의 역사적 변화는 중국이 새로운 시대로 접어들게 한 핵심적인 동력이자 근본적인 근거이기도 하다. 중국 사회 주요 모순의 단계적 변화 그 자체는 바로 중국 공동부유의 발전이 새로운 차원에 이르렀다는 뚜렷한 표지이다. 중국이 '낮은 수준의 균형 함정'을 뛰어넘고 '보편적 부족'이라는 부족한 경제 단계를 뛰어넘어 사회 생산력이 대규모 확장되고 쌓이게 되었다. 이에 전면적인 소강을 실현하고 나아가 보다 부유한 단계로 나아가는 데 기초를 쌓았다. 새로운 시대에 접어들어 공동부유의 함의는 물질적인 부의 양적인 확장 추구와 균형 분배로부터 고품질 공급과 포용적 공유 추구로 바뀌어 행복한 생활에 대한 사람들의 추구를 만족시키는 것이 새로운 시대 공동부유를 추진하는 핵심적인 요구사항이 되었다.

(2) 공동부유 함의의 새로움을 이해하다

공동부유를 추진하는 오랜 역사 발전 과정 속에서 공동부유의 함의는 시대 변화에 따라 변하였다. 새로운 시대에는 언제나 공동부유에 새로운 동력과 새로운 함의를 주입해야 한다. 중국 특색의 사회주의가 새로운 시대에 접어들면서 공동부유 실천이 새로운 단계에 들어섰음을 의미하고 있고, 과거와는 다른 새로운 내용을 보여주고 있다.

첫째, 절대빈곤은 역사 속으로 들어가 공동부유의 기초를 튼튼히 다졌다. 빈곤은 부유의 반대 모습이다. 하지만 종종 같은 시대, 동일한 사회 속에 함께 존재한다. 서로 영향을 미치면서 서로 교류하며, 초월할 수 없고, 회피할 수 없는 사회의 기본적인 모습을 구성한다. 중국이 전면적인 소강 단계에서 기본적인 현대 건설의 새로운 단계로 바뀌어감에 따라 절대 빈곤 현상은 역사적으로 소멸되었다. 중국은 탈빈곤 전투에서 승리하였고, 철저하게 빈곤과 작별하면서 공동부유를 참신한 기초 위에 올려놓았다. 인류 역사 발전 과정에서 이러한 역사적 성과가 갖는 의미는 아무리 평가해도 지나치지 않다. 인류가 자연계에서 벗어나 문명사회로 나아가면서 풍요로운 대자연의 은총을 받기도 했고, 위험 무쌍함을 맛보기도 했다. 발달된 사회 문명 수준과 사회 생산력 수준 위에 세워져야만, 동시에 마르크스주의 고전 작가들이 말했던 자연을 잘 대해주었다는 인식과 자연 법칙을 정확하게 이용했다는 기초 위에 세워져야만 절대 빈곤을 철저하게 작별하고, 인류와 자연의 화해를 최소한 실현할 수 있게 되는 것이다.

둘째, 불균형 발전이 조화로운 발전으로 바뀌면서 공동부유의 기세가 쌓였다. 개혁개방 이후 중국의 지역 전략은 불균형 전략, 지역 공동 발전 전략, 지역 조화 발전 전략으로부터 높은 차원의 지역 조화 발전 전략으로 발전하였다. 지역 간의 경쟁와 협력은 중국 경제의 거시적인 공간을 함께 만들어냈다. 한편으로 '성장을 위한 경쟁'은 중국 특색의 경제 발전 동력 메커니즘이 되었다. 다른 한편으로, 지역 협력, 조화 발전은 시종일관 중국 사회주의 현대화 건설 사업의 가치 추구와 동력 원천을 구성하였다. 경제 뉴노멀에 접어든 이후 중국 경제 사회 발전 모델과 발전 노선의 근본적 변혁은 점차 과거 공동부유의 목표와 노선의 내재적인 분열과 내생적 모순을 극복하였고, 보다 균형 잡히고, 보다 공정한 지역 사회 발전 구조가 새로운 시대 공동부유에 믿음직한 초석이 되었다.

셋째, 행복한 생활에 대한 주민들의 동경에 응한 것이 공동부유의 혼을 만들어냈다.

행복한 생활에 대한 주민들의 추구는 공동부유에 인성에 들어맞고, 인정미가 넘치는 시대적인 함의로서, 사람들이 공동부유를 추구하는 것은 물질적인 부를 함께 누리기 위한 것뿐만 아니라 공정하게 닿을 수 있는 공공 서비스, 현대 문명을 얻을 수 있기 위해서이다. 물질적인 공동부유, 정신적인 공동부유 및 넓은 의미의 사회적 공동부유는 본질적으로 '주민 중심' 이념을 실천하여 공동부유를 추진하는 것이다. 행복한 생활에 대한 수요는 단순한 물질적 수요에 비해 함의가 더 넓고 품질이 더 높으며 공급 체계 계보를 넓히고 질 높은 발전을 촉진하며, 공동부유를 위해 질 높은 유전자를 심고, 고품질을 새로운 시대 공동부유의 전형적인 특징으로 만들며, 공동부유의 목표를 더욱 향상시키고 동력을 다시 업그레이드 할 것을 요구한다.

2019년 1월, 장쑤성 위원회 주요 지도자들은 장쑤성 정치협상회의 12차 2차 회의에서 고품질 발전 추진을 전열에 세우고, 굳건하게 민생 복지를 증진해 나가며, 주민들의 행복한 생활에 대한 동경을 끊임없이 실현해 나갈 것을 언급하였다. '주민 중심'의 마음에는 공산당원의 정치적 품격과 가치 추구가 응결되어 있었다. 높은 수준의 전면적인 소강을 결정짓는 중요한 순간에 주민 중심의 발전 사상을 자각적으로 실천해야 하고, 주민이 바라는 것을 정치의 방향으로 삼고, 주민이 필요로 하는 것을 정치의 행위로 삼아, 민생 임무를 발전지표처럼 실천하고, 중앙에서 정한 민생정책에 대해서는 차질 없이 실천할 수 있도록 해야 한다. 성에서 한 민생 공약에 대해서는 한다고 했으면 해내고, 하게 되면 잘 해내야 한다. 새로 처리한 민생 사무에 대해 최선을 다할 뿐만 아니라, 또 전력을 다하여 실행하여, 좋은 일을 잘 처리하고, 실제로 처리하고, 발전 지표에 더욱 많은 '행복 지수'가 있게 하며, 발전 성과에는 더욱 많은 '민생 함량'이 있게 한다. 민생의 보장과 개선에는 종착점이 없고, 온 힘을 다 모으고, 지속적으로 싸워나가야 한다. 교육개혁은 반드시 체계적으로 계획을 세우고, 질서 있게 추진하며, 양질의 교육에 대한 사람들의 수요를 더 잘 만족시켜야 한다. 쑤베이 농촌의 주택 개조는 반드시 상황에 맞게 잘 유도하고, 빠르게 실천하며, 농민들이 시대와 함께 현대적인 도시 생활을 할 수 있도록 노력한다. 오염 방제는 반드시 지속적으로 환경 보호 감독 '돌아보기' 문제를 잘 관리하여 하루빨리 서민들의 푸르고 맑은 하늘을 돌려주어야 한다. 의료, 양로, 사회 안정 등의 일련의 문제는 모두 맞춤형 조치를 계속해서 내놓아서 난제를 풀어내는 힘으로 장쑤성 발전의 '온도'를 보여주어 주민들의 생활이 보다 활기차고 재미가 넘치도록 해야 한다. '전면적인 소강의 길 위에서 한 사람도 낙오해서는 안 된다'는 시진핑의 당부를 기억하고, 탈빈곤 전투를 잘 해내야 한다. 힘을 모아 보편적 혜택성, 기초성 민생 건설을 잘 해내어 도시와 농촌의 저소득 집단이 어려움 앞에서 심리적으로 든든해 하고 생활에 믿을 구석이 있게 하여 자신도 모르는 사이에 생활이 개선되고 봄처럼 따스함을 느낄 수 있도록 해야 한다.

(3) 장쑤성 공동부유의 함의를 간략화하다

공동부유를 실천해 가는 과정에서 장쑤성은 단계적 목표 임무를 결합하고, 공동부유의 지역적 특색과 내용을 끊임없이 주입해 갔다. 국민 경제와 사회 발전 13차 3개년 계획 대강을 발표하면서 장쑤성은, 13차 3개년 계획 시기에 장쑤성 경제 사회 발전의 전체적인 목표를 다음과 같이 잡았다. 성 전체에서 전면적인 소강사회 건설을 선도하고, 쑤난의 여건이 되는 곳에서 기본적으로 현대화를 실현하는 길에서 견실한 발걸음을 내딛고, 주민들이 보다 행복한 생활을 하게 하며, 강한 경제, 부유한 주민, 아름다운 환경, 사회문명 수준이 높은 장쑤 건설에 있어서 중대한 성과를 거둔다는 것이다. 공동부유의 동력에 있어서는, 혁신의 선도성을 뚜렷하게 강화하고, 주요 혁신 지표가 혁신형 국가과 지역의 중간 이상 수준에 도달하며, 국민 소득과 경제 성장이 함께 늘어나도록 한다. 공동부유의 수준에 있어서는, 중산층 인구 비중이 상승하고, 소득 격차는 더 줄어들며, 사회적 고용은 충분히 이루어지고, 창업하여 부를 축적하는 것이 유행이 되고, 노동 관계가 보다 조화롭게 되면서 보다 공정하고 보다 지속가능한 사회 보장 제도를 이뤄낸다. 공동부유의 공간 구조 면에서, 신형 도시화와 도농 발전 일체화의 질은 뚜렷하게 상승하고, 도시화 전략 구조와 생산력 배치는 보다 합리적이 되어 도시 집단을 주체 형태로 하는 도시 체계는 보다 완비되고, 지역 발전의 격차는 한층 더 줄어든다.

2018년에 장쑤성 정부 사업 보고는 미래 5년 발전 목표를 제기하였고 나아가 장쑤성 공동부유의 단계적이고 시대적인 내용을 그려냈다. 주민들의 성취감 획득이라는 각도에서 공동부유의 내용에 대해 보다 정확한 개괄을 해냈다. 즉, 보다 나은 교육, 보다 안정된 일자리, 보다 만족스러운 소득, 보다 믿을만한 사회 보장, 보다 높은 수준의 의료위생 서비스, 보다 쾌적한 주거 여건, 보다 아름다운 환경, 보다 풍부한 정신문화 생활 등의 분야에서 뚜렷한 효과를 얻어내어 새로운 시대 공동부유를 느끼고 알 수 있도록 한다는 것이다. 정부에 대해서 말하자면, 부민에 초점을 맞추는 것을 발전의 방향, 사업 방향, 분투 방향으로 삼아 개혁 성과를 보다 많이 보다 공평하게 주민들에게 돌아가도록 한다. 많은 조치로 주민 소득을 빠르게 향상시키고, 주민들의 소득 증대와 경제 발전, 노동 보수와 생산성 제고를 함께 이루어지도록 하여 주민의 생활 수준을 높이는 데 힘쓴다. 기본 공공 서비스 표준화와 균등화를 대대적으로 추진하여, 교육과 의료, 양로 등 주민들의 관심도가 높은 분야에 대해 양질의 공공 서비스 공급을 늘리고, 도시와 농촌을 커버하고, 권한과 책임이 분명하며, 보장의 적정성이 이루어지고, 지속 가능한 여러 차원의 사회 보장체계를 건설한다. 사회 관리 체계를 완비하고, '인터넷＋사회 관리'를 전면적으로 추진하며 사회 관리의 사회화, 법치화, 지능화, 전문화 수준을 향상시키는 데 힘쓰고, 사회 관리를 강화하고 혁신하는 데 매진한다.

2 _ 장쑤성 공동부유의 새로운 노선을 모색하다

(1) 새로운 사상이 공동부유의 새로운 여정을 인도하다

18차 당대회 이후 시진핑을 중심으로 하는 중국 공산당원들은 시대의 대세를 파악하고, 시대적 관심사에 반응을 보이면서 중국 같은 동방 대국이 새로운 시대에 중국 특색의 사회주의를 어떻게 견지해 나가고 발전시켜 나갈 것인지, 중국 특색의 사회주의라는 이 중대한 시대적 과제를 어떻게 견지하고 발전시켜 나갈 것인지에 대해 체계적으로 대답하였다. 아울러 시진핑 시대에 중국 특색의 사회주의 사상을 세웠다. 새로운 사상은 새로운 실천을 지도한다. 새로운 사상을 관철하고, 실천하는 것은 새로운 상황에서 중국이 공동부유의 실천적 탐색을 심도 있게 실천하는 강력한 이론적 무기이다. 이론적 시야에서 역사와 현실의 관통에 치중하여 현재의 공동부유 실천과 역사상 굳건하게 추진했던 공동부유의 험난한 여정을 결합하여 미래에 우리가 실현할 공동부유의 거대한 도전과 찬란한 모습을 결합시키는 것이다. 또한 국제와 국내의 관련을 치중하여, 고도로 개방되고, 상호 격렬하게 부딪히는 시야에서 공동부유를 이해하고 실천하여, 공동부유를 추진하는 외부동력과 리스크를 파악하고, 발전의 자신감과 힘을 늘려나가 위험을 두려워하지 않고 느긋하게 전진해 나가는 것이다. 이론과 실천의 결합에 치중하여 새로운 실천 속에서 새로운 사상의 정수와 요지를 잘 파악하고, 배움과 사고, 아는 것과 실천을 통일하여 새로운 사상으로 여러 가지 변화를 통찰하고, 실천의 미망을 깨뜨려 나감으로써 새로운 시대의 공동부유 실천을 맞이해 나가고 착실하게 추진해 나가는 것이다.

(2) 새로운 이념은 공동부유의 새로운 실천에 에너지를 준다

새로운 시대에 공동부유의 새로운 실천을 추진하는 관건은 새로운 발전이념으로 공동부유 추진에 새로운 관념, 동력, 에너지를 주입하는 것이다.

첫째, 혁신 발전 이념을 견지하고, 경제 사회 발전의 전체 국면을 견인하는 혁신의 고삐를 움켜쥐고, 혁신으로 공동부유의 새로운 실천을 이끌어 나가 자주 혁신이 강하지 않은 '아킬레스 건'을 해결하고, 중간 소득의 함정을 뛰어넘어 새로운 시대 공동부유의 '최강의 머리' '가장 큰 엔진'을 만들어내는 것이다.

둘째, 조화 발전 이념을 견지하여, 지역 발전의 불균형, 도농 발전의 불균형, 사회 각 집단의 소득 불균형, 경제 발전과 생태 건설 및 문화 건설 불균형 등의 일련의 문제들을 해결하는 데 힘쓰고, 공동부유의 구조적 결함을 해결하는 데 박차를 가하며, 단점 보완을 통해 발전의 잠재력을 이끌어내고, 단점을 보완하여 발전 잠재력을 발굴하고, 발전의 뒷심을 증강시키며, 중국의 공동부유 형성을 더욱 조화롭고, 더욱 활기찬 생동적인 국면으로 추진해 나간다.

셋째, 녹색 발전을 견지하고, 역사상의 생태 부채를 해결하는데 힘쓰고, 많은 힘을 기울여 민생 등 중점적인 생태 적자를 해소하며, 양호한 생태에 대한 주민들의 강력한 요구에 성실히 대응하고, 공동 보호와 양호한 생태 환경을 공유하는 것을 새로운 시대 공동부유의 두드러진 표지로 삼으며, 주민들의 생태 성취감과 만족도를 끊임없이 높인다.

넷째, 개방 발전을 견지하며, 세계화가 도전에 부딪히고 국내 개방의 업그레이드가 압력에 직면하는 상황일수록 더욱 높은 수준의 개방을 추진하여, 공동부유를 추진하기 위해 더욱 큰 에너지를 공급해야 하며, 동시에 국제 각국의 공동부유를 도모한 경험을 충분히 거울삼아, 공동부유를 추진하는 중국 모델을 만들고, 전 세계에 공헌하기 위해 공동부유의 중국 경험과 지혜를 추진해 나간다.

다섯째, 공유 발전을 견지하고 주민을 중심으로 하는 발전 사상을 수립하며, 주민을 위한 발전, 주민에 의지하는 발전, 발전 성과의 주민 공유를 견지하여 더욱 효과적인 제도적 안배를 함으로써 모든 주민이 함께 세우고 함께 발전 성과를 누리는 가운데 더욱 많은 성취감을 갖게 하며, 끊임없이 모든 주민이 함께 부유해지는 목표를 향하여 전진하게 한다.

(3) 새로운 동력이 공동부유의 새로운 우위를 만들어낸다

고품질 발전은 공동부유 추진의 필연적 요구이다. 고품질 발전은 발전 동력 주체와 발전 수익 주체에 있어서 고품질 공급을 강조하고, 지문의 고품질 수요를 만족시킨다. 또 주민들도 고품질 공급의 핵심적인 주체가 된다. 말하자면, 주민들은 새로운 시대 고품질 발전의 주체이자 새로운 시대 부를 창출하고 부유를 함께 누리는 주체이기도 한 것이다. 장쑤성은 고품질 발전을 추진하는 데 있어서 전국에서도 선두를 달렸는데, 장쑤성은 새로운 시대 공동부유 실천에 전대미문의 강력한 엔진을 만들어냈다. 수요 측면에서 분석해 보면, 쑤난 등지의 발전 수준은 전국을 선도하여 소비 업그레이드 확장기에 접어들었고, 고품질 수요는 왕성했다. 공급 측면에서 분석해 보면, 장쑤성 발전의 불충분함과 불균형 문제는 여전히 두드러진다. 지역, 산업, 생산품, 요소 등의 공급 측면의 구조성 모순이 두드러졌고, 고품질 공급은 구조적 단점이 존재하였다. 고품질 발전은 수요와 공급 측면에서 장쑤성 발전의 난제를 해결하여 새로운 시대 장쑤성 공동부유의 실천에 우량한 품질의 지속 가능한 에너지를 만들어 주었다.

장쑤성은 우세를 강화하고 단점을 보완하며 공간을 넓히고 고품질 발전을 촉진하여 새로운 시대의 공동부유 에너지로 축적 발전시키며, 중점적으로 경제, 사회, 문화, 생태, 제도 건설 등 6개 방면에서 동시에 힘을 발휘하여 질 높은 공급의 다원화된 구조를 형성하였다. 그 가운데 경제 발전의 고품질을 추진하는 것은 과학 기술 혁신 전략 강화에 중점을 두고, 새로운 에너지 축적을 추진하여 현대 산업 체계를 건설하고, 실물 경제의 질과 효과를 높여 나가는 것이다. 개혁 개방의 고품질은 장쑤성 개혁 개방의 재출발을 추진하여 시장과 기업과 인재의 활력을 전체적으로 불러일으키는 데 중점을 두는 것이다. 도농 건설의 고품질은 도시 집단을 도시화 발전의 주체 형태로 삼고, 새로운 에너지를 농촌 진흥의 중요한 돌파구로 삼아 주입하며, 장쑤성만의 특색 있는 도농 융합 발전의 길을 걸어나가도록 하는 것에 중점을 두는 것이다. 문화 건설의 고품질은 역사 문화 자원을 잘 활용하여 문화 상징을 만들어내고, 장쑤성의 고사를 말하며, 정신적 뜰을 잘 건설하여, 문화가 강한 성 건슬을 새로운 차원으로 밀고 나가는 것에 중점을 두는 것이다. 생태 환경의 고품질은 물과 공기, 흙 관리를 잘 하고, 생태 보호의 회복을 강화하며, 자연에 대한 간섭을 최소한으로 줄여나가 아름다운 장쑤성 건설에 중점을 두는 것이다. 주민 생활의 고품질은 최저 생활을 하는 사람들에게 관심을 기울이고, 힘을 모아 인간의 생존발전에 관련되는 중요한 일들을 해결하며, 주민들의 일상생활에 영향을 미치는 일들을 중시하고, 민생의 어려움을 사회 발전을 촉발시키는 출발점으로 삼아 주민들의 생활 수준과 발전을 서로 어울리게 하여 자신도 모르는 사이에 생활의 새로운 변화를 느낄 수 있도록 하는 데 중점을 두는 것이다. 고품질 공급의 체계적 우위를 통해 발전이 불충분하고 불균형한 문제를 효과적으로 해결해 나가 주민들의 날로 늘어나는 행복한 생활에 대한 수요를 보다 잘 만족시켜 나가야 한다.

고품질 발전은 장쑤성이 경제 사회를 고급 형태로의 비약을 추진해 가는 데 있어서 관건이 되는 길로서, 공동부유를 보다 높은 수준으로 창조해 나가는 데 유리한 조건이 된다. 로스터 경제 사회 발전 단계론에서는 인류사회의 발전이 보편적으로 저급 형태에서 고급 형태로 발전해 간다고 인식한다. 현재 장쑤성은 이미 내구재 소비 위주의 '고액 대중 소비단계'에 들어섰다. 동시에 소비품의 품질과 서비스 질에 대한 주민들의 요구는 갈수록 높아짐에 따라 장쑤성의 기존 공급 시스템의 질과 효익은 거대한 상승 압력을 받고 있다. 이는 또한 사회 전체에 생활의 질을 추구하는 단계로 변해 가는 강렬한 수요를 반영하고 있는 것이다. 주민 구매력의 상승은 내수를 생산을 움직이는 중요한 요소가 되게 하였고 수요 구조의 업그레이드는 반대로 공급 시스템의 변혁을 압박한다. 이로부터 필연적으로 오랜 기간 형성되어 온 양의 확대라는 방향의 생산모델을 바꿀 필요성이 요구된다. 보다 높은 차원의, 보다 고품질의 수요와 공급은 사회를 고급 형태의 비약으로 이끄는 것이다. 고품질 발전에 의존하여 장쑤성이 전국을 선도하여 보다 높은 발전 단계로 비약하는 것은 장쑤성이 공동부유를 추진하여 보다 높은 수준으로 매진해 가는 현실적인 수단이 될 것이고, 아울러 새로운 시대에 장쑤성이 전국의 발전에 길을 모색해 가는 구체적인 모습이 드러나는 것이기도 하다.

3_ 장쑤성 공동부유의 새로운 경지를 열다

(1) 현대화의 새로운 여정에서 공동부유의 새로운 구조를 열다

현대화는 중국인들이 오래도록 갈구해온 꿈으로서, 수많은 모색을 거치면서 중국인들의

이어지는 분투 속에서 한 걸음씩 현실화되어 가고 있다. 하지만 현대화는 절대 탄탄대로는 아니다. 중국이라는 이런 사회주의 동방 대국으로서는 더욱 그러하다. 시진핑은 개혁 개방 40주년 축하 대회에서 감개무량하게 회고한 바가 있다. "개혁 개방 초에 비록 우리나라는 크고 인구도 많고, 밑천이 얇아 여러 가지 어려움과 도전을 받았지만 미래에 대한 자신감으로 충만하여 우리는 70여 년 동안 세 걸음으로 나누어 사회주의 현대화라는 거대한 청사진을 기본적으로 실현하였다. 비범한 담략과 군건한 자신감이 없었다면 이런 원대한 구상과 정책 결정을 하지 못했을 것이다." 개혁 개방의 위대한 성과는 중국 국민이 자신의 국정에 맞는 현대화의 길을 걸어왔다는 것을 충분히 증명해 주고 있다. 중국은 머지 않은 장래에 전면적인 소강사회 건설을 할 것이라는 사실은 중국식 현대화의 거대한 성과로서 중국 현대화 발전 과정에서 이정표의 의미를 갖는다. 중국은 사회주의 현대화 강국 건설이라는 위대한 과정에서 공동부유를 실현해 나가고, 중국 현대화 건설은 결정적 발전을 거둘 것이라는 중요한 지표가 될 것이다.

사회주의 현대화 건설과 공동부유라는 거대한 청사진을 실현하는 것은 절대로 쉬운 일이 아니고 여러 가지 방해물을 뛰어넘어야 한다. 시진핑은 개혁 개방 40주년 축하 대회에서 다음과 같이 지적하였다. "현재 우리가 처해 있는 자리는 급한 물살 속에 갇혀 있는 배이고, 험한 산 중에 갇혀 있는 격이다. 나아갈수록 어려워지고, 험해지는 자리로서, 나아가지 않으면 물러나게 되고, 나아갈 수밖에 없는 때인 것이다." 이 단계에서 중국은 대외적으로 세계사 100년동안 일찍이 없었던 커다란 변화 국면에 직면해 있고, 대내적으로는 혁신 엔진을 만들어 고품질 발전으로 나아가야 하는 힘들고 어려운 임무에 직면해 있다. 반드시 성공적으로 중간 소득의 함정, 타키투스 함정[1], 투키디데스 함정[2] 등의 역사적

---

1 역자주: 정부나 조직이 신뢰를 잃으면 진실을 말하든 거짓을 말하든 모두 거짓으로 받아들이는 현상을 말한다. 고대 로마의 집정권이자 최고 지도자였던 타키투스가 저술한 〈타키투스의 역사〉에서 "황제가 한번 사람들의 원한의 대상이 되면 그가 하는 좋은 일과 나쁜 일 모두 시민의 증오를 불러일으킬 수밖에 없다"고 한 데서 비롯되었다.
2 역자주: 새로운 강국이 부상하면 기존이 패권국가가 두려움을 느끼고 이 두려움을 해소하기 위해 무력을

도전을 뛰어넘어야 한다.

　　국제적 경험으로 볼 때, 이 역사적 전환기에 지역 차원의 선도적 돌파는 전국 현대화의 시범이 될 것이고, 전국의 다른 지역 현대화 추진을 이끌어내어 대국 현대화가 순조롭게 추진되어 가는 성공적 경험이 될 것이다. 장쑤성은 전국에서 비교적 이르게 지역 차원의 현대화 모색을 전개하여, 풍부한 실천 경험과 이론적 성과를 쌓아올려, 새로운 상황에서 현대화 실천을 모색하는 데 굳건한 기초를 쌓았다. 새로운 도전에 직면하여 장쑤성은 전국 현대화라는 큰 국면에서 무거운 짐을 지고, 난관을 돌파해 나갔다. 지속적으로 지역 현대화 모색을 전개한 것은 장쑤성이 새로운 시대에 전국이 발전의 길을 탐색해 가는 데 있어서 내재적인 요구가 되었다.

(2) 현대화 프로젝트를 전개하여 공동부유의 새로운 표준을 만들다

현대화 프로젝트 전개는 지역 현대화를 추진하는 장쑤성의 전략적 조치로서 새로운 시대 공동부유 실현을 추진하는 효과적인 방법이기도 하다. 2019년 2월에 장쑤성 위원회 판공청은 〈쑤난의 일부 현(시, 구)에서 사회주의 현대화 건설 프로젝트 사업을 전개하는 것에 관한 실시 방안〉을 발표하여, 쑤난 지역의 각 시에서 추천한 기초 위에서 성과 시의 협상, 종합직인 고려를 거쳐 난징시 장닝구江寧區, 난징 강북의 신구역, 쑤저우시의 쿤산시昆山市, 쑤저우蘇州 공업 단지, 우시시無錫市의 장인시江陰市, 창저우시常州市의 리양시溧陽市를 프로젝트 지구로 선택하였다. 프로젝트 사업의 주요 목표는 2035년까지 사회주의 현대화 요구를 기본적으로 실현하는 것을 필두로 하여, 2050년까지 부강한 민주 문명과 조화롭고 아름다운 사회주의 현대화 강국 건설 목표와 연결, 지방의 실제 상황과 결합하여 먼저 시행해 보

　　동원하여 전쟁을 일으킨다는 것. 2,500여 년 전에 고대 아테네의 장군 투키디데스가 자신의 저서 〈펠로폰네소스 전쟁사〉에서 신흥 강국으로 떠오른 아테네가 기존 강국인 스파르타에 불러일으킨 두려움이 펠로폰네소스 전쟁의 원인이라고 지목하면서 유래되었다.

고, 2년 안팎의 노력을 통해 사회주의 현대화 건설의 주요 내용과 지표 설치 탐색에서 중요한 성과를 거둔다는 것이다. 아울러 체제 메커니즘 개혁의 중요한 분야와 중요한 부분에서 결정적인 성과를 얻고, 고품질 발전의 기본 경로와 선도적인 발전을 모색하는 특색 창출에 있어서의 돌파구를 마련하여, 보급할 수 있는 실천 경험을 복제할 수 있을 뿐만 아니라, 이에 상응하는 현대화 모니터링 평가 지표 체계를 수립하고, 우리 성에서 현대화 건설의 새로운 과정을 전면적으로 열도록 지도하기 위하여 본보기를 제공한다는 것이다. 공동부유 실현 정도는 현대화 프로젝트를 평가하는 중요한 측정 지표로, 성 전체의 현대화 건설 모범을 만들어 반드시 공동부유 추진에 진전이 있어야 하는 것이다. 장쑤성은 전 성에서 사회주의 현대화 건설 시범 사업 배치회를 전개하여 제시한 바에 의하면 목표 지향과 문제의 가이드라인의 결합, 공통적인 요구와 개성적인 특색을 서로 결합하고 선행적인 탐색과 복제 보급이 서로 결합하며 상하 연동, 원근 고려, 허실적인 결합을 견지해야 한다고 한다. 2년 정도의 탐색 실천을 통해 확실히 시범 사업을 효과적으로 실천하고, 시범 경험을 참고하며 사회주의 현대화에 대한 내포된 특징에 대한 인식을 심화하며, 전 성에 사회주의 현대화 건설의 새로운 과정을 개설하는 데 도움이 되도록 하였다.

공동부유 실현은 사회주의의 본질적 요구이고, 사회주의 현대화 건설의 근본 목표이다. 경제 현대화 차원에서 공동부유는 주민들의 소득이 보편적으로 높은 수준에 도달하는 것으로 구체화된다. 민주 법치 현대화 차원에서 공동부유는 주민들이 광범위한 민주 권리를 함께 갖고 법치 문명을 함께 누리는 것으로 구체화된다. 문화발전의 현대화 차원에서 공동부유는 주민들의 인문 소양, 문명 수양이 보편적으로 높은 수준에 도달하고, 선진 문화가 사회 문화의 주요 흐름이자 보편적인 형식이 되는 것으로 구체화된다. 사회 발전의 현대화 차원에서 공동부유는 사회에 활력이 충만하고, 조화롭게 질서가 있으며 기본 공공 서비스 균등화가 기본적으로 실현되어 있고, 올리브형 사회 구조가 이루어져 저소득 집단이 사회의 발전 성과를 함께 누리고 권리가 충분히 보장 받는 것으로 구체화된다. 생태 문명 현대화 측면에서 공동부유는 생태 환경이 근본적으로 호전되고, 주민들이 양호한 생태 환경을 함께 누리며, 인간과 자연이 조화롭게 함께 사는 것이 사회의 정상 상태가 되는 것으로 구체화된다. 인간의 현대화 측면에서 공동부유는 인간의 전면적인 발전 촉진을 둘러싸고, 주민의 생활이 보다 여유가 있고, 도시와 농촌 지역의 발전 격차와 주민들의 생활 수준 격차가 뚜렷하게 줄어들며, 주민의 평등한 참여, 평등한 권리발전이 충분히 보장받고, 인간의 적극성을 충분히 이끌어내고 인간의 창조성을 불러일으키는 개혁 실천을 적극적으로 추진하는 것으로 구체화된다.

(3) 현대화 목표를 정하여 새로운 공동부유의 경지를 개척하다

19차 당대회 전략 배치에 근거하면, 2035년에 중국의 기본 현대화가 실현될 때, 모든 국민의 공동부유는 굳건한 발걸음을 내딛게 된다. 구체적으로는 경제력, 과학 기술력이 대폭적으로 뛰어오를 것이며, 혁신적인 국가 선두에 진입하게 될 것이다. 이것은 공동부유 실현을 위한 풍부한 물질적 기초를 다지게 될 것이며, 복잡한 상황에서 위험에 대응하는 종합적인 실력을 현저히 증강시켜서 중국의 현대화 건설 성과를 안전하게 확보할 것이다. 국민의 평등한 참여, 평등한 발전 권리는 충분히 보장받을 것이고, 법치 국가, 법치 정부, 법치 사회는 기본적으로 세워지고, 각 분야의 제도는 보다 완비될 것이며, 국가 통체 체계와 능력의 현대화는 기본적으로 실현될 것이다. 이는 공동부유 실현에 믿을만한 제도적 보장을 제공할 것이다. 근본적으로 전체 국민의 사회 발전 성과 공유를 보장하여 공동부유 실천의 평등한 참여자이자 수익자가 될 것이다. 국민 생활은 보다 여유가 있어질 것이고, 중산층의 비율이 뚜렷하게 늘어날 것이며, 도시와 농촌의 지역 발전 격차와 주민 생활 수준의 격차는 뚜렷하게 축소될 것이다. 기본 공공 서비스 균등화는 기본적으로 실현되고 공동부유는 보다 높은 생활 수준에서 보다 광범위한 수익 집단, 보다 균형적인 공간 분포 등 중요한 분야에서 질적인 향상을 실현하고, 공동부유가 굳건한 발걸음을 내딛는 데 있어서 직접적인 구체화를 구성할 것이다. 현대 사회의 통치 구조는 기본적으로 이뤄지고, 사회에는 활력과 질서가 충만하게 된다. 이는 공동부유실현에 빠질 수 없는 사회적 조건을 제공하게 될 것이다. 생태 환경은 근본적으로 호전되어 아름다운 중국 목표는 기본적으로 실현되는 데, 이는 공동부유의 생태 환경 기초를 놓게 될 것이다. 아울러 양호한 생태 환경을 공유하는 것을 공동부유 실현의 중요한 구성 성분으로 삼았다.

　　2050년까지 중국이 부강한 민주문명과 조화롭고 아름다운 사회주의 현대화 강국을 건설할 때에 전체 국민의 공동부유는 기본적으로 실현될 것이다. 중국의 물질 문명, 정치 문명, 정신 문명, 사회문명, 생태문명은 전체적으로 향상될 것이고, 국가 통치 시스템과 능력의 현대화는 실현되어 종합 국력과 국제적 영향력이 앞선 국가가 될 것이다. 전체 국민의 공동부유는 기본적으로 실현될 것이고, 중국 국민은 보다 행복하고 안락한 생활을 향유하게 될 것이다. 중화민족은 보다 의기양양한 모습으로 세계 민족들 사이에 우뚝 서게 될 것이다. 기본적으로 공동부유를 실현하게 되면 중화민족의 참신한 역사의 장을 쓰게 되어 세계 현대화 발전의 역사적 성과가 될 것이고, 인류 문명사 발전에 있어서 중국의 기적을 쓰게 될 것이다. 새로운 시대 사회주의 현대화 건설의 전략적 배치에 임하여, 장쑤성은 선도 발전의 전략적 위치를 견지하며 지속적으로 전국의 발전을 위해 길을 탐색해 나가고 새로운 공동부유의 길을 탐색하며, 새로운 공동부유의 경험을 응측하여 장쑤에서 시작하여 전국에서 이루어지며, 시대에 녹아드는 공동부유의 위업을 창조해 나갈 것이다.

참고문헌